Hans-Jürgen Pitsch
Zur Didaktik und Methodik des Unterrichts
mit Geistigbehinderten

Lehren und Lernen mit behinderten Menschen

Band 2

Bibliografische Information der Deutschen Bibliothek

Die Deutsche Bibliothek verzeichnet diese Publikation
in der Deutschen Nationalbibliografie; detaillierte bibliografische Daten
sind im Internet über <http://dnb.ddb.de> abrufbar.

3., überarb. u. erw. Auflage 2002

Copyright © 2002 by ATHENA-Verlag,
Mellinghofer Straße 126, 46047 Oberhausen
www.athena-verlag.de
Druck und Bindung: Difo-Druck, Bamberg
Gedruckt auf alterungsbeständigem Papier (säurefrei)
Printed in Germany
ISBN 3-89896-145-1

Hans-Jürgen Pitsch

Zur Didaktik und Methodik des Unterrichts mit Geistigbehinderten

ATHENA

S. Hader

5

Inhalt

Einführung zur dritten Auflage

Vorliegendes Buch erscheint nunmehr in einer dritten, erweiterten und überarbeiteten Auflage, die sich von den ersten beiden Auflagen in mehreren Teilen unterscheidet. Ursprünglich war das Buch entstanden aus einer einführenden Vorlesung mit dem komplizierten Titel »Didactique et méthodologie des apprentissages scolaires chez l'enfant et l'adolescent affectés d'un handicap mental« (deutsch: Didaktik und Methodik des schulischen Lernens beim geistigbehinderten Kind und Jugendlichen) am »Institut d'Etudes Educatives et Sociales (I.E.E.S.)« in Fentange-Livange, der Fachhochschule für Sozialpädagogik des Großherzogtums Luxemburg.

Für diese Einführungsvorlesung stehen im dortigen dritten Studienjahr 18 bis höchstens 20 Doppelstunden zur Verfügung, was eine strenge Konzentration auf wesentliches Grundlagenwissen erzwingt. So konnten zunächst wichtige Aspekte nicht aufgenommen werden: das Wählen- und Entscheidenlernen und Formen des offeneren, weniger unmittelbar lehrergesteuerten Unterrichts. Der erste Themenbereich konnte nunmehr in diese 3. Auflage neu aufgenommen werden, ohne den vorgesehenen Umfang des Buches zu sprengen. Hinsichtlich der Formen des offenen Unterrichts muß auf das Buch »Zur Methodik der Förderung der Handlungsfähigkeit Geistigbehinderter« (Oberhausen: Athena 2003) verwiesen werden. Trotz dieser inhaltlichen Ausweitung geht es auch weiterhin nur um ein allererstes Befaßtwerden mit Fragen der schulischen Erziehung und Bildung Geistigbehinderter, gleichgültig, ob dies in Sonderschulen (Förderschulen) oder als integrative Maßnahme in Regelschulen erfolgt.

Mit den integrativen Maßnahmen in Regelschulen ist angedeutet, daß wir heute Geistigbehinderte nicht ausschließlich in Schulen für Behinderte unterrichten und fördern, sondern – regional unterschiedlich häufig – auch in der Form der integrativen Förderung in Regelschulen. Vor diesem Hintergrund wird bei Überlegungen hinsichtlich der optimalen Fördermöglichkeit auch nicht mehr eine schulorganisatorisch bestimmte »Behinderung« attestiert, sondern der je individuell zu bestimmende »sonderpädagogische Förderbedarf«. Gleichgültig jedoch, ob ein Kind mit außerordentlichem sonderpädagogischem Förderbedarf in einer Schule (Förderschule) für Geistigbehinderte oder in einer allgemeinen Schule unterrichtet wird, stellen sich doch die Fragen nach den Inhalten

(Didaktik im engeren Sinne, Lehrplan) und nach der Gestaltung dieses Unterrichts (Didaktik im weiteren Sinne, Methodik) gleichsinnig. Eine Didaktik und Methodik des Unterrichts mit Geistigbehinderten ist nicht an einen bestimmten Lernort gebunden. Wohl aber fordert eine integrative Unterrichtung eine noch flexiblere Handhabung des methodischen Instrumentariums, alleine schon wegen der Einbindung andersartig beeinträchtigter und nicht beeinträchtigter Schülerinnen und Schüler. Die Grundlagen zu solchen Überlegungen sind wesentlich in den ausgehenden 60er und den 70er Jahren des 20. Jahrhunderts gelegt worden. Nach der Veröffentlichung der Empfehlungen der Kultusministerkonferenz für den Unterricht in Schulen für Geistigbehinderte (1980) und deren Umsetzung in länderspezifische Lehrpläne (im wesentlichen 1982 abgeschlossen) brechen diese Bemühungen ziemlich abrupt ab. In der Folgezeit haben sich Energien im Schwerpunkt gerichtet auf die Ermöglichung schulischer Förderung auch für geistig schwerst- und mehrfachbehinderte Kinder, auf die Verortung Geistigbehinderter in dieser Welt, die Abwehr neu auftretender Tendenzen der Verunmenschlichung (Ethik-Diskussion), die zunehmende Betonung von Selbstverantwortung und Selbstbestimmung und die Bemühungen zum Ausbau der Möglichkeiten integrativer Förderung in Regeleinrichtungen.

Wenn heute in die Didaktik und Methodik des Unterrichts mit Geistigbehinderten eingeführt werden soll, hat diese Einführung am Diskussionsstand der 70er Jahre des 20. Jahrhunderts anzuknüpfen und wesentliche, zwischenzeitlich vernachlässigte Ergebnisse dieser Zeit wieder in Erinnerung zu rufen, mit neueren Entwicklungen und Forschungsergebnissen zu verknüpfen und weiterzuführen.

Diese Weiterführung folgt dem leitenden Gedanken der Förderung der Handlungsfähigkeit Geistigbehinderter. Der gemeinte Personenkreis wird – bei aller Problematik von Definitionen – zu beschreiben versucht. Den aufgefundenen Untergruppen Geistigbehinderter werden für günstig erachtete Unterrichtsformen als erste Orientierung zugeordnet (Kapitel 1). Sodann werden die Lernaufgaben für Geistigbehinderte anhand der Empfehlungen der Kultusministerkonferenz von 1979 erörtert, verbunden mit grundlegenden Überlegungen zu Lehrplänen (Kapitel 2). Im folgenden Kapitel 3 werden Möglichkeiten aufgezeigt, in einem Verfahren schrittweise verfeinerter Planung aus den Lehrplanvorgaben zu den Lernaufgaben für einzelne Unterrichtseinheiten zu gelangen.

Das vierte Kapitel nimmt eine gewisse Schlüsselstellung ein: Mit der
»Orientierung am Handeln« und der Aufgabe der Förderung der Handlungsfähigkeit Geistigbehinderter wird eine grundlegende Ausrichtung
des Bildungsauftrags jedweder Schule vorgenommen, in der Geistigbehinderte unterrichtet werden.

In Konsequenz dieser Ausrichtung wird
Lernen als Aneignung beschrieben (Kapitel 5) und daraus in Anlehnung
an das didaktische Modell von Georg Feuser ein didaktisches Grund-
konzept entwickelt (Kapitel 6), welches sowohl für integrative Förderung in Regelschulen wie für den Unterricht in Schulen für Geistigbehinderte geeignet erscheint und eine erste Groborientierung für die Auswahl geeigneter Fördermethoden bietet.[1] Die Entwicklungslogische Didaktik findet auch in ihrer hier erweiterten Form ihren unterrichtlichen
Ort im Projektunterricht, der von der Leitidee »Handlungskompetenz«
ausgehend vorgestellt und für das Lernen Geistigbehinderter modifiziert
wird (Kapitel 7).

Grundsätzliche Überlegungen zum Unterricht mit Geistigbehinderten
haben ihren Platz in den Kapiteln 8 bis 11, in denen es um Grundprob-
leme des Unterrichts mit geistigbehinderten Schüler(inne)n und um
grundsätzliche Fragen der Didaktik und Methodik (Kapitel 8), äußere
Formen des Unterrichts, sog. Sozialformen (Kapitel 9), unterrichtsme-
thodische Modelle (Kapitel 10) und um übergeordnete Gesichtspunkte
zu jedweder Unterrichtsgestaltung, sog. Unterrichtsprinzipien (Kapitel
11) geht.

Die Kapitel 12 bis 16 dienen der Vorstellung einer Vielfalt methodischer
Konzepte, deren Anordnung den unterschiedlichen Schweregraden der
Behinderung, den Stufen der dominierenden Tätigkeit nach Leontjew
und den damit unterschiedlichen pädagogischen Aufgaben grob zu folgen versucht: Einer basalen Aktivierung dienen körper- und sensorisch
orientierte grundlegende Förderformen (Kapitel 12), der Förderung der
manipulativen Tätigkeit und damit dem Gebrauch der Hände aktivierende Verfahren, mit deren Hilfe Schüler(innen) zu eigener Aktivität geführt werden sollen (Kapitel 13), und der Förderung des Lernens, mit
den Dingen dieser Welt umzugehen, solche Verfahren, welche Aktivität

---

[1] Dieses Kapitel ist in veränderter Form in den Zeitschriften »Behindertenpädagogik«
und »Vierteljahresschrift für Heilpädagogik und ihre Nachbargebiete« erschienen.
Der Schriftleiter der »Behindertenpädagogik«, Prof. Dr. Peter Rödler, hat Grafiken
für diese Veröffentlichung zur Verfügung gestellt. Hierfür herzlichen Dank.

des Behinderten bereits voraussetzen (Kapitel 14). Nunmehr gilt es, die Schüler(innen) allmählich zu selbständigem Analysieren, Wählen und Entscheiden zu führen (Kapitel 15). All dies führt zu Verfahren, welche am Handeln und an der Handlung orientiert, welche auf Handeln gestützt sind (Kapitel 16).

Um den ganz konkreten Unterricht, um die einzelne Unterrichtseinheit geht es dann in den folgenden Kapiteln: Um allgemeine Hinweise zur Unterrichtsplanung in Kapitel 17 und um die Gestaltung von Unterrichtsentwürfen in ausführlichen Beispielen in Kapitel 18. In Kapitel 19 wird der Grundgedanke der Förderung der Handlungsfähigkeit Geistigbehinderter noch einmal aufgegriffen und am Beispiel einer Unterrichtseinheit aus Kapitel 18 gezeigt, wie Unterrichtsverlauf und Unterrichtsergebnisse zu einer Hilfe für die Handlungsplanung und Handlungssteuerung unserer Schüler(innen) ausgeformt werden können.

Der informierte, der kritische Leser wird vieles noch vermissen, auch vieles an Akzentuierungen und Relativierungen. Der Verfasser hat sich bemüht, seine eigenen Bewertungen nicht allzu deutlich werden und den Leser sich sein eigenes Bild machen zu lassen. An einigen Stellen waren jedoch dezidierte Stellungnahmen zwingend erforderlich, um auf Modeerscheinungen und Irrwege aufmerksam zu machen. Aber: Dieses Buch will gar nicht dem informierten, kritischen Leser seine Sicht geistiger Behinderung bestätigen oder verändern. Dieses Buch ist für den noch relativ Uninformierten gedacht, der allererste Informationen einsammeln will. Dabei etwas helfen zu können, wäre dem Verfasser Genugtuung.

Diese dritte, erweiterte und überarbeitete Auflage wurde nicht zuletzt möglich durch die Kooperation mit der Bundesvereinigung Lebenshilfe für Menschen mit geistiger Behinderung e. V., deren Verlagsmitarbeitern Hans-Volker Wagner und Roland Böhm für ihr Engagement Dank gebührt, wie den luxemburger Student(inn)en, die zu einzelnen Aspekten dieser Ausweitungen weitere Anregungen beigetragen haben. Dank ist zu sagen dem Verleger Rolf Duscha und ganz besonders Frau Corinna Amann, die mit unendlicher Geduld über viele Jahre hinweg die ständig veränderten Texte geschrieben, Tabellen gesetzt und vor allem die allermeisten Abbildungen im PC angefertigt hat.

Dillingen (Saar) und Fentange-Livange (Luxemburg),
im Oktober 2002   *Hans-Jürgen Pitsch*

1   Wen nennen wir geistigbehindert?

Menschen haben vieles gemeinsam, sind sich in vielem gleich, in vielem ähnlich, und in manchem unterscheiden sie sich. Auch Kinder unterscheiden sich voneinander, in ihrer Hautfarbe, ihrem Körperbau, ihrer Herkunft, ihren Lebensverhältnissen, ihrer Sprache, in der Art, wie sie mit der Welt und mit sich selbst umgehen, in ihrer Kontaktfreude, ihrer Neugier, in der Art und dem Tempo, in dem sie sich Neues aneignen, lernen. Manchmal sind die Unterschiede im Lernen ganz diskret, manchmal auffällig, und manchmal sind solche Unterschiede ein schwieriges Problem für die Schule. So war es denn auch die allgemeine Schule, die auf besondere Probleme beim Lernen einzelner Kinder aufmerksam wurde und Kinder mit ganz besonderen Schwierigkeiten beim Lernen »lernbehindert« genannt hat.

Für diese Schüler(innen) wurden dann besondere Schulen eingerichtet, Sonderschulen, die früher »Hilfsschulen« hießen, dann »Schulen für Lernbehinderte« und gegenwärtig mancherorts »Förderschulen« genannt werden. Aber auch in diesen speziellen Schulen gab es Kinder, die nicht standhalten konnten, die insbesondere beim Erlernen des Lesens, Schreibens und Rechnens ganz besondere Schwierigkeiten hatten, und für die wiederum eine neue Schulform »erfunden« werden mußte. Diese Schüler(innen) wurden »geistigbehindert« genannt, und die neue, speziell für diese eingeführte Schule die »Schule für Geistigbehinderte«. Wer aber sollte diese Schule für Geistigbehinderte besuchen (müssen, dürfen)? Irgendwie mußte diese Gruppe der Schüler(innen) der Schule für Geistigbehinderte beschrieben werden, abgegrenzt werden von anderen Schülergruppen. Also begab man sich auf die Suche nach Definitionen.

1.1   Definitionsversuche

Einer der frühesten Definitionsversuche stammt vom *Verband Deutscher Sonderschulen (VDS):* »Jene schwer behinderten Schüler, die das Ziel einer Schule für Lernbehinderte auch nach einer entsprechenden Schulpflichtverlängerung nicht erreichen können, meist aus einer Mittelstufenklasse entlassen werden müssen, und jene Schüler, die früher wegen »Schulbildungsunfähigkeit« aus der Schulpflicht entlassen wurden, nennen wir heute geistigbehindert. Für sie werden mehr und mehr eigenständige Sonderschulen eingerichtet, wo ein lebenspraktisch orientierter

Unterricht unter weitgehendem Verzicht auf das Lehrangebot einer Lernbehindertenschule vorherrschen muß« (VDS 1974, 45).

Diese Definition hebt ausschließlich auf das tatsächliche oder zu vermutende Schulversagen in der Schule für Lernbehinderte ab. Geistigbehinderte waren damit die Schulversager der Schule für Lernbehinderte. Diese Grenzziehung gegenüber Lernbehinderten erweiterte Heinz Bach: »Von Geistigbehinderten zu unterscheiden sind *Lernbehinderte*, deren intellektuelle Beeinträchtigung durch ihren geringeren Grad und Umfang gekennzeichnet und durch einen IQ zwischen 55/60 und 75/80 zu beschreiben ist« (BACH 1979a, 6). Bach führt hierbei das Kriterium des meßbaren Intelligenzquotienten mit der Grenzziehung IQ zwischen 55 und 60 zusätzlich ein.

Otto Speck beruft sich auf die »geradezu klassische Definition von mental retardation« der *American Association on Mental Deficiency (AAMD):* »Geistige Retardierung bezieht sich auf signifikant unterdurchschnittliche Allgemeinintelligenz, die fortlaufend mit Defiziten im adaptiven Verhalten vorkommt und während der Entwicklungsperiode bestehen bleibt« (SPECK 1993, 47). Bei dieser Definition wird deutlich, daß geistige Behinderung im unauflöslichen Zusammenhang mit Defiziten des Anpassungsverhaltens, des sozialen Verhaltens gesehen wird, und daß von geistiger Behinderung nach dieser AAMD-Definition[1] nur gesprochen werden soll, wenn der defiziente Zustand während der gesamten Entwicklungsperiode des Kindes besteht.

In den *Empfehlungen der Kultusministerkonferenz* für den Unterricht in der Schule für Geistigbehinderte von 1979 lesen wir: »Geistige Behinderung wird in der Regel durch Schädigung des zentralen Nervensystems

---

[1] Die einstige AAMD, inzwischen in AAMR (American Association on Mental Retardation) umbenannt, hat nach ihren früheren Definitionen geistiger Behinderung (Heber 1959; 1961; Grossman 1973; 1977; 1983) eine dritte Definition vorgelegt (Luckasson et al. 1992), welche auf ein IQ-Kriterium von 75 und auf das Versagen in wenigstens zwei von zehn Bereichen adaptiven Verhaltens abhebt. Macmillan, Gresham und Siperstein halten diese 1992er AAMR-Definition aus mehreren Gründen für völlig ungeeignet für klassifikatorische Entscheidungen, unter anderem weil die von Luckasson et al. eingeführten vier Niveaus der Hilfen (levels of supports) »*intermittend, limited, extensive*, and *pervasive*« den früher benannten Ausprägungsgraden der Behinderung (levels of retardation) »*mild, moderate, severe* and *profound*« (MACMILLAN, GRESHAM, SIPERSTEIN 1993, 332; H.i.O.) entsprechen würden. Zu einem Wechsel der Bezeichnungen sehen die genannten Autoren keinen Anlaß. schlagen statt dessen die Orientierung an der DSM-IV-Definition vor.

vor, während oder nach der Geburt verursacht. In Einzelfällen können auch soziale Faktoren wie extreme Hospitalisierung zu geistiger Behinderung führen.

Vom Erscheinungsbild her sind Geistigbehinderte auffällig durch Besonderheiten

• der kognitiven und emotionalen Aufnahme-, Verarbeitungs- und Speicherungsprozesse,

• des Ausdrucksverhaltens,

• der Motorik,

• der sprachlichen und nichtsprachlichen Kommunikation.

Das Zusammenwirken dieser Gegebenheiten führt zu Beeinträchtigungen der Entwicklung kognitiver und emotionaler Fähigkeiten, zu einer umfassenden Störung des kommunikativen Bereiches sowie zu starken Ausfällen im Bereich der Psychomotorik. Deshalb ist ein geistigbehindertes Kind stets in mehrfacher Hinsicht beeinträchtigt« (SEKRETARIAT 1980, 4). Dies ist weniger eine Definition, als eine relativ umfassende Umschreibung geistiger Behinderung.

Den Anforderungen an eine Definition entspricht eher die Aussage von Heinz Mühl:»Geistige Behinderung ... ist eine erhebliche Beeinträchtigung der Lernfähigkeit und beschreibt ein Lernniveau weit unterhalb der Alterserwartung. Sie zeigt sich im Vorschulalter als Entwicklungsverzögerung oder als Rückfall auf frühere Entwicklungsniveaus« (MÜHL 1994, 684). Zu den betroffenen Bereichen zählt er »kognitive Fähigkeiten wie Wahrnehmen, Erkennen und Wiedererkennen von Personen, Gegenständen und Situationen, Nachahmen, Vorstellen, Problemlösen, lernabhängige Fähigkeiten der Grob- und Feinmotorik, soziale Fähigkeiten wie Kontakte erwidern und aufnehmen, sich mit anderen verständigen, auch mit Hilfe von Symbolsystemen. Die Retardierung dieser Funktionen in ihrer Gesamtheit – jedoch in mehr oder minder starkem Ausmaß – macht geistige Behinderung aus ...« (MÜHL 1994, 684).

Auf das adaptive Verhalten und das Auftreten von Defiziten während der Entwicklungszeit von Kindern hebt auch Michael Schwager ab, wenn er schreibt:»Als geistigbehindert wird ein Personenkreis bezeichnet, bei welchem sich während der Entwicklungsperiode eine signifikant unterdurchschnittliche Intelligenz und Defizite des adaptiven Verhaltens diagnostizieren lassen« (1990, 6).

Von einem ganz anderen Denkstandort her argumentiert Peter Rödler,
der »zum Zentrum der Definition von Menschen mit geistiger Behinderung« den Titel seiner Habilitationsschrift macht:»Lebenslang auf Hilfe
anderer angewiesen« (1993, 17).
Ein auf die menschliche Handlungsfähigkeit bezogener Versuch, Behinderung zu definieren, stammt von Wilhelm Pfeffer (1982). Wir werden
ihn im Kapitel 4 kennenlernen, welches sich mit dem Verständnis von
Handlung und Handlungsfähigkeit beschäftigt und erste Hinweise zur
Entwicklung von Handlungsfähigkeit vorstellt.

1.2   Abgrenzungsversuche

Viele Autoren haben sich mit der Beschreibung und der Erklärung des
Phänomens und des Personenkreises Geistigbehinderter befaßt. Sie haben sich dabei vielfacher Kriterien bedient, um zum einen Geistigbehinderte gegen andersartig Behinderte, insbesondere gegen Lernbehinderte
abzugrenzen, zum anderen auch, um innerhalb der Gruppe Geistigbehinderter weitere Differenzierungen vornehmen zu können. Peter Rödler macht die Abgrenzung geistiger Behinderung gegenüber der Nicht-
Geistigen-Behinderung einfach: Nicht geistigbehindert ist, wer eben
nicht lebenslang auf Hilfe anderer angewiesen ist.

Kriterium der Intelligenz

Vielfach und kaum mehr überschaubar sind die verschiedensten Versuche, den Personenkreis der Geistigbehinderten durch Intelligenzmaße
einzugrenzen, entweder durch die Angabe von Intelligenzalterswerten
oder durch die Angabe von Intelligenzquotienten (IQ). Als Beispiel werden hier die 1968 durch die Weltgesundheitsorganisation (WHO) veröf-
fentlichten Kriterien genannt:

Borderline	(Grenzfälle)	IQ ≈	70 – 85
Mild	(leicht)		56 – 69
Moderate	(mittel)		40 – 55
Severe	(schwer)		26 – 39
Profound	(sehr schwer)		< 25

Tab. 1:   WHO-Klassifikation (MEYER 1977, 5; vgl. auch KIRSCH
          1979, 479)

Die hier aufgeführten englischen Begriffe lassen sich gut zur internationalen Verständigung über Geistigbehinderte benutzen.

Auch ist seit langer Zeit und immer wieder der Versuch unternommen worden, quasi-objektive oder gar objektive Kriterien zu finden, mittels derer es gelingen könnte, die Gruppe der Geistigbehinderten zumindest von der der Lernbehinderten abzugrenzen. Einen solchen Vorschlag macht Heinz Bach mit seiner Grenzziehung bei IQ 55 bis IQ 60. Aber auch das Kriterium der Intelligenz ist als Trennkriterium immer wieder kritisiert worden. Zu dieser Kritik Werner Dittmann: »Besonders häufig wird von psychologischer Seite aus geistige Behinderung in enger Beziehung zur Intelligenz definiert, indem ein globales Intelligenzdefizit oder eine Intelligenzschädigung als »Grundzug oder Hauptkriterium« angenommen wird. Ein solches Intelligenzdefizit wird von vielen Autoren als ein wesentliches Kriterium der geistigen Behinderung betrachtet ... und üblicherweise mit Hilfe von Intelligenztests ermittelt« (DITTMANN 1974, 96).

Der Grenzwert schwankt dabei je nach Autor zwischen IQ 50 und IQ 70. Bei heranwachsenden oder erwachsenen Geistigbehinderten wird das Nichterreichen eines Intelligenzalters (IA) von mehr als 7 Jahren als Kriterium für das Vorliegen einer geistigen Behinderung betrachtet. Als Erträge seiner eigenen Forschungsarbeit faßt Dittmann zusammen:

• Geistigbehinderte Kinder haben eine *geringere intellektuelle Zuwachsrate* als gesunde Kinder. Wolfgang Jantzen präzisiert diesen Hinweis insoweit, daß die Entwicklung von Kindern mit Down-Syndrom in den ersten fünf Lebensjahren »etwa im halben Tempo« (JANTZEN 1998, 227) nichtbehinderter Kinder erfolgt.

• Ihre Leistungen *stagnieren auf* einem *niedrigerem Intelligenzalters-Niveau*, d. h. das Normalniveau wird nicht erreicht. Für Kinder mit Down-Syndrom berichtet Jantzen einen »Deckeneffekt ... bei einem Intelligenzalter von ca. fünf Jahren« (1998, 227).

Die Schwächen all dieser vorgelegten Überlegungen bringen Dietrich Eggert zu folgender genereller Maxime: »In Fällen, bei denen keine eindeutige Entscheidung für eine Schulart aus den Testergebnissen abzuleiten war, wurde versucht, den Kindern *immer die Chance der anspruchsvolleren Ausbildungsmöglichkeit* zu bieten« (EGGERT 1974, 78), was sicherlich auch dadurch erleichtert wird, daß bei Down-Syndrom-Kindern »die sozialen Fähigkeiten« verglichen mit den schulischen Fähig-

keiten »höher eingeschätzt« (JANTZEN 1998, 227) werden, diese Kinder
also weniger auffälliges Sozialverhalten zeigen.

Zum Konstrukt »Intelligenz«

Der Intelligenzbegriff wird in mehrfacher Weise verwendet. »Intelligenz« wird einmal *als Beschreibungskategorie kognitiver Verhaltensweisen* verstanden (z. B. sprachliche Gewandtheit, Auffassungsgeschwindig-
keit), aber auch als *erklärender Begriff*, welcher den Ausprägungsgrad einer Leistung auf die *Fähigkeit des Individuums* zurückführt. So viele
Autoren sich mit dem Phänomen der Intelligenz beschäftigen, so viele
verschiedene Definitionen liegen vor, und fast jede dieser Definitionen
betont einen anderen Aspekt oder mehrere andere Aspekte des gleichen
Phänomens. Dies hat so weit geführt, daß der Begriff »Intelligenz«
schließlich nur noch im Zusammenhang mit dem jeweiligen Autor benutzt wurde, um zu verdeutlichen, welches Verständnis von Intelligenz
gerade gemeint ist.

Im allgemeinen wird Intelligenz als eine Fähigkeit angesehen, die notwendig ist, um in Schule und Beruf erfolgreich zu sein (vgl. MANDL,
ZIMMERMANN 1976, 10). So definiert Stern (1912, 3): »Intelligenz ist die
allgemeine Fähigkeit eines Individuums, sein Denken bewußt auf neue
Forderungen einzustellen; sie ist die allgemeine geistige Anpassungsfähigkeit an neue Aufgaben und Bedingungen des Lebens«. Unter »Aufgaben« verstehen wir per Konvention solche Probleme, deren Lösungsziel
und Lösungsweg bekannt, also bewußt verfügbar, sind. Die von Stern
beschriebene »allgemeine geistige Anpassungsfähigkeit« ist nicht anderes
als eine »Handlungsfähigkeit im Alltag«. Deutlich auf das Handeln bezogen beschreibt David Wechsler sein Verständnis von Intelligenz: »Intelligenz ist die zusammengesetzte oder globale Fähigkeit eines Individuums, zweckvoll zu handeln, vernünftig zu denken und sich mit seiner
Umwelt wirkungsvoll auseinanderzusetzen« (WECHSLER 1961, 13).

Steven Pinker versteht »Intelligenz« als »das Verfolgen von Zielen angesichts von Hindernissen [...]. Ohne Ziele wird der Begriff der Intelligenz
an sich bedeutungslos«. Da jedoch alle Ziele »über eine Kette von Teil-
zielen erreicht« (PINKER 1998, 460) werden, bestimmt sich »Intelligenz«
bei Pinker wie die Fähigkeit zur »Handlung« im Sinne von Leontjew
(1973), Kossakowski und Otto (1977) oder Hacker (1986). Insoweit sind
»Intelligenz« und »Handlungsfähigkeit« als gleichbedeutend zu betrach-

ten. Handeln aber muß »von *irgendwelchen Motiven oder Zielen* gesteuert [...] sein« (PINKER 1998, 460; H.i.O.). Solche Ziele sind nach Pinker »intellektuelle Neugier, der Drang, Probleme zu definieren und zu lösen, und die Solidarität mit Verbündeten – alles Emotionen« (PINKER a.a.O.), womit Pinker nicht nur – wie Stanley Greenspan (1999) – Emotionen als Auslöser von Intelligenz ansieht, sondern gleichzeitig mit dem Hinweis auf »Solidarität mit Verbündeten« den sozialen Aspekt von Intelligenz mit einführt.

Insbesondere verweist Pinker auf die herausragende Bedeutung der Werkzeuge, welche die Evolution dem Menschen geformt hat, der Hände: »Hände sind ein Mittel zur Beeinflussung der Welt, das Intelligenz lohnend macht. Genau arbeitende Hände und genau arbeitende Intelligenz entwickelten sich in der Abstammungslinie der Menschen gemeinsam, und die Fossilbefunde zeigen, daß die Hände dabei die Führung übernahmen« (PINKER 1998, 245). Daß die Hände auch bei der Förderung Geistigbehinderter die führende Rolle zu übernehmen haben, werden wir weiter hinten erörtern.

Damit gewinnt Pinkers weitere Fassung des Intelligenzbegriffs einen besonderen Stellenwert. Danach ist Intelligenz »die Nutzung von Wissen über die Funktionsweise der Dinge [= Handlungswissen sensu Aebli; H.J.P.] zum Erreichen eines Ziels angesichts von Hindernissen« (PINKER 1998, 237), »und zwar mit Hilfe von Entscheidungen, die sich auf rationale (auf Wahrheit gründende) Regeln stützen« (PINKER 1998, 84).

Kriterium des Verhaltens

Bei der Kategorisierung von Schülertypen auf der Basis des beobachtbaren Verhaltens wird das Lernverhalten, das Sozialverhalten, das Sprachverhalten und das motorische Verhalten berücksichtigt. »Die Beschreibungen ähneln sich inhaltlich jedoch weitgehend darin, daß festgehalten wird, was geistigbehinderte Schüler *nicht* können und in welchen Bereichen Schwierigkeiten, Störungen oder Behinderungen zu erwarten sind« (KIRSCH 1979, 479). Der Lehrer jedoch, der mit einem Schüler arbeiten soll und will, ist weniger darauf angewiesen zu wissen, was dieser Schüler nicht kann, als vielmehr darauf, was gerade er kann oder gerade noch kann oder was er zukünftig bei guter Förderung wird lernen können.

Verwaltungstechnisches Kriterium

Problematischer wird eine solche Abgrenzung dort, wo geistige Behinderung als Versagen in der Schule für Lernbehinderte verstanden wird. Damit wird eigentlich die Schule für Lernbehinderte zur Definitionsinstanz. Eine objektive Sicht des Schulversagens und damit der geistigen Behinderung wird bei dieser Betrachtungsweise unmöglich.

Schule und Schulverwaltung sind jedoch auf genaue Angaben angewiesen, die auch unter Gesichtspunkten der Schulverwaltung es erlauben, den Personenkreis der geistigbehinderten Schüler hinreichend genau gegenüber andersartig behinderten Schülern abzugrenzen. Bei solchen verwaltungstechnischen Abgrenzungen, die im übrigen der Zuweisung der Schüler zu unterschiedlichen Schulformen und damit auch der Schulplanung dienen, werden außer den erwähnten Kriterien der Intelligenzleistung und der Leistung in anderen Testverfahren auch Aussagen über das tatsächliche oder zu vermutende Versagen in einer anderen Schulform oder einem anderen Schultyp hinzugezogen. Als Beispiel sei verwiesen auf die Richtlinien für die Schule für Geistigbehinderte (Sonderschule) in Nordrhein-Westfalen von 1973, in denen hinsichtlich geistigbehinderter Schüler bestimmt wird: »In Abgrenzung zur Schule für Lernbehinderte handelt es sich um Schüler, bei denen angenommen werden muß, daß sie in dieser Schule während der beiden letzten Schulpflichtjahre in den beiden oberen Klassen des Primarbereichs (Klasse 5 bzw. 6 der Schule für Lernbehinderte) voraussichtlich nicht erfolgreich mitarbeiten können« (RICHTLINIEN SfG NRW, 1973, 6).

1.3   Untergruppen geistigbehinderter Menschen

Vorschläge von Speck und Thalhammer

Otto Speck berichtet unter Bezugnahme auf Williams u. a., daß in den USA im Durchschnitt die nachfolgende Einteilung verwendet werde:

Obere Gruppe	IQ 50 – 75
Mittlere Gruppe	IQ 30 – 50
Untere Gruppe	IQ 25 – 30

Tab. 2:   Klassifikation nach Williams u. a. (1966; aus SPECK 1972, 93)

Bei Williams werden »die Kinder der mittleren und unteren Gruppe ...
als ›severly retarded children‹ bezeichnet« (Speck 1972, 93). Lediglich
diese beiden Gruppen läßt Speck als Geistigbehinderte in unserem Sinne
gelten. Speck selbst schlägt für pädagogisch-organisatorische Belange
folgende Grobabgrenzung vor:

»Lernbehinderung	IQ ungefähr 60 – 90
Geistige Behinderung	IQ < 65
Schwerste geistige Behinderung	mittels I-Tests nicht abgrenzbar«

Tab. 3:   Klassifikation nach Speck (SPECK 1972, 94)

In der nunmehr vorliegenden siebten verbesserten und überarbeiteten
Auflage dieses Buches bezieht sich Speck auf die AAMD-Klassifikation:

AAMD-Klassifikation nach IQ-Werten			
Stufen der geistigen Behinderung	Standard-abweichungen	Theoretischer IQ	Stanford-Binet-IQ
borderline (Grenzfall)	– 1 bis – 2	70 – 85	
leicht (mild)	– 2 bis – 3	55 – 70	67 – 52
mäßig (moderate)	– 3 bis – 4	40 – 55	51 – 36
schwer (severe)	– 4 bis – 5	25 – 40	35 – 20
schwerst (profound)	– 5 und darunter	< 25	< 20

Tab. 4:   Ergänzte AAMD-Klassifikation
            (Quelle: SPECK 1993, 49; Ergänzungen durch H.J.P.)

Selbst an dieser vermeintlich objektiven Einteilung sehen wir, daß die
Verwendung eines bestimmten Intelligenztests, hier des Stanford-Binet-
Intelligenztests, die Grenzwerte schon wieder erheblich verzerren kann.
Wir stellen zusammenfassend fest, daß auch eine Klassifikation von Untergruppen Geistigbehinderter nach Intelligenztestergebnissen uns nicht
erheblich weiterhelfen kann. Immerhin können solche Klassifikationen
der groben Orientierung dienen.

Einen durchaus beachtenswerten, inzwischen jedoch fast vergessenen
Versuch, das Verhalten Geistigbehinderter positiv zu beschreiben, macht
Manfred Thalhammer (1977, 49 ff.). Er beschreibt Formen und Grade
des Geistigbehindertseins wie folgt:

Eindrucksfähiges Geistigbehindertsein
(oder impressiv-kognitives Anderssein)

Eindrucksfähige geistigbehinderte Menschen sind in der Lage, Erlebnisse zu haben. »Der eindrucksfähige geistigbehinderte Mensch nimmt an Interaktionsprozessen dann teil, wenn er Daten psychosensorisch aufnimmt und diese allem Anschein nach verarbeitet (decodiert)« (THAL-HAMMER 1977, 51). Innerhalb dieses Interaktionsprozesses ist eine Reaktion des eindrucksfähigen Geistigbehinderten vom Nichtbehinderten nicht feststellbar, eine Wahrnehmung oder gar eine messende Erfassung des Erlebens durch den Nichtbehinderten, etwa durch den Lehrer, nicht möglich. Vielmehr weist sich der geistigbehinderte Mensch dieses eindrucksfähigen Grades gegenüber seinem Interaktionspartner durch seine Hilflosigkeit aus. Das ständige Vorhandensein dieser Hilflosigkeit ist dann auch die Ebene, auf welcher der Lehrer oder Erzieher zu diesem Schüler in Kommunikation treten kann.

Ausdrucksfähiges Geistigbehindertsein
(oder expressiv-kognitives Anderssein)

Im Vergleich zur Gruppe der eindrucksfähigen Geistigbehinderten treten hier zusätzliche Fähigkeiten auf. Die ausdrucksfähigen geistigbehinderten Menschen sind nicht nur in der Lage, Erlebnisse zu haben, sondern können auch auf solche Erlebnisse reagieren. Dabei spielt die Differenziertheit der Reaktion keine Rolle; wesentlich ist, daß diese Menschen auf Erleben überhaupt und in irgendeiner Form reagieren. Dies hat Konsequenzen für die Kommunikation zwischen Lehrer und Schüler: Die kommunikative Ebene gestaltet sich qualitativ anders. Der nichtbehinderte Interaktionspartner, also in unserem Fall der Lehrer, kann mit Reaktionen rechnen, die für ihn selbst wiederum Hilfen sein können, um neue Erlebnisse zu provozieren. Die Provokation, also das bewußte Veranstalten neuer Erlebnisse, soll dann auf ein bestimmtes Förderungsziel hin ausgerichtet sein.

Manche Autoren, wie z. B. Gustav-Peter Hahn (1995) oder Theodor Thesing und Michael Vogt (1996) fassen diese beiden Gruppen zusammen und sprechen von »ein- und ausdrucksfähige[n] geistig Behinderte[n]« (so G.-P HAHN 1995, 23) oder von der »Ein- und Ausdrucksfähigkeit eines Menschen mit schwerster geistiger Behinderung« (so THE-SING, VOGT 1996, 226). Für diese Zusammenfassung spricht, daß es einen völlig reaktionslosen lebenden Menschen, wie ihn Thalhammers Gruppe der Nur-Eindruckfähigen suggeriert, überhaupt nicht gibt. Es gibt nur Pfleger, Betreuer, Erzieher, Lehrer dieser Schwerstbehinderten, die noch nicht gelernt haben, deren körperliche Zeichen als Signale, als Mitteilungen zu deuten. Pädagogische Aufgabe ist es dann immer, die Bedeutung der Zeichen dieser Menschen erfassen zu lernen und sie zu zunehmender Eigen-Aktivität anzuregen bzw. zu fördern. Dazu mehr in den ersten Methoden-Kapiteln weiter hinten.

Gewöhnungsfähiges Geistigbehindertsein
(oder habituell-kognitives Anderssein)
Gewöhnungsfähige Geistigbehinderte sind in der Lage, auf Erlebnisse in der Form von Handlungen zu reagieren. Diese Handlungsvollzüge sind erlernt und verlaufen zumeist linear und eindimensional. Sie führen so zu einer rigiden und stabilen Verhaltensdisposition, die nach außen Sicherheit und Geschlossenheit vermittelt. Diese beobachtbare Sicherheit und Geschlossenheit des Verhaltens beeindruckt den Beobachter häufig. Sie wird jedoch nicht angereichert durch Spontaneität oder durch Flexibilität im Verhalten. Sichtbar werden vielmehr Perseverationen und statisch-mechanische Handlungsvollzüge.

Begleitet und stabilisiert werden diese statisch-mechanischen Handlungsschemata durch ebenso statisch-mechanische Sprache. Beides, statisch-mechanische Sprache und statisch-mechanischer Ablauf der Handlungen und der Operationen beschreibt die hier mögliche Ebene der Kommunikation. Aufgabe des nichtbehinderten Interaktionspartners, also des Lehrers, ist es, die erkennbare Fähigkeit zum Lernen zu nutzen, um die Schüler aus den mechanischen Handlungsabläufen heraus zu differenzierteren Handlungsvollzügen zu führen. Andererseits können bekannt stereotype Handlungsabläufe in ihrem Ansatz unterbrochen werden, um das Handeln des Schülers in Richtung vermehrter Kreativität und Spontaneität weiter zu entwickeln. Eine Auswahl hierzu tauglicher methodischer Konzepte wird im Methodenteil weiter hinten vorgestellt.

Sozial-handlungsfähiges Geistigbehindertsein
(oder kommunikativ-kognitives Anderssein)
Sozial-handlungsfähige Geistigbehinderte können die Eindimensionalität von Handlungsvollzügen durchbrechen und zu »alternierenden Handlungsschemata mit Handlungs-Plänen« (THALHAMMER 1977, 53)

gelangen. Die Sprache dient nicht mehr ausschließlich der Begleitung und der Stabilisierung von Handlungen, sondern geht darüber hinaus und bearbeitet Vorstellungen und Begriffe.»Erinnerungen und Gedächtnisleistungen sind nicht nur möglich, sondern werden planvoll eingesetzt und verarbeitet« (KIRSCH 1979, 480).

Die Kommunikation mit sozial-handlungsfähigen Geistigbehinderten unterscheidet sich von der mit Nichtbehinderten nur noch graduell. Deutlich wird noch der eingeschränkte Lern- und Erfahrungsbereich dieser Geistigbehinderten sowie der begrenzte Begriffsbereich und die fehlerhafte grammatisch-syntaktische Systematik der Wortverwendung. Handlungsorientierte Verfahren, wie sie im Methodenteil besprochen werden, können auf diesem Entwicklungsniveau günstig eingesetzt werden.

Zusammenfassung der Klassifikationsversuche

Die folgende Abbildung (aus KIRSCH 1979, 841) versucht die Zusammenfassung der Klassifikationen nach der Weltgesundheitsorganisation (WHO), Otto Speck und Manfred Thalhammer. Zu beachten gilt es, daß solche Schaubilder mit ihren eingezeichneten Grenzen den Eindruck erwecken, daß es tatsächlich eindeutige Zuordnungen in jedem einzelnen Fall gäbe. Dies ist durchaus nicht der Fall. Bestimmte Schüler auch der Schule für Geistigbehinderte lassen sich nicht eindeutig einer der Kategorien zuordnen, sondern eher in Übergangsbereiche, die in solchen Tabellen aus rein analytischen und Gründen der Übersichtlichkeit nicht erfaßt sind.

WHO	borderline	mild	moderate	severe	profound
SPECK	Übergangs-formen	Durchschnittsformen		Intensivformen	
THAL-HAMMER		sozial hand-lungs-fähig	gewöh-nungsfähig	ausdrucks-fähig	eindrucks-fähig

Tab. 5:   Zusammenfassung der bisherigen Klassifikationsversuche

»Die Zuordnung eines Schülers zu einer bestimmten Gruppe der geistigen Behinderung muß mit einer gewissen Vorsicht und Vorläufigkeit vorgenommen werden. Fehlinterpretationen sind immer möglich«

(KIRSCH 1979, 481). Thalhammer weist in seinem Beitrag bereits auf eine mögliche Fehlinterpretation hin. Er führt bezüglich der gewöhnungsfähigen Geistigbehinderten aus, daß »die Unterscheidung für den Außenstehenden nur sehr schwer gelingt, inwieweit Verhalten Ergebnis von längerdauernden, stabilisierenden Lernprozessen (habituell) ist, oder inwieweit es sich, aus Erkenntnis und Phantasie resultierend, als Spontaneität darstellt« (THALHAMMER 1977, 53). Wir werden diese Übersicht später im Zusammenhang mit dem Projektunterricht noch einmal aufgreifen.

1.4 Zuordnung von Schülergruppen und Unterrichtsformen

Die Aufteilung Geistigbehinderter nach einem anthropologischen Ansatz gibt uns noch keine Auskunft darüber, wie solcher Art Geistigbehinderte nun lernen können. Hierüber wird nur derjenige schlüssige Informationen erhalten können, der über längere Zeit mit solchen Geistigbehinderten arbeitet, immer wieder und immer neue Lernversuche anstellt und dabei beobachtet, in welcher Weise die verschiedenen geistigbehinderten Schüler hierauf reagieren. »Gerade im Unterrichtsprozess lösen sich Analyse und pädagogische Tätigkeit ständig ab, bedingen einander und treiben den Prozess [der Informationsgewinnung] voran« (KIRSCH 1979, 481). Erst wenn wir wissen, in welcher Weise der einzelne Schüler bestmöglich lernt, können wir auch das für ihn bestmögliche Lernumfeld bereitstellen. Dieses Lernumfeld wird jedoch wiederum durch Unterricht geschaffen.

Zuordnung von Lernarten

In Anlehnung an das Klassifikationsschema von Speck nimmt Dieter Fischer (1994, 115 ff.) die in Tab. 6 dargestellte Zuordnung von Formen geistiger Behinderung und Lernart vor.

Bei D. Fischer wird deutlich, daß er das *Lernen im Unterricht* meint. Damit gibt er unmittelbar Hinweise auf einen weiteren *Klassifikationsansatz* »*Unterricht*«: »Schulisches Lernen und Unterricht stehen in einem engen, sich bedingenden Zusammenhang. Der Unterricht muß so gestaltet werden, daß er dem Lernen der Schüler entspricht, andererseits lernen die Schüler das Lernen so, wie es ihnen im Unterricht vermittelt wird« (KIRSCH 1979, 482).

Klassifikationsansatz »Lernen«

WHO	borderline	mild	moderate	severe	profound
FISCHER	Lernen in herkömml. Unterricht gemäß den Artikulationsstufen nach ROTH	Lernen durch Lernvorhaben als Aufgabenfolge mit relativ selbständigen Lernsequenzen		Lernen durch passives und aktives Lernangebot	

Tab. 6:   Ergänzung der Klassifikationen durch Lernarten
(nach KIRSCH 1979, 482; ähnlich bei D. FISCHER 1994, 115)

Zuordnung von Unterrichtsformen

Die Abstimmung von organisiertem Lernen (= Unterricht) auf die individuellen Voraussetzungen der Schüler führt zu Differenzierungen des Lernens bereits in kleinen Klassen, zur Differenzierung innerhalb der Klasse selbst (innere Differenzierung oder Binnendifferenzierung) oder zur Bildung von mehrere Klassen übergreifenden möglichst homogenen Lerngruppen (äußere Differenzierung). Solche Differenzierungsmaßnahmen sind jedoch pädagogisch sinnvoll zu begründen. Eine solche Begründung kann beginnen mit der Überlegung über den anthropologischen Status des Schülers, um davon die ihm möglichen Lernformen abzuleiten. Die Begründung unterschiedlicher Unterrichtsformen bedarf geradezu dieser Reihenfolge. Aus den individuellen Lernmöglichkeiten ist dann der jeweilige »Unterricht« abzuleiten, der für den einzelnen Schüler optimal erscheint. Solche einmal getroffenen Zuordnungen einzelner Schüler zu bestimmten Unterrichtsformen dürfen jedoch nicht zu dauerhaften Bedingungen des Unterrichts erstarren, sondern müssen ständig weiter verändert und weiter entwickelt werden.

Nach Kirschs Vorschlag bestimmt sich die Zuordnung eines Schülers zu einer Lerngruppe zum einen nach seinem anthropologischen Sein, d. h. nach der Intensität seiner geistigen Behinderung, nach seiner Art und Weise des Lernens und schließlich nach seinen Möglichkeiten, in einem bestimmten, vom Unterricht verursachten Lernfeld erfolgreich zu agieren (vgl. KIRSCH 1979, 482 – 483). Jedoch nur im Unterricht selbst erweist es sich, ob ein Schüler erfolgreich zu lernen in der Lage ist, ob er eventuell unter- oder überfordert wird. Der hier vorgeschlagene Denkansatz »Unterricht« erfordert nicht, daß die Schüler sich bestimmten Unterrichtsformen anzupassen hätten, vielmehr, daß der Lehrer die Aufgabe hat, die Unterrichtsformen auf die Lernmöglichkeiten seiner Schüler hin anzupassen. Verlangen die Schüler einer Klasse etwa verschiedene Unterrichtsformen, so muß zu dem Mittel der Differenzierung gegriffen werden.

Wenn wir auf die Vorschläge von Thalhammer über das anthropologische Sein Geistigbehinderter verschiedenen Grades zurückgreifen, bieten sich für die Zuordnung von Unterrichtsarten die in Abb. 1 aufgeführten Überlegungen an.

Die hier aufgeführte Gruppe der Übergangsformen (borderline) wird von Thalhammer nicht erörtert. Borderline-Schüler, also Schüler im Übergangsbereich zur Lernbehinderung, finden sich in Schulen für Geistigbehinderte immer noch; auch diesen Schülern hat die Schule für Geistigbehinderte den ihnen angemessenen Unterricht zu bieten.

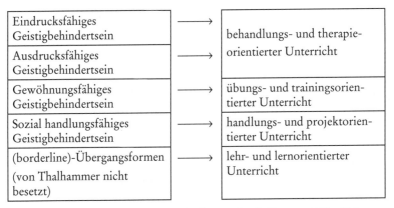

Abb. 1:   Zuordnung von Unterrichtsformen (nach KIRSCH 1979, 483)

Um all diese Überlegungen sind nun die Tabellen 5 und 6 und die Abbildung 1 zu ergänzen. Als Zusammenschau erhalten wir Tabelle 7.

Noch einmal und ausdrücklich sei darauf aufmerksam gemacht, daß solche Raster Grenzen suggerieren, die in Wirklichkeit nicht vorzufinden sind. Alle hier in Form von Linien angedeuteten »Grenzen« dienen nur der Schaffung einer ersten, vorläufigen Übersicht. Im Alltag sind sie fließend. Der Regelfall sind vielfältige Überschneidungen und allmähliche Übergänge.

Klassifikationsansatz »Anthropogenes Sein«

WHO	borderline	mild	moderate	severe	profound
SPECK	Über-gangs-formen	Durchschnittsformen		Intensivformen	
THAL-HAMMER		sozial hand-lungsfähig	gewöh-nungs-fähig	ausdrucks-fähig	eindrucks-fähig

Klassifikationsansatz »Lernen«

WHO	borderline	mild	moderate	severe	profound
FISCHER	Lernen in her-kömml. Unterricht gemäß den Artikula-tionsstu-fen nach ROTH	Lernen durch Lern-vorhaben als Aufga-benfolge mit relativ selbständigen Lern-sequenzen		Lernen durch passives und aktives Lernange-bot	

Klassifikationsansatz »Unterricht«

| KIRSCH | lehr- und lernorien-tierter Unterricht | hand-lungs- und projekt-orienterter Unterricht | übungs- und trai-nings-orienterter Unterricht | behandlungs- und therapieorienterter Unterricht | |

Tab. 7:   Zusammenfassung aller Klassifikationsansätze

Kommen wir noch einmal auf die frühe Definition geistiger Behinde-rung zurück, die Geistigbehinderte als solche Schüler beschreibt, die auch in der Schule für Lernbehinderte versagen (VDS 1974). Wenn sie nicht in der Lage sind, sich wesentliche Lerninhalte der Schule für Lernbehinderte anzueignen, müssen wir uns fragen, *was* sie denn ler-nen können/sollen, wie ein Lehrplan für Geistigbehinderte aussehen soll. Mit diesen Überlegungen beschäftigt sich das folgende Kapitel 2.

2 Was sollen Geistigbehinderte lernen?

2.1 Lehrpläne

Grundsätzliche Überlegungen

Das, was in der Schule gelehrt und gelernt werden soll, wird in der Regel von staatlicher Seite in einem »Lehrplan« (auch Bildungsplan, Stoffplan oder Richtlinien genannt) niedergelegt. Solche »Lehrpläne« entstanden in Deutschland vorwiegend durch zwei nicht sehr unterschiedliche Verfahren:

1. In einem dafür verantwortlichen Ministerium (in der Regel dem Kultusministerium) übernahmen ein oder mehrere Referenten die Aufgabe, für eine Schulart, ein Fach oder auch mehrere Fächer einen Lehrplan zu entwerfen. Fachleute von Universitäten, Pädagogischen Hochschulen, Studienseminaren usw. leisteten dabei Hilfestellung. Die auf solche Art und Weise zustande gekommenen Pläne einzelner Schularten oder von Schulfächern wurden dann aneinander gereiht. Eine Präambel, welche die herrschende Auffassung über Erziehungsfragen und Aufgaben der Schule zusammenfaßt, wurde vorangestellt und der Gesamtplan vom Ministerium in Kraft gesetzt.

2. Eine Alternative dazu bildete die Beauftragung einer Kommission aus Erziehungswissenschaftlern, Fachdidaktikern, Lehrern und Fachreferenten der Ministerien, wobei der fertige Lehrplan dieser Kommission dann vom Ministerium – wenn es den Plan billigte – als sein Plan in Kraft gesetzt wurde. Unter Umständen wurden bei einem solchen Verfahren auch Vertreter relevanter gesellschaftlicher Gruppen von der Kommission hinzugezogen, um deren Sachverstand und deren legitime Interessen in die Erörterung von Plänen mit einzubeziehen.

Auf diese beiden nicht sehr unterschiedlichen Verfahrensweisen ist die Entstehung der meisten Lehrpläne zwischen 1920 und 1970 zurückzuführen; auch die moderne Lehrplandiskussion (z. B. Curriculum-Diskussion) hatte daran noch nicht viel geändert.

Stoffverteilungspläne und Schulbücher leisteten einen wesentlichen Teil der Aufgabe der »didaktischen Analyse« (Wolfgang Klafki), welche eigentlich der Lehrer hätte leisten sollen.

Inzwischen hat auch Wolfgang Klafki seine Gedanken zur didaktischen Analyse möglicher Unterrichtsinhalte, die sehr von der geisteswissenschaftlichen Pädagogik beeinflußt waren, weiterentwickelt (1985) und kritisch-konstruktive Theorieelemente in sein Didaktikmodell mit einbezogen (vgl. KRON 1994, 132). Er führt zwölf Bestimmungsstücke an, welche die Struktur des didaktischen Feldes beschreiben:

1. Das Primat liegt bei der Zielentscheidung.

2. Danach ist das Verhältnis der Zieldimension zu den Themen zu bestimmen.

3. Themen und Thematik sind zu bestimmen in bezug auf Interessen und Lernbedürfnisse der Schüler.

4. Interpretationsunterschiede bei Lehrern und Schülern sind herauszuarbeiten und zu akzeptieren.

5. Hinsichtlich der unterschiedlichen Interessen sind die Themen zu differenzieren.

6. Die Interaktionszusammenhänge im Unterricht sind zu bedenken (Beziehungsdimension).

7. In diesen Beziehungen vermittelte Norm- und Wertorientierungen werden deutlich gemacht.

8. Nunmehr sind die Formen des Lernens festzulegen.

9. Die Beteiligung der Schüler an Planung und Durchführung des Unterrichts ist zu klären.

10. Welche Medien sollen zum Einsatz kommen?

11. Der Funktionszusammenhang zwischen Unterrichtsinhalten und -methoden, Zielen und Medien ist offenzulegen.

12. Welche Leistungen sollen durch diesen Unterricht herbeigeführt und wie sollen sie beurteilt werden?

In diesem Zwölf-Bestimmungsstücke-Raster finden sich viele Überlegungen aus anderen als den geisteswissenschaftlichen Ansätzen der Didaktik, so aus der Didaktik der sog. *Berliner Schule* (Heimann, Otto, Schulz), der Operationalisierungsbewegung (z. B. Mager), sozial-kommunikativer Didaktikansätze (z. B. von Hentig), der Curriculumbewegung (z. B. Robinsohn).

Was ein *Lehrplan* ist, fassen wir mit Josef Dolch zusammen: Ein Lehrplan »ist die Auswahl und Anordnung von Lehrgütern für einen bestimmten, meist etwas umfassenderen Zweck. Wenn wir unter Berücksichtigung des Schulzieles und der Fachziele das Lehrgut i.e.S. in seinen einzelnen Lehrstoffen, mitunter herab bis zu Stoffgruppen oder -gebieten und sogar Lehreinheiten auswählen, das Ausgewählte auf Altersstufen oder Klassen verteilen, es zweckmäßig anordnen und den Zusammenhang der Einzelheiten sichern und das alles übersichtlich in einem Plan darstellen, so entsteht ein Lehrplan. Vom Einzellehrplan unterscheidet sich der L. [L. = Lehrplan; H.J.P.] durch seinen Bezug auf viele Schulen, Schüler und Lehrer und eine gewisse Dauer, vom Stoffverteilungsplan dadurch, daß er sich nicht nur auf ein Fach, sondern das ganze Lehrgebiet einer Schule bezieht und keine Festlegung für Monate oder Wochen trifft. Wo es nicht möglich oder zweckmäßig ist, den Lehrstoff allzu sehr in einem solchen L. festzulegen, begnügt man sich mit sog. Rahmenlehrplänen oder auch Richtlinien« (DOLCH 1965, 95).

Aufbau

Die Lehr- bzw. Bildungspläne zeigen durchgängig gemeinsame Merkmale im Aufbau: Sie bestehen zunächst aus einem allgemeinen und einem besonderen Teil.

Im *allgemeinen Teil* werden Aussagen gemacht über

- Art und Aufgabe der Schulform, für welche der Lehrplan gelten soll, deren Stellung im gesellschaftlichen System;
- die Schüler, welche diese Schulform besuchen müssen/dürfen, deren Voraussetzungen zur Zulassung zum Schulbesuch bzw. deren Verpflichtung zum Schulbesuch aus Altersgründen;
- den spezifischen Erziehungsauftrag dieser Schulform und deren allgemeine Erziehungsziele sowie Hinweise auf Unterrichtsmethoden, Lehrereinstellungen (Haltungen), Mitarbeit der Eltern und Öffnung der Schule nach außen;
- den Unterrichtsauftrag der Lehrer und Forderungen an deren Qualifikation;
- Hinweise auf Organisation und Binnenstruktur der Schule, Gliederung in Abteilungen, Klassen, Schulzweige bzw. -züge;
- die Mindestausstattung der Schule mit Räumen, Geräten, Materialien.

Im *besonderen Teil* werden die Unterrichtsinhalte dargelegt, geordnet nach

- Unterrichtsbereichen, in der Regel den Schulfächern und
- Klassenstufen bzw. Schuljahren, in der Regel jahrgangsweise aufsteigend.

Der besondere Teil ist somit die Sammlung der einzelnen Fachlehrpläne, jahrgangsweise angeordnet, welche mehr oder weniger unverbunden nebeneinander stehen. Die Verteilung des verordneten Unterrichtsstoffs auf die in der Regel 40 Wochen eines Schuljahres bleibt jeweils dem unterrichtenden Lehrer überlassen, welcher die Lehrplanangaben in einen klassen- und schulstufenbezogenen Arbeitsplan bzw. Stoffverteilungsplan umzusetzen hat und sich dabei üblicherweise am Aufbau der benutzten Schulbücher orientiert.

Lehrplan und Curriculum

Mit Saul B. Robinsohns Schrift »Bildungsreform als Revision des Curriculum« (1967) wurde auch in der Bundesrepublik Deutschland (BRD) eine Diskussion über Lehrpläne und Entwicklung neuer Curricula angestoßen, welche auch die Geistigbehindertenpädagogik erfaßt hat.

Robinsohn bestimmt das Curriculum grob als das, »was mit Bildungskanon, Lehrgefüge, Lehrplan jeweils ungenau oder nur partiell erfaßt ist« (1967, 1). In Abhebung zur geisteswissenschaftlichen Bildungstheorie griff er auf die Lehrplantheorie des Barock zurück und knüpfte damit an theoretische Einsichten an, welche im Laufe der bildungstheoretischen Entwicklung in Deutschland verlorengegangen waren.

Drei Thesen bilden den Mittelpunkt seiner Argumentation:

- daß es erforderlich sei, das Bildungswesen in der BRD zu reformieren;
- daß es erforderlich sei, diese Reform durch eine Reform der Bildungs*ziele* und -*inhalte* zu betreiben;
- daß es erforderlich sei, die Reform der Bildungsziele und -inhalte mit Hilfe der Curriculum-Forschung zu objektivieren und zugleich zu vergesellschaften, d. h. auf demokratische Grundlage zu stellen und demokratischer Mitbestimmung zu unterwerfen.

Bildung definiert Robinsohn »als Vorgang, in subjektiver Bedeutung, ist Ausstattung zum Verhalten in der Welt« (1967, 13). Er spricht vom »Wesen dieser Zeit«, welches er als Veränderung bestimmt. Diese Veränderung entspreche der Vorstellung fortschreitenden Wandels; er bezieht sich hierbei auf Boulding, welcher das 20. Jahrhundert als die mittlere Periode der zweiten großen Wandlung in der menschlichen Geschichte dargestellt hat. Aus dieser Sicht seiner eigenen Gegenwart leitet er Konsequenzen für die Zielsetzung von Bildung und Erziehung ab. Für bedeutungsvoll hält er

- das *Verstehen sozialer Beziehungen* ebenso wie das Elementare wissenschaftlicher Interpretation, welche er als Vorbedingung für die Orientierung in der Welt sieht;

- *wirksame Kommunikation* als Unterrichtsziel für die Muttersprache wie für die Fremdsprachen;

- *kommunikatives Handeln* sei mindestens ebenso wichtig wie technisch akkurates;

- der einzelne müsse aus der Binnensprache der engeren Gruppe in die der *größeren Gruppe* hineinwachsen;

- eine bedeutende Aufgabe komme der *Kommunikationserziehung* zu, wobei den Mitteln der Massenkommunikation die Aufgabe der Behebung des visuellen Analphabetismus zufalle;

- es gelte, *Bereitschaft zur Veränderung* zu erzeugen, welche ebenso zu den Berufstugenden des hochqualifizierten Facharbeiters wie des hochmobilen Anlerntechnikers gehören müsse, ja eine Lebenstugend schlechthin sei;

- auch müsse es gehen um eine Erziehung zur *Fähigkeit, Ziele* und nicht nur Instrumente *zu wählen*;

- als letztes Erziehungsziel nennt er »*Autonomie*« als rationale und kritische Einstellung zu sozialen Formen und Symbolen.

»Die Forderung, das Bildungswesen in der BRD zu reformieren, wird von Robinsohn begründet mit Hilfe eines Bildungsbegriffs, nach dem Bildung als Ausstattung zum Verhalten in der Welt erscheint, und mit Hilfe einer ›Ortsbestimmung der Gegenwart‹, die ›Veränderung‹ als elementare Kategorie benutzt, wobei ... Veränderung selbst als mehr oder weniger radikaler Bruch mit der Vergangenheit bestimmt wird« (HESSE, MANZ 1972, 16 – 17).

Aufgabe der Curriculum-Forschung ist es damit, Methoden zu finden und anzuwenden, durch welche solche Lebenssituationen und die in ihnen geforderten Funktionen identifiziert werden können, die zu deren

Bewältigung notwendigen Qualifikationen sowie die Bildungsinhalte, durch welche diese Qualifizierung bewirkt werden soll.

Wesentlich in Robinsohns Ansatz ist der Verweis darauf, daß Schule solche Qualifikationen zu vermitteln habe, welche erst außerhalb der Schule in Lebens- und Berufssituationen gefordert sind. Gerade darin hat das Forschungsprogramm von Robinsohn seinen besonderen Wert unter allen curricularen Ansätzen, daß die Curriculumforschung betont auf »Situationsanalyse« als unverzichtbare erste Stufe der Forschung verwiesen wird.

Kritik

Hesse und Manz schließen ihre breite Übersicht über unterschiedlichste Ansätze der Curriculumforschung und Curriculumentwicklung mit kritischen Bemerkungen ab.

Insbesondere beklagen Hesse und Manz, daß die Curriculumforschung sich den Benachteiligten dieser Gesellschaft nicht ausdrücklich gewidmet hat. »Deren Situationen könnte sie gezielt aufarbeiten, ihnen könnte sie ... die Verwirklichung ihrer Bildungsansprüche zu sichern suchen. Sie könnte Partei ergreifen und die Sache dieser Benachteiligten zu ihrer eigenen machen. Sie könnte die Faktoren in den Mittelpunkt ihres Interesses rücken, die einzelne oder Gruppen in unserer Gesellschaft bei der Verwirklichung ihres Bildungsrechts behindern, die ihnen die Chance beeinträchtigen, auf dem Weg durch die staatlichen Bildungseinrichtungen Einsicht in die eigenen Lebensumstände und die Fähigkeit zu deren Beherrschung und Veränderung zu erwerben« (HESSE, MANZ 1972, 119), eine Kritik, die heute (1998) noch mindestens so aktuell ist wie zum Zeitpunkt ihrer Niederschrift.

Als solche Gruppen von Benachteiligten nennen Hesse und Manz nicht nur das prototypische katholische Arbeitermädchen vom Lande, sondern auch

- Gastarbeiterkinder,
- körperlich behinderte Kinder,
- geistigbehinderte Kinder.

Wenn die Curriculumforschung sich tatsächlich, wie behauptet, der Demokratisierung und Emanzipation widmen wollte, so müßte sie sich auf konkrete sozial diskriminierte und diskriminierend wirkende Situationen konzentrieren, »wenn sie Bildung verstünde als vorzügliche Aufgabe gegenüber denen, denen das allgemeine Bildungsziel: Beherrschung der eigenen Lebensumstände, besonders erschwert wird, dann müßten die Grund-, Haupt- und Sonderschüler sowie die Schüler der Pflichtberufsschule als erste in den Mittelpunkt der Überlegungen und der konkreten Projekte rücken« (HESSE, MANZ 1972, 120).

Für die geistigbehinderten Schüler(innen) dauerte es bis 1979, bis sie mit den Empfehlungen der Kultusministerkonferenz in den Mittelpunkt solcher Überlegungen rückten.

2.2 Formen der Curricula

Geschlossenes Curriculum

Sogenannte geschlossene Curricula legen den Schwerpunkt auf den stofflichen Aspekt. Sie wurden relativ früh entwickelt und sollten den Lehrern helfen, neue Unterrichtsgebiete wie z. B. die Mengenlehre zu unterrichten. Ausgangspunkt für geschlossene Curricula und die Entwicklung hierzu gehöriger Lernmaterialien waren vor allen Dingen Lehrstrategien der behavioristischen Psychologie (Technik des programmierten Lernens). Kernpunkte dieser Prinzipien waren u. a. die Operationalisierung von Lernzielen, die Erfolgsprüfung und systematische Erstellung von Methodenplänen zur Strukturierung von Lernschritten (vgl. Heidemarie ADAM 1981, 483). Der Lehrer war hierbei gedacht letztlich nur noch als Anwender und Ausführender eines bis in kleinste Einzelheiten vorgeplanten Unterrichts.

Offenes Curriculum

Offene Curricula orientieren sich zum einen an regulären Entwicklungsverläufen der Kinder. In ihnen werden Unterrichtsbeispiele zusammengestellt, um die didaktische Phantasie des Lehrers anzuregen. Lernziele erhalten eine andere Funktion: Sie steuern den Unterricht nicht mehr alleine, sondern dienen dem Lehrer als Suchschema, mit dessen Hilfe er spontane Aktivitäten seiner Schüler beobachten, weiterführen und vertiefen kann. Dieser Typ des Curriculums legt kein umfassendes Lehrprogramm vor, aber eine Vielzahl von guten Unterrichtsideen. Diese Unterrichtsideen sind nach Entwicklungsebenen geordnet, die ungefähr einem bestimmten Entwicklungsalter zugeordnet werden können.

Eine weitere Form orientiert sich am Lernprozeß. Diese sogenannten
»kontextbezogenen Konzepte« setzen voraus, »daß Lehrer fähig sind,
auf der Grundlage von Leitideen wirkungsvolle Unterrichtsverfahren zu
entwickeln« (ADAM 1981, 485). Es geht also um die Umsetzung von
Leitideen in Lernprozesse. Dabei wird so vorgegangen, daß für einzelne
Schüler Ziele schriftlich festgehalten werden. Hierfür werden dann Un-
terrichtsmaterialien bereitgestellt. Grundsätzlich sollen solche offenen
Curricula auch bei Geistigbehinderten selbstmotiviertes Lernen und
größtmögliche Selbständigkeit ermöglichen.

Spiralcurriculum

Die Berücksichtigung der mit zunehmender Schulbesuchsdauer sich ver-
größernden Lernmöglichkeiten von Schülern hinsichtlich Menge, Ab-
straktheit und Komplexität von Lerninhalten in der Gestaltung schulischer Lehrpläne hat eine lange Tradition im Prinzip der »konzentrischen
Kreise«. Im Zusammenhang mit der Entwicklung von Curricula wurde
es von Hilda Taba (San Francisco College 1964, dt. 1974) aufgegriffen
und zu einer spiraligen Anordnung über die Klassenstufen hinweg, zum
»Spiralcurriculum« weiterentwickelt.

Am Beispiel der Abhängigkeit menschlichen Lebens und menschlicher
Tätigkeit von der geographischen Lage und der Nutzung natürlicher
Hilfsmittel eines Landes läßt sich solch ein Spiralcurriculum wie auf der
folgenden Seite gezeigt darstellen (vgl. Abb. 2).

Solchen Spiralcurricula liegen u. a. Überlegungen von Jérome S. Bruner
zugrunde, nach denen das Curriculum mit dem intuitiven Erfassen und
Gebrauchen grundlegender Ideen durch junge Schüler beginnen und
»bei seinem Verlauf wiederholt auf diese Grundbegriffe zurückkommen
und auf ihnen aufbauen« (BRUNER 1970; nach POTTHOFF 1974, 27)
sollte. Die Entwicklungsorientierung dieses Ansatzes liegt darin, »den
Unterrichtsstoff in die Denkformen des Kindes zu übertragen« (BRU-
NER a.a.O.).

Ein weiterer interessanter Versuch der Anlehnung an Bruners »strukturierende Grundprinzipien der wissenschaftlichen Disziplin« (POTTHOFF
1974, 29) bei der Entwicklung eines Spiralcurriculums liegt im Biologie-
Kurs des Nuffield-Projects (England) vor. Das Curriculum will zentrale
Schlüsselbegriffe und grundlegende Prinzipien der Fachstruktur auf drei

Schulstufen unterschiedlich intensiv und zunehmend abstrakter vermitteln:

- *Unterstufe (U):* Orientierender Überblick, Einführung in alle wichtigen Grundprinzipien anhand konkreter Einzelbeispiele.
- *Mittelstufe (M):* Bei relativ systematischer Abfolge der Grundprinzipien Schwerpunkt bei der Analyse von Subsystemen.
- *Oberstufe (O):* Analyse des Organismus als komplexem System in Wechselwirkung mit anderen Systemen.

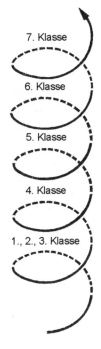

Bolivien, Argentinien, Mexiko

Ungleiche Verteilung von natürl. Hilfsquellen führt zum Bedarf unterschiedl. techn. Fertigkeiten, Ausbild.-niveau und Landbesitzformen.

Indianer in Küsten-, Berg-, Wüstengebieten

Unterschiedliche natürl. Hilfsquellen bewirken Unterschiede in der Lebensführung

7. Klasse

6. Klasse

5. Klasse

4. Klasse

1., 2., 3. Klasse

England, mittlerer Osten der USA

Charakteristische geographische Merkmale wirken auf die Nutzung menschlicher Hilfsmittel, fördern die Entwicklung unterschiedl. Fertigkeiten und beeinflussen das Ausmaß und die Ausprägung von Reichtum

Kolonialleben (nördl. und südl. Kolonien)

Unterschiede in der geogr. Lage bewirken Schwerpunktbildungen mit unterschiedlichen Fertigkeiten der dort lebenden Menschen

Schule, Gemeinde, Elternhaus (Heimat)

Die geograph. Gegebenheiten beeinflussen Arbeit, Transport, etc.

Abb. 2: Spiralcurriculum nach Hilda Taba
(Quelle: TABA, 1974, 33; korrigiert)

Es bleiben trotz prima-vista-Faszination einige Fragen offen, z. B.:

- Besitzen alle schulrelevanten Fachdisziplinen eine geeignete Struktur?
- Besteht die Gefahr einer Überbewertung fachlicher Gesichtspunkte?
- Verhindert eine enge Fachorientierung nicht gerade die Einbettung in größere, sinnhafte und lebensbedeutsame Zusammenhänge?

Bewertung

Grundsätzlich sind offene und geschlossene Curricula keine sich aus-
schließenden Gegensätze, sondern können sich sinnvoll ergänzen. Geschlossene Curricula werden in der Regel von hochspezialisierten Exper-
ten ohne Beteiligung von Lehrern entwickelt, und auch für deren schulische Umsetzung werden Lehrer eher als hinderlich und nicht genügend
qualifiziert angesehen. Die Aufgabe jedoch, ein Gesamt-Curriculum zu
entwickeln, welches für ein volles künftiges Erwachsenenleben qualifiziert, ist so komplex, daß sie gegenwärtig nicht lösbar erscheint. Da bei
der Entwicklungsarbeit in der Vergangenheit außer den Lehrern auch
Schüler und deren Eltern nicht beteiligt waren, kam es auch nur zu halb-
herziger Durchführung ohne wirkliches Engagement.

Offene Curricula orientieren sich nicht an einer bestimmten Verhaltens-
theorie und definieren selbst auch keine operationalisierten Lernziele.
Häufig ist in solchen Curricula etwas verwaschen von »kreativem Lernen« und »Spontaneität« in der Schule die Rede.

»Verfolgt man die Curriculumdiskussion, so gewinnt man oft den Eindruck, daß nach der einen, letztlich wahren und gültigen Curriculum-
theorie gesucht wird« (ADAM 1981, 488). Diese Suche wird noch eine
halbe Ewigkeit dauern. Dabei können auch geschlossene Curricula für
den Unterricht überaus anregend sein. Sie geben einen Überblick über all
die Fähigkeiten und Fertigkeiten, die für einen behinderten Schüler möglicherweise Gegenstand des Lernens werden können. Auch ersparen sie
dem Lehrer die zuweilen mühselige Arbeit des Operationalisierens und
verweisen unmittelbar auf möglicherweise hilfreiche Methoden und Medien.

Die Planung von Unterricht ausschließlich nach einem offenen Konzept
erscheint nicht möglich ohne die Kenntnis geschlossener Konzepte und
ohne ein Wissen und eine Vorstellung davon, was eigentlich mit diesem
allem beabsichtigt sei.

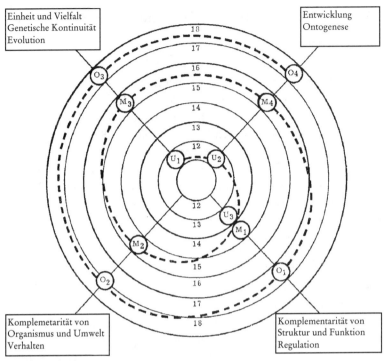

I. *Komplementarität von Struktur und Funktion, Regulation*
U2 Formen und Bewegung
M1 Aufrechterhaltung des Lebens
O1 Die Erhaltung des Organismus

II. *Komplementarität von Organismus und Umwelt, Verhalten*
M2 Lebewesen in Aktion
O2 Der Organismus im Verhältnis zu seiner Umwelt

III. *Genetische (Dis-)Kontinuität, Evolution, Einheit und Vielfalt*
U1 Vielfalt des Lebens – Zellen als Einheit
M3 Wie entstehen Gleichheiten und Unterschiede?
O3 Variation, Vererbung und Populationen

IV. *Entwicklung (Ontogenese)*
U2 Fortpflanzung, Entwicklung, Wachstum
M4 Entwicklungsmuster
O4 Der Organismus in der Entwicklung

12 – 13   Unterstufenkurs
14 – 16   Mitellstufenkurs(O-Level-Abschluß)
17 – 18   Oberstufenkurs (A-Level-Abschluß)
(M1)   Thematische Einheit, Teilpensum

Abb. 3:   Spiralcurriculum aus dem Nuffield-Projekt
          (aus POTTHOFF 1974, 29)

2.3   Die Empfehlungen der Kultusministerkonferenz (KMK)

Entstehung der KMK-Empfehlungen

Vor diesem Hintergrund: der Curriculumdiskussion auf der einen Seite,
der Zersplitterung des bundesdeutschen Schulwesens auch für Geistigbehinderte und der Gefahr des völligen Auseinanderdriftens der elf alten
Bundesländer auf der anderen Seite versuchte der Schulausschuß der
Kultusministerkonferenz durch bundeseinheitliche Rahmenempfehlun-
gen wenigstens zu einem gewissen Maß an Einheitlichkeit zu kommen.
Dabei stellen diese Empfehlungen durchaus kein revolutionäres Konzept
dar, sondern sind eher »ein behutsam reformierender Ansatz, der Be-
währtes und Neues sinnvoll ineinanderfügt« (MÜHL 1981, 214). Verab-
schiedet wurden die Empfehlungen am 09. Februar 1979 und dann im
März 1980 veröffentlicht.

Aufbau der Empfehlungen

Die Empfehlungen folgen in ihrem formalen Aufbau dem Beispiel klas-
sischer Lehrpläne: Sie gliedern sich in einen »allgemeinen Teil« und einen
zweiten Teil, der die »Unterrichts- und Erziehungsziele« der Schule für
Geistigbehinderte enthält. Beachtenswert im allgemeinen Teil ist der völlige Verzicht auf auch nur minimale Entwicklungs- und Leistungsanfor-
derungen bei der Aufnahme eines Schülers in die Schule für Geistigbehinderte und die ausdrückliche Feststellung, daß jedes Kind bildungs-
fähig sei. Verwirklicht wird hier endlich zumindest auf dem Papier die
Forderung, daß die Schule sich an die Schüler anzupassen habe und nicht
umgekehrt.

Zur Umsetzung dieser Überlegungen dient der Zielkatalog. Ausgehend
von der *Leitidee* »Selbstverwirklichung in sozialer Integration« werden
fünf Leitziele nebeneinander gestellt, die jeweils in vier bis sechs *Richtziele* gegliedert sind. Diese werden in *Grobziele* weiter ausdifferenziert,
so daß sich ein Katalog von insgesamt 108 Grobzielen ergibt. *Feinziele*
werden keine angegeben. Damit bleibt genügend Freiheitsspielraum für
spontane und kreative Lehrertätigkeit.

Niveau der Lernziele

Die Hinweise von Mager auf höchst eindeutige und höchst schwammige
Begriffe bei der Beschreibung von Lernzielen mögen darauf verweisen,
daß Lernziele gelegentlich mit Wörtern definiert werden, die sehr allge-

mein sind und sehr breiten Interpretationsspielraum lassen. Je größer der Interpretationsspielraum, desto abstrakter ist die Formulierung eines Lernziels. Das Abstraktionsniveau eines Lernziels meint damit den Grad der Konkretheit, Genauigkeit und Eindeutigkeit, mit dem ein Lernziel beschrieben ist.

Denkt man sich alle überhaupt vorstellbaren Lernzielformulierungen in ein Kontinuum eingeordnet, das von sehr vage formulierten zu immer konkreteren und genaueren Zielbeschreibungen führt, so kann man auf diesem Kontinuum Trennungsstriche setzen und dadurch Arten von Lernzielen bezeichnen, die sich hinsichtlich ihres Abstraktionsniveaus unterscheiden.

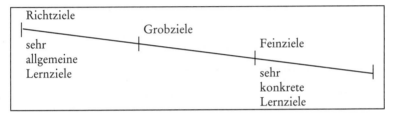

Abb. 4: Drei Zielebenen (entnommen aus MÖLLER 1974, 28)

Christine Möller fährt fort: »Es erscheint brauchbar, aus diesem Abstraktionskontinuum drei verschiedene Lernzielarten hervorzuheben: *Richtziele* oder Lernziele eines sehr hohen Abstraktionsniveaus, *Grobziele* oder Lernziele eines mittleren Abstraktionsniveaus, und *Feinziele* oder Lernziele eines sehr niederen Abstraktionsniveaus. Ein Feinziel besitzt in seiner Beschreibung den höchsten Grad an Eindeutigkeit und Präzision, schließt alle Alternativen aus und muß in seiner Formulierung die drei Komponenten Endverhaltensbeschreibung, nähere Bestimmung des Endverhaltens und Angabe des Beurteilungsmaßstabes beinhalten. Ein Grobziel beinhaltet nur eine vage Endverhaltensbeschreibung ohne Angabe des Beurteilungsmaßstabes; seine Formulierung besitzt einen mittleren Grad an Eindeutigkeit und schließt bereits viele Alternativen aus. Ein Richtziel ist mit vagen, umfassenden Begriffen beschrieben, schließt daher nur wenige Alternativen aus und läßt viele Interpretationen zu« (MÖLLER 1974, 28 – 29). Diese Überlegungen faßt Christine Möller in folgender Tabelle 8 zusammen:

Lernzielart	Lernziel-Beispiel	Formulierung	Merkmale	Funktion
Feinziel (Abstraktionsniveau 1)	10 vorgegebenen Geschäftsbriefen ohne Anrede von den 10 vorgegebenen Anredeformen mindestens 8 richtig zuordnen können	Endverhaltensbeschreibung, nähere Bestimmung des Endverhaltens, Angabe des Beurteilungsmaßstabes	Höchster Grad an Eindeutigkeit und Präzision, schließt alle Alternativen aus	Erstellung von Lernzielen für eine Unterrichtseinheit für bestimmte Schüler
Grobziel (Abstraktionsniveau 2)	Die verschiedenen Anredeformen in Geschäftsbriefen kennen	Vage Endverhaltensbeschreibung ohne Angabe des Beurteilungsmaßstabes	Mittlerer Grad an Eindeutigkeit und Präzision, schließt viele Alternativen aus	Erstellung von Lernzielen auf Lernplanbildungsniveau
Richtziel (Abstraktionsniveau 3)	Befähigt werden, an Kultur- und Wirtschaftsleben des Staates teilzunehmen	Beschreibung mit umfassenden, unspezifischen Begriffen	Geringster Grad an Eindeutigkeit und Präzision, schließt nur sehr wenige Alternativen aus	Erarbeitung der weltanschaulichen Grundlagen für die Lernzielerstellung

Tab. 8:   Formulierung, Merkmale und Funktion von Lernzielen verschiedenen Abstraktionsniveaus (aus MÖLLER 1974, 29)

Etwas anschaulicher beschreiben Edelmann und Möller die Abstraktionsniveaus (1976): Der Verhaltensteil und der Inhaltsteil eines Lernziels kann entweder abstrakt oder konkret beschrieben sein.

• Bei einem *Richtziel* sind sowohl der Inhaltsteil als auch der Verhaltensteil abstrakt beschrieben:

• Bei einem *Grobziel* ist entweder der Inhaltsteil abstrakt und der Verhaltensteil konkret beschrieben, oder aber der Inhaltsteil ist konkret und der Verhaltensteil abstrakt beschrieben.

• Bei einem *Feinziel* schließlich ist sowohl der Inhaltsteil als auch der Verhaltensteil konkret beschrieben.

Zwischen den Lernzielen auf verschiedenen Abstraktionsniveaus besteht ein Zusammenhang: Konkretere Lernziele lassen sich von allgemeinen

Lernzielen ableiten, und es läßt sich kontrollieren, ob ein bestimmtes Feinziel einem bestimmten übergeordneten Grob- oder Richtziel entspricht.

Nach diesen Überlegungen hinsichtlich des Abstraktionsgrades und der Hierarchie der Lernziele sind die Empfehlungen der Kultusministerkonferenz aufgebaut, die im folgenden wiedergegeben sind.

Die Lernziele der KMK-Empfehlungen

Zusammenstellung der Richt- und Grobziele der Empfehlungen der Kultusministerkonferenz für den Unterricht in Schulen für Geistigbehinderte: Leit-, Richt- und Grobziele unter der Leitidee:

SELBSTVERWIRKLICHUNG IN SOZIALER INTEGRATION

Erstes Leitziel:
Fähigkeit zum Erfahren der eigenen Person und zum Aufbau eines Lebenszutrauens

Erstes Richtziel:
Fähigkeit, körperliche Beeinflussungen zu erleben

Grobziele:
1. Empfinden der Raumlage des Körpers und Erhalten des Gleichgewichts in Ruhe und Bewegung
2. Erfahren der physischen Einheit des Körpers durch Kennen der Körperteile und ihrer Funktionen und Empfinden der Körperoberfläche
3. Wahrnehmen und Einordnen von Sinnesreizen

Zweites Richtziel:
Fähigkeit, Eigenaktivitäten zu erleben, zu differenzieren und zu steuern

Grobziele:
1. Aktivierungshilfen an sich geschehen lassen und sie unterstützen
2. Bewegungsstereotypien aufgeben und gezielte Bewegungen aufnehmen
3. Umweltreize und Anregungen beantworten

4. Gerichtete Aktivitäten aufnehmen und zur Befriedigung von Bedürfnissen und zur Lösung von Aufgaben über einen längeren Zeitraum einsetzen

Drittes Richtziel:
Fähigkeit, psycho-physische Spannungen zu erfahren und zu bewältigen

Grobziele:
1. Sich in verschiedenen Situationen wohl-/nicht wohlfühlen
2. Möglichkeiten, Wohlbefinden zu erreichen, kennen und nutzen
3. Angsterlebnisse bewältigen
4. Stimmungen und Gefühlsregungen erleben

Viertes Richtziel:
Fähigkeit, Veränderungen der eigenen Person zu erkennen, sich in seinen Möglichkeiten zu erfahren und zu stabilisieren

Grobziele:
1. Eigene körperliche Wachstums- und Reifungserscheinungen kennen und sich darauf einstellen
2. Eigene Wünsche erkennen, deren Realisierungsmöglichkeiten abwägen und über Erfüllung oder Verzicht entscheiden

3. Seine Behinderungen und zur Behinderung führende Vorgänge erkennen, einschätzen und bewältigen

> **Zweites Leitziel:**
> *Fähigkeit, sich selbst zu versorgen und zur Sicherung der eigenen Existenz beizutragen*

Erstes Richtziel:
Fähigkeit, auf Bedürfnisse und Notlagen aufmerksam zu machen

Grobziele:
1. Hunger- und Durstempfindungen auszudrücken
2. Notdurft mitteilen
3. Bedürfnis nach Ruhe oder Bewegung ausdrücken
4. Unbehagen, Unwohlsein und Schmerzen mitteilen
5. Grundlegende Kontakte eingehen

Zweites Richtziel:
Fähigkeit, Bedürfnisse selbst zu befriedigen und hygienische Erfordernisse selbständig zu erfüllen oder entsprechende Hilfen in Anspruch zu nehmen

Grobziele:
1. Speisen und Getränke zu sich nehmen
2. Kleidung aus- und anziehen
3. Ausscheidungsvorgänge beherrschen und Toilette benutzen
4. Körperpflege und Kosmetik durchführen
5. Sich bei Beschwerden und Verletzungen angemessen verhalten
6. Für Sauberkeit im persönlichen Lebensbereich sorgen

Drittes Richtziel:
Fähigkeit, Gefahren zu erkennen und ihnen angemessen zu begegnen

Grobziele:
1. Gefährdungen, die aus Situationen und Handlungen entstehen können, abschätzen und sich entsprechend verhalten

2. Gefährdungen, die von Gegenständen ausgehen, erkennen und vermeiden
3. Gesundheitsgefährdungen durch Nahrungs- und Genußmittel vermeiden
4. Gefährdungen durch Medikamente vermeiden

Viertes Richtziel:
Fähigkeit, eigene Kräfte im Hinblick auf Anforderungssituationen einzuschätzen und entsprechend zu handeln

Grobziele:
1. Sich der Grenzen seiner Leistungsfähigkeit bewußt werden und danach handeln
2. Kritik im Hinblick auf eine richtige Selbsteinschätzung annehmen oder ungerechtfertigte Kritik zurückweisen

> **Drittes Leitziel:**
> *Fähigkeit, sich in der Umwelt zurechtzufinden und sie angemessen zu erleben*

Erstes Richtziel:
Fähigkeit, sich im Alltagsbereich zurechtzufinden

Grobziele:
1. Die Räume der Wohnung/Schule und deren Einrichtung kennen und benutzen
2. Geräte und technische Einrichtungen der Wohnung/Schule kennen, sich ihrer bedienen und sie pfleglich behandeln
3. Zeichen, Signale und Symbole erkennen, beachten und entsprechend ihrer Bedeutung handeln
4. Signalwörter und Ziffern erkennen, beachten und entsprechend ihrer Bedeutung handeln
5. Kleidung erkennen und situationsgerecht gebrauchen
6. Eßbare Dinge erkennen, unterscheiden, beschaffen und herrichten
7. Bezugspersonen in ihren Rollen und Tätigkeiten kennen und unterscheiden

Zweites Richtziel:
Fähigkeit, sich im Verkehr zurecht-
zufinden
Grobziele:
1. Verkehrswege des näheren Wohnbe-
reichs und der Schulumgebung benutzen
2. Hinweis- und Verkehrsschilder erkennen und sich an ihnen orientieren
3. Ein- und Ausgänge, Treppen, Aufzüge
und Rolltreppen finden und benutzen
4. Schulbusse und öffentliche Verkehrs-
mittel kennen, sie benutzen und sich
dabei situationsgerecht verhalten
5. Sich in unbekannten Verkehrssituatio-
nen helfen können

Drittes Richtziel:
Fähigkeit, öffentliche Institutionen und
Einrichtungen in Anspruch zu nehmen
und an Veranstaltungen teilnehmen
Grobziele:
1. Notrufeinrichtungen erkennen und
situationsgerecht benutzen
2. Polizisten erkennen und im
Bedarfsfall rufen oder aufsuchen
3. Fernsprecheinrichtungen in Anspruch
nehmen
4. Automaten in ihrer
Zweckbestimmung erkennen und
benutzen
5. Einrichtungen der Gesundheitsfür-
sorge als nützlich und hilfreich erkennen, aufsuchen und sich dort situationsgerecht verhalten
6. Öffentliche Toiletten benutzen
7. Wichtige Dienstleistungsbetriebe und
Versorgungseinrichtungen kennen
und bei Bedarf in Anspruch nehmen
8. Kulturelle Einrichtungen und Veranstaltungen besuchen

Viertes Richtziel:
Fähigkeit, Zeitabläufe zu erfahren, sich
in ihnen auszukennen und sich auf sie
einzustellen

Grobziele:
1. Elementare Zeitperspektiven und ihre
sprachlichen Bezeichnungen erfassen
und sich danach richten
2. Den Tagesablauf in seiner Bedeutung
erfassen und beachten
3. Den Wochenablauf in seiner Bedeutung erfassen und beachten
4. Den Jahresablauf erfahren
5. Sich mit Hilfe von Uhren zeitlich
orientieren
6. Sich mit Hilfe von Kalendern zeitlich
orientieren

Fünftes Richtziel:
Fähigkeit, Natur in verschiedenen Er-
scheinungsformen und
Zusammenhängen zu erfahren und sich
auf sie einzustellen
Grobziele:
1. Sich Tieren gegenüber richtig verhalten
2. Mit Pflanzen sachgerecht umgehen
3. Sich Landschaften in ihrer Vielfalt erschließen und sich dort angemessen
verhalten
4. Die Bedeutung des Wetters und der
Wettereinflüsse erkennen und sich
darauf einstellen

Viertes Leitziel:
Fähigkeit, sich in der Gemeinschaft zu
orientieren, sich einzuordnen, sich zu
behaupten und sie mitzugestalten

Erstes Richtziel:
Fähigkeit, Kontakte anzunehmen, an-
zubahnen und aufrechtzuerhalten

Grobziele:
1. Anbahnen von Kontakten: Verstehen
und Erwidern gestischer und mimi-
scher Zeichen
2. Verstehen und Erwidern sprachlicher
Äußerungen
3. Auswählen von Kontaktangeboten
4. Kontaktstörungen und Kontaktab-
lösungen bewältigen

Zweites Richtziel:
Fähigkeit zum Zusammenleben und zu gemeinsamem Tun

Grobziele:
1. In Gegenwart anderer etwas tun
2. Auf Anregung oder unter Anleitung allein oder gemeinsam etwas tun
3. Selbständig etwas allein oder miteinander tun
4. Verschiedene Rollen im Zusammenleben erkennen, sich darauf einstellen und sie annehmen und übernehmen
5. Das Zusammenleben mitgestalten
6. Über das gemeinsame Tun mit anderen entscheiden

Drittes Richtziel:
Fähigkeit, mit Regeln umzugehen

Grobziele:
1. Annehmen gebräuchlicher Umgangsformen
2. Befolgen von notwendigen Regeln
3. Regeln veränderten Situationen entsprechend anwenden

Viertes Richtziel:
Fähigkeit, die Berechtigung von Ansprüchen abzuschätzen und entsprechend zu handeln

Grobziele:
1. Ansprüche äußern und berechtigte Ansprüche vertreten
2. Die Nichterfüllung eigener Ansprüche akzeptieren
3. Eigene Ansprüche zurückstellen
4. Ansprüche zurückweisen
5. Zur Erfüllung berechtigter Ansprüche anderer beitragen

Fünftes Leitziel:
Fähigkeit, die Sachumwelt zu erkennen und mitgestalten zu können

---

Erstes Richtziel:
Fähigkeit, Materialien, Geräte und Werkzeuge zu beschaffen, zu probieren und zu gebrauchen

Grobziele:
1. Materialien unter Berücksichtigung ihrer Eigenschaften handhaben bzw. gestalten
2. Materialien ihren verschiedenartigen praktischen und gestalterischen Verwendungsmöglichkeiten entsprechend wählen und einsetzen
3. Materialien, Geräte und Werkzeuge entsprechend dem Vorhaben oder dem Auftrag beschaffen, erproben und verwenden
4. Materialien, Geräte und Werkzeuge ordnen, aufbewahren und pflegen
5. Gegenstände entwerfen und aus bestimmten Materialien herstellen
6. Beim Umgang mit Materialien, Geräten und Werkzeugen Sicherheitsmaßnahmen beachten

Zweites Richtziel:
Fähigkeit, Räume herzurichten, einzurichten und umzuräumen

Grobziele:
1. Spiel- und Beschäftigungsplätze mit und ohne Hilfe für wiederkehrende Tätigkeiten herrichten
2. Räume oder Teile eines Raumes für Spiel oder Arbeit herrichten
3. Räume für Feste, Feiern und Besuche herrichten
4. Spielräume improvisierend aus verschiedenen Materialien erstellen
5. Einen Wohnbereich nach eigenen Wünschen und Möglichkeiten einrichten

Drittes Richtziel:
Fähigkeit, Tätigkeiten und Spiele aufzunehmen, zu wechseln, zu variieren, zu differenzieren und zu Ende zu führen

Grobziele:

1. Spielmaterial und Spielmöglichkeiten erkennen, wählen und nutzen
2. Anderen Spiele oder Tätigkeiten vorschlagen, sie durchführen, variieren und zu Ende führen
3. Mit verschiedenen Materialien Spielszenerien aufbauen und vollenden
4. Im Spiel Rollen übernehmen und variieren

Viertes Richtziel:
Fähigkeit, Zusammenhänge in der Sachumwelt zu erkennen, zu berücksichtigen und zu nutzen

Grobziele:

1. Wirkungen von Handlungen voraussehen und berücksichtigen
2. Vorsorgen können
3. Ordnungs- und Organisationszusammenhänge in der täglichen Umwelt erfassen, sich in ihnen zurechtfinden und entsprechend neuer Voraussetzungen abändern
4. Natur- und sachgegebene Wirkungszusammenhänge erfassen, berücksichtigen und nutzen

Fünftes Richtziel:
Fähigkeit, in Arbeit und Beruf tätig zu sein

Grobziele:

1. Gestellte Aufgaben zuverlässig und sorgfältig ausführen

2. Grundlegende Techniken bei der Bearbeitung häufig vorkommender Materialien beherrschen
3. Grundlegende Techniken für die Bearbeitung verschiedener Materialien mit Maschinen beherrschen
4. Zeitsetzungen anerkennen und sich danach richten
5. Sich während des Arbeitsablaufs notwendige Hilfen verschaffen
6. Sich in Arbeitsgruppen und Arbeitsabläufe einordnen und seinerseits auf Gruppenmitglieder und Arbeitslauf einwirken
7. Vorbereitungen für die tägliche Arbeit selbständig treffen
8. Geltende Arbeitsregeln kennen, sie einhalten und gegebenenfalls auf Änderungen hinwirken
9. Beziehungen zwischen Arbeit und Lohn bzw. Sozialleistungen erkennen und sich daraus ergebende Ansprüche durchsetzen

Sechstes Richtziel:
Fähigkeit, Freizeit in ihren verschiedenen Möglichkeiten zu erfahren

Grobziele:

1. Freizeit zur Entspannung und Erholung nutzen
2. Freizeit zu kreativem Tun nutzen
3. Freizeit zur Weiterbildung nutzen

Der didaktische Ansatz der Empfehlungen

Diese Empfehlungen der Kultusministerkonferenz unterscheiden sich von üblichen Lehrplänen in mehrfacher Weise:

- Sie verzichten auf bindende Forderungen, bei deren Nichterfüllen das Elend des Sitzenbleibens droht, und geben stattdessen ein umfangreiches Angebot an möglichen Lernzielen.

- Sie geben diese Lernziele nicht fein detailliert und unveränderlich vor, sondern bieten sie auf einem mittleren Abstraktionsniveau an, welches es dem einzelnen Lehrer erlaubt, eine sorgfältige Feinabstimmung auf die Situation des einzelnen Schülers wie auf die Möglichkeiten der eigenen Schule hin vorzunehmen.

- Sie binden Lernziele nicht an Altersstufen, Klassen- oder Schulstufen, sondern erlauben es, z. B. für schwächere ältere Schüler in der Werkstufe (das sind die letzten drei Schuljahre) gleiche oder ähnliche Lernziele festzulegen wie für Schüler der Unterstufe.

- Mit der Aufgliederung in Richtziele und Grobziele und der notwendigen lehrereigenen Erarbeitung von Feinzielen stellen die Empfehlungen eine »Zielpyramide« dar, welche von oben nach unten (deduktiv) sowie ebenso von unten nach oben (induktiv) vom Lehrer planerisch bearbeitet werden kann.

- Die Empfehlungen ermöglichen sowohl unterrichtliche Arrangements im Rahmen des Gesamtunterrichts der Klasse wie auch »fachorientierte Lehrgänge« in solchen Lernbereichen, in welchen bei den Schülern die erforderlichen Lernvoraussetzungen gegeben sind (z. B. Sport, Religion, Lesen, Rechnen, Arbeitslehre – insbesondere bei älteren Schülern).

Der erste Zielbereich »Fähigkeit zum Erfahren der eigenen Person und zum Aufbau eines Lebenszutrauens« enthält Ziele

- der frühen Ich-Bildung,
- zur Förderung eigengesteuerter Aktivitäten,
- zur Förderung des Gefühlslebens,
- der späteren Persönlichkeitsentwicklung.

Der zweite Zielbereich »Fähigkeit, sich selbst zu versorgen und zur Sicherung der eigenen Existenz beizutragen« umfaßt die klassische lebenspraktische Erziehung im engeren Sinne.

Der dritte Zielbereich »Fähigkeit, sich in der Umwelt zurechtzufinden und sie angemessen zu erleben« enthält Bereiche

- einer Sachkunde oder eines Sachunterrichts,
- mit dem Unterschied gegenüber früheren Plänen, daß im Vordergrund die handelnde Erkundung steht.

Der vierte Zielbereich »Fähigkeit, sich in der Gemeinschaft zu orientieren, sich einzuordnen, sich zu behaupten und sie mitzugestalten« umfaßt Ziele

- zur Sozialerziehung,
- zur Förderung der Verständigungsfähigkeit,

- zur Förderung des sprachlichen Handelns.

Der fünfte Zielbereich »Fähigkeit, die Sachumwelt zu erkennen und mitgestalten zu können« befaßt sich mit

- dem sachgerechten Umgang mit der materialen und technischen Umwelt,
- Anteilen des Werkunterrichts,
- der Bildenden Kunst,
- der Spielerziehung,
- der Freizeiterziehung,
- der Arbeitserziehung.

»Aussagen darüber, warum diese Ziele ausgewählt und so angeordnet worden sind, befinden sich in den Empfehlungen nicht« (MÜHL 1981, 217). Nach Auskunft von Kommissionsmitgliedern stellt diese Zielsammlung in ihrer Anordnung wie vorgelegt das Minimum eines allgemeinen Konsens innerhalb der Kommission dar. Grundlage zur Formulierung der Lehrziele waren allerdings Überlegungen über die notwendigen Qualifikationen zur Bewältigung gegenwärtiger und künftiger Lebenssituationen, auch im Sinne von Robinsohn.

Bei diesen Empfehlungen handelt es sich insoweit um einen *offenen Lehrplan*, als die Ziele nicht bis zu Ende, bis zum letzten Feinst-Feinziel, durchoperationalisiert worden sind und somit dem Lehrer genügend Spielraum für eigene Tätigkeit lassen. Auch ist der Lehrplan deshalb offen, weil er auf eine schulstufenbezogene Festlegung in der Reihenfolge der Umsetzung der Ziele verzichtet und lediglich davon ausgeht, daß Lehrziele mit einfacherer Qualifikationsstruktur sowie Ziele von grundsätzlicher Bedeutung früher realisiert werden, um die Voraussetzungen für andere, weiterführende und anspruchsvollere Ziele zunächst zu schaffen.

Das Ende der Empfehlungen

Mit den »Empfehlungen zur sonderpädagogischen Förderung in den Schulen in der Bundesrepublik Deutschland« wurden durch Beschluß der Kultusministerkonferenz vom 06.05.1994 die 1979er Empfehlungen außer Kraft gesetzt (vgl. SEKRETARIAT 1994) und erst mit Beschluß der gleichen KMK vom 26.06.1998 durch neue »Empfehlungen zum Förderschwerpunkt geistige Entwicklung« (vgl. SEKRETARIAT 1998) ersetzt.

Beide neueren KMK-Beschlüsse sollten u. a. auch dem Anliegen der integrativen Förderung geistigbehinderter Schüler(innen) in Regelschulen dienen, haben den Lehrer(inne)n jedoch die Ortientierungsgrundlage der 1979er Lernzielsammlung entzogen. Ausnahme blieb das Bundesland des Verfassers, das Saarland, welches die 1979er Empfehlungen per Erlaß als eigenen Lehrplan in Kraft gesetzt und diesen Empfehlungen damit eine von der KMK unabhängige Rechtswirksamkeit verliehen hatte. Im Kompetenzgerangel der inzwischen 16 Bundesländer ist möglicherweise auch übersehen worden, daß die 1979er KMK-Empfehlungen auch im Ausland Modellcharakter hatten; so orientiert sich bspw. der »Plan d'études« der »Education différenciée« des Großherzogtums Luxemburg deutlich an dieser außer Kraft gesetzten Vorlage (vgl. EDUCATION DIFFÉRENCIÉE 1993; 1996).

Wir halten die 1979er KMK-Empfehlungen nach wie vor für eine unersetzliche Orientierungshilfe für Lehrer(innen) Geistigbehinderter unabhängig vom jeweiligen Lernort.

Die KMK-Empfehlungen enthalten zu jedem Grobziel zusätzliche didaktisch-methodische Überlegungen und Hinweise für den Unterricht, die allerdings nicht ausreichen, um etwa aus einer Grobzielformulierung heraus unmittelbar eine Unterrichtseinheit abzuleiten. Solche Unterrichtsplanung verlangt auf der didaktischen Ebene einen Prozeß zunehmender Verfeinerung der Ziele und stellt den Lehrer zusätzlich vor die Aufgabe, zu den gefundenen Zielen auch angemessene Unterrichtsinhalte zuzuordnen. Hiervon handelt das folgende Kapitel 3.

3 Vom Lehrplan zum Unterricht

Wenn wir mit Wolfgang Klafki eine Didaktik im engeren Sinne von einer Didaktik im weiteren Sinne unterscheiden, so wenden wir uns nach der Frage der auszuwählenden Lerninhalte und deren Anordnung in einem Lehrplan nunmehr den Fragen der Didaktik im weiteren Sinne zu und beschäftigen uns mit den Problemen des Unterrichts, seinen Bestimmungsfaktoren, seinen Abhängigkeiten, seinen Formen. Zu den unterrichtkonstituierenden Merkmalen gehören u. a. auch die Unterrichtsverfahren, die Lehr- und Lernmethoden. Wir bewegen uns somit in einem Übergangsbereich, in welchem Probleme der Lerninhalte und Lernziele und solche der Unterrichtsmethoden sich wechselseitig beeinflussen (RADIGK 1978, 112). Folgen wir der Argumentation von Werner Radigk, dann

- abstrahiert die Didaktik »von den Besonderheiten der einzelnen Unterrichtsfächer und verallgemeinert die speziellen Erscheinungen und Gesetzmäßigkeiten des Lehrens und Lernens in den verschiedenen Unterrichtsdisziplinen und -formen« (KLINGBERG nach RADIGK a.a.O.),

- »während Methodik stets an das Besondere, an den Gegenstand, an den Inhalt oder zumindest an das Fach gebunden bleibt« (RADIGK a.a.O.).

In diesem Feld zwischen Lehrplan und konkreter Unterrichtsdurchführung haben wir uns mit dem zu beschäftigen, was organisiertes Lehren und Lernen, was Unterricht ausmacht.

3.1 Didaktik der Schule für Geistigbehinderte

Es gibt sie nicht!

Gottfried Biewer vertritt die Ansicht, daß »die Frage nach den theoretischen Wurzeln einer Pädagogik und Didaktik der geistigbehinderten ... nicht so leicht zu beantworten« (1995, 276) sei. Insbesondere beklagt er das Fehlen einer in sich geschlossenen Didaktik der Geistigbehinderten: »Ein großer Entwurf, den man als ›Didaktik der geistigbehinderten‹ bezeichnen könnte, existiert bis heute nicht« (BIEWER a.a.O.). Vielmehr bestünde das, was als Geistigbehindertendidaktik bezeichnet würde, aus »einer großen Ansammlung kleiner und kleinster Mosaiksteine unterschiedlichster Herkunft vor allem aus der Pädagogik [gemeint ist hier die Allgemeinpädagogik; H.J.P.], aber auch aus der Motologie, Psychologie und aus therapeutischen Ansätzen unterschiedlichster Provenienz« (BIE-WER a.a.O.). Pädagogische Quellen seien neben sehr frühen insbesondere in der Reformpädagogik des beginnenden 20. Jahrhunderts ausfindig zu machen. Biewer bezieht sich insbesondere auf Georgens, der den Begriff »Heilpädagogik« 1863 eingeführt hat und diese Heilpädagogik als Zweig der allgemeinen Pädagogik verstanden hat. In dieser Tradition steht in unserem Jahrhundert der Schweizer Paul Moor, der sagt:»Heilpädagogik ist Pädagogik und nichts anderes«[1] (nach BIEWER, 1995, 276). Wenn Heilpädagogik (Sonderpädagogik, Behindertenpädagogik, Rehabilitationspädagogik) jedoch nichts anderes ist als (allgemeine) Pädagogik, dann kann auch eine Didaktik der Schule für Geistigbehinderte im wesentlichen nichts anderes sein als eine allgemeine Didaktik. In diese Richtung weisen auch neuere Entwicklungen, die wohl aus dem sonderpädagogischen Raum kommen, jedoch unter integrativer Zielsetzung in den allgemeinpädagogischen Raum hineinweisen, wie z. B. das tätigkeitstheoretische Konzept von Geog Feuser (1995). Konsequent meinte Reinhard Kutzer bereits 1974,»daß es eine weitgehend eigenständige sonderpädagogische Didaktik im engeren Sinne wohl kaum gibt, ja sogar im Interesse der Chancengleichheit nicht geben darf« (KUTZER 1974, 61).

Es gibt sie doch!

Mit dieser Aussage, daß »es eine weitgehend eigenständige sonderpädagogische Didaktik *im engeren Sinne* wohl kaum gibt«, stellt Kutzer (1974, 61; H. d. H.J.P.) aber auch fest, daß es solches *im weiteren Sinne* wohl doch gibt, zumindest in Ansätzen. Es gibt sie alleine deshalb, weil auch die Schule für Geistigbehinderte Vorgaben benötigt, nach denen sie ihre Lernprozesse in unterschiedlicher Weise gestalten kann. Biewer ist sicherlich zuzustimmen, daß es sich zur Zeit eher um mosaikartig aneinandergereihte Didaktikstückchen handelt, die aus den unterschiedlichsten Quellen entnommen und für den Bedarf der Schule für Geistigbehinderte nutzbar gemacht worden sind. Einige dieser Didaktik-Mosaiksteine seien dargestellt.

---

[1] Bei Paul Moor heißt es in der gekürzten Studienausgabe der Schweizerischen Zentralstelle für Heilpädagogik schlicht:»Heilpädagogik ist Pädagogik« (1994, 276) ohne jeden Zusatz.

Orientierung am Lernverhalten

Konsequent phänomenologisch am Lernverhalten von Sonderschülern hat Bach seine Überlegungen orientiert. Bereits in seiner »Unterrichtslehre L« (1971) hat er folgende Schülermerkmale zum Ausgangspunkt seiner Überlegungen hinsichtlich der Auswahl der Lernziele und der Unterrichtsgestaltung gemacht:

»1. Dauernde sachliche und quantitative Eingeengtheit des Lernfeldes (Aufnahmefähigkeit für Konkretes und Bedürfnisbezogenes);

2. Reduzierte Abstraktivität (vorwiegende motorische und sensorische Ansprechbarkeit);

3. Eingeschränkte Gliederungsmöglichkeit für Lernaufgaben (spezielle Führungsbedürftigkeit im Lernprozeß);

4. Verlangsamung, Verflachung und zeitliche Begrenztheit der Lernprozesse (unregelhafte Lerndynamik);

5. Geringe, vorwiegend diffuse Spontanität (permanente Anregungsbedürftigkeit)« (BACH 1971, 11).

Die gleichen Aspekte des Lernverhaltens eruierte er bei Geistigbehinderten und legte sie seinen Überlegungen zum Unterricht in der Schule für Geistigbehinderte zugrunde (1974; 1976).

Orientierung an kindlicher Normalentwicklung

Insbesondere die Arbeiten von Jean Piaget über kindliche Entwicklung haben die Ausrichtung der Arbeit im sonderpädagogischen Raum bestimmt, hier insbesondere im Bereich der Frühförderung und der Arbeit mit Geistigbehinderten schwereren Ausprägungsgrades. Bereits 1970 bezieht sich Gustav O. Kanter ausdrücklich auf Piaget, dessen kognitivem Modell er bescheinigt: »Dieser Entwurf vom geistigen Fortschreiten und der wachsenden Bewältigung läßt sich zum einen analog übertragen auf die Anforderungen, welche an die Didaktik und Methodik der Sonderschule zu stellen sind (übrigens nicht nur der Sonderschule); zum anderen vermag er direkt die Leitlinien individuellen Fortschritts anzugeben, an die das Bemühen um Lernhilfe (eine der zentralen Aufgaben der Lernbehindertenpädagogik) sinnvoll anzuknüpfen vermag« (KANTER 1970, 248). Auch Otto Speck bezieht sich ausdrücklich auf Piagets Forschungen, wenn er »das Prinzip der Entwicklungsgemäßheit« erläutert (1993, 244 – 245).

Auch der bayerische Lehrplan für die Schule für Geistigbehinderte von
1982 gliedert ausdrücklich »entwicklungsorientierte Lernbereiche« aus
dem Kanon aller Lernbereiche aus. Zu den entwicklungsorientierten
Lernbereichen werden hier gerechnet

- Motorik,   • Sprache,
- Wahrnehmung,   • Denken

(STAATSINSTITUT 1982, 15 – 75).

In diesem Lehrplanteil wird sowohl auf Piaget Bezug genommen wie
auch auf Vertreter der Aneignungspsychologie der kulturhistorischen
Schule. Schließlich legt Alois Bigger seinem Konzept der Förderung
Schwer- und Schwerstbehinderter ausdrücklich und konsequent Piagets
Konzept der sensomotorischen Entwicklung zugrunde (1993).

Orientierung an Lebensaufgaben

In vorsichtiger Andeutung findet sich diese Orientierung in der Einleitung zum zweiten Leitzielbereich »Fähigkeit, sich selbst zu versorgen
und zur Sicherung der eigenen Existenz beizutragen« in den Empfehlungen für den Unterricht in der Schule für Geistigbehinderte der Kultusministerkonferenz: »Die Befähigung zur Existenzsicherung bedeutet,
daß der Geistigbehinderte so weit wie möglich in die Lage versetzt wird,
selbständig zu leben und damit zu seiner Integration in die Gesellschaft
beizutragen« (1980, 35). Deutlicher ist wiederum der bayerische Lehrplan: »Die Lernbereiche des Lehrplans stellen Ausschnitte aus der Lebenswirklichkeit dar.« Insbesondere wird betont, daß »das didaktisch-
methodische Konzept in den handlungsorientierten Lernbereichen ein
offenes Lernen in realen Lebenssituationen und die Handlungskompetenz des Schülers als Schwerpunkt setzt« (STAATSINSTITUT 1982, 10).
Diese Orientierung am wirklichen Leben aller Schüler in und außerhalb
der Schule betrifft im bayerischen Lehrplan die Lernbereiche

- Selbstversorgung   • Heimat
- Spielen   • Natur
- Soziale Beziehungen   • Technik
- Zeit   • Mathematik
- Verkehr   • Lesen
- Freizeit   • Schreiben

(vgl. STAATSINSTITUT 1982, 77 – 224).

Handlungsorientierung

Mit dem letzten Gliederungspunkt des bayerischen Lehrplanes ist bereits die Orientierung an Handlungen angesprochen. Diese Handlungsorientierung wird insbesondere von Otto Speck und Heinz Mühl vertreten, von Mühl seit 1979 mit seinem Buch »Handlungsbezogener Unterricht mit Geistigbehinderten«. Mühl bezieht sich dabei sowohl auf den Projektunterricht, wie ihn John Dewey konzipiert hat, als auch auf Konzepte aus der bereits erwähnten Reformpädagogik. Diese reformpädagogischen Konzepte haben, ohne daß dies besondere Erwähnung gefunden hätte, von Anfang an den Unterrichtsbetrieb in der Schule für Geistigbehinderte wesentlich mitbestimmt.

Fachorientierung

Fachorientierung innerhalb des Unterrichts der Schule für Geistigbehinderte zeigt die größte Nähe zum klassischen Fachunterricht an allgemeinen Schulen bzw. zu Lehrgängen außerschulischer Art. Fachorientierte Lehrgänge sind »sachstrukturell ausgerichtet ... und lehrgangsartig fortschreiten[d]« (SEKRETARIAT 1980, 9). Sie orientieren sich also an den sachstrukturellen Gegebenheiten des Lerninhaltes und nicht am Entwicklungsstand bzw. der Entwicklungsnotwendigkeit des einzelnen Schülers; auch sind sie nicht wie die handlungsorientierten Lernbereiche in Alltagsgeschehen eingebunden.

Orientierung an verhaltenstherapeutischen Konzepten

Insbesondere zum Aufbau lebenspraktischer Fertigkeiten hat die Geistigbehindertenpädagogik in großem Umfang therapeutische Konzepte übernommen, die in der lerntheoretisch orientierten Verhaltenstherapie entwickelt worden waren bzw. nach diesem Modell selbst Förderkonzepte entwickelt. Als Beispiele mögen dienen:

- das Farblernprogramm von Irmela Florin und Wolfgang Tunner (1971, 98 – 116),
- das Zahnputz-Programm von Bouter und Smeets (1979),
- das lebenspraktische Trainingsprogramm von John und Gudrun Kane (1976; 1978),
- das Programm Kleidung, Essen, Toilettenverhalten, Hygiene von Liljeroth und Nimeus (1973),

- das »Elternprogramm für behinderte Kinder« von Edgar Schmitz (1976; 1979) oder

- als Einführung die »Verhaltenstherapie bei geistigbehinderten Kindern« von Gottwald und Redlin (1975).

Alle diese einzelnen Trainingskonzepte können als kleine geschlossene Curricula gelten, die bei Bedarf sinnvoll einzusetzen sind.

3.2 Didaktische Umsetzung der KMK-Empfehlungen

Lehrer vermissen bei der Durchsicht des Zielkatalogs sofort die fehlenden Lerninhalte. Allerdings sind innerhalb der »didaktisch-methodischen Grundlegung« und der »Hinweise für den Unterricht« auch mögliche Lerninhalte und Themen angegeben. Auch enthalten die Lehrzielformulierungen überwiegend selbst Lehrinhalte. Allerdings bietet die Lehrzielsammlung keine im Sinne einer Fachorientierung vorfindliche Gliederung.

Diese ist in *Baden-Württemberg* in folgender Weise vorgenommen worden (vgl. OBERACKER 1980) – die fünf Zielbereiche werden zu *vier Lernbereichen* zusammengefaßt:

- der erste Zielbereich zum Lernbereich »Basale Förderung«;

- der zweite Zielbereich zum Lernbereich »Selbsterfahrung/Selbstversorgung«;

- der dritte und vierte Zielbereich zum Lernbereich »Umwelterfahrung/Sozialverhalten«;

- der fünfte Zielbereich zum Lernbereich »Arbeit und Freizeit«.

Der Lernbereich »Basale Förderung« gilt dabei als Grundlegung für die übrigen Lernbereiche, da die hier erfaßten Ziele nicht in bestimmten Lebenssituationen oder -inhalten verwirklicht werden können, sondern als durchgängige Ziele innerhalb der anderen Lernbereiche angestrebt werden müssen. Einen Vorschlag zu solcher Einbindung des Lernbereichs »Basale Förderung« in die übrigen Lernbereiche legt Oberacker (1983, 50) vor:

Übersicht: Lernbereiche und Zielbereiche im BILDUNGSPLAN B-W

1. Lernbereich: Basale Förderung

1. Zielbereich:
Fähigkeit, die eigene Person zu erfahren und ein Lebenszutrauen aufzubauen

2. Lernbereich: Selbsterfahrung/ Selbstversorgung	3. Lernbereich: Umwelterfahrung und Sozialverhalten	4. Lernbereich: Spiel, Gestaltung, Freizeit, Arbeit
2. Zielbereich: Fähigkeit, sich selbst zu versorgen und zur Sicherung der eigenen Existenz beizutragen	*3. Zielbereich: Fähigkeit, sich in der Umwelt zurechtzufinden und sie angemessen zu erleben* *4. Zielbereich: Fähigkeit, sich in der Gemeinschaft zu orientieren, sich einzuordnen, sich zu behaupten und sie mitzugestalten*	*5. Zielbereich: Fähigkeit, die Sachumwelt gestalten zu können*

	Umwelterfahrung	Sozialverhalten	Kommunikation	Spiel, Gestaltung, Freizeit	Arbeit
		Themenbereiche:			
Nahrungsaufnahme Hygiene, Körperpflege, Gesunderhaltung Sich kleiden Gestaltung des persönlichen Bereichs	Räumliche Umgebung Zeit Natur Mengen und Größen Verkehr Öffentliche Einrichtungen u. Dienstleistungsbetriebe	Familie Schule Freundschaft, Partnerschaft Gemeinde und Öffentlichkeit	Verständigung ohne Sprache Miteinander sprechen Lesen Schreiben Umgang mit Medien	Spielen Gestalten mit Material Musik und Rhythmik Bewegungserziehung/Sport Feste, Feiern und Veranstaltungen	Produkte herstellen/Serienarbeiten ausführen Dienstleistungen erbringen

Tab. 9:   Zusammenfassung zu vier Lernbereichen

Ein weiterer Vorschlag aus Baden-Württemberg bezieht sich auf die Zuordnung von Leitzielen zu Lernbereichen, Richtzielen zu Themenbereichen, Grobzielen zu Themen, Feinzielen zu Einzelthemen, woraus sich aus einer Hierarchie der Ziele auch eine Hierarchie der Inhalte ableiten läßt:

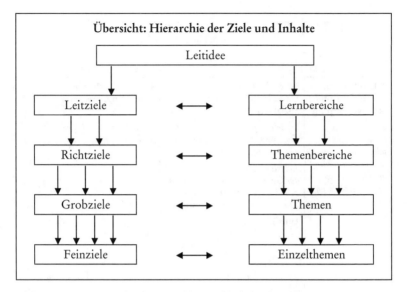

Abb. 5:   Zusammenhang von Zielen und Inhalten (nach OBERACKER
           1983, 43)

Aufgaben des Lehrers bleiben bei dieser Zuordnung:

- die Ableitung von Feinzielen aus Grobzielen;
- die Ableitung von Einzelthemen aus Gesamtthemen;
- die Abstimmung von Einzelthemen und Feinzielen;
- die Planung von Unterrichtseinheiten aus Feinzielen und Einzelthemen.

An einem Beispiel (siehe Abb. 6) aus dem Bereich Nahrungsaufnahme
wird dies verdeutlicht (OBERACKER 1983, 47). Die Planungsarbeit des
Lehrers beginnt hierbei auf der Ebene des Grobziels, wie in den Empfehlungen vorzufinden. Die Ableitung der Feinziele, die Definition des
Themas wie des Einzelthemas und die Planung der einzelnen Unterrichtsschritte sind vom Lehrer aus der Kenntnis der Lernausgangslage
und der Lernmöglichkeiten seiner Schüler zu leisten.

Auch wenn man der hier vorgenommenen Zuordnung nicht immer
zustimmen mag (*ein* Feinziel kann auch *viele* Lerninhalte abgeben), so
wird doch ein erstes Raster geboten, welches die unterrichtliche Umsetzung der KMK-Empfehlungen erleichtern kann. Ein genaueres Eingehen
auf diese Fragen ist jedoch späteren Abschnitten vorbehalten.

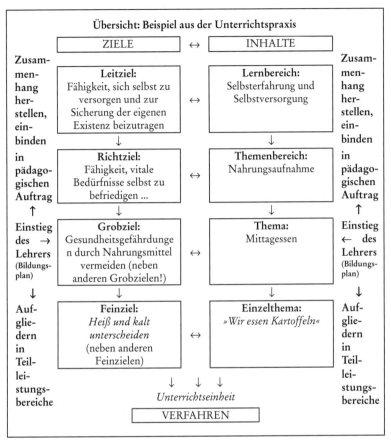

Abb. 6:   Beispiel Nahrungsaufnahme (nach OBERACKER 1983, 47)

3.3   Vorgehensweisen

Bei der Umsetzung solcher Lehrpläne in konkrete Arbeitspläne einzelner Schulen bzw. einzelner Klassen lassen sich grob drei unterschiedliche Vorgehensweisen unterscheiden:

• das entwicklungsorientierte Vorgehen,
• das handlungsorientierte Vorgehen,
• das fachorientierte Vorgehen.

Dem *entwicklungsorientierten Vorgehen* liegt die These der Invarianz von Entwicklungssequenzen vor allem psychischer Funktionen zugrunde, wonach die kindliche Entwicklung nach relativ allgemeingültigen Gesetzmäßigkeiten verläuft. Angewandt wird dieses Konzept teilweise in der Frühförderung und bei Menschen mit schwerer geistiger Behinderung als basale Förderung psychischer Funktionen. Die Kritik an solch entwicklungsorientiertem Vorgehen bezieht sich im wesentlichen auf drei Punkte:

• Die Gleichsetzung der Entwicklung bei nichtbehinderten und bei geistigbehinderten Kindern wird bezweifelt.

• Sonderpädagogik müsse sich an individuellen Bedingungen und Lernbedürfnissen orientieren, weniger an allgemeinen Normen.

• Ein funktionsbezogenes basales Training führe, so wird weiter eingewandt, zu einer funktionellen Zergliederung des Handelns, zu einer Atomisierung und damit zum Verlust sinnvoller Zusammenhänge.

Gefordert wird daher die *Einbettung von Funktionsübungen in ganzheitliche Lernsituationen,* denen Handlungen zugrundeliegen können, so daß auf diese Weise eine Verbindung zum handlungsbezogenen Lernen hergestellt wird.

Das *handlungsbezogene Konzept* begründet sich einerseits aus einem allgemeinen Ziel, das mit »Handlungsfähigkeit« beschrieben werden kann, und andererseits aus den überwiegend handlungsbezogenen Lernmöglichkeiten geistigbehinderter Schüler. Handlungsfähigkeit kann nur durch solche Lernprozesse erworben werden, die selbst insgesamt handlungsbezogen sind: *Handeln wird durch Handeln erlernt.* Dazu gehört auch, daß die Schule für Geistigbehinderte von vornherein als Erfahrungs- und Handlungsraum konzipiert wird, in welchem die Schüler vielfache Möglichkeiten des Handelns erproben und erfahren können. Der Unterricht soll dem Schüler realitätsgerechte bzw. realitätsnahe Handlungsmöglichkeiten bieten, wobei die *Struktur des Unterrichts den Merkmalen und Phasen des alltäglichen Handelns weitgehend nachgebildet* werden soll. Im Klassenunterricht geschieht dies im wesentlichen durch Projekte oder Vorhaben, die Handlungen zum Ziel haben. In der Arbeit mit Geistigbehinderten sprechen wir dabei üblicherweise nicht von Projektunterricht, sondern von *projektorientiertem Unterricht.* Der

Unterrichtsverlauf soll dabei dem üblichen Ablauf eines Projektes folgen und sich in folgende Phasen gliedern:

- Phase der Zielsetzung,
- Phase der Planung,
- Phase der Durchführung,
- Phase der Kontrolle und Bewertung des Ergebnisses.

Für bestimmte Lernziele ist eine *fachorientierte Ausrichtung* und ein vom Fach her vorgegebenes Vorgehen angebracht. Diese Lernziele sollten wohl nach Möglichkeit innerhalb eines projektorientierten Unterrichts angestrebt werden, um ihre Stellung in übergreifenden Handlungszusammenhängen deutlich werden zu lassen. »Ziele und Inhalte, die von ihrer Sachstruktur her nicht ohne weiteres in diesen Unterricht zu integrieren sind, sollten in fachorientierten Lehrgängen realisiert werden« (MÜHL 1991, 92). Als solche Bereiche werden genannt:

- Musik
- Arbeitslehre
- Rhythmik
- Ästhetische Erziehung
- Werken
- Textilarbeit

- Hauswirtschaft
- Bewegungserziehung
- Mathematik
- Lesen
- Schreiben.

Die Stellung der fachorientierten Lehrgänge im Rahmen der schulischen Lehrpläne der Schule für Geistigbehinderte und ihre unterrichtliche Umsetzung sind noch nicht ganz eindeutig. Grundsätzlich kann gelten, daß es sich hierbei um solche Lernbereiche handelt, welche mit zunehmendem Alter und zunehmender Lernfähigkeit der Schüler immer stärker fachorientiert akzentuiert und aus übergreifenden Handlungszusammenhängen herausgelöst werden können.

Die Zusammenhänge werden in folgender Tabelle deutlich, die sich am *bayerischen Lehrplan* orientiert:

Grundlegender Unterricht		Fachorientierter
Entwicklungsorientierte Lernbereiche	Handlungsorientierte Lernbereiche	Unterricht
Motorik	Selbstversorgung	Religionslehre
	Spielen	Musik
Wahrnehmung	Soziale Beziehungen	Rhythmik
	Heimat	Ästhetische Erziehung
Sprache	Natur	(Bildnerisches Gestalten)
	Technik	Werken
Denken	Zeit	Textilarbeit
	Verkehr	Hauswirtschaft
	Freizeit	Bewegungserziehung/Sport
	Mathematik	
	Lesen	
	Schreiben	

Tab. 10:   Aufbau und Struktur des bayerischen Lehrplans für den Unterricht an der Schule für Geistigbehinderte (nach: STAATSINSTITUT 1982, 9)

3.4   Schul- und lehrereigene Pläne

Der schuleigene Lehrplan

Horvath (1990) schlägt vor, aus den amtlich vorgegebenen Lehrplänen heraus einen schuleigenen Lehrplan zu entwickeln, der folgende Aspekte beachten soll:

• standortspezifische Eigenheiten;

• pädagogische Schwerpunkte der jeweiligen Schule;

• Lernmöglichkeiten und Lernbedürfnisse der Schüler.

Die außerordentliche Verschiedenheit der Schüler(innen) auch nur einer einzigen Klasse der Schule für Geistigbehinderte erfordert, um jeden einzelnen Schüler optimal fördern zu können, individuelle Förder- und Lehrpläne. Würde ein Lehrer ausschließlich dem Gebot der individuellen Förderung folgen, wäre jedoch kein gemeinsames Lernen in dieser Klasse möglich. Würde der Lehrer andererseits nach einem für alle seine Schüler(innen) verbindlichen Arbeitsplan handeln, würde er individuelle Bedürfnisse und Notwendigkeiten außer acht lassen.

Der Lehrer muß also beides miteinander verbinden: das für alle seine Schüler Machbare und das für jeden einzelnen Notwendige und Mögliche. Er ist somit auf eine offene Planung angewiesen,»innerhalb dieser flexibel und rasch auf situative Lernanlässe und aktuelle Lernbedürfnisse der Schüler reagiert werden kann« (HORVATH 1990, 3).

Horvath ist der Ansicht, daß diesen Intentionen am besten *Trimesterpläne* gerecht werden, welche über etwa drei Monate hinweg die Lernziele mitberücksichtigen. Dabei sollen die einzelnen Lernziele nicht unverbunden nebeneinander stehen, sondern quasi netzartig gedacht werden und zueinander in vielfältigen Querverbindungen stehen.»Bei jedem Lernziel muß nach möglichen direkten oder tangierenden Lernverbindungen gesucht werden« (HORVATH 1990, 3). Diese Stoffsammlung dient bei der Feinplanung der schülerbezogenen Setzung von Schwerpunkten.

Wesentlichen Einfluß auf die Gestaltung eines standortbezogenen Lehrplans muß der Standort der Schule selbst haben. Je nachdem, ob sich die Schule im ländlichen Raum oder in einem städtischen Ballungsgebiet befindet, gestalten sich z. B. die Handlungsfelder»Öffentlichkeit«,»Verkehr« oder»Freizeit« sehr unterschiedlich. Demnach müssen sich die Lerninhalte in allen Lernbereichen dem Umfeld und dem Aktionsradius der jeweiligen Schule anpassen.

Für die möglichen Handlungsfelder einer Schule sollen nunmehr in gemeinsamer Arbeit des Kollegiums bzw. in Arbeitsgruppen Themenschwerpunkte zusammengestellt werden. Dem Beitrag Horvaths ist für das Handlungsfeld»Spielen« das nachfolgende Beispiel (HORVATH 1990, 11) entnommen, bei welchem in einem ersten Schritt dem Handlungsfeld »Spielen« mehrere Grobziele zugeordnet werden (siehe nachfolgende Tab. 11).

Über die vier Schulstufen (Unter-, Mittel-, Ober- und Werkstufe) hinweg werden unterschiedliche Schwerpunkte gesetzt mit zunehmendem Anspruchsniveau und zunehmender Komplexität (siehe Tab. 12).

Handlungsfeld Spielen

Grobziele:

- Spielräume und Spielzeiten kennenlernen
- Spielräume nutzen und gestalten
- sich in der erfahrbaren Umwelt zurechtfinden
- sich als Verkehrsteilnehmer orientieren
- Freizeit- und Erholungseinrichtungen am Schulort nutzen
- Kontakte mit »Nichtbehinderten« aufnehmen
- gebräuchliche Verhaltensmuster annehmen
- sich in neuen sozialen Situationen zurechtfinden
- sich geeigneter Kommunikationsmittel bedienen
- in der Freizeit aktiv sein
- Freizeittechniken anbahnen, einüben und anwenden
- bei Freizeit mit anderen in Gemeinschaft erleben
- außerschulische Freizeitmöglichkeiten kennen und nutzen

Tab. 11:   Grobziele zu einem Handlungsfeld (aus HORVATH 1990, 11)

Schwerpunktthema	Lernverbindungen
Unterstufe	
• Mein Lieblingsspielzeug	Wahrnehmung
• Wir richten eine Spielecke ein	Motorik
• Warum immer aufräumen?	soziale Beziehungen
• Spiele für die Pause	Heimat
• Wir lernen die Spielplätze am Schulgelände kennen	Spielen
	Freizeit
	Bewegungserziehung
Mittelstufe	
• Wir räumen die Spielecke auf	Wahrnehmung
• Wir lernen ein neues Spiel	Motorik
• Ich kenne den Weg zum Waldspielplatz	soziale Beziehungen
• Vorsicht beim Überqueren der Straße	Sprache
• Wir bauen im Sand	Verkehr
• Vorsicht auf der Schaukel	Sport
• An der Rutsche muß man warten können	Freizeit
• Wir lernen Minigolf	Technik

Oberstufe	
• Wir betreuen eine Unterstufe auf dem Waldspielplatz und spielen mit ihr • Wir machen bei einem Spielplatzfest mit • Es gibt noch andere Spielplätze • Haltet euren Spielplatz sauber! Umweltaktion mit den anderen Spielplatzbesuchern • Mit ist sooo langweilig! Was man in der Freizeit alles unternehmen kann • Wir kaufen neues Spielzeug, neue Spiele	Freizeit Heimat Werken Wahrnehmung Schulort soziale Beziehungen Natur Umwelt Verkehr Sprache Zeit
Werkstufe	
• Wir gestalten unsere große Pause • Besuch im städtischen Freizeitheim • Olympiade der »Brettspiele« • Ab 18 Jahren darf man in den »Spielsalon« • Wir bauen Spielgeräte für die Pausenwiese • Wir reparieren Spielzeug • Ich nehme regelmäßig an einer Neigungsgruppe teil (Fußball, Jazzgymnastik usw.) • Viele Spielregeln! Ich muß sie mir merken und sie auch beachten • Wie werde ich Mitglied in einem Sportverein?	Freizeit Öffentlichkeit Wohnen Werken Sprache Wahrnehmung Motorik/Sport Soziale Beziehungen Partnerschaft Schulort Umgang mit Geld

Tab. 12:   Stufengliederung des Handlungsfeldes (aus HORVATH 1990, 11)

Den gesamten Planungsablauf bis zur Planung einzelner Unterrichtseinheiten und der Definition von Feinzielen stellt Horvath als Abfolge zunehmend sich verengender Planungsschritte dar (1990, 15). Diese Abfolge ist hier nur graphisch verändert worden (siehe Abb. 7).

Der Jahresplan

Der Jahresplan orientiert sich einerseits am zeitlichen Ablauf des Schuljahres mit seinen in der Regel 40 Unterrichtswochen und der Teilung des Schuljahres durch Ferien, andererseits an den für die jeweilige Klasse relevanten Lernbereichen. Jeder Unterrichtswoche werden für jeden Lernbereich ein oder zwei Themen zugeordnet, die häufig jahreszeitlichen

Bezug haben (dürfen, können, müssen). Ein Beispiel über vier Wochen hinweg mag dies verdeutlichen:

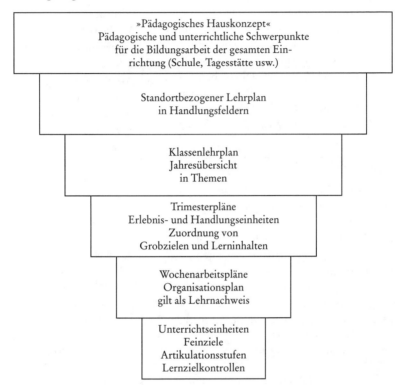

»Pädagogisches Hauskonzept«
Pädagogische und unterrichtliche Schwerpunkte
für die Bildungsarbeit der gesamten Einrichtung (Schule, Tagesstätte usw.)

Standortbezogener Lehrplan
in Handlungsfeldern

Klassenlehrplan
Jahresübersicht
in Themen

Trimesterpläne
Erlebnis- und Handlungseinheiten
Zuordnung von
Grobzielen und Lerninhalten

Wochenarbeitspläne
Organisationsplan
gilt als Lehrnachweis

Unterrichtseinheiten
Feinziele
Artikulationsstufen
Lernzielkontrollen

Abb. 7:　Von der Makro-Planung der amtlichen Richtlinien bis zum täglichen Unterricht (nach HORVATH 1990, 15)

	2.10. – 6.10.	9.10. – 13.10.	16.10. – 20.10.	23.10. – 27.10.
Okt. 89	Ich kenne meine Schulsachen • Was alles mir gehört • Wo gehören die Sachen hin (Arbeitskorb)	Ich kenne meine Schulsachen • Namen, Begriffe Erntedankfeier	Wir erstellen einen Bild-stundenplan • Symbole für die Fächer • Stundenplan • Zuordnung der Fächer	die Klassen-Info-Tafel • Kalender • Geburtstage • aktuelles Brett

Tab. 13:　Auszug aus einem Jahresplan, Lernbereich Sachunterricht, Klasse:
M 3, Schuljahr 89/90 (Auszug aus HORVATH 1990, 17)

Solche Jahresübersichten fordert Horvath für jeden Lernbereich gegliedert in Schwerpunktthemen. Sie dienen dann quasi als Fahrpläne für die gesamte schulische Arbeit in einem Schuljahr. Jeder Schulwoche wird ein solches Schwerpunktthema zugeordnet, welches in dieser Woche im Mittelpunkt des Unterrichts steht. Einsichtig ist wohl, daß ein solcher Jahresplan keine zwingende Festschreibung sein darf, an die sich der Lehrer sklavisch zu halten hat. Unvorhersehbare Ereignisse, Krankheiten der Schüler, erwartungswidrig schnelle Lernerfolge u. ä. m. zwingen zu flexibler Handhabung solcher Vorgaben. Mit dem Jahresplan kann der Lehrer jedoch sehr übersichtlich dokumentieren, welcher »rote Faden« seine pädagogisch-unterrichtliche Arbeit in einem Schuljahr durchzieht. Der Jahresplan bezeichnet die Linien der Kontinuität, in welche hinein auch situativer Unterricht einzupassen ist.

Insbesondere dann, wenn ein Lehrer seine Klasse über mehrere Jahre führt, was eigentlich die Regel sein sollte, bieten solche Jahrespläne übersichtliche Informationen über langfristiges Lernen. Sie zeigen Themen auf, die sich spiralig immer wiederholen und sich dabei von einer Lernniveaustufe zur anderen fortentwickeln können.

Trimesterpläne

Die Unterrichtsplanung des Lehrers soll die aktuelle psycho-physische und soziale Entwicklung der Schüler beachten und die aktuellen Vorgänge der Lernumwelt einarbeiten. Es empfiehlt sich somit die Verfeinerung des Jahresplanes in überschaubaren Zeiteinheiten von etwa 3 Monaten bzw. für Arbeitseinheiten zwischen größeren Ferienblocks: der Trimesterplan.

Der Trimesterplan beginnt mit der Zusammenstellung der Lernziele aus allen Lernbereichen, welche die beabsichtigten Lerninhalte treffen oder berühren. Im Sinne einer ganzheitlichen Förderung müssen einerseits Schwerpunkte gesetzt werden, andererseits dürfen wesentliche Bereiche der Entwicklung und pädagogischen Grundanliegen nicht übersehen werden. Innerhalb der Trimesterpläne wird für die geplanten Unterrichtsvorhaben der grobe Verlauf festgelegt. Die detaillierte Feinplanung erfolgt erst später bei der täglichen Unterrichtsvorbereitung.

Die Lernziele des Trimesterplans geben nur grob die Richtung der Förderung an und können noch nicht ausdifferenziert sein. Sie betreffen auch zumeist die gesamte Klasse oder bestimmte feste Lerngruppen, noch nicht einzelne Schüler. Für einzelne Schüler können jedoch auch bereits im Rahmen der Trimesterpläne Lernziele ausgewiesen werden, wenn diese Schüler permanent individueller Förderung bedürfen.

Die Erstellung der Jahres- und Trimesterpläne sollte im Team aller in den Klassen unterrichtenden Lehrer erfolgen. Es ist gerade unter dem Grundsatz der Ganzheitlichkeit des Unterrichts konsequent, wenn Unterrichtseinheiten nach verschiedenen Fach- und Sachaspekten analysiert und gemeinsam gestaltet werden.

Das folgende Beispiel verdeutlicht die Formulierung von Zielen auf der Grobzielebene in Verbindung mit Überlegungen zur Unterrichtsgestaltung sehr eindrucksvoll. Es ist deshalb in vollem Umfang bei Horvath (1990, 18) entnommen.

Beispiel für einen Trimesterplan Schuljahr 1989/90; Februar – April
Klasse O3/O4

Fach/Lernbereich: Sachunterricht/Deutsch/Hauswirtschaft

Grobziele	Unterrichtsvorhaben
1. Schüler sollen Einblicke in das Keimen und Wachsen von Pflanzen erhalten.	*Wie Pflanzen keimen und wachsen*
2. SS sollen Einblicke und Einsichten in die Wachstumsbedingungen für Pflanzen (Wasser, Wärme, Licht) erhalten.	*Lernschritte* 1. Unterrichtsgang • Einkauf von verschiedenen Samen (Bohnen, Erbsen, Kresse, Radieschen)
3. SS sollen säen, pflegen und ernten.	• Einkauf von Blumenerde und Gefäßen
4. SS sollen wissen, wo man Samen für Pflanzen, Erde und Dünger kaufen kann.	• Einkauf von Nährflüssigkeit • Besichtigung eines Pfanzenbeetes
5. SS sollen mithelfen beim Aufbau von verschiedenen Keimversuchen im Klassenzimmer.	2. Keimversuche mit Bohnen und Erbsen • Verschiedene Wachstumsbedingungen für Erbsen und Bohnen:
6. SS sollen längere Zeit beobachten lernen und die Beobachtungen auf verschiedene Weise dokumentieren lernen (Bilder, Fotos, Zeichnungen).	auf feuchte Watte oder Fließpapier zwischen zwei Weckgläserdeckel legen und ankeimen lassen Langzeitbeobachtungen mit Bildern dokumentieren (Fotos)
7. SS sollen aus den Beobachtungsergebnissen Erkenntnisse allgemeiner Art für das Wachstum gewinnen.	• Angekeimte Bohnen oder Erbsen in feuchte Watte, Blumenerde, Wasser, Nährlösung oder Bodenlösung legen
8. SS sollen Samen in geeignete Gefäße aussäen und die Saat längere Zeit richtig pflegen.	Langzeitbeobachtung mit Bilddokumentation

9. SS sollen längere Zeit das Wachstum beobachten und das Beobachtete festhalten.

10. SS sollen anhand von Fotos oder Bildern über die Keim-, Quell- und Saatversuche berichten können.

11. SS sollen Kresse und Radieschen ernten und zu schmackhaftem Essen verarbeiten

12. SS sollen am Wachstum von Pflanzen Staunen und Freude erleben.

13. SS sollen verantwortungsbewußt die Pflege und Überwachung der Versuche und Pflanzgefäße übernehmen.

14. SS sollen mithelfen, einen Kräuterquark zuzubereiten.

Erläuterung: SS = Schüler (Plural)

• Versuch: Bohnenkerne in Gipsbrei in einen Joghurtbecher gießen und beobachten
• Versuch: Bohnen in ein Gefäß mit Wasser auffüllen, mit Bierdeckel zudecken und mit Gewicht beschweren und beobachten

3. Säen von Kresse und anderen Kräutern:
• Richtiges Einbringen des Samens
• Richtiger Stellplatz für das Saatgut
• Pflege
• Langzeitbeobachtung
• Dokumentation des Wachstums

4. Auswertung der Keimversuche
• Gespräche über die Beobachtungen
• Zeichnen von Bildern über die einzelnen Wachstumsstadien
• Fotos ordnen und aufkleben
• Erarbeiten von Schautafeln und Arbeitsblättern

5. Verarbeiten der Ernteerträge
• Wir schneiden Kresse
• Wir machen ein Kressebrot
• Wir bereiten einen Kräuterquark zu und essen ihn gemeinsam als Pausenbrot

Tab. 14: Trimesterplan (aus HORVATH 1990, 18)

Der Wochenplan

Die Wochenpläne sollen einen schnellen Überblick über die konkrete Unterrichtsarbeit in einer Klasse im Laufe einer bestimmten Woche ermöglichen. Sie gelten gleichzeitig als Lehrnachweis der in dieser Klasse oder Lerngruppe unterrichtenden Lehrer. Wochenpläne sind Organisationspläne und erleichtern damit die ineinandergreifende Zusammenarbeit der betroffenen Lehrkräfte. Einem Lehrer, der zum Beispiel eine Vertretung übernehmen muß, geben solche Wochenpläne Hinweise darauf, in welcher Richtung er unterstützend oder übend weiterarbeiten kann. Das erfordert jedoch, daß solche Wochenpläne tatsächlich von Woche zu Woche jeweils zum Wochenbeginn erarbeitet werden und zum zweiten, daß sie gut sichtbar in der Klasse ausliegen oder aushängen. Übersichtliche Wochenpläne sichern somit die Kontinuität der unterrichtlichen Arbeit in einer bestimmten Klasse und gewährleisten die Ganzheitlichkeit des Lernens.

In der Regel reicht es aus, wenn ein Stundenplan der Woche vom verfügbaren Platz her so großzügig angelegt ist, daß unterhalb der Bezeichnung der Unterrichtsstunde die Arbeitsvorhaben eingetragen werden können. Als Beispiel wird ein Stundenplan aus der Schule des Verfassers beigegeben (siehe Tab. 15), der folgende Merkmale aufweist:

- Jeder Schüler hat 28 Unterrichtseinheiten in der Woche.
- Freitags endet der Unterricht nach dem Mittagessen.
- Die Unterrichtseinheit umfaßt offiziell eine Dauer von 40 Minuten.
- Zwischen jeweils zwei Unterrichtseinheiten liegt eine Pause von mindestens 10 Minuten, die von den Klassen je nach Notwendigkeit genutzt wird. An der hier dargestellten Schule nutzen lediglich noch Klassen der Unterstufe die kurzen Pausen; die Klassen mit älteren Schülerinnen und Schülern arbeiten in dieser Zeit durch und erreichen somit Unterrichtseinheiten mit der Dauer von 45 Minuten.
- Die gesamte Anwesenheitszeit der Schüler beträgt 30¾ Zeitstunden (08.15 bis 15.00 Uhr, freitags bis 12.30 Uhr). Die Lehrkräfte beginnen ihren Dienst um 08.00 Uhr.
- In der hier vorgestellten Klasse arbeiten noch zwei weitere Lehrkräfte und ein Lehrer mit. Deren Unterricht ist durch Kursivsatz gekennzeichnet.

Der Tagesplan

Die komplexe lang- und mittelfristige Planung der Unterrichtsvorhaben muß durch schülerbezogene Lernschritte im täglichen Unterricht aktualisiert und vermittelt werden. Innerhalb des Tagesplans werden Unterrichtseinheiten mit ihren spezifischen, schülerbezogenen Lernzielen, dem genauen Lernweg und den notwendigen Differenzierungsmaßnahmen dargestellt. Dies ist dann die Feinplanung des Unterrichts.

Zeit	Montag	Dienstag	Mittwoch	Donnerstag	Freitag	
08.00 Uhr 08.15 Uhr	Ankunft der Schüler; Vorbereitung auf den Beginn des Unterrichts					
08.40 Uhr bis 09.25 Uhr	Mathematik	*Ton/Keramik* *Laupert*	Hauswirtschaft *mit Laupert*	Mathematik	Deutsch	*Werken* *Gonitzke*
09.25 Uhr bis 10.10 Uhr	Deutsch	Mathe	*Ton/ Keramik Laupert*	*FöU Müller*	Deutsch	Mathe
10.30 Uhr bis 11.15 Uhr	Sachunterr.	Deutsch	Hauswirtschaft	AL II Text. Gest.	Sport	
11.15 Uhr bis 12.00 Uhr	Sachunterr.	Bild. Kunst	Hauswirtschaft	*Kurs Musik Laupert*	Sport	
Pause	Mittagessen		und		Mittagspause	
13.15 Uhr bis 13.55 Uhr	Bild. Kunst	Musik *mit Laupert*	Sachunterr.	14tägig wechselnd Sachunterr. / *Schwimmen Laupert*		
14.05 Uhr bis 14.45 Uhr	Bild. Kunst	Musik *mit Laupert*	Ethik			
	Vorbereitung		zur		Heimfahrt	
15.00 Uhr	Abfahrt		der		Busse	

Tab. 15: Stundenplan und Raster für den Wochenbericht für Klasse O/W 1, Lehrerin Petra Newedel, Schuljahr 1997/98 (kursiv: Unterricht durch andere Lehrerkräfte)

Fehlen dürfen auch nicht Hinweise auf die benötigten Medien und Arbeitsmittel.

Der Tagesplan ist gleichzeitig das Instrument der Reflexion des Unterrichts und der Revision der Planung. Der Plan muß so bearbeitet sein und geändert werden können, daß er Ausgangspunkt für das weitere Lernen sein kann. So muß man z. B. bei den einzelnen Artikulationsstufen des Unterrichts Hinweise aufnehmen können, wie und wie weit der

Lernweg von den Schülern geschafft wurde, wo Schwierigkeiten auftra-
ten und welche Lernziele noch offengeblieben sind.

Mit Hilfe der Tagespläne kann auch der zeitliche Aufwand für den Unterricht dokumentiert und gesteuert werden. Der Tagesplan ermöglicht
kontinuierliches Lernen, gesicherte Wiederholungen und Rückgriffe auf
gezielte Übungsphasen. Im Tagesplan fallen die wichtigen und endgülti-
gen Entscheidungen, was die einzelnen Schüler lernen sollen und wie der
Lernweg organisiert werden muß. Der nachfolgende Auszug aus einem
Tagesplan ist wiederum dem Beitrag von Horvath entnommen.

Beispiel für Tagesplan (Auszug)	Datum: 9.10.1989	Klasse M 3

1./2. Stunde	*Unterrichtsverlauf*
Lernbereich: Sachunterricht	1. Wir lernen die Symbole für die Unterrichtsfächer kennen:
Thema: Wir stecken unseren Bildstundenplan.	• Kochtopf = Hauswirtschaft
	• Gitarre = Musik
Lernziele:	2. Wir erklären uns gegenseitig die Symbole (Sprecherziehung, freies Formulieren, Satzmuster vorgeben, Symbole nach Nennung heraussuchen)
• SS sollen Symbole mit den entsprechen den Unterrichtsfachnamen verbinden und verbalisieren.	
• SS sollen nach Ansage den Stundenverlauf vom Montag anheften.	3. Wir stecken die Unterrichtsfächer vom Montag
• SS sollen die Symbolkarten ausschneiden und beim Montag richtig aufkleben (Diff.)	• Wiederholen der Stunden (Ziffern 1 – 9)
• SS sollen in einem Spiel die Symbole erraten.	• Wortbild »Montag« finden
	• Anheften der Symbole nach Aussage der Fächernamen
Medien: Bildstundplan, Symbolkarten zum Anheften, Arbeitsblätter	• Sprechen der Montagsfächer mit Hilfe der Symbole
	4. Arbeitsblatt: Sämtliche Symbole – Ausschneiden der Bilder
	5. Aufkleben der Symbole vom Montag auf ein vorbereitetes leeres Stundenplanformular
	Differenzierung: S. klebt Symbolkärtchen auf entsprechende Vorlagen

Tab. 16:   Tagesplan (Auszug aus HORVATH 1990, 20)

Über sechs Unterrichtsstunden hinweg – den z. B. im Saarland üblichen
Schultag an Schulen für Geistigbehinderte – bedeutet eine Tagesplanung,

wie Horvath sie vorstellt, einen erheblichen Aufwand. Der routiniertere Lehrer, der seinen Plan und seine Klasse kennt, wird mit kürzeren Stichwortnotizen auskommen, etwa in der Art:

1.+ 2. Stunde: Sachunterricht Bildstundenplan	
Ziele:	Geplanter Verlauf:
Symbole – Fächer zuordnen	1. Einführung der Symbole
Symbole verbalisieren	2. SS. erklären die Symbole;
Symbole für Mo. nach Ansage anheften	Symbol-Wort-Zuordnung
Symbolkarten ausschneiden und bei Mo. aufkleben	3. Wdh.: Stundenplan Mo. Anstecken der Symbole
Symbole erraten (Spiel)	4. ABl.: Symb. ausschneiden
	5. Std.-pl. (leer): Symbole aufkleben
Medien: Bildstundenplan, Symbolkarten, Arbeitsblatt, Schere, Klebstoff Differenzierung: besondere Vorlage für S.	

Tab. 17: Kurzvorbereitung

In der von Horvath dargestellten Ausführlichkeit allerdings sollten sich solche Lehrkräfte vorbereiten, welche noch nicht über Routinen verfügen (Berufsanfänger, Referendare) oder deren Unterricht aus besonderem Anlaß oder routinemäßig überprüft werden soll. Auch Schulräte haben es gerne ausführlich. Auf diese Thematik werden wir später noch einmal zurückkommen.

Zunächst aber wollen wir uns einem Gedanken zuwenden, der grundlegend für jegliche Bildung und Erziehung Geistigbehinderter ist, dem Gedanken der Förderung der persönlichen Handlungsfähigkeit unserer Schüler. Das vierte Kapitel handelt folglich vom Handeln, der Handlungsfähigkeit und deren Aufbau.

4   Die Orientierung am Handeln

4.1   Grundüberlegungen

Ausgehend von der traditionellen Empfehlung eines übergreifenden, ganzheitlichen oder Gesamtunterrichts und in kritischer Auseinandersetzung mit diesem wie mit dem Projektunterricht entwickelt Mühl (1979) ein Konzept des handlungsbezogenen Unterrichts bei Geistigbehinderten, welcher die Schüler »in möglichst reale Lebens- bzw. Handlungssituationen führen« (MÜHL 1979, 70) soll. Dabei geht er von einer »eingeschränkten Handlungsfähigkeit Geistigbehinderter« (MÜHL 1979, 69) aus, die ihm den Rückgriff auf Max Webers Handlungstypen[1] sinnvoll erscheinen läßt:

»• *zweckrationales Handeln* als nach Zweck, Mitteln und Nebenfolgen orientiertes Handeln

• *wertrationales Handeln* als überzeugtes Handeln ohne Rücksicht auf vorauszusehende Folgen

• *affektuelles Handeln* als bedürfnisbezogenes Handeln

• *traditionelles Handeln* als durch eingelebte Gewohnheit bestimmtes Handeln« (MÜHL 1979, 69; Hervorhebungen d. d. Verf.).

Nach Max Weber ist Handeln ein menschliches Verhalten, mit dem die handelnden Personen »einen subjektiven Sinn verbinden« (WEBER 1972, 1). Dieser Sinn beansprucht keine objektive Gültigkeit, sondern ist der vom Handelnden »subjektiv gemeinte Sinn« (WEBER a.a.O.). Handeln kann rational verstanden wie gefühlsmäßig nacherlebt werden. Handlungsmotiv ist nach Weber der sinnhafte »Grund« (1972, 5) eines Verhaltens, gleichgültig ob dies vom Handelnden selbst oder vom Beobachter so eingeschätzt wird. Nur am einzelnen Menschen könne eine »verstehende Deutung des Handelns« (WEBER 1972, 6) orientiert sein, da in seiner Anschauung nur einzelne Menschen Träger sinnhaften Handelns sind.

Das *traditionale* Handeln beschreibt Max Weber als *Alltagshandeln*, d. h. gewohnheitsbedingtes Handeln, das nach seiner Ansicht nicht immer als sinnhaft orientiertes Handeln gelten kann und einem »Reagieren auf ge-

---

[1] Eine ausführliche Auseinandersetzung mit Theorien des Handelns ist in dieser Einführung nicht zu leisten. Sie findet sich in Hans-Jürgen Pitsch: Zur Theorie und Didaktik des Handelns Geistigbehinderter; Oberhausen: Athena (2003).

wohnte Reize« (WEBER 1972, 12) gleicht – die Aktion steht im Vordergrund. *Affektuelles* Sich-Verhalten sei auch nur selten sinnhaft orientiert und stelle zumeist eine Reiz-Reaktion dar. Wichtig sei hierbei nicht das Handlungsziel, sondern das Motiv und die Aktion.

Wertrationale Orientierung des Handelns meint die Überzeugung von der Wichtigkeit einer Sache ohne Rücksicht auf abschätzbare Folgen. Gekennzeichnet ist dieser Handlungstyp also nicht durch die Orientierung am Erfolg, sondern durch seine Orientierung am Handeln selbst.

Der *zweckrationale* Handlungstyp orientiert sich an Zweck, Mitteln und Nebenfolgen und schließt ein Gegeneinanderabwägen der Zwecke und der Folgen mit ein. Durch dieses Abwägen werden Entscheidungen mit beeinflußt. Dieser zweckrationale Handlungstyp wird als »die Idealform des Handelns« bezeichnet (DUMONT 1981, 3) und von Jürgen Habermas (1972) mit »Arbeit« gleichgesetzt.

Marianne Dumont vertritt die Ansicht, daß das Handeln Geistigbehinderter sich »vornehmlich am gewohnheitsmäßigen und affektuellen Handeln (Motiv und Aktion stehen im Vordergrund)« orientiert (1981, 4) und nur selten eine höhere Handlungsform annehme. Sie schließt sich jedoch ausdrücklich der Ansicht von Mühl (1979) an, nach der eine Erziehung zur Handlungsfähigkeit Geistigbehinderter bewußtes Handeln in die Zielsetzung mit aufnehmen müsse (DUMONT a.a.O.). Bezogen auf den Rahmenplan für Unterricht und Erziehung in der Sonderschule für Geistigbehinderte Berlin begreift MÜHL unter dem Ziel »Handlungsfähigkeit«, »daß der Geistigbehinderte zu einem entsprechenden selbständigen Handeln innerhalb der Gesellschaft geführt werden soll« (1979, 66). Damit wird *Ziel der Handlungsförderung* das *soziale Handeln*.

Der Begriff des Handelns wird als »Streben nach Verwirklichung von Zielen« (MÜHL 1979, 68) implizit definiert und durch Strukturmerkmale bzw. Phasen des Handlungsablaufs erläutert:

- Anlaß: Motiv,
- Planung: Entwurf der Verwirklichung des Motivs,
- Durchführung des Entwurfs,
- Kontrolle,

wozu »einfache, sinnvolle Lernsituationen« zu entwickeln sind, »die in bedeutsamen Lebenszusammenhängen stehen« (MÜHL 1979, 71), in denen »Möglichkeiten der Selbsterfahrung im eigenen Handeln bereitgestellt werden« (70). Etwas weiter gefaßt ist das Handlungskonzept von Dieter Geulen. Auch er versteht unter Handeln eine Veränderung der Wirklichkeit derart, daß ein angestrebtes Ziel erreicht wird. Um dieses Ziel zu erreichen, ist *Handlungsfähigkeit* erforderlich, welche er in *zwei Komponenten* aufgliedert:

• *Die allgemeine Struktur der Handlungsorientierung*
  1. Wahrnehmung der Realität, der aktuellen Situation
  2. Zielvorstellung
  3. Vorstellung und Wahl möglicher Mittel und Strategien
• *Inhaltlich bestimmter Bereich der für Handeln jeweils relevanten Gegebenheiten der Realität*
  1. Bereich physischer Objekte
  2. Bereich menschlicher Subjekte (vgl. GEULEN 1977, 171).

Beide Ebenen können nach Geulen auf einer gemeinsamen dritten Ebene dargestellt werden, die er als »Ebene der sozialen Handlungsorientierung« (1977, 172) bezeichnet. Auf dieser Ebene der Handlungsorientierung werden in die intentionale Zielverwirklichung andere Personen mit einbezogen.

Bezogen auf den Unterricht mit Geistigbehinderten fordert Mühl, »weite Strecken des Unterrichts mit Handlungszielen zu steuern« (1979, 71). In dem von ihm als »handlungsbezogen« bezeichneten Unterricht »wird selbständiges Handeln gefördert, indem er [der Unterricht; H.J.P.]

• Bedürfnisse, Interessen, Erfahrungen und Fragen der Schüler berücksichtigt,

• die Schüler an der Formulierung von Handlungszielen beteiligt, ihnen nicht nur Aufträge erteilt, sondern sie Aufgabenstellungen und Aufgabenlösungen finden läßt,

• die Schüler an der Planung und Realisierung nach Maßgabe ihrer Möglichkeiten beteiligt oder sie zumindest über geplante Ziele informiert,

• die Schüler in der Partner- und Gruppenarbeit angemessene Aufgaben eigenständig erfüllen läßt und nicht jede Aufgabe in ›Häppchen‹ zerlegt,

- den Schülern mehr Freiheit läßt, nicht um den eigenen Egoismus auszuleben, sondern um Grenzen der physischen und sozialen Umwelt
  selbsttätig zu erkennen und zu erfahren« (MÜHL 1979, 71).

Damit beschreibt Mühl das Konzept eines Unterrichts in der Schule für
Geistigbehinderte, an welchem viele ihrer Schüler (noch) nicht partizi-
pieren können, weil ihnen die erforderlichen motorischen, kognitiven
und sozial-interaktiven Voraussetzungen fehlen. Solche Schüler sind
z. B. diejenigen, bei denen die sensomotorischen Fähigkeiten erst noch
auszubauen sind, wobei »das behavioristische Prinzip der kleinsten
Schritte ... durchaus seine Berechtigung hat« (MÜHL 1979, 70; Korr.
H.J.P.). Das Konzept der Handlungsfähigkeit will er jedoch auch auf
schwer Geistigbehinderte angewandt wissen: »Immer, wenn es gelingt,
sie in soziale Interaktion zu ›verwickeln‹, wird ihre soziale Handlungsfähigkeit angesprochen und gefordert. ... Immer, wenn ein strebendes Verhalten, Dinge der Umwelt zu erreichen, zu manipulieren oder wahrzunehmen, erkennbar wird, sind Handlungsansätze vorhanden, die es aufzugreifen und zu fördern gilt« (MÜHL 1979, 72). Mühl deutet damit an,
daß die Begriffe der »Handlungsfähigkeit« und des »Handelns« wesentlich weiter reichen, als es seine übrigen Ausführungen und der unter-
richtspraktische Teil seiner Veröffentlichung verstehen lassen.

Meyer kritisiert an diesem Konzept, daß »kind-zentrierte Hinweise ...
kaum gegeben« (MEYER 1981, 133 – 34) werden. »Die eigentlichen Me-
chanismen, die das Steuern von Handlungen beeinflussen und regulieren,
werden nicht berücksichtigt« (MEYER 1981, 134). Ein solches Steue-
rungsinstrument findet Meyer in Anlehnung an Lurija in der Sprache,
deren Einfluß auf den motorischen Handlungsbereich bei Geistigbehinderten jedoch begrenzt sei (1981, 134). Als »Ziel pädagogischer Bemühungen« leitet er daraus ab, »daß der Schüler lernt, von ihm intendierte
Handlungen selbst zu verbalisieren (i. S. von ›ich will ...‹), sich selbst
den sprachlichen Impuls zu geben, um bestimmte Handlungen ausführen zu können« (MEYER 1981, 135; H.i.O.). Auch weist er darauf hin,
daß »die Sprache als ›Handlungshilfe‹ auch beim Aufbau elementarer
Voraussetzungen für eine gezielte pädagogische Förderung eingesetzt
werden kann« (MEYER 1981, 136).

Meyer hebt hervor, daß er »das Unterrichtskonzept der Handlungsbezo-
genheit, für das es bei Geistigbehinderten sicher keine Alternative gibt«,
lediglich »um einen – allerdings bislang zuwenig beachteten – elementa-

ren Aspekt zu ergänzen« (1981, 136) beabsichtigt. Vom Konzept der Handlungsfähigkeit fordert er, daß diese »als direkt zu beeinflussende Variable im pädagogischen Prozeß berücksichtigt wird« (MEYER 1981, 136), also selbst als herstellbar, als veränderbar und damit als pädagogische Aufgabe begriffen wird.

4.2 Das Konzept »Handlungsfähigkeit«

Unter den im Zusammenhang mit einer vorliegenden Behinderung eintretenden Lebenserschwerungen sieht Wilhelm Pfeffer insbesondere »Beeinträchtigungen der Handlungsfähigkeit des Individuums bezüglich der Anforderungen aus der Umwelt« (1982, 60). Faktoren, die zur Beeinträchtigung der Handlungsfähigkeit beitragen, sieht er »in den Funktionsbereichen Perzeption, Motorik, Sprache, Kognition, Emotion und Intention (Konzentration, Motivation)« (PFEFFER 1982, 61), Funktionen, welche er als »Handlungsdispositionen« (a.a.O.) bezeichnet.

Handeln geschieht immer in einer Umwelt, einem Handlungsraum, in welchem der Einzelne tätig ist. Der allgemeinste mögliche Handlungsraum ist die Alltagswirklichkeit. Deren Struktur und Anforderungen und die Handlungsfähigkeit Behinderter decken sich nicht vollständig, fallen mehr oder weniger auseinander. Dadurch wird die qualifizierte Teilhabe eines Behinderten »an der Alltagswirklichkeit erschwert bis unmöglich« (PFEFFER 1982, 61).

Die Struktur des Handlungsraums »Alltagswirklichkeit« beschreibt Pfeffer so:

1. Die Alltagswirklichkeit ist der Ort der *Besorgungen und Verrichtungen* des Einzelnen, »von der Nahrungsaufnahme über die Körperpflege, die Teilnahme am Verkehr, die Inanspruchnahme von Dienstleistungen bis hin zu den Besonderheiten des Alltagslebens wie Fest und Feier, Kinobesuch und vieles andere mehr« (PFEFFER 1982, 62), der Ort also des zielgeleiteten (intentionalen) psychischen und körperlichen Handelns.

2. Innerhalb des Handlungsraumes Alltagswirklichkeit lassen sich *einzelne Handlungsfelder* unterscheiden, »die jeweils ein spezifisches Handeln erfordern, welches sich an den Regeln des jeweiligen Handlungsfeldes zu orientieren hat. Als Beispiele für Handlungsfelder nennt Pfeffer »Ernährung, Kleidung, Wohnung, Körperpflege, Ge-

sundheitspflege, Verkehr, Handel, Produktion, Information, Arbeit und Beruf, Freizeit, Bildung, Politik, Fest und Feier usw.« (a.a.O.). Das jeweils spezifische Handeln in solchen unterschiedlichen Handlungsfeldern ist durch die jeweils unterschiedliche Struktur dieser Handlungsfelder bedingt.

3. Die Handlungsfelder können mehr oder weniger *komplex* sein, von wenigen bis vielen Faktoren in ihrer wechselseitigen Beziehung beeinflußt.

   Am Beispiel des Handlungsfeldes »Freizeit« nennt Pfeffer die Faktoren »Freizeitbedürfnisse des Einzelnen, Freizeitangebote, räumliche Lage der Freizeitangebote, finanzielle Anforderungen und finanzielle Möglichkeiten, Gesetze und Verordnungen (z. B. Jugendschutzgesetz), physische und psychische Bedingungen auf seiten der Person« (1982, 62), welche die Handlungsmöglichkeit des Einzelnen entscheidend bestimmen.

4. Handelnde Teilhabe an der Alltagswirklichkeit ist Teilnahme an der *gesellschaftlichen Wirklichkeit*, in welchen Aspekten sie sich auch immer darstellen mag. Wiederum ein Beispiel von Pfeffer: »Beim Kauf und Gebrauch eines kleinen Transistor-Radios begegnet der Einzelne der Wissenschaft und der Technik von der Elektronik, der Ökonomie als Theorie und Praxis des Marktes einer Gesellschaft, er handelt unter den Einwirkungen der Werbung« (1982, 62).

5. Die Alltagswirklichkeit ist *durch Zeichen strukturiert*. Für das Handeln erforderliche Informationen und Regeln sind in der Form von Texten, Symbolen, Formen, Skizzen, Plänen usw. vorfindlich. Solche Zeichen sind Träger von Sinn und Bedeutung und werden immer stärker konventionalisiert und standardisiert.

   Sie sind einerseits Voraussetzungen für bewußtes und rationales Handeln, andererseits können sie Handeln beeinträchtigen oder unmöglich machen, wenn sie in ihren Bedeutungen dem Einzelnen nicht angemessen vermittelt worden sind. Wieder nennt Pfeffer einige Beispiele: Verfallsdaten auf Packungen, Fahrpläne und ihre Symbole, Pictogramme (PFEFFER 1982, 63).

Beeinträchtigungen eines Menschen in seinen physischen und psychischen Funktionen Perzeption, Motorik, Sprache, Kognition, Emotion und Intention (die Pfeffer als »Handlungsdispositionen« bezeichnet) beeinträchtigen diesen Menschen in seiner Handlungsfähigkeit und im Erwerb von zum Handeln notwendigen Qualifikationen, also im Lernen. Die Behinderung besteht demnach nicht nur bei dem einzelnen betroffenen Menschen, sondern ist ebenso »Merkmal des Bezugs zwischen Individuum und Alltagswirklichkeit« (PFEFFER 1982, 63).

Aus diesem Verständnis heraus definiert Pfeffer Behinderung anders, als wir es bisher gewohnt waren: »Behinderung ist eine aus dem Handlungsbezug zwischen Individuum und Alltagswirklichkeit resultierende mehr oder weniger schwere Beeinträchtigung im Erwerb von Qualifikationen, die zur qualifizierten Partizipation an der komplexen, zeichenhaft verfaßten, gesellschaftlich bestimmten und in spezifische Handlungsfelder ausdifferenzierten Alltagswirklichkeit notwendig sind, und damit einhergehend eine Beeinträchtigung in der Personalisation (Selbstverwirklichung, Identitätsfindung), was zusammen eine spezielle Hilfe im Erwerb solcher Qualifikationen und für die Personalisation postuliert« (1982, 63).

Der Erwerb von Handlungsfähigkeit besteht demnach im Erwerb von Qualifikationen.

Angelehnt an Hiller und Popp beschreibt Pfeffer *drei Dimensionen* der Handlungsfähigkeit:

1. *Die spezifische Handlungsfähigkeit*:

Der Einzelne »handelt erwartungsgemäß im Sinne der vorgegebenen Normen, Rollen und Funktionen, ohne dieses Handeln auf seinen Sinn hin zu befragen. Dazu gehören Gewöhnungen und Verhaltensäußerungen in der Art von automatisierten, ritualisierten, noch nicht bzw. nicht mehr bewußten, ›selbstverständlichen‹ Reaktionen auf spezifische Auslöser« (1982, 64).

2. *Die allgemeine Handlungsfähigkeit*:

Allgemeine Handlungsfähigkeit fordert die Teilnahme »an der Legitimation, d. h. an der Kritik, Aufklärung, Begründung und Funktionalisierung, kurz an der Sinngebung des Handelns« (HILLER 1974 nach PFEFFER 1982, 64). Allgemein handlungsfähig ist dann derjenige, der sich von seinem tatsächlichen Handeln »selbst reflexiv distanzieren und dessen Voraussetzungen kritisch ... bewältigen« (a.a.O.) kann.

3. *Die kritisch-pragmatische Handlungsfähigkeit:*

Im Sinne dieser von Walter Popp 1976 eingeführten kritisch-pragmatischen Dimension ist derjenige handlungsfähig, »der die durch kritische Sinnverständigung elaborierte Handlungsfähigkeit auf die konkrete Realität so zu beziehen vermag, daß reale Handlungschancen ermittelt und erprobt werden können« (PFEFFER 1982, 64).

Bei beeinträchtigter bzw. behinderter Handlungsfähigkeit stellt sich dann die pädagogische Aufgabe zu untersuchen, ob und in welchem Ausmaß

- die spezifische Handlungsfähigkeit,
- die allgemeine Handlungsfähigkeit,
- die kritisch-pragmatische Handlungsfähigkeit

betroffen ist.

Darüber hinaus können sich die Einschränkungen der Handlungsfähigkeit Behinderter in unterschiedlichen Handlungsbezügen auch unterschiedlich darstellen. Es ist also auch zu prüfen, welche konkreten Handlungsbezüge von möglicherweise eingeschränkter Handlungsfähigkeit betroffen sind. Die allgemeine Aufgabe der Erziehung behinderter Menschen sieht Wilhelm Pfeffer dann »darin, unter Berücksichtigung der beeinträchtigten Handlungsdispositionen von Gruppen oder Einzelnen den Erwerb von Qualifikationen zu ermöglichen, die zur Partizipation an der Alltagswirklichkeit notwendig sind und gleichzeitig einen Beitrag zur Personalisation (Identitätsfindung) leisten« (1982, 65).

Dritte pädagogische Aufgabe ist demnach festzustellen, »welche Qualifikationen der Einzelne auf welche Weise erwerben oder welche Hilfe zum Handeln ihm zukommen soll« (PFEFFER 1982, 66).

Bezüglich der *Hilfen*, die Eltern, Erzieher, Lehrer, Berater zu leisten haben, unterscheidet Pfeffer *drei Grundformen:*

1. *Hilfe zur Selbsthilfe*

Solche »Hilfe zur Selbsthilfe« hält Pfeffer dort für angezeigt, wo ein Mensch handlungsrelevante Qualifikationen erwerben kann, wo also Lernen möglich ist. Damit stellt auch der Schulunterricht eine Form der Hilfe zur Selbsthilfe dar.

2. *Kompensatorische Hilfe*

Diese Hilfeform meint das Mithandeln nichtbehinderter Personen zur Ergänzung und Vollendung des unzulänglichen Handelns des

Behinderten. Teilweise handlungshemmende Qualifikationsmängel des Behinderten werden durch den nichtbehinderten Partner kompensiert.

3. *Stellvertretende Hilfe*
Diese Form der Hilfe ist dort erforderlich, wo beim Behinderten völlige Handlungsunfähigkeit besteht. Hier handelt der nichtbehinderte Partner anstelle des Behinderten.

4.3   Tätigkeit, Handlung, Operation

Bei den bisher vorgestellten Konzepten erscheint »Handeln« irgendwie als zwar mit besonderen Merkmalen behaftet, jedoch frei im Raum schwebend. Die Zusammenhänge mit menschlicher Entwicklung und menschlichem Lernen sind noch nicht zu erkennen. Es fehlt die Einbettung in das Gesamt menschlicher Tätigkeit.

Eine solche zusammenfassende Betrachtung bietet die materialistische Psychologie. Kossakowski und Otto definieren »Tätigkeit« als »einen Vorgang, in dem das Individuum als tätiges Subjekt in ein aktives Wechselverhältnis mit seinen konkreten Lebensbedingungen tritt, um bestimmte Bedürfnisse zu befriedigen. Für den Menschen charakteristisch ist nun, daß es sich dabei um einen zielgerichteten, produktiven (auf die Herstellung eines Produkts gerichteten) Prozeß der Einwirkung der Persönlichkeit auf die gegenständliche und soziale Umwelt handelt, der seinerseits sozial bedingt ist« (1977, 33). Sie unterscheiden zwei Grundformen der Tätigkeit:

- die praktische Tätigkeit und
- die theoretische Tätigkeit.

Diese Tätigkeit wird bei Kossakowski und Otto nach abgestuften Tätigkeitseinheiten differenziert:

1. Der Begriff des Verhaltens beschreibt »ganz allgemein die Wechselbeziehung zwischen Organismus und Umwelt« und ist damit der »allgemeinste Begriff« (KOSSAKOWSKI, OTTO 1977, 37; H.i.O.), der über die Betrachtung des menschlichen Individuums hinausreicht.

2. »Den Begriff der Tätigkeit gebrauchen« Kossakowski und Otto »als übergreifende Bezeichnung für alle Arten der weitgehend

bewußten Wechselwirkung eines menschlichen Individuums mit seinen Lebensbedingungen sowie ... mit sich selbst« (1977, 37; H.i.O.).

3. »Mit dem Begriff der Handlung wird »eine in sich geschlossene Einheit der Tätigkeit« (KOSSAKOWSKI, OTTO 1977, 37; H.i.O.) verstanden. Handlung ist »die kleinste Einheit der willensmäßig gesteuerten Tätigkeit. Die Abgrenzung der Handlung erfolgt durch das bewußte Ziel. ... Nur kraft ihres Ziels sind Handlungen selbständige, abgrenzbare Grundbestandteile (›Einheiten‹) der Tätigkeit« (HACKER 1973 nach KOSSAKOWSKI, OTTO 1977, 37).

Handlung ist gekennzeichnet »durch einen Anfang (die Ziel- oder Aufgabenstellung) und durch ein Ende (das Erreichen des antizipierten Resultats) sowie durch eine zeitliche und logische Struktur« (KOSSAKOWSKI, OTTO 1977, 37).

Die zeitliche Struktur ist gegeben durch die unterschiedlichen Handlungsphasen, die logische Struktur durch die Struktur der Bestandteile der Handlung.

4. »Unter dem Begriff der Operation werden wiederum Teilhandlungen verstanden, die z. B. der Bestimmung des Handlungszieles, der Auswahl bestimmter Handlungsverfahren, der Regulation des Handlungsverlaufs in unterschiedlichen Handlungsverfahren usw. dienen« (KOSSAKOWSKI, OTTO 1977, 38; H.i.O.). In Anlehnung an Lompscher (1972) werden »als analytisch-synthetische Operationen der geistigen Tätigkeit, die im Prinzip in jeder Handlung eine Rolle spielen« (KOSSAKOWSKI, OTTO 1977, 38) genannt:

• das Erfassen von Beziehungen,
• das Differenzieren und Generalisieren (Vergleichen),
• das Ordnen,
• das Abstrahieren,
• das Verallgemeinern u. a.

»Operationen sind also unselbständige Bestandteile der Handlung, da ihre Resultate nicht als selbständige Ziele auftreten bzw. bewußt werden« (KOSSAKOWSKI, OTTO 1977, 38; H. d. H.J.P.).

5. »Die Operationen lassen sich in weitere Teilprozesse unterteilen wie einzelne Bewegungen bis hin zu psychisch gesteuerten Aktionen einzelner Muskeln« (KOSSAKOWSKI, OTTO 1977, 38; H. d. H.J.P.).

Mit dieser Systematik
1. Verhalten
2. Tätigkeit
3. Handlung
4. Operation
5. Einzelbewegung

wird »Handlung« in ein Gesamtkonzept der Auseinandersetzung von Individuum und Umwelt eingebettet, welches es gestattet, innerhalb sinnhafter Handlungszusammenhänge einzelne Handlungselemente bis hin zur einzelnen Bewegung zu analysieren und für die Diagnostik der Handlungsfähigkeit wie zu deren Förderung nutzbar zu machen.

4.4 Entwicklung der Handlungsfähigkeit

Bezüglich der Entwicklung der Handlungsfähigkeit skizzieren Kossakowski und Otto *drei Niveaustufen*, die für die Förderung der Handlungsfähigkeit Geistigbehinderter eine vorläufige grobe Orientierung darstellen können:

Handlungsform I: gelenkt reproduktives Handeln auf »der genetisch frühesten Stufe« (KOSSAKOWSKI, OTTO 1977, 38). Auf dieser Stufe gibt der Erzieher »das Handlungsziel, die Handlungsschritte und die Begründungen« (1977, 38) vor, vermittelt die Handlungsmotive und lenkt die Handlungsausführung (vgl. KOSSAKOWSKI, OTTO 1977, 39).

Handlungsform II: reproduktiv-selbständiges Handeln. Diese Handlungsform ist auf einer höheren Entwicklungsstufe angesiedelt und gekennzeichnet durch »eine begrenzte Selbstregulation des Handelns auf der Grundlage einer pädagogischen Handlungsorientierung sowie einer verallgemeinerten und lediglich mitteilbaren pädagogischen Ausführungsregulierung« (KOSSAKOWSKI, OTTO 1977, 39).

Handlungsziele und Lösungswege werden nur noch in allgemeiner Form pädagogisch vermittelt und von den Schülern unter pädagogischer Anleitung konkretisiert, die Handlungsbegründungen »unter pädagogischer Anleitung erarbeitet bzw. diskutiert« und die Handlungsausführung »pädagogisch überwacht und hinsichtlich wichtiger Zwischenergebnisse korrigiert« (KOSSAKOWSKI, OTTO 1977, 39).

Handlungsform III: schöpferisch-selbständiges Handeln. Dies ist die »höchste anzustrebende Handlungsform« ...,»die der vollständig eigenständigen, schöpferischen und verantwortungsbewußten Handlungsregulation« (KOSSAKOWSKI, OTTO 1977, 39). Sie ist durch gesellschaftliche Bedürfnisse und Normen geleitet und gesteuert und in ihren Abläufen und Teilhandlungen (Operationen) vom Individuum selbst kontrolliert und korrigiert. Grundlage und Grundeinheit des Handelns ist die Bewegung. Es gibt kein – äußeres – Handeln ohne Bewegung, ohne Einsatz der Motorik. Erst Handeln = Bewegung führt zu Begriffen, zu kognitiver Aneignung der Welt (vgl. GALPERIN) und wird »in als Handlungen strukturierten Lernsituationen erlernt« (MÜHL 1993, 415). Mühl postuliert das Lernen des Handelns »durch Handeln in der realen Situation oder zumindest durch Probehandeln in realitätsnahen Lernsituationen ohne Realitätsdruck« (1993, 415). Er vertritt die These,»dass im Verlauf der Sozialisation und Individuation Handlungskerne oder einfache Handlungsmuster weiter ausdifferenziert und zu komplexeren Einheiten zusammengefasst werden« (MÜHL 1993, 412). Er vermutet, daß solche Handlungskerne wohl zunächst dadurch entstehen,»dass Kindern zielbewusstes Verhalten unterstellt wird«, in dessen Folge dem Kind von außerhalb zugeschrieben wird,»dass das Kind in der Lage sei, zu handeln« (MÜHL 1993, 412), wozu positive Verstärkung dient.

»Wenn das Kind mehrere solcher einfachster Handlungsmuster erlernt hat und sie beherrscht, wird es möglich, zwei oder mehrere solcher Muster zu einer komplexeren Handlung zu verbinden« (MÜHL 1993, 412). MÜHL geht davon aus,»dass von vornherein die Vermittlung von Handlungen anzustreben sei« und hält »ein von Handlungen losgelöstes Training psychischer Funktionen ... [für] wenig sinnvoll« (1993, 419). Auch sehr junge und schwer behinderte Kinder seien »am effektivsten anzusprechen bei der Durchführung von Pflegehandlungen, durch Kontaktversuche und durch das Vermitteln einfachster sensomotorischer Grundmuster wie das Greifen; dabei erfahren sie Handeln anderer und werden angeregt, ganzheitlich zu reagieren« (MÜHL 1993, 419).

Damit verweist Mühl unausgesprochen auf eine Verkürzung der von Kossakowski und Otto (1977) beschriebenen drei Handlungsformen auf unterschiedlichem Niveau, die deren Übertragung auf die Förderung Geistigbehinderter zumindest bezogen auf jüngere geistigbehinderte

Kinder und auf schwer Geistigbehinderte nicht möglich macht. Ich schlage daher vor, diese drei Niveaustufen nach »unten« zu ergänzen um eine

neue Handlungsform 1: ganzheitlich-reaktives Handeln. Der Erzieher handelt am Kind und mit dem Kind, wobei er gesamtkörperliche, taktile, kinästhetische, akustische und visuelle Reize setzt, welche das Kind reaktiv beantwortet. Aufgabe des Erziehers ist es, diese Reaktionen in Ziel und Ablauf zu bahnen und zu Handlungskernen zu entwickeln.

Unter Hereinnahme dieses neu eingeführten Handlungsniveaus ergeben sich – neu numeriert – *vier Handlungsformen:*

Handlungsform 1: ganzheitlich-reaktives Handeln

Handlungsform 2: gelenkt-reproduktives Handeln

Handlungsform 3: reproduktiv-selbständiges Handeln

Handlungsform 4: schöpferisch-selbständiges Handeln

Diese Handlungsformen können den von Kossakowski und Otto vorgeschlagenen Tätigkeitseinheiten vorläufig, wie in Tab. 18 gezeigt, zugeordnet werden.

Die Pfeile deuten auf dem Lehrer/Erzieher gestellte Aufgaben der Förderung von der Bewältigung einer Aufgabe mit Hilfe des Erwachsenen zur Bewältigung der Aufgaben ohne Hilfe im Sinne der »Zone der nächsten Entwicklung« bzw. »Zone des nächsten Lernens« Wygotskis (1993, 240).

Mit dieser Erwähnung der Zone des *nächsten* Lernens bzw. der Zone der *nächsten* Entwicklung haben wir den Hinweis auf die Zukunft des Lernenden, also die *Zeitperspektive* eingeführt. Diese Zeitperspektive in der individuellen menschlichen Entwicklung ist bereits bei der Erörterung der entwicklungsorientierten Lernbereiche der Schule für Geistigbehinderte angesprochen worden. Da Handeln eingebettet ist in das Gesamt menschlicher Tätigkeit, ist die Entwicklung der Tätigkeit eine Orientierungslinie für den Lehrer/Erzieher. Ihre Darstellung muß an dieser Stelle zur Wahrung der Übersichtlichkeit jedoch unterbleiben.

Handlungsform	Tätigkeitseinheit
4 Schöpferisch-selbständig Völlig eigenständige, schöpferische und verantwortungsbewußte Handlungsregulation	*Tätigkeit:* bewußte Wechselwirkung eines Individuums mit seinen Lebensbedingungen ... ↑ *Handlung:* bewußt zielgeleitete kleinste Einheit der willensmäßig gesteuerten Tätigkeit ↑
3 Reproduktiv-selbständig Begrenzte Selbstregulation bei pädagogischer Rahmensteuerung	*Handlung:* zielgerichtet, jedoch fremdgesteuert ↑ *Operation:* unselbständiger Bestandteil der Tätigkeit als selbstgesteuerte Teilhandlung ↑
2 Gelenkt-reproduktiv Pädagogische (= Fremd-)Steuerung	*Operation* als pädagogisch gesteuerte Teilhandlung ↑ *Bewegungen* in selbständiger Endausführung; Bewegungsfolgen ↑
1 Passiv-reaktiv Beantwortung von Außenreizen	*Bewegungsfolgen* fremdgesteuert ↑ *Einzelbewegung* selbständig ↑ *Einzelbewegung* fremdgesteuert

Tab. 18: Handlungsformen und Tätigkeitseinheiten hierarchisch geordnet

4.5 Handlungskomponenten

Die weiter vorne benannten Komponenten Handlungsorientierung, Handlungsplanung, Handlungsausführung und Handlungskontrolle sind keineswegs unabhängig voneinander. Vielmehr beeinflußt jede dieser Komponente jede andere und wird ihrerseits von jeder anderen beeinflußt. Wir sehen einen komplexen Zusammenhang, aus dem »im richtigen Leben« kein Teil herausgelöst werden kann. Wir nehmen an dieser Stelle diese Trennung lediglich aus analytischen Gründen vor, weil wir uns nacheinander, Stück für Stück, in die Zusammenhänge einden-

ken und einarbeiten müssen. Und nur dieser Übersichtlichkeit wegen
stellen wir die Komponenten des Handelns noch einmal in einer Übersicht dar (vgl. Abb. 8).

Wegen dieser engen Verflochtenheit der vier Komponenten ist es auch
nur sehr eingeschränkt möglich, bestimmte Behinderungsarten einem
einzigen Bereich zuzuordnen, wie es in der Vergangenheit einmal mit der
Klassifikation

- Aufnahmegeschädigte,
- Verarbeitungsgeschädigte,
- Ausgabegeschädigte

versucht worden ist. Jede Aufnahme(Wahrnehmungs)störung beeinflußt
auch die Verarbeitung des Wahrgenommenen (das Denken), was wiederum zu unangemessenem äußerem Handeln (Ausgabe) führen kann.
Jede Ausgabeschädigung, z. B. eine starke motorische Beeinträchtigung,
eine Lähmung, beeinträchtigt nicht nur das äußere Handeln, sondern
auch die Wahrnehmungsmöglichkeiten etwa dadurch, daß der Mensch
sich nicht zu den interessanten Dingen oder Personen hinbewegen kann.
Und wenn wir uns erinnern, daß bewußte Wahrnehmung selbst bereits
ein Prozeß des aktiven Handelns ist, der vom Gehirn gesteuert wird,
dann wird einsichtig, daß ein Hirnschaden oder eine Hirnfunktionsstörung nicht nur die Denkprozesse beeinträchtigen kann, sondern bereits
die Wahrnehmung der Umwelt wie des eigenen Selbst.

An dieser Aufteilung in vier Komponenten des Handelns, die gleichzeitig auch den Handlungsablauf zeitlich gliedern, werden wir uns weiter
hinten bei dem Versuch zu orientieren haben, Methoden, Verfahren, Unterrichtskonzepte der Schule für Geistigbehinderte zu ordnen und auf
ihre Nützlichkeit hin zu betrachten.

> Nicht unterbleiben darf jedoch die weitere pädagogische Beschäftigung mit dem Konzept des Handelns. Handeln dient dem Kind nach
> Auffassung der Vertreter der Kulturhistorischen Schule zur Aneignung des »gesellschaftlichen Erbes«, der vorzufindenden Welt. So wie
> diese Schule den Begriff der Aneignung versteht, ist er für uns ungewohnt. Wir müssen uns also mit diesem spezifischen Konzept der Aneignung im folgenden Kapitel näher beschäftigen.

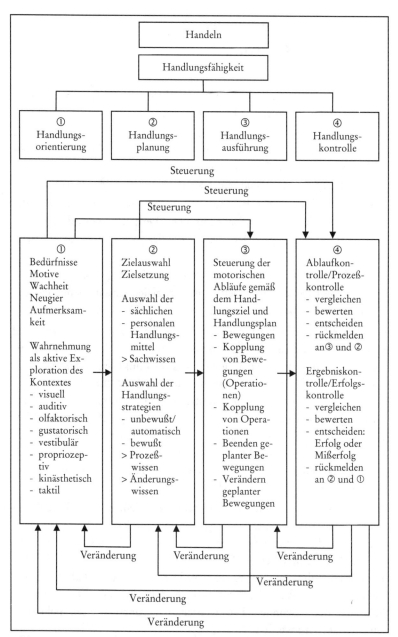

Abb. 8: Komponenten des Handelns und deren wechselseitige
Verflochtenheit

5 Lernen als Aneignung

5.1 Zur Begrifflichkeit

Die abendländische, bürgerliche Psychologie mußte sich aus verschiedenen Richtungen immer wieder massive Vorwürfe gefallen lassen. Eine Auswahl dieser Vorwürfe sei kurz skizziert:

1. Der genetischen Psychologie von Jean Piaget wird vorgeworfen, sie sei zu sehr biologistisch angelegt, hebe zu sehr auf gesetzmäßige Entfaltungen ab – schließlich war Piaget Biologe – und übersehe die Triebkräfte im Menschen selbst, seine Motive und Motivstrukturen.

2. Der behavioristischen Psychologie, der wir u. a. die Methoden der Verhaltenstherapie bzw. pädagogischen Verhaltensmodifikation verdanken, wird vorgeworfen, sie negiere das menschliche Bewußtsein, während

3. der humanistisch-idealistischen Psychologie vorgeworfen wird, sie vernachlässige die materiellen und sozialen Zusammenhänge des menschlichen Bewußtseins (vgl. JANTZEN 1983b, 31).

Von dieser Kritik, insbesondere den letzten beiden Punkten, ausgehend griff Wygotski auf die Bestimmung des Bewußtseins bei Karl Marx zurück; er ging davon aus, »daß höhere geistige Funktionen *materialistisch* untersuchbar sind und einen Ursprung haben« (JANTZEN 1983b, 31), der jedoch nicht »in den Tiefen des Geistes oder in verborgenen Eigenschaften des Nervengewebes vermutet werden« (LURIJA 1978) dürfe. Vielmehr sei, so Lurija, der Ursprung des menschlichen Bewußtseins und der höheren geistigen Funktionen »außerhalb des individuellen menschlichen Organismus in der objektiven Sozialgeschichte« zu suchen (zit. n. JANTZEN 1983b, 31).

Das menschliche Individuum ist zu sehen als Element eines komplexen Systems, der Gesellschaft, das insgesamt und durch die weiteren vorhandenen menschlichen Elemente ein Individuum beeinflußt. Jedoch nicht nur die gleichzeitig lebenden Generationen beeinflussen ein Individuum, sondern auch die bereits vergangenen. Deren Errungenschaften werden übernommen, angeeignet; Erkenntnisse der Vergangenheit brauchen nicht stets neu gewonnen, Errungenschaften früherer Zeiten nicht stets neu entwickelt zu werden.

Wegen dieses ausdrücklichen Bezugs auf Leistungen und Errungenschaften früherer Generationen wird diese Richtung der Psychologie die »Kulturhistorische Schule« genannt. Was frühere Generationen geleistet haben, steht den nachfolgenden in Form von *Werken* der Architektur, der Technik, als Werkzeug zur Verfügung – also in *materieller Form*, aber auch in der Form der Literatur, der geschriebenen Sprache. Dies wird als *materialisierte Form* bezeichnet. Insbesondere das Medium der geschriebenen Sprache dient als Mittler zwischen den Generationen. Der einzelne Mensch übernimmt im Prozeß seiner Persönlichkeitsentwicklung Fähigkeiten, Wissen, Fertigkeiten, Kenntnisse, Werte, Normen unter dem Einfluß der ihn umgebenden Gesellschaft. Was er übernimmt, ist also *gesellschaftlich vermittelt*. Der individuelle Prozeß der Übernahme der gesellschaftlich Vermittelten schließlich wird *Aneignung* genannt.

5.2 Lernen als Aneignung

Das Individuum entwickelt sich im Laufe seiner eigenen Lebensgeschichte zur Persönlichkeit, indem es mit den Mitgliedern seiner Gesellschaft in Kommunikation tritt und – weitgehend vermittelt durch die Sprache – das verfügbare Wissen, die grundlegenden gesellschaftlichen Anschauungen und Normen übernimmt. Wesentlich ist hierbei die Einbettung des Individuums in menschlich-gesellschaftliche Zusammenhänge. Rubinstein macht das deutlich: »Die menschliche Persönlichkeit bildet sich insgesamt nur über ihre Beziehungen zu anderen Menschen heraus. Nur in dem Maße, wie ich menschliche Beziehungen zu anderen Menschen herstelle, forme ich mich selbst als Mensch« (RUBINSTEIN 1973, 39; nach KOSSAKOWSKI, OTTO 1977, 20). Nun wäre es irrig anzunehmen, Einflüsse gingen nur von anderen Menschen aus

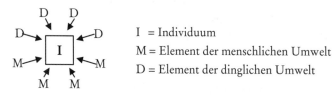

I = Individuum
M = Element der menschlichen Umwelt
D = Element der dinglichen Umwelt

Abb. 9:   Einseitige Einflüsse

In diesem Fall bliebe dem Individuum nichts übrig, als sich den an es herangetragenen Einflüssen zu beugen und sich ohne eigene Bewertung, eigene Auswahl, eigene Veränderung anzupassen. Anpassungsleistungen solcher Art sind kennzeichnend für die Tierwelt, nicht für den Menschen. Das menschliche Individuum wird erst dann zur Persönlichkeit, wenn es der umgebenden Natur und Gesellschaft *aktiv* und *bewußt handelnd* gegenübertritt. Aktivität und bewußtes Handeln bedeuten, daß das Individuum auch seine Umgebung verändert, auf seine Umwelt Einfluß ausübt.

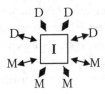

Abb. 10: Wechselseitige Einflüsse

So wie die Persönlichkeit Objekt und Produkt ihrer Umwelt, der gesellschaftlichen Bedingungen ist, so sehr ist sie auch Träger und aktiver Gestalter eben dieser gesellschaftlichen Bedingungen. Um diesen Anforderungen zu genügen, muß das Individuum bestimmte psychische Bedingungen erfüllen, »nämlich einen bestimmten Grad

a) an Selbständigkeit,

b) an Bewußtheit und

c) an schöpferischen Fähigkeiten« (KOSSAKOWSKI, OTTO 1977, 20).

Kossakowski und Otto verstehen Persönlichkeitsentwicklung bereits »in frühen Lebensjahren als einen dialektischen Prozeß von pädagogisch gelenkter Aneignung und zunehmend selbständiger und schöpferischer Verarbeitung sowie aktiver Umgestaltung der konkreten Lebensbedingungen, von Anpassung und bewußter Veränderung ...« (1977, 21). Damit beschreiben Kossakowski und Otto zwei unterschiedliche Formen von Einflüssen zwischen Mensch und Gesellschaft:

1. *Einflüsse, die von der Gesellschaft ausgehen* und auf ein Individuum gerichtet sind – und die pädagogisch gelenkt sein können –, verändern das Individuum. Im Falle der erfolgreichen Beeinflussung findet beim Individuum Aneignung statt.

2. *Einflüsse, die vom Individuum* aufgrund zunehmender Selbststeuerungsmöglichkeiten *ausgehend auf die Gesellschaft einwirken* und dort zu Veränderungen führen, bewirken die aktive »Umgestaltung der konkreten Lebensbedingungen«, führen zu »bewußter Veränderung« (KOSSAKOWSKI, OTTO 1977, 21).

»Die geistige, die psychische Entwicklung einzelner Menschen ist demnach das Produkt eines besonderen Prozesses – der Aneignung –, den es beim Tier nicht gibt ...« (LEONTJEW 1980, 282). Vom Vorgang der individuellen Anpassung an die Umwelt unterscheidet sich der Prozeß der Aneignung grundlegend.»Ein Mensch, der sein Bedürfnis nach Kenntnissen befriedigt und dabei einen gegebenen Begriff zu *seinem* Begriff macht, d. h. dessen Bedeutung beherrschen lernt, vollzieht dabei einen Prozeß, der dem der Anpassung ... nicht im geringsten ähnelt« (LEONTJEW a.a.O.). Das gleiche gilt auch für die Beziehungen des Menschen zu materiellen Gegenständen, z. B. Werkzeugen.»Die adäquate Beziehung des Individuums zum Werkzeug äußert sich darin, daß es sich (praktisch oder theoretisch) die in ihm fixierten Operationen aneignet und seine menschlichen Fähigkeiten daran entwickelt« (LEONTJEW a.a.O.).

Am Beispiel des Säuglings erläutert Leontjew diesen Gedankengang näher:»Schon im Säuglingsalter sind die praktischen Verbindungen des Kindes mit den von Menschen geschaffenen Gegenständen zwangsläufig in seinen Umgang mit den Erwachsenen einbezogen ... Dieser Umgang hat von Anfang an die für die menschliche Tätigkeit charakteristische *Struktur des mittelbaren Prozesses,* der in seinen ersten, ursprünglichen Formen jedoch nicht durch das Wort, sondern durch den Gegenstand vermittelt wird. Ein Kind in den ersten Entwicklungsphasen vermag nur mit Hilfe der Erwachsenen zu den Gegenständen in Beziehung zu treten. Der Erwachsene reicht ihm das Ding, zu dem es hin strebt, er füttert es mit dem Löffel, er setzt ein Spielzeug in Gang, das sich geräuschvoll bewegt. Mit anderen Worten: Die Beziehungen des Kindes zur gegenständlichen Welt werden zunächst nur durch Handlungen der Erwachsenen *vermittelt.*

Diese Beziehungen haben noch eine zweite Seite: Mit den Handlungen, die es vollzieht, wendet sich das Kind nicht nur an den Gegenstand, sondern auch an den Menschen.

Die gegenständliche Wirklichkeit erschließt sich dem Individuum demnach schon in den ersten Etappen seiner Entwicklung über die Beziehungen zu seinen Mitmenschen; deshalb offenbart sich ihm diese Wirklichkeit nicht nur in ihren sachlichen Eigenschaften und in ihrem biologischen Sinn, sondern auch als eine Welt von Gegenständen, die dem Kinde in ihrer gesellschaftlichen Bedeutung durch seine menschliche Tätigkeit allmählich zugänglich wird. Dies ist auch die erste Grundlage, auf der sich die Aneignung der Sprache und der sprachliche Umgang aufbauen« (LEONTJEW 1980, 286).

Leontjews Konzeption der individuellen Aneignung vermeidet die Isolierung von Teildisziplinen, wie wir sie aus der »bürgerlichen« Psychologie gewohnt sind: hier eine »Entwicklungspsychologie«, da eine »Sozialisationsforschung«, und das alles streng auf das hier und heute, auf die Gegenwart bezogen. Die Aneignungspsychologie versucht ein historisches Herangehen an die menschliche Psyche; die menschliche Persönlichkeit könne allein aus ihrer individualgeschichtlichen Gewordenheit angemessen erfaßt werden.

5.3   Stufen des Aneignungsprozesses

Vorannahmen

Menschliches *Denken* wird als *Orientierungstätigkeit auf der Ebene psychischer Abbilder* verstanden. »Abbild« entspricht dabei in etwa dem, was üblicherweise ein »kognitives Schema« genannt wird.

Bei Piaget unterscheiden sich die kognitiven Schemata, über die ein Mensch im Laufe seiner Entwicklung verfügt, nach Art und Niveau, so als

- sensomotorische Intelligenz,
- präoperationales Denken,
- konkret-operationales Denken,
- formal-logisches Denken.

Bei jeder Stufe kommen neue Invarianten hinzu. Dem Konzept der Invarianten bei Piaget entspricht in der Aneignungspsychologie das Konzept der durch geistige Operationen erworbenen Begriffe.

Ähnlich wie bei Piaget wird auch hier unterschieden zwischen

1. der *Ausweitung der Operationen* durch Erwerb neuer Kenntnisse und
2. dem *Erwerb neuer geistiger Operationen*, wobei die Aneignung neuer geistiger Operationen die Ausführung einer Handlung
   - entweder in materieller Form
   - oder wenigstens in materialisierter Form (»auf dem Papier«) verlangt.

Der Übergang von der konkret ausgeführten materiellen äußeren Handlung in die innere Vorstellung, die geistige Operation, wird »*Interiorisierung*« genannt. Äußere Handlungen werden demnach durch Interiorisierung zu geistigen Operationen, und keine geistige Operation kann erworben werden ohne äußere Handlung.

Konsequenterweise bezieht sich auch die Lerntheorie Galperins systematisch auf

- die *Orientierung in den Dingen* als Voraussetzung der Handlung,
- die *Arbeitshandlung* selbst und schließlich auf
- die *Kontrollhandlung*, deren entwickelte Form die Aufmerksamkeit ist.

Mit diesem Ansatz versucht Galperin, den Bereich der *Zone der nächsten Entwicklung* (Wygotsky) systematisch zugänglich zu machen. Hierzu muß *die Tätigkeit in den Mittelpunkt der Analyse gestellt* werden, müssen die Beziehungen zwischen Tätigkeit, Handlung und Operation bestimmt werden ebenso wie der Zusammenhang zwischen den Grundelementen sinnvoller Tätigkeit: dem Motiv der Tätigkeit und dem Ziel des Handelns.

Dabei ist Galperins Theorie durchaus keine Motivtheorie, sondern eine Theorie der Herausbildung von höheren Denkformen im Lernprozeß. Geistige Tätigkeit wird grundsätzlich als Interiorisierung der realen Tätigkeit mit Gegenständen, als umgestaltete äußere und praktische Tätigkeit aufgefaßt.

Schaffung der Orientierungsgrundlage

Vor jeglicher Aneignung eines Begriffs steht eine Aufgabe, ein zu lösendes Problem. Innerhalb der Problemlösung müssen die notwendigen Handlungsbedingungen organisiert werden, damit das Problem begrifflich durchdrungen werden kann.

Bevor der Mensch in eine Aufgabenbearbeitung eintrat, muß er sich orientieren, ist *Orientierungstätigkeit* erforderlich. Diese Orientierungstätigkeit verlangt eine *Orientierungsgrundlage*, welche das Bezugssystem umfaßt,»auf das sich das Kind bei der Durchführung einer Handlung orientiert« (GALPERIN, SAPOROSHEZ, ELKONIN 1974, 69): die Gesamtheit der für die Analyse des Objekts und die Planung der Handlung wesentlichen Umstände. Von der Richtigkeit und der Vollständigkeit dieser Orientierungsgrundlage hängt der Erfolg des gesamten Aneignungsprozesses ab. Die Orientierungsgrundlage erlaubt es dem Schüler, »von einem Merkzeichen zum anderen gehend, die neue Handlung in einzelnen, seinen Kräften angemessenen Teiloperationen auszuführen...« (GALPE-RIN 1959, 376; nach JANTZEN 1983b, 33).

Es wird davon ausgegangen, daß jeder Lernprozeß mit einer vorläufigen Vorstellung von der Aufgabe und einer Orientierungsgrundlage der durchzuführenden Tätigkeit beginnt. Jede konkrete gegenständliche Tätigkeit besteht in der Lösung einer Aufgabe. Ebenso ist auch jede geistige Tätigkeit als Lösung von Aufgaben zu verstehen. Dabei besteht der Lösungsweg in der Umstrukturierung des Ausgangsmaterials zu einem bestimmten Zweck. Trifft diese Annahme zu, dann sind zur Lösung einer Aufgabe erforderlich Kenntnisse

- des Zwecks, zu welchem die Lösung zu finden ist, und
- der Strukturmomente des Ausgangsmaterials.

»Struktur« im Sinne der Systemtheorie bedeutet dabei die Menge der Elemente eines Systems und der zwischen diesen Elementen bestehenden Beziehungen.

Am Beginn einer Handlung steht also das Sich-vertraut-machen mit der Aufgabe; es ist eine *erste vorläufige Vorstellung* davon zu gewinnen, was zu tun ist und wie es zu tun ist.

Folgende Fragen sind dabei zu stellen

1. *Welches ist das Objekt der Handlung?*
   Beispiel: Schnitzel
2. *Welches sind die Eigenschaften dieses Objekts?*
   Beispiel: Zu groß, um es am Stück in den Mund zu schieben. Weich genug, damit man es mit einem Messer schneiden kann. Durch Konvention zugeschriebene »Eigenschaft«: Es gilt als unschicklich, das Schnitzel in die Hand zu nehmen und ein Stück davon abzubeißen.
3. *Welches ist das Ziel der Handlung?*
   Beispiel: Mundgerechte Stücke gewinnen.
4. *Welche Mittel sind zum Erreichen dieses Ziels notwendig bzw. möglich?*
   Beispiel: Gabel zum Festhalten, Messer zum Zerschneiden. Ebenfalls mögliche Mittel sind Hand und Zähne. Hierzu vgl. die letzte Anmerkung zu Frage 2.
5. *Welche Eigenschaften und Möglichkeiten bieten diese Mittel (Werkzeuge)?*
   Beispiel: Messer: Schärfe der Klinge, man kann damit schneiden.

6. *Wie verläuft die Handlung?*
Hier bietet sich die Erstellung einer Verlaufsanalyse/Ablaufbeschreibung an. Im günstigsten Falle eines einfachen, linearen Handlungsablaufs kann dieser als Flußdiagramm dargestellt werden. Im letzten Kapitel wird hierzu ein Beispiel gegeben.

Diese Bedingungen der Handlung, auf die sich der Mensch mehr oder weniger bewußt einstellt, bezeichnet Galperin als die *Orientierungsgrundlage der Handlung*. Bei der Schaffung dieser Orientierungsgrundlage gibt der Lehrer einen Teil seines eigenen Informationsvorsprungs an die Schüler ab, zumeist in sprachlicher Form. Was allerdings dem Schüler völlig neu ist, muß ihm vorsprachlich vermittelt werden, in materieller oder materialisierter Form.

Der Schüler soll nun nicht nur lernen, sich an das *Vorbild* einer gezeigten Handlung zu erinnern – damit würde er nur lernen, eben genau diese Handlung und nur diese zu imitieren –, er soll die vorgeführte Handlung vielmehr als *Muster* erfassen, welches ihm erlaubt, diese Handlung auch mit anderem Material wiederholen zu können. Es geht also um das Erfassen der allgemeinen Bedingungen und Gesetzmäßigkeiten, die sich auch an anderem Material wiederfinden.

Die Handlung muß hierzu so in ihre Teile zerlegt werden (→ Handlungsanalyse), daß der Schüler aufgrund seiner Vorkenntnisse und bereits erworbenen Fertigkeiten sie in jedem Schritt selbständig verfolgen und ausführen kann. Bei der Ausführung der gleichen Handlung an neuem Material ist es zusätzlich erforderlich, daß auch die Merkmale dieses neuen Materials ermittelt werden oder daß sie zusätzlich dem Schüler bekanntgemacht werden. »Die Orientierungsgrundlage bezieht sich also auf ein System der subjektiven und objektiven Bedingungen für die dem Lerngegenstand adäquate Handlungsausführung ..., und setzt sich selbst aus einem System von Hinweisen auf den künftigen Lerngegenstand zusammen, mit denen sich diese Handlung vollziehen läßt« (WILHELMER 1979, 200).

Typ 1: Unvollständige Orientierungsgrundlage
Die einfachste Form der Orientierungsgrundlage bezieht sich auf das *Beobachten fremder Handlungen*. Es wird ein Muster der Handlung und ihres Produkts vorgegeben ohne Hinweis auf die richtige Ausführung.

Das Lernen erfolgt nach Versuch und Irrtum; der Schüler sucht die Lösung aufs Geratewohl.

Möglicher Vorteil: Der Schüler lernt im folgenden, aufgetretene Fehler
                       zu vermeiden.

Nachteil: Der Schüler kann bei weitem nicht immer überflüssige Operationen vermeiden. Dadurch, daß nur das Endziel und nicht die einzelnen Bedingungen der Handlung im Auge behalten werden, ist das Lernergebnis unstabil und kann nur zu einem geringen Teil auf andere Situationen übertragen werden.

Typ 2: Vollständige Orientierungsgrundlage, vorgegeben
Sie »enthält nicht nur die ›Muster‹ der Handlung und ihres Ergebnisses, sondern auch alle Hinweise darauf, wie die Handlung mit neuem Material richtig auszuführen ist« (GALPERIN 1959, 376; nach JANTZEN 1983b, 33). Diese Form der Orientierungsgrundlage bietet also an Beispielen die Schritte zur Lösung. »Jede Operation wird in enger Beziehung zu ihren Bedingungen durchgeführt, und die Handlung führt sicher zu ihrem notwendigen Resultat« (GALPERIN 1966b, 112; nach JANTZEN 1983b, 33).

Durch die Vorgabe von Ziel-Mittel(-Weg)-Systemen, etwa in Form festgelegter Handlungsalgorhythmen, werden die wesentlichen Merkmale des Gegenstandes und die Reihenfolge der Operationen einbezogen, die zur Erreichung des Zieles erforderlich sind. Dadurch verläuft der Lernprozeß zwar auf einem wesentlich höheren Niveau des Bewußtseins, die fertig vorgegebene Orientierungsgrundlage wird jedoch vom Lernenden nur übernommen. *Probleme* treten hier allerdings auf bei der Übertragung der erworbenen Lösungsmechanismen auf neue Aufgaben. Bei der Beachtung der Hinweise des Lehrers lernt der Schüler jedoch wesentlich fehlerfreier und schneller, als hätte er nur eine unvollständige Orientierungsgrundlage zur Verfügung gehabt. Bei jeder Wiederholung reproduziert der Schüler die vom Lehrer gegebenen Hilfen für die richtige Ausführung. Damit gewinnt der Schüler die Fertigkeit zur Analyse des Materials unter dem Gesichtspunkt der bevorstehenden Handlung und entdeckt Gemeinsamkeiten und Ähnlichkeiten.

Typ 3: Vollständige Orientierungsgrundlage, selbst geschaffen
Hier tritt »an die erste Stelle die planmäßige Unterweisung in der Analyse neuer Aufgaben ... Danach erfolgt anhand dieser Hinweise die Bildung der Handlung, die der gegebenen Aufgabe entspricht« (GALPERIN 1959, 377; nach JANTZEN 1983b, 33). Der Schüler soll sich hier an den grundlegenden Materialeigenschaften und den Gesetzmäßigkeiten ihrer Verbindungen orientieren. »Dabei gilt es vor allem Methoden zu finden, um diese Einheiten und Gesetze zu bestimmen sowie die Orientierungsgrundlage der Handlung für konkrete Objekte selbständig aufzubauen ... Diese Methode stützt sich auf die begriffliche Definition der Grundeinheiten, die auch die objektiven Kriterien bilden, nach denen die Struktur des konkreten Objekts bewertet wird« (GALPERIN 1966, 113; nach JANTZEN 1983b, 33).

Zu Beginn der Lösung von Aufgaben an anderem Material werden wohl Fehler auftreten, die sich auf die Analyse der Voraussetzungen für eine neue Aufgabe beziehen. Der Unterricht ist hier komplizierter und stellt höhere Anforderungen an den Lehrer. Anfangs wird wohl auch genausoviel oder noch mehr Zeit benötigt wie nach der Orientierungsgrundlage Typ 2. Der entscheidende Vorteil ist jedoch darin zu sehen, daß die Schüler die folgenden Aufgaben schneller selbständig und richtig ausführen können, wenn sie nach den ersten Aufgaben die vorläufige Analyse der Voraussetzungen genügend beherrschen. Dadurch kann das Lerntempo beschleunigt werden.

Mit Jantzen (1983b, 33) können Galperins Ausführungen zusammengefaßt werden: »Planmäßige Unterweisung in der Analyse neuer Aufgaben ist Voraussetzung ihrer begrifflich gründlichen Erschließung«. An den ersten Objekten eines neuen Gebietes soll sich der Schüler aneignen

»1. die Analyse wesentlicher Bestimmungsstücke und Merkmale konkreter Objekte ... sowie

2. die Charakterisierung der Kombination dieser Bestimmungsstücke und Merkmale in den Objekten« (GALPERIN 1969, 1273 f.; nach JANTZEN 1983b, 33).

Die Orientierungsgrundlage des 3. Typs zielt also auf *Verfahren der Lösung* und nicht auf die Lösung selbst. Bei einem Unterricht nach diesem Typ sind folgende Veränderungen zu erwarten:

»1. An die Stelle des ›Dings schlechthin‹ tritt ein Komplex von relativ selbständigen Objektmerkmalen und -eigenschaften;

2. an die Stelle *einer* ›Eigenschaft schlechthin‹ tritt eine Menge ihrer ›wesentlichen Elemente‹;

3. an die Stelle einer untergeordneten Menge von Teilen tritt eine Organisation der ›wesentlichen Elemente‹ nach einem Schema, das *allen* Objekten des Untersuchungsgebiets gemeinsam ist« (GALPERIN 1969, 1281; nach JANTZEN 1983b, 33).

Nach Galperin können mit den ersten beiden Typen der Orientierungsgrundlage nur allgemeine Schemata von Dingen gelernt werden, während der 3. Typ die »konkreten Tatsachen und Gesetzmäßigkeiten des Unterrichtsgebietes, das konkrete Material der Wissenschaft« (GALPERIN 1969, 1282; nach JANTZEN a.a.O.) umfaßt. Jantzen betont die entscheidende Bedeutung der Orientierungsgrundlage, indem er darauf hinweist, »daß hier und nirgendwo anders im wesentlichen die Zone der nächsten Entwicklung aufgespannt wird, also jener intersubjektive, kooperative Prozeß sich ereignet, der dann in der Behandlung (besser: »Handlung«; H.J.P.) zur Herausbildung der geistigen Operationen, der Begriffe führt« (JANTZEN 1983b, 33).

Strüver postuliert, daß von den drei Typen der Orientierungsgrundlage »der Typ 3 für behindertenpädagogische Curricula als am Geeignetsten erscheint« (1992, 109). Möglicherweise ist Strüver, der seine Untersuchungen mit erwachsenen Behinderten in Werkstätten für Behinderte durchgeführt hat, hier allzu optimistisch. Gehen wir etwas bescheidener davon aus, daß Lerntätigkeit Geistigbehinderter im schulischen Rahmen im wesentlichen »gelenkt-reproduktive Tätigkeit« ist und für lange Zeit bleibt, so erscheint *zunächst einmal* eine Orientierungsgrundlage vom Typ 2 als angemessen; als Ziel bleibt die Orientierungsgrundlage des 3. Typs anzustreben. Holger Probst (1981) gibt hierfür ein Beispiel, welches weiter hinten vorgestellt wird.

Die Arbeitshandlung

Nach Leontjew und Galperin bildet nicht die Wahrnehmung die Grundlage des Kenntniserwerbs, »sondern die äußere, praktische oder die innere, geistige Handlung« (LEONTJEW, GALPERIN 1972, 54).

Im Verlauf des Aufbaus einer Handlung lassen sich verschiedene Phasen bzw. Niveaus unterscheiden:

1. die materielle Handlung und als deren Sonderform die materialisierte Handlung;
2. die Handlung auf der Ebene der äußeren Sprache ohne Gegenstand;
3. die Handlung auf der Ebene der äußeren Sprache »für sich«;
4. die Handlung auf der Ebene der inneren Sprache als automatisierte Handlung.

Materielle und materialisierte Handlung

Galperin weist ausdrücklich darauf hin, »daß nur die materielle Form dazu dienen könne, sich eine Handlung anzueignen« (JANTZEN 1983b, 34). Beim schulischen Lernen sind jedoch häufig materielle Handlungen (z. B. im Geographieunterricht) oder materielle Formen (z. B. in der Mathematik) nicht bekannt oder nicht möglich. In diesen Fällen muß auf die Sonderform der materialisierten Handlung zurückgegriffen werden. Auch ist es zweifelhaft, ob mit älteren Schülern überhaupt noch mit der materiellen Handlung begonnen werden soll. Die ersatzweise zu vollziehende materialisierte Handlung kann jedoch nicht immer eine getreue Kopie der Originalhandlung sein. Es muß jedoch darauf geachtet werden, daß sie mit der materiellen Handlung psychologisch übereinstimmt, also in ihrer Begriffsstruktur und den für den Handlungsvollzug wesentlichen Eigenschaften der Objekte.

Materialisierte Handlungen sind möglich auf der Grundlage von

- Kopien,
- Modellen,
- Darstellungen,
- Beschreibungen.

Es geht also nicht um Anschauungsunterricht oder um bloßes Tätigsein, »sondern um die hochkomplizierte Vermittlung von wissenschaftlichen Begriffen in die gegenständliche Tätigkeit ... Diese Lösung in Form einer praktischen, zeichnerischen oder schriftlichen Bearbeitung einer Aufgabe bedeutet individuelle Lösungskompetenz und Begriffsbildung, aber noch nicht umfassende Beherrschung des Gegenstandes auf der Ebene sprachlicher Handlungsstrukturen ...« (JANTZEN 1983b, 34). Nähere Überlegungen hierzu finden wir bei Walburg (1982).

Wohl ist der Übergang über die Sprache ins Denken ein spezielles und wesentliches Problem des Lernens; es gibt jedoch im Handlungsprozeß

zahlreiche nicht-verbale, topologische Begriffsmuster, die ohne das Medium der gesprochenen Sprache angeeignet werden.

Jantzen kritisiert an Galperin u. a., daß dieser die Stufe der materiellen
und materialisierten Handlung »lediglich als quantitative Vorstufe zum
verballogischen Begriff (Symbolbedeutung)« (STRÜVER 1992, 107) begreift und nicht als eigenen qualitativen Begriffsaufbau im produktiv-to-
pologischen Bereich. Von daher fordert er, »die Stufe der bildhaften Darstellung der ›Handlung‹ (Materialisation) als eigene Lernstufe zu konzipieren« (STRÜVER 1992, 108) und nähert sich insoweit den Repräsentati-
onsstufen von Jérome Bruner an: enaktiv – ikonisch – symbolisch, ohne
diese Anregung jedoch in seiner Darstellung der entwicklungslogischen
Didaktik von Feuser weiter zu verfolgen (vgl. hierzu JANTZEN 1990, 271
sowie 278).

Handlungen – also auch Lernhandlungen – können mit Hilfe von *vier
Parametern* beschrieben werden:

• Entfaltung,
• Verallgemeinerung,
• Beherrschung (Aneignungsgrad) und
• Verkürzung.

Für den Normalfall schulischen Lernens dürfte Galperins Auffassung
zutreffen, daß

• »in der materialisierten Handlung insbesondere Entfaltung und Verallgemeinerung zu berücksichtigen sind,

• um sie sodann in die *nur* sprachliche Behandlung (→ Handlung;
  H.J.P.) überzuführen und dort ihre Beherrschung und Verkürzung
  anzustreben« (JANTZEN 1983b, 34; H.i.O.).

Entfaltung:
Die Handlung ist so in einzelne Operationen aufzugliedern, daß der
Schüler jede Operation und die Verbindung zwischen Operationen ver-
folgen kann – zunächst mit Hilfe des Lehrers, dann selbständig. Die
Möglichkeiten der Handlungsgliederung werden dabei bestimmt

• durch die Sachstruktur von Gegenständen und Handlung sowie
• durch das Entwicklungsniveau der Schüler.

Verallgemeinerung:
»Eine Handlung verallgemeinern heißt, aus vielfältigen Eigenschaften ihres Objekts gerade die auszugliedern, die einzig und allein für ihre

Durchführung notwendig sind« (GALPERIN 1959, 380; nach JANTZEN 1983b, 34). Es geht darum, Wesentliches von Unwesentlichem zu trennen. Dieses Herausarbeiten der wesentlichen Eigenschaften gelingt dann am besten, wenn vom Beginn der Unterweisung an mit sehr unterschiedlichem Material gearbeitet wird.

Beherrschung:
Hinweise auf unterschiedliche Grade der Beherrschung liefert Galperin kaum. Jantzen vermutet, daß »sich diese durch die Befolgung der Parameter der Entfaltung und Verallgemeinerung weitgehend« ergibt, »da es hier um den Erwerb geistiger Operationen auf neuem Niveau, nicht um Kenntniserwerb (!) geht« (JANTZEN 1983b, 34). Möglicherweise helfen uns hier die von Piaget beschriebenen Stufen des Denkens weiter.

Verkürzung:
Sie hat ihren Stellenwert insbesondere in der Etappe der äußeren Sprache für sich. Verkürzung stellt den umgekehrten Vorgang zur Entfaltung dar. Galperin betont die Bedeutung der Verkürzung, weil sie die Handlung beschleunigt, und beschreibt diesen Vorgang anhand eines Beispiels: »So bedeutet z. B. die Addition genaugenommen die Vereinigung der Summanden zu einer Gruppe, und der größte Mathematiker selbst kann keine Addition ausführen, wenn er nicht diese Vereinigung annimmt. Doch nimmt sie der Mathematiker nur an, die Kinder aber führen sie zu Beginn des Unterrichts real durch. Die Addition als arithmetische Operation hat jedoch überhaupt nicht die Vereinigung der Summanden selbst im Auge, sondern nur das Weitere – die Bestimmung der Zahl, die das Ergebnis der Vereinigung ist. Deshalb wird im weiteren gerade die Vereinigung der Summanden als erstes aus der faktischen Ausführung der arithmetischen Operation ausgeschlossen« (GALPERIN 1967, 381; nach NEEB 1981, 33).

Im weiteren weist Galperin darauf hin, daß es wichtig ist, die Verkürzung bewußt einzuüben, um dem Schüler die Möglichkeit zu geben, den Zusammenhang zwischen der entfalteten und verkürzten Handlung zu sehen; somit kann er zu der entfalteten Handlung zurückkehren, wenn die verkürzte Handlung nicht genügend beherrscht wird.

Die Parameter Vollständigkeit, Verallgemeinerung und Beherrschung sind keine Etappen im Aneignungsprozeß (die Etappen entsprechen dem Parameter »Niveau«), aber sie müssen auf jeder Niveaustufe des Aneignungsprozesses erreicht werden, um auf die nächsthöhere Etappe gelangen zu können. Bernhard Wilhelmer stellt diese Zusammenhänge in folgender Grafik dar.

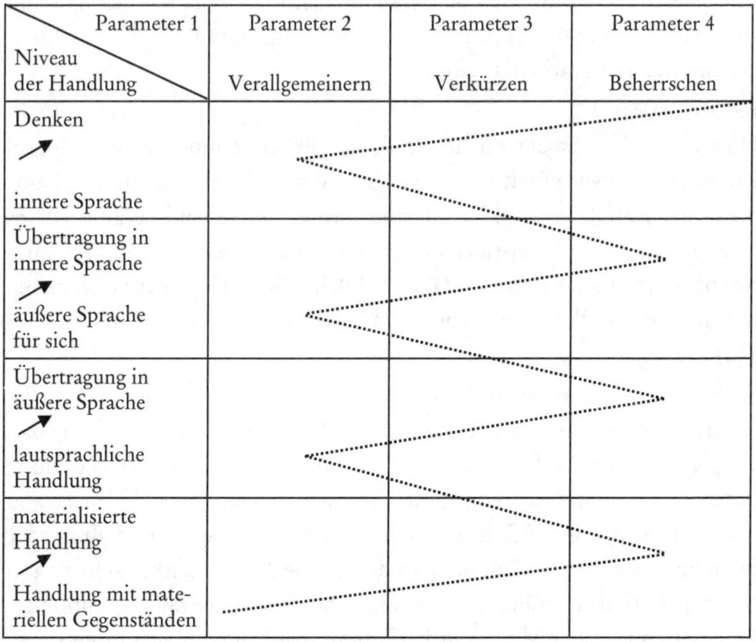

Niveau der Handlung	Parameter 1	Parameter 2 Verallgemeinern	Parameter 3 Verkürzen	Parameter 4 Beherrschen
Denken ↗				
innere Sprache Übertragung in innere Sprache ↗ äußere Sprache für sich				
Übertragung in äußere Sprache ↗ lautsprachliche Handlung				
materialisierte Handlung ↗ Handlung mit materiellen Gegenständen				

Abb. 11:   Parameter der Handlung (nach WILHELMER 1979, 190)

Äußere Sprache ohne Gegenstand

Es handelt sich hier um eine lautsprachliche Handlung. Der gegenständliche Inhalt des materiellen Handlungsvollzugs wird vollständig und genau in Sprache übertragen; damit erst wird der gegenständliche Inhalt Besitz des Bewußtseins. Dieser ist »noch nicht eigentlicher Gedanke, sondern nur sprachlich ausgelöste Vorstellung der Handlung« (JANTZEN 1983b, 34). Es geht in der sprachlichen Handlung

• sowohl um die Widerspiegelung der materiellen und materialisierten Handlung,

• als auch um Sprache als Mittel der Mitteilung über Handlung.

Alle Bestandteile der materiellen/materialisierten Handlung sollen sprachlich realisiert werden. Diese Etappe ist erreicht, wenn die sprachliche Reproduktion der materiellen/materialisierten Etappe ohne Stütze,

d. h. ohne Bezug (z. B. Hinsehen) auf die ursprünglichen Gegenstände erfolgt. Zu Beginn dieser Etappe übertragen die Schüler die materielle bzw. materialisierte Handlung in die Vorstellung und handeln damit. So werden sie sich im Rechenunterricht die Stäbchen, mit denen auf der vorhergehenden Etappe gerechnet wurde, einfach ›im Geist‹ vorstellen und damit rechnen. Dies stellt jedoch nur eine Übergangsperiode dar und ist nicht das Wesentliche dieser Etappe. Das Wesentliche ist das Einüben mittels lautem Sprechen. Dadurch verblaßt die Vorstellung; es wird nur noch mittels lautem Sprechen gerechnet.

Das Entscheidende dieser Etappe besteht somit »in der Übertragung der Handlung nicht in die Form der Vorstellung, sondern der gesprochenen Sprache ohne gegenständliche Stütze« (GALPERIN 1967, 383; nach NEEB 1981, 35). Ausgangspunkt ist die entfaltete Handlung, die sprachlich widergespiegelt wird. Sie wird sodann verallgemeinert und verkürzt.

Galperin weist darauf hin, daß diese Etappe im unterrichtlichen Geschehen nicht immer von der vorhergehenden Etappe zu trennen ist; hier wird ja auch gesprochen (begleitendes Sprechen). In diesen vorhergehenden Etappen »dient die Sprache hauptsächlich als Hinweis auf Erscheinungen, die sich unmittelbar der Wahrnehmung zeigen; Aufgabe des Lernenden ist es sich nicht in den Wörtern zurechtzufinden sondern in Erscheinungen. Jetzt wird aber die Sprache zum selbständigen Träger des gesamten Prozesses – der Aufgabe wie dem Handeln. Sie tritt nicht nur als System von Bezeichnungen auf, deren eigentliche Natur ziemlich gleichgültig für das Wesen der eigentlichen Handlung ist, sondern als gesonderte Wirklichkeit – als Wirklichkeit der Sprache« (GALPERIN 1967, 384 f.; nach NEEB 1981, 35 – 36).

Nach Galperin kann man diese Form noch nicht eigentlich geistig nennen, da das Kind die Operationen noch nicht im Geist, d. h. ohne äußere Sprache ausführen kann. Die Hauptfunktion der Sprache auf dieser Etappe ist kommunikativer Art; Sprache dient der Mitteilung über Gegenstände.

Beim Übergang auf diese Stufe wandeln sich Orientierungsgrundlage und Orientierungsanteil; es wird eigentlich eine neue Orientierungsgrundlage erforderlich mit dem Ziel, zu Sprechhandlungen zu kommen, die im folgenden zur Sprache in ihrer inneren Form verkürzt werden. Galperin hebt die entscheidende Bedeutung der Sprache im Aneignungsprozeß hervor: »Ohne Übung in den Kategorien der Sprache kann eine materielle Handlung überhaupt nicht in Form der Vorstellung widergespiegelt werden« (GALPERIN 1959, 384; nach JANTZEN 1983b, 35).

Äußere Sprache für sich

Sobald die sprachlichen Handlungen der vorherigen Etappe so gut beherrscht werden, daß sie verkürzt werden können, werden sie auf diese Etappe übertragen. Hier ändert sich die Funktion der Sprache. »Sie wird vom Kommunikationsmittel zum Mittel des Denkens, zu einem Verfahren, das vorliegende Material nach und nach gedanklich zu verändern« (GALPERIN 1972, 40). Der Inhalt der Gedanken wird hier zum Bestandteil des Denkprozesses. Hierbei wird der Handlungsablauf reduziert; der Schüler teilt nur noch die Ergebnisse der Operationen mit. Die Bedingungen der Handlung führt er nur noch gedanklich aus. Die Sprache wird umgestaltet. Das innere Lautbild des Wortes wird Bestandteil des Denkprozesses und bildet eine stabilere Verbindung als bildhafte Vorstellungen »Äußere Sprache für sich bedeutet z. B. lautes Sprechen während der Lösung einer Aufgabe, Verkürzung auf wichtige Aspekte des Vorgangs ...« (JANTZEN 1983b, 35).

Innere Sprache

Sie bleibt als Rest der verkürzten äußeren Sprache für sich, wird automatisiert und damit nicht mehr Gegenstand des Bewußtseins. Galperin weist darauf hin, daß die Übergänge zwischen der dritten und der vierten Etappe fließend sind. In dieser letzten Etappe wird die Handlung abermals verkürzt; die Lernhandlung erhält ihre innere geistige Form. »Die verkürzten Formen der psychischen Tätigkeit sind ihren Ursprungsformen ganz unähnlich, sie sind, für sich genommen, wegen ihrer Blitzartigkeit, Produktivität und schwierigen Feststellbarkeit für die unmittelbare Beobachtung wahrhaft erstaunlich und kaum verständlich. Ihre Identifizierung als verkürzte Form von Handlungen, deren ursprünglich gegenständlicher Inhalt völlig offensichtlich ist, bringt auch in den Ursprung vieler psychologischer Prozesse sowie in ihren wahren Inhalt und ihre Natur Licht« (GALPERIN 1967, 372 – 373; nach NEEB 1981, 36 – 37). Folglich können auf dieser Etappe keine Unterscheidungsmerkmale in den verschiedenen Parametern mehr angegeben werden.

Die Kontrollhandlung

Die bisherigen Ausführungen über die Abfolge der einzelnen Etappen beschäftigten sich mit Widerspiegelungen und Veränderungen der Handlung. Eine solche Handlung bezeichnet Galperin als »Arbeitshandlung«. Allerdings ist damit nur eine Seite des Prozesses genannt. Dem ausführenden Teil der Handlung geht immer eine Antizipation der zukünftigen Handlungen voraus, welche die Handlungen im Sinne eines Ist-Soll-Vergleichs kontrollieren, die sogenannte »Kontrollhandlung« (vgl. GALPERIN 1972, 41 f.). Die Entwicklung geistiger Kontrollhandlungen stellt das *zentrale Problem der Aufmerksamkeitsentwicklung* dar. »Galperin geht davon aus, daß jede menschliche Handlung sich nach nach einem Modell vollzieht (Orientierungstätigkeit auf der Ebene des Abbilds) und nicht nur vollzogen, sondern auch überprüft werden muß. Auch die Kontrollhandlung beginnt in materialisierter Form durch Vorgabe eines Gegenstandes oder Vergleichsmaßstabes ...« (JANTZEN 1983b, 35). Auch diese materialisierte Kontrollhandlung wird dann versprachlicht auf der Ebene der äußeren Sprache für sich und schließlich automatisiert und verkürzt. Für die Bildung von Aufmerksamkeit ist hierbei wichtig, daß die Kontrolle nicht nur eine geistige Handlung, sondern eine *verkürzte Handlung* wird. »Die *willkürliche* Aufmerksamkeit ist eine *planmäßige* Aufmerksamkeit. Es handelt sich um die Kontrolle einer Handlung, die nach einem vorher aufgestellten Plan und mit Hilfe vorher festgelegter Kriterien und Verfahren zur Auswertung dieses Plans vollzogen wird« (GALPERIN 1973, 21; H. d. H.J.P.).

Die einfachste Form solcher Kontrollhandlungen haben wir vorliegen in der Anwendung des Prinzips der »Reafferenz« nach Anochin. Die Antizipation künftiger Handlungen wird beschrieben im Konzept der »vorgreifenden Widerspiegelung« nach Anochin (vgl. hierzu auch JANTZEN 1992).

5.4 Die Zone der nächsten Entwicklung

Bezogen auf das Verhältnis von Lernen und Entwicklung betrachtet Wygotski Lernen als den Faktor, der die Entwicklung des Kindes vorantreibt. »Folglich *braucht das Lernen nicht nur der Entwicklung zu folgen, braucht es nicht im Gleichschritt mit ihm zu gehen, sondern kann der Entwicklung vorauseilen, sie dadurch vorantreiben und in ihr Neubildungen hervorrufen«* (WYGOTSKI 1993, 218; H.i.O.). Wygotski hat den Begriff »Zone der nächsten Entwicklung« geprägt und unterscheidet hierbei

1. das aktuelle Entwicklungsniveau, das bestimmt ist durch solche Aufgaben, die das Kind *ohne Hilfe* von Erwachsenen lösen kann und

2. die Zone der nächsten Entwicklung, die bestimmt ist durch solche Aufgaben, die das Kind *nur mit Hilfe* von Erwachsenen lösen kann.

Aufgaben, welche das Kind heute *nur mit Hilfe* des Erwachsenen bewältigen kann, kann es nach angemessener Lernzeit auch *ohne Hilfe* bewältigen. Damit ist das, was gegenwärtig »Zone der nächsten Entwicklung« zu nennen ist, nach dem abgeschlossenen Aneignungsprozeß zur »Zone der aktuellen Leistung« des Kindes geworden, von dem aus die nächstfolgende künftige »Zone der nächsten Entwicklung« angegangen werden kann. Lompscher und Kossakowski (1977) stellen dies in folgender Grafik dar.

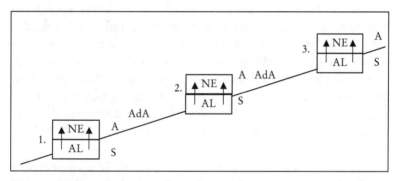

Abb. 12: Schematische Darstellung der Beziehungen von »Zone der aktuellen Leistung« (AL) und »Zone der nächsten Entwicklung« (NE) im Entwicklungsprozeß
S= Selbständigkeit, A = Anleitung, AdA = Abbau der Anleitung
(aus LOMPSCHER, KOSSAKOWSKI 1977, 101)

Pädagogische Aufgabe ist es, die in der jeweiligen Zone aktueller Leistung enthaltenen Entwicklungsmöglichkeiten zu finden und die Tätigkeit des Schülers so zu lenken, »daß die Zone der nächsten Entwicklung zu einer Zone der aktuellen Leistung wird, die wiederum weitergehende Möglichkeiten eröffnet« (LOMPSCHER, KOSSAKOWSKI 1977, 100). Um zu dieser Zone der nächsten Entwicklung zu gelangen, bedarf das Kind

der Lenkung durch den Erwachsenen und der Gestaltung seiner Lerntätigkeit durch den Erwachsenen, also der Hilfe. Wygotski spricht vom
»Stadium der Zusammenarbeit«. Durch diese Zusammenarbeit mit dem
Erwachsenen »werden die Kinder und Jugendlichen allmählich befähigt,
die entsprechenden Handlungen zunehmend selbständiger auszuführen.
Damit werden »hohe« Anforderungen zu »niedrigen« Anforderungen –
was erst die Zone der nächsten Entwicklung traf (oder u. U. auch darüber hinausging!), ist nun zur Zone der aktuellen Leistung geworden«
(LOMPSCHER, KOSSAKOWSKI 1977, 100 – 101).

Bezüglich des Anforderungsniveaus weisen die beiden Autoren darauf
hin, daß die Logik des Entwicklungsprozesses es geradezu erfordert,
»nicht nur *hohe*, sondern auch *ständig steigende Anforderungen* an die
Persönlichkeit zu stellen« (LOMPSCHER, KOSSAKOWSKI 1977, 101;
H.i.O.).

Zu den Aufgaben des Lehrers/Erziehers hierbei gehört es festzustellen,

• auf welche Art von Gegenständen die kindliche Tätigkeit gerichtet
  wird,

• wie die Struktur dieses Gegenstandes sich darstellt, wie also seine
  Merkmale oder Bestandteile miteinander verknüpft sind,

• wie komplex dieser Gegenstand nicht objektiv, sondern subjektiv für
  das Kind/den Jugendlichen ist,

• wie sich wesentliche und unwesentliche Merkmale dieses Gegenstandes zueinander verhalten,

• welche Handlungen auszuführen sind, um die Anforderung zu bewältigen,

• auf welcher Erkenntisebene die Aufgabe bewältigt werden soll (materiell tätig, materialisiert tätig, symbolisch),

• welche Mittel zur Aufgabenbewältigung zur Verfügung stehen.

5.5   Kritik und Zusammenfassung

Galperins Theorie der etappenweisen Abfolge der Bildung geistiger
Handlungen beschreibt die genetische Abfolge der einzelnen Lernschritte. Diese Differenzierung in einzelne Etappen macht es möglich,
das Lernniveau eines Menschen bezüglich einer Aufgabe zu bestimmen
durch die Angabe, auf welcher Etappe er zur Zeit tätig ist. Dadurch wird

es auch möglich, bei Schwierigkeiten auf die davorliegende Etappe zurückzukehren. In der unterrichtlichen Praxis dürften sich, wie Galperin selbst angegeben hat, die einzelnen Etappen überlappen. Die Unterscheidungskriterien sind nicht immer eindeutig. So hat die Unterscheidung zwischen den Parametern »verkürzen« und »verallgemeinern« eher analytischen Charakter; mit einer Verallgemeinerung geht immer eine Verkürzung einher. Allerdings erlaubt es die Unterscheidung der einzelnen Parameter bei entsprechender Orientierungsgrundlage, den inneren Zusammenhang, die Struktur der Abfolge der einzelnen zur Lösung der Aufgabe notwendigen Schritte aufzuzeigen.

In Galperins Theorie wird ein enger Zusammenhang zwischen Sprechen und Denken angenommen. Denken als verkürztes inneres Sprechen reduziert sich im wesentlichen auf die Aneignung von Begriffen. Geistige Handlungen lassen sich jedoch nicht ausschließlich auf die Aneignung von Begriffen reduzieren. Denken findet auch außerhalb sprachlicher Begriffe statt. Es sei beispielsweise verwiesen auf das »technische Denken«, welches auch in Vorstellungen graphischer Abbildungen, von Zeichnungen, Symbolen u. ä. stattfindet.

Galperin selbst hat keine Angaben darüber gemacht, für welchen Unterricht seine Etappentheorie gelten soll. Da sie jedoch ein gewisses Sprachverständnis voraussetzt, kann sie in ihrer vollen Entfaltung erst ab einer bestimmten Stufe der Entwicklung sinnvoll angewandt werden. Ansonsten verbleibt Aneignung/Lernen auf der Ebene der konkret-materiellen Handlung und erreicht höchstens noch das Niveau der Materialisierung, des Umgangs mit Modellen, Bildern usw.

Die drei von Galperin beschriebenen Arten der Orientierungsgrundlage zusammen mit der festgelegten Etappenabfolge können für bestimmte Lernvorhaben sinnvoll sein. Wenn sie jedoch auf jeglichen Unterricht angewandt werden sollen, geht didaktische und methodische Vielfalt verloren. Die Galperinschen Etappen können deshalb nicht als generelles Unterrichtsmodell angesehen werden, auch deshalb nicht, weil die Frage der Motivation von Lernprozessen nicht erörtert wird. Jantzen macht allerdings darauf aufmerksam, daß in Anlehnung an Leontjew es die Lerninhalte sind, die angestrebten Handlungsziele, welche zum Lernen motivieren (vgl. JANTZEN 1983a, 61).

Nicht erklären läßt sich mit Galperins Theorie motorisches Lernen und das Lernen von Sozialverhalten. Für das Lernen von Sozialverhalten liegt eine Theorie vor, die ebenfalls auf der Interiorisationshypothese basiert, auf welche an dieser Stelle hingewiesen wird: Daniil Elkonin beschreibt sie in seinem Buch »Psychologie des Spiels«[1] (1980).

Insgesamt beschreibt das Konzept der Aneignung und der Interiorisation noch keine vollständige Didaktik, sondern gibt lediglich Hinweise auf individuelle Prozeßabfolgen, die dem Lehrer als Orientierung für die Auswahl unterrichtlicher Methoden dienen können. Zu einem auch für die Schule für Geistigbehinderte interessanten Didaktik-Konzept hat Georg Feuser (1989; 1995) diesen Ansatz ausgearbeitet und als »Entwicklungslogische Didaktik« benannt. Hiermit – und mit einigen weiterführenden Anregungen – beschäftigt sich das nachfolgende Kapitel 6.

Für die unmittelbare Organisation von konkretem Unterricht hat z. B. Holger Probst (1981) das Konzept der Interiorisation nutzbar gemacht. Sein Bericht wird weiter hinten vorgestellt werden.

---

[1] Verwiesen sei auch auf die Veröffentlichung »Zur Entwicklung von Tätigkeit und Handeln Geistigbehinderter« des gleichen Verfassers im gleichen Verlag (2002).

6 Konsequenz: Entwicklungslogische Didaktik

6.1 Grundüberlegungen

Georg Feuser leitet seine Grundüberlegungen von der Idee der Integration her. Er fordert eine einheitliche Schule für alle Kinder, unabhängig von Art und Ausmaß möglicher Beeinträchtigungen. Diese Forderung leitet er ab von einer grundsätzlichen Kritik des gegenwärtigen Schulsystems, dem er vorwirft,»daß unsere Schulen selbst nichtbehinderten Kindern und Jugendlichen nicht mehr zumutbar sind, ja ihre Sozialfähigkeit und Persönlichkeit bis in die Kerne menschlicher Persönlichkeit hinein zerstören« (1989, 5).

Ebenso kritisiert er die wissenschaftliche Pädagogik, der er vorwirft, niemals bisher eine einheitliche und allgemeine Pädagogik gewesen zu sein:»Seit Beginn der wissenschaftlichen Pädagogik hat es zu keiner Zeit eine allgemeine Pädagogik für alle Kinder gegeben, nur Sonderpädagogiken! Universität, Gymnasium, Realschule, Hauptschule – sie alle sind Sonderschulen, Schulen für Menschen ohne den jeweiligen anderen Menschen« (FEUSER 1989, 6).

Von einer integrativ arbeitenden Schule verlangt er, daß »dort in *differenzierter und individualisierter Weise miteinander* (nicht nebeneinander!) *ohne sozialen Ausschluß* gelernt werden kann« (FEUSER 1989, 14; H.i.O.), wozu eine wissenschaftliche Pädagogik andere Grundüberlegungen bereitzustellen hätte als bisher. Feuser geht es bei einer neukonzipierten allgemeinen Pädagogik um die »Aufhebung des Fächerunterrichts zugunsten der Erarbeitung der fachspezifischen Zusammenhänge in Projekten und Vorhaben; Überwindung individueller Curricula zugunsten individualisierter Lernplanung, Überwindung äußerer Differenzierung durch x-Schulformen zugunsten Innerer Differenzierung, Verlassen des Frontalunterrichts zugunsten eines offenen Unterrichts u. v. m.« (1989, 17). Unter diesen veränderten Bedingungen habe Erziehung und Bildung von Kindern stattzufinden. Dabei versteht er

- unter *Erziehung* »die Strukturierung der Tätigkeit der Kinder und Schüler mit dem Ziel größter Realitätskontrolle« und
- unter *Bildung* den »Ausdruck des Gesamts der Wahrnehmungs-, Denk- und Handlungskompetenzen eines Menschen im Sinne seiner aktiven Selbstorganisation« (FEUSER 1989, 19).

Die von ihm angedachte integrative und differenzierte Pädagogik veranschaulicht er mit dem Bild eines Baumes:

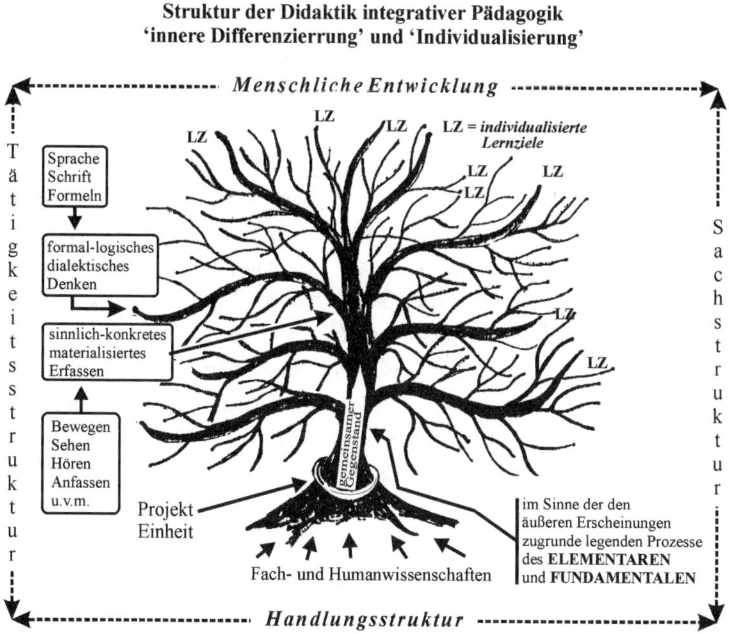

Struktur der Didaktik integrativer Pädagogik
'innere Differenzierrung' und 'Individualisierung'

Abb. 13:   Die didaktische Struktur einer Allgemeinen integrativen
Pädagogik (aus FEUSER 1989, 31)

Um im Bild des Baumes zu bleiben:

- Der *Stamm* symbolisiert »die äußere thematische Struktur eines Projektes«, von dem er sagt: »Nur in Projektform angelegte Lern- und Unterrichtseinheiten bieten die Chance, an dem jeweils spezifischen Erfahrungshorizont und der Bedürfnislage der Schüler anzuknüpfen« (FEUSER 1989, 31),

- die *Äste* und deren *Zweige* stellen die Wissenschaftsbereiche dar, »mit denen die Inhalte des Projektes ›sinnlich-konkret‹ (am Astansatz) wie in abstrakt-logisch-symbolischer Weise durch Sprache, Schrift, Formeln u. a. (Astspitze) – damit für alle Entwicklungsniveaus der Schüler – faßbar werden. Je nach der momentanen Wahrnehmungs-, Denk- und Handlungskompetenz eines Schülers kann er an einem oder mehreren Ästen entlang lernen« (a.a.O.).

Da nach diesem Konzept alle Schüler je nach ihren unterschiedlichen Möglichkeiten Unterschiedliches, aber am gleichen Projekt (Baumstamm) lernen, arbeiten sie am für alle gemeinsamen Lerngegenstand. Feuser versteht diesen Gegenstand jedoch nicht nur als den konkreten Anlaß bzw. Inhalt des Lernens (das Thema); der »*gemeinsame Gegenstand*‹ ... *ist nicht das materiell Faßbare*, ..., *sondern der zentrale Prozeß*, der hinter den Dingen und beobachtbaren Erscheinungen steht und sie hervorbringt« (FEUSER 1989, 32; H.i.O.), also das »Elementare« und »Fundamentale«. Das von Klafki so bezeichnete »Elementare« »steht exemplarisch für das Allgemeine, oder es repräsentiert einen strukturierten Sachzusammenhang. [...] Elementaria machen jene Unterrichtsgehalte aus, von denen erwartet werden kann, daß sie bei Schülern und Schülerinnen Bildungsprozesse auslösen« (KRON 1994, 123). Das »Elementare« bei Klafki entspricht der Kategorie »Bedeutung« bei Leontjew. Mit dem Begriff des »Fundamentalen« meint Klafki »die Intention aller menschlichen Erkenntnis« (KRON 1994,124), was bei Leontjew dem Begriff »Sinn« entspricht. Dieses »Elementare« und »Fundamentale« stellt sich je nach Entwicklungsstand des einzelnen Schülers unterschiedlich dar, sei es, um im Beispiel Feusers zu bleiben, als durch die Wärme bedingte Veränderung der Konsistenz eines Eis beim Kochen, sei es als ein Gesetz der Thermodynamik.

Das auf dem jeweils erreichten Entwicklungsniveau dem individuellen Kind/Schüler Aneigenbare bezieht sich also auf die jeweils gleiche wissenschaftliche Grundkategorie und wird in der von Feuser konzipierten integrativen Lernform in »Kooperation am gemeinsamen Gegenstand« (FEUSER 1989, 22) angeeignet. Feuser entwirft eine »Pädagogik, in der *alle Kinder in Kooperation miteinander auf ihrem jeweiligen Entwicklungsniveau und mittels ihrer momentanen Denk- und Handlungskompetenzen an und mit einem gemeinsamen Gegenstand lernen und arbeiten*« (1989, 22, H.i.O.).

Basis: Handlungsstruktur

Feuser legt ein didaktisches Modell vor, welches drei Bestimmungsstücke in sich vereinigt:

- die *Analyse der Sachstruktur* im Sinne traditioneller Didaktik,
- die *Analyse der Tätigkeitsstruktur* des einzelnen Schülers nach der jeweils »dominierenden Tätigkeit«,

• die *Analyse der Handlungsstruktur* im Sinne der Theorie der Interiorisation von Galperin.

Diese Handlungsstruktur spiegelt die Galperinschen Etappen wider und bildet die Basis der graphischen Darstellung seines didaktischen Modells:

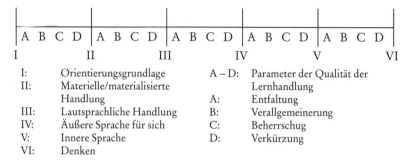

| A B C D | A B C D | A B C D | A B C D | A B C D |
| I | II | III | IV | V | VI |

I:	Orientierungsgrundlage	A – D:	Parameter der Qualität der
II:	Materielle/materialisierte		Lernhandlung
	Handlung	A:	Entfaltung
III:	Lautsprachliche Handlung	B:	Verallgemeinerung
IV:	Äußere Sprache für sich	C:	Beherrschug
V:	Innere Sprache	D:	Verkürzung
VI:	Denken		

Abb. 14:   Etappen nach Galperin (vgl. FEUSER 1989, 30; 1995, 177).

Rahmen 1: Sachstruktur

Die Sachstruktur bezieht sich auf die Lerngegenstände und Lerninhalte, deren Aufbau, Elemente, Beziehungsverhältnisse zu analysieren sind, etwa nach den Überlegungen, wie sie Wolfgang Klafki vorgelegt hat. Auch eine Analyse der Sachstruktur nach Lernhierarchien (z. B. Gagné; Ferguson) ist hier denkbar. Feuser geht es bei der Analyse der Sachstruktur bezüglich der Auswahl und Anordnung der Inhalte »eher um eine Tiefenstruktur ... im Sinne von fundamentalen Ideen und Schlüsselproblemen«, wie andererseits auch um »ihren strikt logischen Aufbau« (JANTZEN 1997,1).

Diese Analyse der Sachstruktur wird vertikal angeordnet, so daß unten mit der am wenigsten komplexen Komponente begonnen wird und die komplexeste sich am oberen Ende befindet. An einem von Dieter Fischer (1994, 53) mitgeteilten Beispiel (vgl. auch Kap. 7.3) läßt sich dies so veranschaulichen (s. Abb. 15).

Es ist ersichtlich, daß nach dem Durchanalysieren eines konkreten Vorhabens nach abnehmender Komplexität es möglich ist, für jeden einzelnen Schüler die Zone der gegenwärtigen Entwicklung im Sinne Wygotskis zu bestimmen und davon die Zone der nächstmöglichen Entwicklung abzuleiten. Diese Zone der nächsten Entwicklung kann in irgend-

Objektseite			
Sachstrukturanalyse nach FEUSER (Tiefenstruktur)	Beispiel von D. FISCHER (1994): Vorhaben »Wir laden zum Geburtstag ein«		Verallgemeinertes Beispiel:
Sachstrukturanalyse von Vorhaben, Inhalten, Gegenständen, Sachzusammenhängen, Wissenschaftsbereichen Schülerbezogen: Neue Handlungskompetenz Didaktisch-mediale Strukturhilfen Momentane Handlungskompetenz	Eine Geburtstags-Party geben können	F	Komplexes Vorhaben
	Kuchen selbst backen können	E	Einzelvorhaben
	Kuchen verzieren können	D	Handlung/Arbeitseinheit
	Eine Packung/Dose öffnen können	C	Operationenfolge
	Eine Dose halten können	B	Einzeloperationen
	Mit beiden Händen Gegendruck bilden können	A	Bewegungsfolge
			Einzelbewegungen
			Muskelreaktion

Abb. 15:   Objektseite/Sachstruktur

einer Weise für jeden Schüler in dieser Hierarchie kenntlich gemacht werden.

Ausdrücklich sei darauf hingewiesen, daß das hier gewählte Beispiel lediglich eine Oberflächenstruktur abbildet und die Abbildung einer Tiefenstruktur, wie Feuser sie mit der von ihm gemeinten »Sachstrukturanalyse« anspricht, nicht leisten kann. Insoweit muß das Beispiel »oberflächlich« bleiben.

Rahmen 2: Tätigkeitsstruktur

Der Analyse der Sachstruktur des Lerngegenstandes (Feuser: »Objektseite«) steht auf der Seite des einzelnen Schülers die Analyse seiner Tätigkeitsstruktur (»Subjektseite«) gegenüber. Die Analyse der Tätigkeitsstruktur orientiert sich nach Feusers Vorschlag am Konzept der »dominierenden Tätigkeit«, wie es von Leontjew entworfen und von Jantzen in eine vereinheitlichende Theorie der Entwicklung eingearbeitet worden ist.

Subjektseite: Analyse des Tätigkeits-, Entwicklungs- bzw. Abbildungsniveaus, z. B.
6 Arbeit
5 (schulisches) Lernen
4 Spiel
3 gegenständliche Tätigkeit
2 manipulierende Tätigkeit
1 perzeptive Tätigkeit

Abb. 16:
Subjektseite/Tätigkeitsniveau

Innerhalb dieser Hierarchie der Tätigkeiten läßt sich für jeden einzelnen Schüler wiederum die »Zone der aktuellen Entwicklung« bestimmen, also das Niveau seiner gegenwärtigen Handlungskompetenz, von wo aus als individuelle Zielfestlegung die »Zone der nächsten Entwicklung« bestimmt werden kann. Feuser weist auch darauf hin, daß ebenso »auch Störfaktoren, die als Rahmenbedingungen Lernen und Entwicklung beeinträchtigen« (1995, 177) mit diesem Verfahren bestimmt werden können.

Die didaktische Frage ist vom Schüler her zu beantworten, nämlich die Frage, »welche Aspekte im Rahmen der im ›Projekt‹ kulminierenden Inhalte sich auf der Ebene seiner momentanen Wahrnehmungs-, Denk- und Handlungskompetenz in der tätigen Auseinandersetzung mit diesen ›erschließen‹ und im Sinne der Ausdifferenzierung des ›inneren Abbildes‹ ein qualitativ neues und höheres Wahrnehmungs-, Denk- und Handlungsniveau anbahnen und absichern können« (FEUSER 1989, 29).

6.2 Das didaktische Modell

Diese drei Grundelemente setzt Georg Feuser so miteinander in Beziehung, daß sich »entsprechend dem Zusammenhang ›Subjekt ↔ Tätigkeit ↔ Objekt‹ eine drei-dimensionale Didaktik« (1995, 177) darstellt:

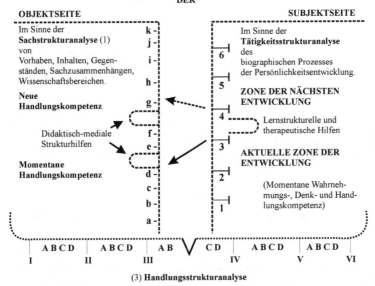

DAS DIDAKTISCHE FELD INTEGRATIVER PÄDAGOGIK

HISTORISCH-LOGISCHE STRUKTURANALYSE
DER

(3) **Handlungsstrukturanalyse**

Das didaktische Feld einer Allgemeinen integrativen Pädagogik. (1) a-k = Projekt-, vorhaben-, inhalts-, gegenstands-, sachzusammenhangs-bezogene historisch-logische und wissenschaftsbereichsbezogene Gliederung der Inhaltsseite des Unterrichts im Sinne der »didaktischen Analyse« (z. B. Klafki, Schulz/Otto/Heimann, Möller); (2) 1-6 = Stufen der »dominierenden Tätigkeit«: 1 – perceptive, 2 – manipulierende, 3 – gegen-ständliche Tätigkeit, 4 – Spiel, 5 – (schulisches) Lernen, 6 – Arbeit (z. B. Leontjew, Piaget, Spitz, Vygotskij); (3) = Etappen der Ausbildung der geistigen Operationen: I – Orientierungsgrundlage, II – materialisierte Handlung, III – lautsprachliche Handlung, IV – äußere Sprache für sich, V – innere Sprache, VI – Denken; A-C = Parameter der Qualität der (Lern-)Handlung auf jedem Niveau (I-VI): A – Entfaltung, B – Verallgemeinerung, C – Beherrschung, D – Verkürzung (Galperin).

Abb. 17:   Feusers didaktisches Modell (nach FEUSER 1995, 177)

Gegenüber den weiter vorne dargestellten Einzelkomponenten enthält diese Zusammenschau weitere Hinweise:

Auf der *Objektseite* findet sich der Hinweis auf »neue Handlungskompetenz«, die mit Hilfe didaktischer und medialer Strukturierung zu erreichen angestrebt wird. Diese Hinweise haben in die individuelle Lernplanung für den einzelnen Schüler einzugehen und dessen individuelle Tätigkeits- und Lernmerkmale zu berücksichtigen.

Auf der *Subjektseite* ist zwischen der Zone der aktuellen Entwicklung (unten) und der Zone der nächsten Entwicklung (oberhalb) darauf hingewiesen, daß der Schüler im Sinne Wygotskis zum Erreichen der Zone seiner nächsten Entwicklung der Hilfe durch den Erwachsenen, durch den Erzieher oder Lehrer bedarf. Diese pädagogischen Hilfen werden von Feuser mit dem Hinweis auf »lernstrukturelle und therapeutische Hilfen« angedeutet. Die Hilfen können reichen von der unmittelbar körperlichen Assistenz (etwa Führen nach Affolter) bis zur individuell abgestimmten Bereitstellung einer spezifischen Lernsituation. Hierauf werden wir später noch zu sprechen kommen.

Reichweite des Modells

Feuser weist darauf hin, daß seine zentrale Kategorie der »Kooperation am Gemeinsamen Gegenstand« nur in solchen Lernfeldern zum Tragen kommt, welche in Projekten angelegt sind. Nur solche Projekte »bieten die Chance, an dem jeweils spezifischen Erfahrungshorizont und an der Bedürfnislage der Schüler anzuknüpfen und sie im Sinne des ... didaktischen Feldes in kooperativen und offenen Lernformen zusammenzuführen, ihnen ein kooperatives Miteinander zu ermöglichen« (FEUSER 1995, 178). Nur Projekte bieten nach seiner Meinung die Möglichkeit zur Verknüpfung von »›Innerer Differenzierung‹ und ›Individualisierung‹ zu einer Kerneinheit der didaktischen Struktur« (FEUSER 1989, 31; H.i.O.). Für die von ihm angedachte integrative Pädagogik hält er »ein Lernen in Projekten [für] nahezu unverzichtbar« (1995, 179).

Mit seinem Ansatz einer entwicklungslogischen Didaktik zum Zwecke einer allgemeinen integrativen Pädagogik legt Georg Feuser jedoch ein Konzept vor, welches auch und besser als andere zur Orientierung einer Didaktik der Schule für Geistigbehinderte taugt. Ähnlich wie eine radikale integrative Pädagogik mit einer ungeheuren Heterogenität innerhalb der Klassen zu rechnen hat, hat die Schule für Geistigbehinderte diese Heterogenität ihrer Schülerinnen und Schüler zu beachten. Aus dieser Heterogenität heraus hat sich die Schule für Geistigbehinderte von Anfang an nicht auf das Elend der Jahrgangsklassen und des lehrerzentrierten Frontalunterrichts für alle Schüler eingelassen, auch nicht einlassen können. Projektorientierte, handlungsorientierte Unterrichtsinhalte und Unterrichtsformen haben von Beginn an die Schule für Geistigbehinderte von anderen, traditionellen Schulformen abgehoben. Allerdings hat

in der Vergangenheit auch die wissenschaftliche Geistigbehindertenpädagogik das schon immer gesuchte einheitliche didaktische Konzept nicht
in der Stringenz und Radikalität ausentwickelt, wie es nunmehr von Feuser vorgelegt worden ist.

Die Feusersche entwicklungslogische Didaktik kann einen großen Teil
der unterrichtlichen Tätigkeit und der Lerntätigkeit in der Schule für
Geistigbehinderte beschreiben. Nicht so ganz in diese Modellbeschrei-
bung passen allerdings diejenigen Unterrichtsbereiche, die als fachorientiert, lehrgangsorientiert bezeichnet werden (vgl. SEKRETARIAT 1980;
STAATSINSTITUT 1982) und die ihre organisatorische Form im Kursunterricht mit weitgehend homogener Schülerschaft finden. Mit der Annahme von Feusers Entwurf einer entwicklungslogischen Didaktik
durch die Schulen für Geistigbehinderte würde jedoch Biewers weiter
vorne dargestellte Kritik an der Mosaikhaftigkeit der gegenwärtigen Geistigbehindertendidaktik weitgehend ins Leere treffen.

6.3   Variationen

Variation 1: Materielle und materialisierte Handlung

Georg Feuser legt seinem Modell bei der Handlungsstrukturanalyse unter II lediglich die »materialisierte Handlung« zugrunde. Selbstverständlich kann auch an Abbildungen, Modellen, Karten usw. praktisch gearbeitet werden. Diese praktischen Handlungen sind jedoch andere als an
den eigentlich gemeinten konkreten Gegenständen. Sollen Materialisie-
rungen als Orientierungen verwandt werden, so müssen sie vorher konkret (materiell) erarbeitet werden. Der Reiz der Galperinschen Theorie
der Interiorisation liegt beim Versuch ihrer Nutzbarmachung für die Erziehung und Bildung Geistigbehinderter gerade darin, daß sie von der
tatsächlichen, konkret-praktischen Handlung an und mit konkreten Gegenständen ausgeht. Das Kochen eines Eis wird mit Hilfe von wirklichen
Eiern erlernt, an einem funktionierenden Herd, auf dem ein wirklicher
Topf steht mit Wasser, das zum Kochen gebracht wird. Hierdurch erhält
kindliches Handeln seinen Lebensbezug: Die wirklichen Dinge des Lebens werden in ihrer wirklichen, üblichen Funktion gebraucht und dadurch in ihrer »gesellschaftlichen Bedeutung« erkannt. Das gekochte Ei
kann selbst gegessen werden und erhält in der Befriedigung eines Be-
dürfnisses einen subjektiven »individuellen Sinn«.

Materialisieren läßt sich diese Handlung z. B. in einer Reihe von Bildern, auf denen die einzelnen Schritte des Kochvorgangs dargestellt sind:

Topf mit Wasser füllen.   Ei einstechen.
Topf auf den Herd stellen.   Ei auf Löffel legen.
Herd einschalten.   Ei vom Löffel ins Wasser geben.
Abwarten, bis Wasser sprudelt.   usw.

Solche Bilder können dazu dienen, den *Ablauf* der konkret vollzogenen Handlung *ohne die tatsächlichen Handlungsgegenstände* Schritt für Schritt dem tatsächlichen Ablauf entsprechend *zu rekonstruieren*, auch zur bildlichen Unterstützung der sprachlichen Rekonstruktion, oder um einen geplanten, also noch nicht stattgefundenen Handlungsablauf sich vorab in seiner Abfolge verdeutlichen zu können. So eingesetzt, dienen die aus der konkreten Handlung gewonnenen Bilder der *Planung künftiger Handlungen*. Sie erhalten Anweisungscharakter (→ Gebrauchsanweisung) und sind zu dekodieren, zu »lesen«. Mit dieser Anforderung erhalten diese Bilder auch ihren Stellenwert im Prozeß des Lesenlernens und der Orientierung in lebenspraktischen Vollzügen.

Es ist daher angezeigt, die Basislinie »Handlungsstruktur« so zu verändern:

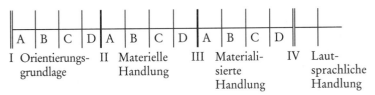

| A | B | C | D | A | B | C | D | A | B | C | D |

I Orientierungs-   II Materielle   III Materiali-   IV Laut-
grundlage   Handlung   sierte   sprachliche
                                       Handlung   Handlung

(A, B, C, D wie vorher als Parameter der Qualität der Lernhandlung: A = Entfaltung, B = Verallgemeinerung, C = Beherrschung, D = Verkürzung)

Abb. 18:   Erweiterte Handlungsstruktur

Jantzen weist darauf hin, daß auf der Ebene der materialisierten Handlung solche Bilder, Modelle »sowohl Abbild als auch Werkzeug« (1990, 280) sind. Sie enthalten, Lompscher (1985) zitierend, »nur konstitutive, im gegebenen Kontext wesentliche Merkmale und Relationen«, sind also abstrakt. »Sie sind aber gleichzeitig anschauliche Abbildungen und machen damit grundlegende Zusammenhänge und Wesensmerkmale der Wahrnehmung und Vorstellung zugänglich« (nach JANTZEN 1990, 280; H.i.O.).

Variation 2: Einsatz der Sprache

Das von Feuser vorgelegte Modell erweckt beim uninformierten Betrachter den Eindruck, als würden Orientierungsgrundlage und materielle bzw. materialisierte Handlung schweigend, ohne Sprache ablaufen und als würde Sprache erst später bei der lautsprachlichen Handlung einsetzen. Dieser Eindruck ist jedoch nicht im Sinne Galperins. Jantzen macht darauf aufmerksam, daß »der Übergang auf die *sprachliche Handlung* ... zunächst durch die sprachliche Begleitung der praktischen Handlung [erfolgt] und danach durch die äußere Sprache, getrennt von dieser« (1990, 281; H.i.O.).

Orientierungsgrundlage, materielle Handlung und materialisierte Handlung kommen also ohne Sprache nicht aus: die Gegenstände, deren Eigenschaften, die Tätigkeiten müssen sprachlich bezeichnet, müssen »verwörtert« werden, damit sich umfassende, verallgemeinerte Begriffe entwickeln können. Sprache ist dabei sowohl vom Lehrer/Erzieher wie von den Schülern einzusetzen, von den Schülern im Einzelfall möglicherweise nur passiv, im Zuhören, im Aufnehmen einer sprachlichen Bezeichnung.

Wir ergänzen also die Basislinie »Handlungsstruktur« erneut.

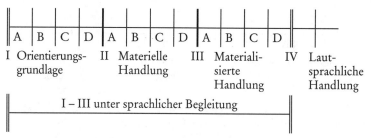

Abb. 19:   Zweite Erweiterung der Handlungsstruktur

Variation 3: Innere Sprache

Im Feuserschen Modell ist diese Handlungsetappe wie die vorhergehenden nach den Parametern der Vollständigkeit einer Handlung aufgegliedert in Entfaltung, Verallgemeinerung, Beherrschung, Verkürzung. Die »innere Sprache« als Übergang zum Denken ist jedoch nicht mehr beobachtbar; sie entzieht sich der Beobachtung. Auf eine Aufgliederung nach den Parametern der Vollständigkeit kann für didaktische Zwecke ebenso verzichtet werden wie auf die getrennte Darstellung von »innere Sprache« und »Denken«. In Anlehnung an Jantzen (1990, 278) sieht die Basislinie »Handlungsstruktur« am rechten Ende dann so aus:

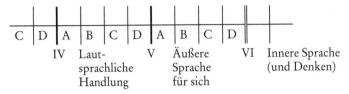

| C | D | A | B | C | D | A | B | C | D | | |

IV Laut-   V   Äußere   VI Innere Sprache
    sprachliche   Sprache   (und Denken)
    Handlung   für sich

Abb. 20:   Verzicht auf weitere Differenzierung bei der Inneren Sprache

Variation 4: Steuerung der Schüler

Beim Übergang zur konkreten Planung einer Unterrichts-/Lerneinheit stellt sich dem Lehrer auch die Frage, auf welchem Handlungsniveau der einzelne Schüler tätig sein kann. In der Erweiterung der von Kossakowski und Otto (1977) beschriebenen Handlungsformen sind weiter vorne vier Formen dargestellt worden:

1. passiv-reaktives Handeln,
2. gelenkt-reproduktives Handeln,
3. reproduktiv-selbständiges Handeln und
4. schöpferisch-selbständiges Handeln,

wobei mit dem Hinweis auf zunehmende Selbständigkeit des Schülers implizit auch auf die Notwendigkeit – wenn auch noch nicht auf die Art – der Fremdsteuerung durch den Lehrer/Erzieher aufmerksam gemacht wird.

Die pädagogische Fremdsteuerung kann sich beziehen auf die Tätigkeitseinheiten

- Einzelbewegung,
- Bewegungsfolge,
- Operation,
- Handlung

und erfolgen in den Formen

1. *Vollständige körperliche Steuerung.*
   Dies entspricht der Technik des »intensiven Führens« bei Félicie Affolter (1980), wobei der gesamte Handlungsvollzug des Kindes durch den Lehrer/Erzieher/Therapeuten körperlich-motorisch gesteuert wird.

2. *Teilweise körperliche Steuerung.*
Die Technik des »Führens« wird nur noch in solchen Handlungsab-schnitten eingesetzt, in denen der Schüler den motorischen Ablauf noch nicht beherrscht *(einhelfendes Führen)* oder in denen er Fehler macht oder zu machen droht *(korrektives Führen).*

3. *Steuerung durch Modellübernahme.*
Der Schüler ahmt die Bewegungen eines Vorbildes, z. B. des Lehrers, nach, ohne mit diesem in unmittelbaren körperlichen Kontakt zu ge-raten.

4. *Ikonische Steuerung.*
Der Schüler orientiert seine Handlungsvollzüge an einer Bildfolge wie weiter vorne erörtert.

5. *Lautsprachliche Steuerung.*
Der Schüler handelt nach lautsprachlichen Anweisungen.

6. *Schriftsprachliche Steuerung.*
Der Schüler handelt nach einer schriftlich vorliegenden Anweisung.

Die hier beschriebenen Steuerungformen sind nur des analytischen Zweckes wegen getrennt zu betrachten. In der Realität sind sie nicht un-abhängig voneinander, überlappen sich und wechseln im Handlungs-vollzug häufig:

• Beim Lesen einer Gebrauchsanweisung wird ein Wort nicht verstan-den und muß vorgelesen/erläutert werden,

• beim Arbeiten nach mündlicher Anweisung oder in Nachahmung ei-nes Verhaltensmodells muß eine Bewegung durch körperlichen Zu-griff korrigiert werden,

• eine Bildfolge als Handlungsplan bedarf beim Übergang von einem Bild als Handlungsimpuls zum nächsten des Zurufs,

usw.

Als Idealfall gelungener Erziehung zur vollen Selbständigkeit können wir uns noch vorstellen:

7. *Keinerlei Steuerungsbedarf.*

Diese Steuerungsformen übertragen wir auf eine der Basislinie entspre-chende neue Linie:

Steuerungsform						
interindividuelle (Fremd-)Steuerung		———————→			intraindividuelle (Selbst-)Steuerung	
körperlich		Modell	Ikonisch	laut-sprach-lich	Schrift	ohne Hilfs-mittel
vollst.	teilw.					
1	2	3	4	5	6	7

Abb. 21: Steuerungsform

Diese Linie »Steuerungsform« setzen wir nun dem veränderten Feuser-schen Modell quasi als »Decke« auf.

6.4 Das veränderte Modell

Wir erhalten nunmehr einen aus vier »Leisten« bestehenden Rahmen, der uns zur weiteren Planung von Unterricht eine Orientierungshilfe sein soll (siehe Abb. 22).

Die vier »Leisten«, die den Rahmen dieses Modells bilden, beschreiben vier Dimensionen:

1. Tätigkeitsstruktur: Langfristige Zeitdimension von der Geburt bis ins Erwachsenenleben;
2. Handlungsstruktur: kurzfristige bis mittelfristige Zeitdimension; Ablauf des/eines Aneignungsprozesses;
3. Sachstruktur: Inhaltsdimension, Dimension der Komplexität;
4. Steuerungsform: Lenkungsdimension.

Alle vier Dimensionen stellen gerichtete Strecken dar, deren Ausrichtung durch einen Pfeil gekennzeichnet werden kann:

1. Langfristige Zeitdimension »Tätigkeitsstruktur«: Vom Neugeborenen zum Erwachsenen.
2. Kurzfristige Zeitdimension »Handlungsstruktur«: Von der Orientierungstätigkeit über das tatsächliche Handeln zum Denken.
3. Inhaltsdimension: Von der Bewegungsaufgabe zur komplexen Tätigkeit.
4. Lenkungsdimension: Von der vollständigen Fremdsteuerung zur vollständigen Selbststeuerung.

Jede dieser Dimensionen beschreibt einen möglichen Entwicklungsverlauf, alle vier idealtypisch zusammengefaßt in der Diagonalen

Steuerungsform						
interindividuelle (Fremd-)Steuerung		⟶			intraindividuelle (Selbst-)Steuerung	
körperlich		Modell	Ikonisch	laut-sprach-lich	Schrift	ohne Hilfs-mittel
vollst.	teilw.					
1	2	3	4	5	6	7

Objektseite:		Subjektseite:
FEUSER (Tiefenstruktur)		Analyse des Tätig-keits-, Entwicklungs-bzw. Abbildungs-niveaus, z. B.
Sachstrukturanalyse von Vorhaben,		6 Arbeit
Inhalten, Gegenständen, Sachzusammenhängen, Wissenschafts-bereichen,		5 (schulisches) Lernen
Schülerbezogen:		4 Spiel
Neue Handlungskompetenz		3 gegenständliche Tätigkeit
Didaktisch-mediale Strukturhilfen		2 manipulierende Tätigkeit
Momentane Handlungskompetenz		1 perzeptive Tätigkeit

	A	B	C	D	A	B	C	D	A	B	C	D	A	B	C	D	A	B	C	D
	I				II				III				IV				V		VI	

Handlungs-struktur	Orien-tierungs-grund-lage	Mate-rielle Hand-lung	Materia-lisierte Hand-lung	Laut-sprach-liche Hand-lung	Äußere Sprache für sich	Innere Sprache (und Denken)
	unter sprachlicher Begleitung					

Abb. 22: Vierdimensionales Modell

- die pädagogische Aufgabe der Erziehung zur »Selbstverwirklichung in sozialer Integration« (SEKRETARIAT 1980),
- den Verlauf des Erziehungs- und Aneignungsprozesses und
- dessen jeweiligen Stand.

Mit der zum Feuserschen Didaktikmodell neu hinzugefügten Dimension »Steuerungsform« greifen wir einen Gedanken wieder auf, der bereits am Ende von Kapitel 1 angeklungen ist, den Gedanken der Zuordnung der Schüler(innen) der Schule für Geistigbehinderte zu Gruppen unterschiedlichen Schweregrades der Behinderung und damit zu Gruppen, welche unterschiedliche Arbeits- und Förderformen erfordern. Damit haben wir grundlegende Erörterungen zur Didaktik des Unterrichts mit Geistigbehinderten im engeren Sinne abgeschlossen. Im folgenden Kapitel werden wir wir uns mit Feusers didaktischem Optimalort, dem Projektunterricht, beschäftigen.

7 Der entwicklungslogische didaktische Ort: Projektunterricht

7.1 Leitidee Handlungskompetenz

Feuser legt seiner Entwicklungslogischen Didaktik als einer integrationsförderlichen Didaktik das pädagogische Modell des Projektunterrichts zugrunde. Ebenso verweisen uns von Vertretern der Kulturhistorischen Schule abgeleitete Überlegungen auf dieses Modell, mit dem wir uns nachfolgend noch auseinanderzusetzen haben.

Erziehung zur »Selbstverwirklichung in sozialer Integration« (KMK 1980) ist Erziehung zur Handlungskompetenz. Im Sinne dieser Einbindung der individuellen Selbstverwirklichung in soziale Zusammenhänge sprechen die Autoren des Heidelberger Kompetenz-Inventars (HKI) von »sozialer Kompetenz« und bezeichnen diese »als das übergeordnete Organisationsprinzip ..., welches das Selbst und die Ressourcen der Umwelt mit dem Ziel der Selbst-Erhaltung und Selbst-Entwicklung in eine möglichst günstige Beziehung setzt« (HOLTZ 1994, 139).

Wichtig ist für uns der Hinweis, daß es sich bei gleich welcher »Kompetenz« um ein »übergeordnetes Organisationsprinzip« handelt, um »die strukturierende Instanz, welche eine zielgerichtete Organisation eigener Entwicklungsmöglichkeiten gewährleistet, welche im Sinne dieser Zielsetzung auf die untergeordneten Komponenten steuernd und kontrollierend einwirkt...« (HOLTZ 1994, 141). Holtz spricht in diesem Zusammenhang auch von »ökologischer Kompetenz« (a.a.O.). »Kompetenz« ist ein Konstrukt, ein von uns eingeführter Begriff, der sich nur in konkreten einzelnen Verhaltensweisen von Menschen realisiert und nur an solchen Verhaltensweisen beobachtbar und beurteilbar wird.

Die hier gemeinte »Handlungskompetenz« schlüsselt uns Hans Aebli auf, nach dessen Überlegungen eine Handlung »Beziehungen zwischen den Teilnehmern einer Handlung« stiftet: »Die gestiftete dauernde Beziehung ist das Handlungsergebnis. Das Handlungsschema ist ein Stück Handlungswissen des Handelnden. Es ist zugleich ein Stück Sachwissen in dem Sinn, daß in ihm die herzustellende Struktur schematisch vorgeformt ist. Sie wird durch die Einführung der realen Handlungsteilnehmer konkretisiert. Das Verfügen über dieses Wissen ist ... Handlungskompetenz« (AEBLI 1993, 98). An anderer Stelle setzt Aebli »Handlungskompetenz« mit »Handlungsrepertoire« gleich und bestimmt dieses als »die Gesamtheit der Schemata, über die ein Mensch verfügt« (1993, 47).

Solche Handlungsschemata sieht Aebli in allem Handeln der Menschen. Dem Handlungsschema schreibt er folgende Merkmale zu:

»1. Ein Handlungsschema ist wiederholbar.

2. Es ist auf neue Aufgaben und auf neue Situationen übertragbar.

3. Ein Handlungsschema ist durch seine im wiederholten Vollzug invariante Struktur definiert« (1993, 84).

Damit nähert sich Aebli dem Begriff der »Operation« an, wie er z. B. von Leontjew (1973; 1977) oder Hacker (1986) gebraucht wird und wie er weiter vorne nach Kossakowski und Otto (1977) dargestellt wurde.

Solche Handlungsschemata gilt es zu erwerben, zu Operationen zu automatisieren und in neue, größere und übergreifende Handlungszusammenhänge einzubringen. Als pädagogische Aufgabe formuliert: *Lernen zu handeln.* Operationen sind jedoch nicht bewußtseinspflichtig. Lernen aber können wir nur mit Beteiligung des Bewußtseins, also in Handlungen. Jedes Lernen ist wegen dieser Bewußtseinspflicht als Handeln anzulegen, also: *Lernen durch Handeln.*

Es liegt damit nahe, grundsätzlich Lernen als bewußtes Handeln zu organisieren, das vom Schüler her motiviert ist, von diesem mitgeplant, bewußt mit gesteuert und kontrolliert und in Ablauf und Ergebnis mit beurteilt wird. Seine konsequenteste Ausformung hat dieser Gedanke im Konzept des Projektunterrichts gefunden, wie er von Dewey und Kilpatrick um die Jahrhundertwende entwickelt worden ist, und das die deutsche Reformpädagogik deutlich mit beeinflußt hat. Auf die ursprünglich politisch-emanzipatorische Ausrichtung des Projektgedankens machen u. a. Johannes Bastian (1985), Bernhard Suin de Boutemard (1991) und Friedrich W. Kron (1994, 274 – 275) aufmerksam, eine Ausrichtung, die wir auch bei Barbara Rohr (1980a, b; 1985) wieder finden.

Lassen wir die je unterschiedliche polititsche Orientierung bei Dewey und Rohr außer acht, so bleibt das emanzipatorische Interesse, welches dem Bildungsauftrag der Schule für Geistigbehinderte, ihre Schüler zur Selbstverwirklichung zu befähigen, voll entspricht. Das politisch-emanzipatorische Interesse greift jedoch weit über die Möglichkeiten der Schule für Geistigbehinderte hinaus. Aber auch ohne weiterführende gesellschaftspolitische Ansprüche bietet der Projektgedanke vielfältige

Aufhänger für lebensnahen, lebendigen, motivierenden Unterricht und für engagiertes, bewußtes Lernen. Wir sprechen dann, bescheiden, nur noch von projektorientiertem, handlungsorientiertem oder handlungsbezogenen Unterricht und nutzen die Komplexität der Vorhaben zur Vorbereitung unserer Schüler auf das Leben als Erwachsene in dieser Gesellschaft, ohne den Anspruch zu erheben, unsere geistigbehinderten Schüler sollten diese Gesellschaft verändern. Das müssen wir (Eltern, Erzieher, Lehrer) schon selber tun.

7.2   Der Projektunterricht

Das Projekt

Der Begriff »Projekt« wurde nach Bossing erstmals 1900[1] gebraucht. Nach Bossing war es Richards, der zumindest für den Werkunterricht von den Schülern die selbständige Aufgabenlösung forderte. »Der Schüler müsse sich mit einer wirklichen Aufgabe auseinandersetzen, indem er seinen eigenen Plan und den Weg zu seiner Ausführung in allen Einzelheiten selber ausarbeitet. Diese Art von Werkarbeit, bei der es um die Lösung von Aufgaben geht, bezeichnete Richards mit dem Begriff ›Projekt‹« (BOSSING 1967, 133).

Im Zusammenhang mit landwirtschaftlicher Erziehung berichtet die Staatliche Schulbehörde von Massachusetts 1911 über konkrete landwirtschaftliche Tätigkeit auf einem Bauernhof, für welche Stevenson, Allen und Prosser den Begriff »Projekt« gebrauchten. Sie schreiben diesem landwirtschaftlichen Projekt drei Momente zu: »(1) etwas, das auf einem Bauernhof getan wird, (2) unter besonderen Bedingungen steht und auf ein besonders wertvolles Ergebnis zielt und (3) eine gründliche Übung verlangt« (BOSSING 1967, 134). Die besondere Betroffenheit der Schüler durch den Projektinhalt und damit deren besondere Motivation ak-

---

[1] Dem widerspricht Frey (1998), der darauf hinweist, daß der Projekt-Begriff bereits in der Mitte des 18. Jahrhunderts »an den Kunstakademien Italiens und Frankreichs« (FREY 1998, 37) gebraucht worden war und von dort aus Anfang des 19. Jahrhunderts Einzug in die damals in Europa und den USA entstandenen technischen Hochschulen fand. In den USA habe Calvin M. Woodward um 1880 den Projektbegriff in die höheren Schulen im Zusammenhang mit tatsächlich ausgeführten Arbeiten eingeführt. Um 1900 habe der Projekt-Begriff durch Charles R. Richards dann auch Einzug in die Lehrerbildung genommen (vgl. FREY 1998, 36 – 38).

zentuiert Kilpatrick in seiner Definition des Projektes als »Aus ganzem Herzen Gewolltes, von einer Absicht erfülltes Handeln [...], das sich in einer sozialen Umgebung vollzieht, oder kürzer, im Hinblick auf das einheitliche Element solcher Tätigkeit, als ernsthaftes, absichtsvolles Tun« (BOSSING 1967, 137). Damit nähert sich Kilpatrick bereits der uns geläufigen Definition der Handlung. Noch schärfer an das Verständnis des Handelns der Aneignungspsychologie der Kulturhistorischen Schule heran kommt Kilpatrick mit seiner Projektdefinition von 1921, in welcher er das Projekt beschreibt als »jedes von einer Absicht geleitetes Sammeln von Erfahrungen, jedes zweckgerichtete Handeln, bei dem die beherrschende Absicht als innerer Antrieb (1.) das Ziel der Handlung bestimmt, (2.) ihren Ablauf ordnet und (3.) ihren Motiven Kraft verleiht« (BOSSING 1967, 138). Inhaltlich gleich, lediglich mit anderen Worten, definieren die Vertreter der Kulturhistorischen Schule menschliche Handlung.

Kilpatrick unterschied vier verschiedene Formen von Projekten:

»1. *Gestaltungsprojekte.*

Sie sind von der Absicht beherrscht, etwas zu tun, zu machen oder zu bewirken.

2. *Vergnügungsprojekte.*

Hier hat der Schüler die Absicht, an einer Veranstaltung teilzunehmen, weil er sich ein Vergnügen oder eine Befriedigung von ihr verspricht.

3. *Problemprojekte.*

Damit ein Problem zu einem Projekt wird, muß der Schüler die Absicht haben, es zu lösen.

4. *Lernprojekte.*

Bei dieser Art des Projekts besteht die Absicht, ›bestimmte Kenntnisse oder Fertigkeiten zu erwerben‹« (BOSSING 1967, 143).

Bossing selbst schlägt folgende Definition des Projekts vor: »Das Projekt ist eine bedeutsame praktische Tätigkeit, die Aufgabencharakter hat, von den Schülern in natürlicher Weise geplant und ausgeführt wird, die Verwendung physischer Mittel [...] in sich begreift und die Erfahrung bereichert« (1967, 150). Damit sind Projekte praktische Aufgaben mit einem gegenständlichen Ergebnis.

Friedrich W. Kron sieht im Projekt »eine dem Lehrgang entgegenge-setzte Organisationsform des Lehrens und Lernens« (1994, 274), eine »neue Grundform« (1994, 275), die er »Projektunterricht« benennt, aber auch ohne weitere Differenzierung »handlungsorientierten Unterricht« (a.a.O.). Kron versteht ein schulisches Projekt als »eine offene Unter-richtsarbeit …, in der Schüler und Schülerinnen handlungsbezogen, ge-sellschaftsorientiert und selbstbestimmt an einem vorgegebenen Sachver-halt in einer bestimmten Zeit arbeiten« (1994, 275).

Inhalte und Ziele von Unterrichtsprojekten stehen in der Regel in un-mittelbarem Bezug zum Leben der teilnehmenden Schülerinnen und Schüler. Daher finden sich solche Projektinhalte selten in Lehrplänen oder Curricula. Projektarbeit erfordert »die Beteiligung aller an der Fest-legung der Ziele« und kann »die Form des entdeckenden oder forschen-den Lehrens und Lernens annehmen« (KRON 1994, 276), wodurch Pro-jekte nur eingeschränkt planbar werden. Sie fordern »eine gewisse Of-fenheit des Arbeitens in die Zukunft« (KRON 1994, 276) und können sich bei ihrer Bearbeitung nur selten auf die eingeführten traditionellen Lehrbücher stützen.

Bezüglich der Lehr- und Lernmethoden geben Projekte keinerlei Ein-schränkungen vor. »Methoden sind eher als ein Denken zu verstehen, Probleme zunächst einmal zu erkennen und zu formulieren. Daher ist die Fähigkeit, kognitives Lernen zu realisieren, eine unbedingte Voraus-setzung zum Gelingen eines Projekts« (KRON 1994, 276). Geordnetes Denken und Arbeiten wird also gefordert ebenso wie die persönliche und/oder gemeinsame Betroffenheit. Kron betont jedoch auch, daß das Projekt kein absoluter Gegensatz zum Lehrgang ist, denn »in einem Pro-jekt können also Fähigkeiten sinnbezogen eingesetzt werden, die im Lehrgang erworben worden sind« (a.a.O.).

Ebensowenig wie Lernmethoden begrenzt ein Projekt den Einsatz der unterrichtlichen Medien. Unter Umständen kann es erforderlich sein, im Projektverlauf eine zusätzliche Lernphase dazwischenzuschalten, in wel-cher der Umgang mit einem notwendigen Medium erst erlernt werden muß. Kron weist zu recht darauf hin, daß dies zusätzliche Zeit erfordert, die von Anfang an mit eingeplant werden muß, aber auch die Planbarkeit eines Projektes weiter begrenzt.

Schließlich sprengt ein Projekt »die rationalen Lehr- und Lernsysteme und öffnet sie zu natürlichen und offenen Systemen hin« (KRON 1994,

277). Ebenso werden die traditionellen Rollenverteilungen in Schulklassen verändert. Für die Projektbearbeitung definieren die Teilnehmer ihre Rollen selbst. »Damit ist der Wechsel von Positionen, Zuständigkeiten und Verantwortlichkeiten möglich. Auch das Lernen von gegenseitiger Achtung und Toleranz kann realisiert werden« (a.a.O.).

Schritte und Merkmale eines projektorientierten Unterrichts nach Gudjons

Die von Herbert Gudjons (1992) entwickelte Systematik von Schritten und Merkmalen eines Projekts orientiert sich einerseits theoretisch an Deweys »Stufen des Denkvorgangs« (DEWEY 1916, 203 ff.; nach GUDJONS 1992) und an dessen Philosophie des Pragmatismus. Zum anderen entwickelte sich diese Systematik als Ergebnis der genaueren Analyse durchgeführter Projektbeispiele. Aus diesen beiden Quellen greift Gudjons vier Projektschritte auf (s. Tab. 19).

Zu Projektschritt 1:
Eine problemhaltige Sachlage auswählen, die für den Erwerb von Erfahrungen geeignet ist
Merkmal 1: Der Situationsbezug
Der Lehrer/die Lehrerin soll sorgfältig prüfen, ob die ausgewählte Sachlage für die Aneignung von Erfahrungen geeignet ist, und ob man sie an die bisherigen Erfahrungen der Schüler leicht anknüpfen kann.

Zum anderen muß die Situation so neuartig sein, daß sie eine echte Herausforderung darstellt.

Eine Situation umfaßt eine Fülle von Aspekten. Ein Projekt schließt Aspekte ein, die weit über das eigentliche Thema (z. B. »Küchenarbeit«) hinausreichen. So geht es z. B. beim Projektthema »Küchenarbeit« nicht nur um den Erwerb motorischer Fertigkeiten, sondern darüberhinaus um die Aneignung sozialer, kognitiver und psychischer Fähigkeiten. Dies ist eher zu erwarten, wenn das Projekt für unsere Schüler persönlichen Sinn ergibt. Sinnbezug meint aber auch, daß die Fragestellung des Projektes mit dem wirklichen Leben zu tun hat. In einem Projekt hängen die verschiedenen Aspekte so zusammen, wie sie in der Wirklichkeit, im »natürlichen« Leben vorkommen.

Projektschritt 1:
Eine problemhaltige Sachlage auswählen, die für den Erwerb von Erfahrungen geeignet ist

Projektschritt 1 läßt sich durch drei Merkmale näher bestimmen:
Merkmal   1: Situationsbezug
Merkmal   2: Orientierung an den Interessen der Beteiligten
Merkmal   3: Gesellschaftliche Praxisrelevanz

Projektschritt 2:
Gemeinsam einen Plan zur Problemlösung entwickeln

Zwei Merkmale:
Merkmal   4: Zielgerichtete Projektplanung
Merkmal   5: Selbstorganisation und Selbstverantwortung

Projektschritt 3:
Sich mit dem Problem handlungsorientiert auseinandersetzen

Zwei Merkmale:
Merkmal   6: Einbeziehen vieler Sinne
Merkmal   7: Soziales Lernen

Projektschritt 4:
Die erarbeitete Problemlösung an der Wirklichkeit überprüfen

Drei Merkmale:
Merkmal   8: Produktionsorientierung
Merkmal   9: Interdisziplinarität
Merkmal 10: Grenzen des Projektunterrichts

Tab. 19:   Projektschritte und Merkmale nach Gudjons (GUDJONS 1992, 68 – 80)

Merkmal 2: Die Orientierung an den Interessen der Beteiligten
Das Projektthema soll sich an den Interessen und Bedürfnissen der Beteiligten orientieren, d. h. sowohl an denen der Schüler als auch an denen der Lehrer.

Da Interessen nicht immer sofort vorhanden sind oder artikuliert werden können, muß ein projektorientierter Unterricht zunächst die Interessen der Schüler wecken. Dies kann durch die dem Projekt vorangegangenen Handlungserfahrungen erfolgen: Ausprobieren, Besichtigungen, Filme usw. Bei der Wahl des Projektthemas sollen die Schüler mit einbezogen werden: Vor Projektbeginn haben die Schüler die Möglichkeit, in einem längerfristigen Prozeß ihre Interessen und Erfahrungen einzubringen, zu diskutieren und zu vergleichen. Anschließend nimmt jeder Stellung zum Themenvorschlag und äußert sein Einverständnis und seine Bereitschaft zum Mitwirken bis zum Schluß des Projektes.

Merkmal 3: Gesellschaftliche Praxisrelevanz
Die Auswahl der Inhalte eines Projektes sollte nicht in völliger Beliebigkeit erfolgen. Sie sollte, so Dewey, sich vielmehr an dem Auswahlkriterium orientieren, »das Leben der Gemeinschaft, der wir angehören, so zu beeinflussen, daß die Zukunft besser wird, als die Vergangenheit war« (DEWEY 1916; nach GUDJONS 1992, 70). Dewey versteht den Projektunterricht als Methode der Selbst- und Weltveränderung. Der Gegenstandsbereich eines Projektes sollte gesellschaftlich relevant sein, d. h. zur Weiterentwicklung des Individuums und der Gesellschaft dienen.

Projekte haben absoluten Ernstcharakter. »Projektunterricht muß ernstzunehmender Unterricht sein, nicht Spielwiese für frustrierte Schüler und ausgebrannte Lehrer, sonst wird auch diese wichtige Reformbewegung – einer Mode gleich – vergehen« (GUDJONS 1992, 67).

Zu Projektschritt 2:
Gemeinsam einen Plan zur Problemlösung entwickeln
Merkmal 4: Zielgerichtete Projektplanung
Für Kilpatrick, welcher in seiner Definition des Projektbegriffes das »planvolle Handeln« in den Mittelpunkt stellt, ist das gemeinsame Planen die beste Vorbereitung auf eine demokratische Gesellschaft. Dieser nächste Schritt im Projektablauf besteht in der gemeinsamen Entwicklung eines Planes zur Lösung des Problems oder zum Erreichen des Ziels durch Schüler und Lehrer.

Der Plan stellt die Triebfeder eines Projektes dar und legt im Vorfeld bereits einiges fest: die Abfolge der Arbeitsschritte, die einzelnen Tätigkeiten, das Verteilen von Aufgaben, die Zeit, das Endprodukt und die Auswertung des Projektes.

Merkmal 5: Selbstorganisation und Selbstverantwortung
In der Regel werden im Unterricht Ziel, Art und Methode des Lernens durch den Lehrer festgesetzt. Der Projektunterricht bricht mit dieser schulpädagogischen Tradition, in der die Rolle der Schüler sich auf die Ausführung der Arbeitsanweisungen beschränkt hat. Im Projektunterricht werden die Schüler auf der Ebene der Projektplanung zur Selbstor-

ganisation und zur Selbstverantwortung ermutigt. Dies schließt jedoch keinesfalls die vorausgehende Planung des Lehrers aus: »Der Lehrer hat die Verantwortung für die Planung der Selbstplanung« (BASTIAN 1984; nach GUDJONS 1992, 72).

Zu Projektschritt 3:
Sich mit dem Problem handlungsorientiert auseinandersetzen

Handelnde Auseinandersetzung ist Tätigkeit. Bewegung, Tätigkeit, Handeln soll den Aneignungsprozeß der Schüler kennzeichnen. Alle Lerninhalte, so fordert bereits Josef (1974), sollen in dieser Form vermittelt werden, die eigene Tätigkeit (»Selbsttätigkeit«) der Schüler fordert.

Merkmal 6: Einbeziehen vieler Sinne

Nach der Auswahl eines Themas/Inhalts und der Projektplanung soll es anschließend zu einer handlungsbezogenen Auseinandersetzung mit dem Thema kommen. Im Projektunterricht wird gemeinsam etwas getan unter Einbeziehen des Kopfes, der Gefühle und möglichst vieler Sinne, der Augen, der Ohren, der Nase, des Mundes, der Hände. Vor allem sollen körperliche und geistige Arbeit »wiedervereinigt« werden, wie es z. B. im Spiel, beim Fest, in der Aktion, beim Brotbacken möglich ist.

Merkmal 7: Soziales Lernen

Im Projektunterricht wird nicht nur miteinander, sondern auch voneinander gelernt. Der Projektunterricht ist ein Vorhaben, bei dem Mitarbeit, Zusammenarbeit und gegenseitiges Helfen gefragt sind. Soziales Lernen ist ein entscheidendes Merkmal des Projektunterrichts. Die gemeinsame Entwicklung eines organisatorischen Rahmens für unterschiedliche Tätigkeiten der Projektteilnehmer fordert gegenseitige Rücksichtnahme. Die Bezogenheit aller auf eine Sache führt zur Kommunikation der Schüler untereinander und mit dem Lehrer. Gemeinsames Lernen läßt den Verzicht auf Kooperation nicht mehr zu. Solche Aspekte der Projektarbeit machen soziale Lernprozesse erforderlich und möglich.

Zu Projektschritt 4:
Die erarbeitete Problemlösung an der Wirklichkeit überprüfen
Merkmal 8: Produktorientierung

Traditioneller Unterricht hat in der Regel als Ergebnis »einen mit Stoff angefüllten Schülerkopf« (GUDJONS 1992, 75). Am Ende eines Projektes steht dagegen ein Produkt, das wertvoll, nützlich, wichtig ist, für den einzelnen wie für die ganze Lerngruppe. Die Ergebnisse eines Projektes haben »Gebrauchs- und Mitteilungswert« (DUNKER, GÖTZ; nach GUD-JONS 1992, 75).

Ein Projekt endet in der Regel mit der Fertigstellung und der Präsentation eines Produktes. Die Ergebnisse werden öffentlich, d. h. der Kenntnisnahme, der Beurteilung und der Kritik anderer zugänglich gemacht. Ermer u. a. (1991) unterscheiden folgende Typengruppen von Produkten:

1. Aktions- und Kooperationsprodukte (z. B. Mitarbeit in einer außerschulischen Gruppe)
2. Vorführungs- und Veranstaltungsprodukte (z. B. Theaterstück)
3. Dokumentationsprodukte (z. B. Broschüre)
4. Ausstellungsprodukte (z. B. Wanderausstellungen)
5. Gestaltungsprodukte (z. B. Spielplatzgestaltung)

Merkmal 9: Interdisziplinarität
Projektunterricht ist fächerübergreifend, jedoch auch im Fachunterricht möglich. In der interdisziplinären Arbeit geht es vor allem darum, ein Problem in seinem komplexen Lebenszusammenhang zu begreifen und die verschiedenen Fachdisziplinen zu befragen, was sie zur Lösung des Problems jeweils beitragen können. Hiermit ist auch die Arbeitsform des Team-Teaching angesprochen.

Merkmal 10: Grenzen des Projektunterrichts
Der *Lehrgang* zeichnet sich gegenüber dem Projektunterricht dadurch aus, daß er sich *nicht an die dingliche Ordnung des Lebens hält*, sondern daß er die Welt in ein System aufgliedert, das sich an der *Systematik der Wissenschaft* orientiert.

Wenn das Lernen in der natürlichen Lebenswelt und im Vollzug des Lebens nicht mehr ausreicht, um Erkenntnisse und Fertigkeiten zu vermitteln, dann setzt die Vermittlung in Form des systematisch, methodisch geplanten Unterrichts ein. Daher ist *der Lehrgang das Kernstück der (allgemeinen) Schule überhaupt.*

Im Projektunterricht ist die Ergänzung durch Elemente des Lehrgangs nötig, um eigene Erfahrungen in einen systematischen Zusammenhang zu bringen und vorhandenes Wissen mit eigenen Erkenntnissen zu vergleichen. Es ist durchaus zu bezweifeln, daß alles, was in der Schule gelernt werden soll, in Projekten vermittelbar ist. Besonders bei Fächern wie Mathematik, die systematisch aufgebaut und durch ihre Notwendig-

keit von Übung und Fertigkeitstraining gekennzeichnet sind, ist Projektunterricht kaum möglich. Darüberhinaus gibt es Fragen, die sich in Projektform nicht oder nur gekünstelt erarbeiten lassen. Von daher ist der
Projektunterricht auf die Ergänzung durch den eher systematisch aufge-
bauten Lehrgang angewiesen. Auf die Unterrichtsform des Lehrgangs werden wir später noch eingehen.

7.3   Projektorientiertes Lernen bei Geistigbehinderten

Bedeutung

Geistigbehinderte Menschen zeigen besondere Lernvoraussetzungen, die
es gilt in der Aufstellung von Programmen, in der Aufbereitung von
Lerninhalten und in der Auswahl der einzusetzenden Methoden im Unterricht zu berücksichtigen, damit es zu einem möglichst sinnvollen Lernen kommt.

Die Lebenswirklichkeit geistigbehinderter Menschen und die damit ein-
hergehenden Schwierigkeiten haben dazu geführt, möglichst früh an die
konkrete Lebenswirklichkeit anzuknüpfen und den Unterricht in Form
einer »Einübung in die Realität« (SPECK 1977; nach FISCHER u. a. 1979,
303) zu gestalten. Die besonderen Lernschwierigkeiten geistigbehinderter Menschen ermöglichen ihnen meist nicht, erlernte Fähigkeiten von
sich aus in neuen, veränderten oder ähnlichen Situationen anzuwenden.
Nur wenigen gelingt es, erlernte Fähigkeiten und Fertigkeiten in einer
neuen Situation zusammenzufügen, um sich in dieser erfolgreich zurechtzufinden. Davon ausgehend, daß eine Vielfalt an grundlegenden Lebenssituationen die tägliche Lebenswirklichkeit einer behinderten Person prägt, scheint es unerläßlich, auch in der Schule an der Lebenswirklichkeit zu lernen und das Gelernte praktisch anzuwenden, damit der
geistigbehinderte Schüler besser in die alltägliche Lebenswirklichkeit
eingeführt wird.

Aufgabe des Lehrers/der Lehrerin für Geistigbehinderte ist es, solche
Unterrichtsmethoden auszuwählen, welche es ermöglichen, die verein-
zelt gelernten Fähigkeiten zusammenzubinden und in lebensnahen Situationen anzuwenden. Ein solches methodisches Modell ist der Projektunterricht. Dieser greift Lebenssituationen auf, die für die Schüler von
gewisser Bedeutsamkeit sind, und arbeitet sie mit ihnen durch. Dadurch

wird versucht, dem geistigbehinderten Schüler eine echte Lebenshilfe zur besseren Bewältigung seines gegenwärtigen wie künftigen Alltags anzubieten.

Geistigbehinderte Menschen sind in ihrer Handlungskompetenz besonders dadurch beeinträchtigt, daß es ihnen außerordentlich schwer fällt, sich innerhalb neuer Lebenssituationen mit vom Bekannten abweichenden Bedingungsfaktoren nach ihren Fähigkeiten und Möglichkeiten neu einzustellen und anzupassen. Durch Projektunterricht sollen sie lernen, daß ihre Handlungsfähigkeit, auch wenn sie für den außenstehenden Beobachter bescheiden sein mag, genügt, um sich erfolgreich an einem komplexeren Vorhaben und an der Lösung von Problemen zu beteiligen. Vom geistigbehinderten Schüler wird keineswegs verlangt, daß er alle Teilschritte eines Projektes ausführen kann; es genügt vielmehr die Beteiligung und die Mitwirkung an Projektausschnitten. Ziel ist es also, daß der Schüler am Projekt mitwirkt und bereit ist, Teilarbeiten zu übernehmen.

Abwandlungen

Auf diese Teilhabe hat Feuser (1989; 1995) aufmerksam gemacht. In dem von ihm geforderten Projektunterricht verzichtet er auf gleiche Lernziele für alle, wie es auch in projektähnlichem bzw. handlungsorientiertem Unterricht geschieht. Hier werden die Schüler in der Form der Arbeitsteilung tätig, so daß sich die Individualisierung auf die Tätigkeitsinhalte und -anteile bezieht (vgl. Kap. 6).

Eine Möglichkeit zu solcher Unterrichtsorganisation stellt D. Fischer (1994) unter der Bezeichnung »Reduzieren« vor. Der Vorgang des Reduzierens dient der Zerlegung einer größeren Arbeitsaufgabe, z. B. eines Vorhabens, in immer kleinere Teilschritte so lange, bis der einzelne Schüler das jeweilige Teilvorhaben überschaut. Reduktion dient also nicht der Verringerung des Anspruchsniveaus, sondern der Verringerung des Aufgabenumfangs. D. Fischer illustriert dies am Beispiel eines Vorhabens »Wir laden zum Geburtstag ein«, welches wir mit freundlicher Erlaubnis des Verfassers vorstellen (Abb. 23).

Aus dem gesamten Vorhaben »Wir laden zum Geburtstag ein« werden zunächst einzelne Teilkomponenten ausgegliedert (Niveau A). Die Teilhandlung »Kuchen backen« wird wiederum zerlegt in einzelne Teile, die auf »Niveau B« beschrieben sind. Die Verzierung des Kuchens erfordert ihrerseits mehrere unterschiedliche Operationen, die als »Niveau C« dargestellt werden. Das Öffnen einer Packung oder einer Dose wiederum erfordert verschiedene Bewegungsschemata (Niveau D), aus denen im Falle der Notwendigkeit wiederum verschiedene Einzelbewegungen herausanalysiert werden können (Niveau E).

Vorhaben: | Wir laden zum Geburtstag ein

Niveau A | Grobziel: Eine Geburtstags-Party geben können

| Gäste auswählen können | Karten verschicken können | Tisch decken können | Kuchen selbst backen können | Saft eingießen können |

Niveau B | Grobziel: Kuchen backen können

| Mixer bedienen können | Zutaten abwiegen können | Rezepte lesen und übertragen können | Ofen bedienen können | verzieren können |

Niveau C | Grobziel: Einen Kuchen mit Puderzucker verzieren können

| Mehl vom Puderzucker unterscheiden können | Packung, Dose öffnen können | Gerät bedienen können | gezielt bestreuen können |

Niveau D | Grobziel: Packung öffnen können

| Öffnung finden können | mit der Haltehand festhalten können | halten und öffnen können |

Niveau E | Grobziel: Mit beiden Händen Gegendruck bilden können

- mit zwei Händen
- mit einer Hand
- mit Hilfsmittel
- ohne Hilfsmittel

Abb. 23:   Zerlegung eines Vorhabens (nach D. FISCHER 1994, 53)

Im gesamten Ablauf entspricht dieses Verfahren des Reduzierens demjenigen der Ableitung von Grobzielen aus Richtzielen, von Feinzielen aus

Grobzielen und wiederum von einzelnen, nicht weiter aufteilbaren Komponenten aus den Feinzielen. Unter didaktisch-methodischem Aspekt nimmt D. Fischer folgende Gleichstellungen vor:

Niveau A beschreibt das Projekt,

Niveau B beschreibt eine Handlungseinheit,

Niveau C beschreibt einen motorischen Vorgang (eine »Operation«, die aus mehreren Teilbewegungen besteht),

Niveau D beschreibt ebenfalls einen motorischen Vorgang (auf der Ebene der einzelnen Bewegung),

Niveau E beschreibt »Funktionsübungen«, die ggfs. erforderlich sein können, um die Bewegungen auf Niveau D ausführen zu können.

Dazu ist jedoch zu bemerken, daß wir immer dann, wenn ein Schüler eine Tätigkeit nicht automatisch-unbewußt ausführt, sondern bewußt gesteuert und aufmerksam, von einer *Handlung* sprechen. Auf Niveau E hat eine solche (Lern-)Handlung dann lediglich einen geringeren Umfang als auf Niveau D oder C.

Eine solche Reduktion dient dazu, die einzelnen Schüler auf dem ihnen möglichen Niveau an einer geschlossenen Handlungseinheit teilnehmen zu lassen und sie ggfs. auf das nächstmögliche Niveau zu fördern (»Zone der nächsten Entwicklung« nach Wygotzki). Es liegt auf der Hand, daß die Förderung im Extremfall von Niveau E zu D zu erfolgen hat, von D zu C, von C zu B und von B zu A. Das Ausmaß einer solchen Reduktion ist also davon abhängig, auf welchem Niveau die einzelnen Schüler handeln können. Die hier beschriebenen Niveaustufen beschreiben gleichzeitig Entfaltungsstufen der kindlichen Handlungsmöglichkeiten.

Die zwingende Berücksichtigung dieser jeweils erreichten Niveaustufen fordert das genaue Kennen und didaktisch-methodische Berücksichtigen des jeweiligen kindlichen Entwicklungsstandes. Speck spricht in diesem Zusammenhang vom *»Prinzip der Entwicklungsgemäßheit«* (1993, 244 – 245).

Es liegt auf der Hand, daß bei solcher Arbeitsaufteilung die verschiedenen Schüler einer Klasse auf jeweils unterschiedlichem Niveau arbeiten und lernen. Konsequent auf unsere Schüler übertragen, beschreiben die Niveaustufen der Reduktion eines Vorhabens folgende Stufen der kindlichen Handlungsmöglichkeiten:

Niveau E:
Ausführung einer Einzelbewegung. Eine Dose muß z. B. gegriffen und
festgehalten werden. Eine solche Einzelbewegung wird z. B. auch bei
Piaget als einfachste kindliche Handlung beschrieben.

Niveau D:
Mehrere Einzelbewegungen werden zu einem Bewegungsablauf verbunden. Das Halten und Öffnen einer Dose erfordert z. B. den Zugriff mit
der einen Hand, während die andere Hand die möglicherweise vorhandene Lasche ergreift und an dieser Lasche den Deckel aufzieht.

Niveau C:
Auf diesem Niveau finden wir den auf Niveau D beschriebenen Vorgang
automatisiert und von der bewußten Steuerung befreit als »Operation«
dann vor, wenn vom Schüler das Niveau C als einheitliche Handlung bewältigt wird. Der Unterschied zu Niveau D liegt also in der geringeren
oder nicht mehr erforderlichen Inanspruchnahme des Bewußtseins.

Niveau B:
Hier werden mehrere Operationen zu einer bereits in sich sinnvollen
und abgeschlossenen Teilhandlung verbunden.

Niveau A:
Mehrere Teilhandlungen, wie sie auf Niveau B beschreibbar sind, wer-
den zu einer abgeschlossenen Handlungseinheit zusammengefaßt, im
Beispiel Fischers zu »Kuchen selbst backen«.

Die Bezeichnung bei Dieter Fischer »Kuchen selbst backen können« beschreibt ein *Lernziel*, die Bezeichnung »Kuchen selbst backen« dagegen
eine *Handlung*.

So inflatorisch, wie die Verwendung der Bezeichnung »Projekt« geworden ist (SUIN DE BOUTEMARD 1975b, 35), so vielfältig und unterschiedlich komplex wie zeitaufwendig sind die unterrichtlichen Vorhaben, die
»Projekt« oder »projektorientiert« genannt werden. Sie reichen vom
klassenübergreifenden Unterricht in der Schule für Geistigbehinderte als
»Märchen-Projekt« (DANZER 1995) über die Zubereitung eines Früh-
stücks (FISCHER u. a. 1979) bis zur Planung einer Kaffeestube für einen
Tag der offenen Tür (Gudrun SCHMITZ 1981). Gudrun Schmitz betont
allerdings: »Projektarbeit ist nur sinnvoll für Schüler, die über einen längeren Zeitraum auf ein Ergebnis hinarbeiten können« (1981, 514) und
bietet uns damit ein Kriterium zur Abgrenzung eines Projekts von Un-

terrichtsvorhaben mit kürzerer zeitlicher Erstreckung wie z. B. der Handlungseinheit (D. FISCHER 1994) oder »projektorientiertem« (z. B. SCHMITZ 1981; BLEIDICK, WACKER 1983), »handlungsorientiertem«, »handlungsbezogenem« (MÜHL 1979, 1980), »situationsorientiertem« (z. B. SCHURAD 1990), »offenem« (GRAMPP 1996) oder »alternativem« (GRAMPP 1982) Unterricht. Bezogen auf die Werkstufe der Schule für Geistigbehinderte spricht Elisabeth Schatz allerdings dezidiert von »Projektunterricht« (SCHATZ 1982, 3).

Lernzielbereiche im Rahmen von Projekten

Jede Unterrichtsplanung soll für das jeweilige Projekt geltende Lernziele beinhalten. So kann man aus einer Reihe von Projekten eine Fülle von Lernzielen ableiten. Einzelne können jedoch herausgegriffen werden, weil sie für jedes Projekt allgemein gültig sind. Die unten genannten Lernziele sollen die allgemeine Zielrichtung eines Projektes angeben, lassen sich aber je nach Vorhaben weiter ausweiten.

Fischer u. a. (1979) nennen *fünf Lernzielbereiche* von Projekten:

1. Die Schüler sollen die Situation und die Bedingunsfaktoren, *die sie* mitbestimmten, *erkennen* und *einschätzen*. Konkret setzt dieser Bereich voraus, daß der Schüler menschlich bedeutsame Situationen wie Feste, Notlagen, Bedürfnisse, Ängste und Freuden u. a., aber auch familiäre und gesellschaftlich relevante Situationen wie Bräuche und Regeln kennt.

2. Der Schüler soll wissen, *wie/womit* die Situation zu bewältigen ist. Dies setzt das Vorhandensein ausreichender Fähigkeiten und Fertigkeiten voraus sowie eine genaue Kenntnis der eigenen Fähigkeiten. Der Schüler muß genügend Informationen über Möglichkeiten der Hilfen besitzen und die soziale Fähigkeit, sich Hilfe zu erfragen/zu erbitten.

3. Der Schüler soll eine *Entscheidung* treffen und anschließend sein Vorhaben *planen*. Dazu muß er die Zeit einschätzen und einteilen können. Er muß fähig sein schrittweise vorzugehen. Er braucht Kenntnisse über Bezugsquellen der Materialien und über ihren Wert/ihre Kosten.

4. Der Schüler soll sein Handeln *zielgemäß steuern* und den Veränderungen jeweils *anpassen*. Er muß fähig sein, die Wirkung von Aktio-

nen einzuschätzen. Er soll psychische Eigenschaften wie Selbstkontrolle, Flexibilität und Bewußtsein der Realität besitzen.

5. Der Schüler soll sein Tun *kritisch überprüfen* und daraus Schlüsse ziehen. Dies setzt selbstbewußtes Handeln und Verständnis für Kritik voraus.

Diese fünf Lernzielbereiche veranschaulichen die Forderungen eines Projektes an die Schüler. Neben den enormen kognitiven Leistungen werden vom geistigbehinderten Schüler zusätzlich eine Reihe von psychischen Voraussetzungen gefordert, so z. B. Anpassungs- und Umstellungsfähigkeit. Projekte können erst dann mit Erfolg durchgeführt werden, wenn bei den Schülern ein Minimum an Kompetenz in Alltagshandlungen mehr oder weniger gesichert ist.

Damit die genannten Ziele für den Schüler den beabsichtigten Gewinn haben sollen, muß eine konkrete und überdachte sonderpädagogisch orientierte methodische Planung des Projektes stattfinden.

Kritisches zum Projektunterricht

Als Ausdruck ihrer politischen Grundorientierung definiert Barbara Rohr in ihrem Konzept des handelnden Unterrichts als Motiv der menschlichen Tätigkeit die Förderung der Lebensbedingungen der menschlichen Lebensgemeinschaft. Im Marxismus wird der Mensch weniger als Individuum denn als Mitglied einer Lebensgemeinschaft, der Gesellschaft, gesehen. Demnach wäre dann Hauptaufgabe der Schule, die heranwachsende Generation so zu erziehen, daß sie in nächster Zukunft die Gesellschaft verändern wird. Eine solche ideologische Sichtweise des Unterrichts ist insbesondere in der Schule für Geistigbehinderte nicht angebracht.

Das Kriterium der gesellschaftlichen Relevanz, wie Gudjons es im Sinne einer Weiterentwicklung für den einzelnen und für die Gesellschaft beschreibt, scheint für die Geistigbehindertenschule zu anspruchsvoll. Anzustreben ist, daß das Projekt für den geistigbehinderten Schüler selbst sowie für die Gruppe bedeutsam ist, in der es durchgeführt wird.

Gudjons konzipiert den Projektunterricht als ein riesiges Unternehmen, das selbst in der Regelschule kaum durchführbar ist. Bei geistigbehinderten Schülern kann ein Projektunterricht in seinem Umfang und in seiner zeitlichen Erstreckung nur weitaus bescheidener aussehen. Die einzelnen Arbeitsschritte und die Zeit müssen für den Schüler überschaubar bleiben. In der Schule für Geistigbehinderte entwickelt sich Projektunterricht zu einem bescheideneren Vorhaben, das trotzdem handlungs- und zielorientiert bleibt.

Unterwerfen wir uns in der Schule für Geistigbehinderte der angedeuteten Gigantomanie des Großprojekts, dann mag uns die Kritik treffen, die Daniel Defoe bereits 1697 gegenüber finanziellen »Projektenmachern« hart, aber treffend geäußert hat: »Ein bloßer Projektmacher ist ... etwas Verächtliches«. Er »findet kein anderes Rettungsmittel als, indem er ... dieses oder jenes Nichts als etwas noch nie Dagewesenes hinstellt und als neue Erfindung ausposaunt, sich ein Patent darauf verschafft, es in Aktien theilt und diese verkauft. An Mitteln und Wegen, die neue Idee zu ungeheurer Größe anzuschwellen, fehlt es ihm nicht ...« (DEFOE 1975, 21).

Dann machen wir doch lieber »ehrenhafte« Projekte, denn: »Ein ehrenhafter Projektenmacher ist der, welcher seine Idee nach klaren und deutlichen Grundsätzen des gesunden Menschenverstandes und der Ehrlichkeit in angemessener Weise ins Werk setzt, darthut, worauf er hinaus will, nicht Griffe in fremde Taschen macht, selbst sein Projekt ausführt und sich mit dem wirklichen Erzeugniß als Gewinn von seiner Erfindung begnügt« (DEFOE 1975, 22).

7.4   Projektlernen fordert Handeln

Zuordnung zu Ausprägungsgraden geistiger Behinderung

Wenn man auf die Vorschläge von Manfred Thalhammer (1974) zur Gruppierung Geistigbehinderter verschiedenen Grades nach deren anthropologischem Sein zurückgreift, bietet sich die Zuordnung von handlungs- und projektorientiertem Unterricht zur Gruppe der sozial-handlungsfähigen geistigbehinderten Schüler an. Sozialhandlungsfähige Geistigbehinderte können nach Thalhammer die Eindimensionalität der Handlungsvollzüge, wie sie beim gewöhnungsfähigen Behinderten beobachtbar ist, durchbrechen und zu Handlungsplänen gelangen. Die Sprache begleitet nicht mehr ausschließlich die Handlung nur in statisch-mechanischer Weise, sondern verarbeitet bereits Vorstellungen und Begriffe. Gedächtnisleistungen werden gefordert und möglich und können in bescheidenem Umfang bereits planmäßig eingesetzt werden. Diese von Thalhammer beschriebene Gruppe der sozial-handlungsfähigen

Geistigbehinderten entspricht der Gruppe der »Durchschnittsformen der geistigen Behinderung« bei Otto Speck und der leichten (mild) Stufe der geistigen Behinderung in der WHO-Klassifizierung.

Projektunterricht wie auch jede sonstige Unterrichtsgestaltung in der Schule für Geistigbehinderte muß sich am Lernverhalten der Schüler orientieren. Dieses besondere Lernverhalten hat beispielsweise Heinz Bach (1974; 1976; 1997) beschrieben.

Angesichts dieser speziellen Lernvoraussetzungen erscheint die Gudjonssche Konzeption des Projektlernens für die Geistigbehindertenschule als zu anspruchsvoll. So verlangt Herbert Gudjons z. B. vom Schüler, daß dieser spontan Selbstverantwortung übernimmt und einen Projektplan mit anderen Schülern und mit dem Lehrer zusammen entwickelt. Die von Bach beschriebenen Schülermerkmale verschaffen aber genug Klarheit darüber, daß geistigbehinderte Schüler in ihrem Lernprozeß andauernder Anregung, Motivierung und Führung durch den Lehrer bedürfen.

Gudjons' Neufassung des Projektbegriffes beinhaltet als eines der zentralen Kennzeichen die Handlungsorientierung (Projektschritt 3). Innerhalb eines Projektes wird der Schüler dazu geführt, sich handelnd mit der ausgewählten Sachlage auseinanderzusetzen, d. h. konkret etwas zu tun. Die Handlung ist der Teil menschlicher Tätigkeit, der sich durch die höchste Beteiligung des Bewußtseins auszeichnet. Daher sollte grundsätzlich jedes neue Lernen als Handlung organisiert sein. Lernen kann nur bei völliger Beteiligung des Bewußtseins stattfinden. Im Unterricht kann man das Handeln als ein Instrument einsetzen, damit Lernprozesse zustande kommen: »Indem wir etwas tun, lernen wir.«

Lernen durch Handeln

Henning Allmer (1985) spricht von der menschlichen Entwicklung (= Lernen) durch Handlung. Lompscher definiert den Lernprozeß als eine Einheit von Aneignung und Anwendung von Kenntnissen. Die Schüler sollen nicht nur neue Informationen aufnehmen, sondern auch angemessen mit ihnen umgehen können. Die Schüler eignen sich Wissen und Können an, indem sie beides ständig anwenden.

Die Handlung ist eine abgrenzbare Einheit der willentlich gesteuerten Tätigkeit. Sie ist gekennzeichnet von einem eindeutigen Ziel, das erreichbar ist oder nicht. Die Handlung kann man aufgrund der Feststellung bewerten, ob ihr Ziel erreicht bzw. nicht erreicht worden ist.

Wenn man etwas Neues lernen will, dann kann dies nur auf der Ebene der intellektuellen Handlungsregulation im Sinne von Hacker (1986) erfolgen, da erst auf dieser Ebene das Bewußtsein dauerhaft mitbeteiligt ist. Das bewußtseinsfähige Handeln ist ab der begrifflich-perzeptiven Ebene der Handlungsregulation möglich. Dagegen erfordert eine Tätigkeit, die ich bereits kann, diesen hohen Grad an Bewußtseinsbeteiligung nicht. In diesem Fall erfolgt der schon fast automatisierte Handlungsvollzug auf der sensomotorischen Ebene der Handlungssteuerung. Lernen setzt also bewußtseinspflichtiges Handeln voraus. Dieses Handeln soll zeitlich abgrenzbar und soll überschaubar sein. Im Unterricht mit Geistigbehinderten soll das Handeln an die jeweiligen Möglichkeiten der Schüler angepaßt werden. Mit *Bewußtsein* ist hier ein bestimmter Zustand der Hirntätigkeit gemeint. Menschliches Bewußtsein ist gekennzeichnet durch Aufmerksamkeit, Konzentration und Planhaftigkeit. Rubinstein (1977) setzt dabei voraus, daß der Mensch zwischen sich und seiner Umwelt unterscheiden kann (Ich $\times$ Welt). Der Mensch handelt bewußt aufmerksam, indem er seine Handlung fortlaufend kontrolliert. Die menschliche Tätigkeit ist die bewußte Wechselbeziehung entweder zwischen dem Individuum und seiner Umwelt oder mit sich selbst. Die menschliche Tätigkeit ist von Motiven gesteuert. Bei geistigbehinderten Menschen erfolgt die Steuerung ihrer Tätigkeit oft durch vitale Bedürfnisse. So können Nahrungsmittel als Tätigkeitsziel wie -gegenstand eingesetzt werden. Über den Weg der Nahrung ist es relativ einfach, geistigbehinderte Schüler zu motivieren und sie in eine gemeinsame Tätigkeit einzubeziehen. Daher erscheint es durchaus sinnvoll, im Unterricht der Schule für Geistigbehinderte an diesen vitalen Bedürfnissen anzuknüpfen.

Mit der Bestimmung des Projektunterrichts als dem optimalen unterrichtlichen Ort zur Förderung der Handlungsfähigkeit aller Schüler(innen) unabhängig von Ausmaß und Schweregrad ihrer Beeinträchtigung haben wir eine grundsätzliche didaktische Verortung dieser pädagogischen Aufgabe geleistet: Mit dem Projektunterricht verfügt die Schule für Geistigbehinderte über ein zur Förderung der Handlungsfähigkeit in heterogenen Gruppen taugliches Unterrichtsverfahren. Da Handlungsfähigkeit bei unseren Schüler(inne)n nur über die Vermittlung durch Lehrer(innen), also durch »Lehren«, durch »Unterrichten« aufzubauen ist, werden wir uns zunächst mit dieser Frage beschäftigen, ehe mögliche handlungsförderliche Methoden insbesondere in späteren Kapiteln vorgestellt und diskutiert werden können.

8 Grundprobleme des Unterrichts mit geistigbehinderten Schüler(inne)n

8.1 Ein Bedingungsmodell für Unterricht

Didaktik als Theorie und Lehre

Paul Heimann (1970, 9) definiert Didaktik als Theorie des Unterrichts und setzt sich damit deutlich von Wolfgang Klafki ab, der Didaktik als Theorie der Bildungsinhalte verstanden wissen will. Theorie des Unterrichts bei Heimann bedeutet, daß außer den Lerninhalten (Lernzielen) noch weitere Elemente, die im Unterricht wirksam werden können, von der Theorie erfaßt werden. Heimanns Didaktiktheorie ist demnach umfassender und weiter als die von Klafki. Eine solche Theorie kann nach Paul Heimann nur als ein offenes System entwickelt werden (1970, 9). Das Modell muß offen sein für Veränderungen, welche das System auch selbst hervorbringen kann. Oder mit Hartmut von Hentig: Unterricht muß sich ständig selbst erneuern können.

Heimann hält den Bildungsbegriff der bildungstheoretischen Schule für grundsätzlich ungeeignet, auf ihm eine praktikable Didaktik aufzubauen. Bildung ist kein Status, der definiert und ausgemessen werden könnte. Bildung ist eher ein Prozeß, ein Ereignis, bei dem der Mensch hineinfindet in seine Menschlichkeit (Theodor Ballauf). Solches jedoch ist im Unterricht nicht planbar. Im Unterricht geht es um Lehr- und Lernvorgänge, um die Organisation von Lernprozessen. Unterricht ist zudem häufig situationsgebunden, nur aus der Situation heraus verstehbar und zerfällt mit dieser Situation sofort wieder.

Hinsichtlich der theoretischen Leistung des Lehrers unterscheidet Wolfgang Schulz (1970, 22) zwei Reflexionsarten:

1. Bei der *Unterrichtsanalyse* ist das Verhalten distanziert und emotional neutralisiert, erkennend, Zusammenhänge aufsuchend, zergliedernd, objektivierend,

2. bei der *Unterrichtsplanung* dagegen konstruktiv, kombinatorisch, erfinderisch, entscheidungsbedacht und engagiert.

Als Grundkategorien des unterrichtlichen Handelns finden sich in seiner Theorie also Engagement und Entscheidung.

Sowohl Unterrichtsanalyse als auch Unterrichtsplanung verlaufen nach Schulz auf *zwei Reflexionsstufen*: Der Strukturanalyse und der Faktorenanalyse.

Die Unterrichtsanalyse

Auch Wolfgang Schulz geht es um das Lehren, um das Unterrichten. In seiner Theorie der Schule greift er jedoch weiter als Paul Heimann und bezieht nicht nur den Unterricht, sondern die gesamte Schulorganisation, das Schulrecht, die Schulstatistik usw. in seine didaktische Theorie mit ein.

Den *Unterrichtsauftrag* leitet er ab vom Lehrplan, den verfügbaren Wochenstunden, den rechtlichen Voraussetzungen, den Erziehungszielen, Schulgesetzen, der Notwendigkeit der Berufsvorbereitung wie der Schulorganisation. Als *Auftraggeber* des Unterrichts nennt er die Bürger (die Gesellschaft), den Schulträger, die Lehrplanentwickler, staatliche Organe, Interessengruppen, Schulverwaltungsausschüsse und Elternvertretungen.

Der Unterricht selbst wird nach Schulz bestimmt von

1. Intentionen (Zielen),
2. Themen,
3. Methoden,
4. Medien,
5. Bedingungsfeldern.

Wolfgang Schulz geht davon aus, daß Unterricht noch durch weitere Faktoren beeinflußt würde als die von Paul Heimann genannten; so beeinflusse auch die Schulorganisation den Unterricht.

Die Absicht von Lehren und Unterrichten ist nach Schulz die Veränderung des Verhaltens von Menschen durch Erfahrung. Dabei bezeichnet er

- *Lehren*
  als das Anbahnen, Fördern und Korrigieren von Veränderungen durch Erfahrung,
- *Unterrichten*
  als geplantes Lehren und
- *Schule*
  als organisierten Unterricht.

Dies findet in einem sozialen Feld statt, welches zielgerichtet (teleologisch) strukturiert ist.

In diesem Denkansatz sind Teleologie (Zielorientierung) und Methodologie zwei aufeinander bezogene Aspekte.

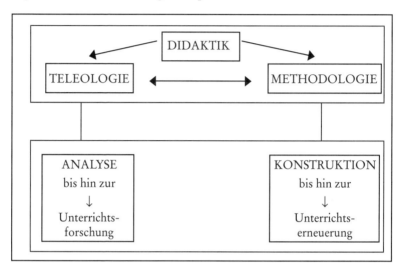

Abb. 24:   Aufgaben der Didaktik

Nach seiner Auffassung besteht die Aufgabe der Didaktik

1. in der Analyse der durch das Lehren hervorgerufenen Prozesse unter dem Aspekt der Zielsetzung und Zielerreichung,
2. der Konstruktion normgerechter und effektiver Lehr- und Lernprozesse.

Didaktisches Analysemodell

Der pädagogische Wille, der die soziale Situation Unterricht teleologisch strukturiert, muß sich, wenn er voll wirksam werden will, nach Wolfgang Schulz in vier aufeinander bezogenen Entscheidungen äußern. Nachfolgende Grafik stellt die Entscheidungsfelder und die wechselseitigen Abhängigkeiten dar.

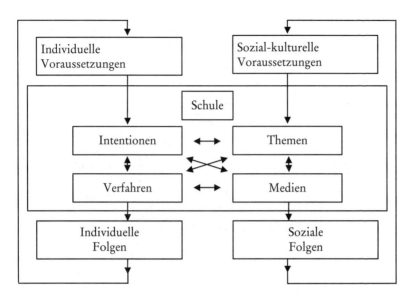

Abb. 25:   Interdependenzen

Die Strukturanalyse

Mit Strukturanalyse meint Wolfgang Schulz die Analyse der sogenannten *Entscheidungsfelder*, die er mit Intentionalität, Inhaltlichkeit, Methodenorganisation und Medienabhängigkeit bezeichnet sowie der *Bedingungsfelder* der antropologischen sowie der sozial-kulturellen Voraussetzungen.

Die Entscheidungsfelder

Intentionalität

Unter Intentionalität werden »pädagogische Absichten« verstanden, die der Unterrichtende seinem Unterrichtsvorhaben zugrundelegt. Schulz unterscheidet dabei, ob Lernprozesse in der kognitiven, der emotionalen oder der pragmatischen Dimension angeregt werden sollen.

In der kognitiven Dimension sollen die Schüler Kenntnisse sammeln, Erkenntnisse gewinnen und zu Überzeugungen gelangen. Dagegen werden in der emotionalen Dimension Anmutungen, Erlebnisse und daraus resultierende Gesinnungen intendiert. In der pragmatischen Dimension schließlich handelt es sich um den Erwerb von Fähigkeiten, die dann zu

Fertigkeiten entfaltet werden und schließlich zu Gewohnheiten werden können. Diese Ordnungsbegriffe faßt er in folgender Tabelle zusammen.

Qualitätsstufe	Dimensionen		
	kognitive D.	pragmatische D.	emotionale D.
Anbahnung	Kenntnis	Fähigkeit	Anmutung
Entfaltung	Erkenntnis	Fertigkeit	Erlebnis
Gestaltung	Überzeugung	Gewohnheit	Gesinnung

Tab. 20:   Dimensionen und Qualitätsstufen

Diese Übersicht ermöglicht es dem Lehrer zunächst einmal grob festzulegen, in welcher Dimension und auf welcher Qualitätsstufe er seine Schüler vorzugsweise ansprechen will. Etwas plastischer wird das von Wolfgang Schulz Gemeinte, wenn zu den drei Qualifikationsstufen in den drei Dimensionen Beispiele gegeben werden.

Qualitäts-stufen	Anregung und Steuerung von Lernprozessen in		
	kognitiver Dimension	pragmatischer Dimension	emotionaler Dimension
	Kenntnisse (Informationsaufnahme, -ordnung u. -speicherung)	*Fähigkeiten* (z. B. ABC schreiben können)	*Anmutung* (gewisse emotionale Bewegtheit, z. B. bei Gedichtvortrag)
	Erkenntnisse (Verstehen, Einsicht in Zusammenhänge, Gesetzmäßigkeiten)	*Fertigkeiten* (z. B. Brief schreiben können)	*Erlebnis* (Gefühl, lebensbedeutsame Erlebnisse erfahren zu haben)
	Überzeugung (Gewissensbildung)	*Gewohnheiten* (Gewohnheit des Briefwechsels)	*Gesinnung* (Einstellungen – Haltung, die aus Erlebnissen gegenüber Erlebnisbereich entsteht)
führen zu	Daseins-Erhellung	Daseins-Bewältigung	Daseins-Erfüllung

Tab. 21:   Beispiele (nach SCHULZ 1970, 27)

Inhaltlichkeit

Zu Inhaltlichkeit zählt Schulz drei konstante Grundformen: Wissenschaften, Techniken und Pragmata. Dabei meinen die Wissenschaften einen Bestand an Kenntnissen, die Techniken solche Fertigkeiten, die durch Training und Übung erworben und verfeinert werden können, und die Pragmata schließlich deren Vergegenständlichung durch die Schüler.

Wenn auch ein Thema erst »in Verbindung mit mindestens einer Absicht ein eindeutiges Unterrichtsziel darstellt« (SCHULZ 1970, 28), so muß es doch in seiner Eigenstruktur beachtet und dargestellt werden. Der Lehrer muß daher nach den Strukturmomenten eines Themas fragen, das behandelt werden soll, und diese Strukturmomente in ihrem Zusammenhang sehen. Erst von diesem Zusammenhang, von seiner Bedeutung her, kann ein Lerngegenstand dann beurteilt werden, ob er nach seiner tatsächlichen Sachstruktur behandelt werden kann.

Erst die Verbindung von Intention und Thema ergibt das Unterrichtsziel. Dabei führt die Reflexion des Inhaltes, das Nachdenken darüber, wie er Schülern vermittelt werden könne, unmittelbar zu Überlegungen hinsichtlich der Auswahl von Methoden und Medien (Interdependenz der Unterrichtsstrukturen).

Methodenwahl

Vieles wird unter dem sehr weiten Begriff »Methode« subsumiert: der Frontalunterricht, die Lehrerfrage, die Arbeitsschule, Montessori-Materialien, kleine Hilfen, Impulse, das entwickelnde Verfahren, Gruppenunterricht, handelnder Unterricht, die Festlegung kleiner Schritte, die Vertiefung und Besinnung, das Unterrichtsgespräch usw.. Die Liste ließe sich beliebig fortsetzen. Ersichtlich ist jedoch, daß ganz unterschiedliche Bereiche angesprochen werden:

- Aktivitäten des Lehrers,
- Sozialformen,
- Materialien,
- Organisationskonzepte,
- didaktische Zubereitungen,
- Denkmethoden.

Erst seit Heimann, Otto und Schulz werden Ziele in Interdependenz mit Methoden gesehen. Aber auch Schulz (1970) steckt das Methoden-Feld sehr weit ab. Nach ihm gehören zur Methodik »die Verfahrensweisen, mit denen der Unterrichtsprozeß strukturiert werden kann«, die jedoch »von unterschiedlichster Reichweite« (SCHULZ 1970, 30 – 31) sein können, was ihn zur Differenzierung zwingt zwischen

1. *Methodenkonzeptionen*
   Dies sind »Verfahrensweisen ..., die von einem Gesamtentwurf des Unterrichtsverlaufs her die einzelnen Unterrichtsschritte determinieren« (SCHULZ 1970, 31), z. B.
   - ganzheitlich- analytische Verfahren,
   - elementhaft-synthetische Verfahren,
   - Projektverfahren,
   - fachgruppenspezifische Verfahren.

2. *Artikulationsschemata*
   Solche Artikulationsschemata gliedern den Unterrichtsverlauf nach vermuteten Lernphasen der Schüler. Beispiele hierfür sind etwa die von Herbarth und seinen Schülern entwickelten Artikulationsstufen oder diejenigen von Roth, auf die später noch eingegangen wird.

3. *Sozialformen*
   Die Sozialformen des Unterrichts kennzeichnen den Bezug des Lernenden zum Gegenstand, zum Lehrer und zu den anderen Lernenden. Solche Formen sind z. B.
   - der Frontalunterricht,
   - die Kreissituation,
   - der Teilgruppenunterricht,
   - der Einzelunterricht.

4. *Aktionsformen des Lehrens*
   Die Aktionsformen des Lehrens unterteilt Wolfgang Schulz in direkte und in indirekte. Zu den direkten Aktionsformen gehören
   - der Vortrag,
   - die Frage,
   - die Demonstration
   - das Unterrichtsgespräch.

   Indirekt wendet sich der Lehrer an die Schüler über

- schriftliche Arbeitsanweisungen,
- vorgefertigtes Material.

5. *Urteilsformen*

Wolfgang Schulz führt diese Urteilsformen gesondert an »wegen des wertenden Verhältnisses, in das der Lehrende zum Lernenden tritt« (SCHULZ 1970, 33).

Schulz (1995) weist mindestens drei Ebenen auf, auf denen er »Methoden der Erziehung und des Unterrichts« nachgewiesen sieht:

- »als durchgängige Wegbahnungen der Gesellschaft und ihrer Institutionen für die nachwachsende Generation,
- als komplexe Handlungskonzepte für die pädagogische Interaktion in diesen Institutionen
- und als Elemente solcher Konzepte« (SCHULZ 1995, 53).

Im Zusammenhang mit der Planung von Unterricht stellen sich diese Ebenen dar als

»1. Perspektivplanung

Methode als Weg der Erziehung und des Unterrichts, »Schule als der Weg des Kindes«;

2. *Umrißplanung* von Sinneinheiten

Methodische Konzeptionen für komplexe Unterrichtseinheiten (Projekt; Lehrgang; Diskurs),

3. *Prozeßplanung* einzelner Teileinheiten [und] laufende Planungskorrektur

Methodische Elemente im Rahmen perspektivischer und konzeptioneller Überlegungen (Lernschritt; Sozialformen; einzelne Impulse)« (SCHULZ 1995, 59; H.i.O.).

Schließlich rechnet Schulz auch noch Unterrichtsprinzipien dem methodischen Intrumentarium zu, da sie »sich ausdrücklich und ausschließlich auf Unterricht beziehen« (SCHULZ, TREDER 1995, 125).

Medienwahl

Unter dem Begriff der Medien faßt Wolfgang Schulz »alle Unterrichtsmittel ..., deren sich Lehrende und Lernende bedienen, um sich über Intentionen, Themen und Verfahren des Unterrichts zu verständigen« (1970, 34).

Die Unterrichtsinhalte können durch je unterschiedliche Medien repräsentiert werden. Hierzu gehören Rede, Buch, Bild, Formel, Diagramm, Tonband, Film, Bildschirm, Naturgegenstände, Modelle usw. Je nach Thema und Ziel des Unterrichts können einzelne dieser Medien modifizierende Wirkung haben, lernfördernde oder lernhemmende, sie können die Unterrichtsinhalte intensivieren, verfremden oder akzentuieren. Medien sind so auszuwählen, daß die Unterrichtsinhalte wirkungsvoll konkretisiert und abstrahiert werden.

Zur Betonung der Eigenständigkeit dieses Strukturelements zeigt Wolfgang Schulz die Beziehungen zu den übrigen Elementen auf:

1. Zu den *Intentionen* können sich die Medien polyvalent oder monovalent verhalten; ein bestimmtes Unterrichtsmittel kann verschiedenen Zielen dienlich sein oder nur einem einzigen.

2. Hinsichtlich der *Unterrichtsthemen* kann es sich bei den Medien z. B. um Abbildungen handeln, Muster, Symbole, Gestaltungsmittel usw.

3. Hinsichtlich der *Methode* unterscheidet Schulz zwischen Lehrmitteln, welche der Lehrer zur Verdeutlichung seiner unterrichtlichen Absichten einsetzt, und Lernmitteln für die Hand des Schülers.

4. Die Beziehung zu den *anthropogenen Voraussetzungen* sieht Wolfgang Schulz z. B. im Vertrautheitsgrad der Schüler mit den benutzten Medien, z. B. TV, oder in der vermuteten Akzeptanz oder Ablehnung des Mediums durch die Schüler.

5. Beziehungen zwischen den unterrichtlichen Medien und *sozial-kulturellen Voraussetzungen* sieht Schulz z. B. in der Entsprechung zwischen den im Unterricht eingesetzten und allgemeingesellschaftlich gebräuchlichen Medien, im Prestige, welches bestimmte Medien in der Gesellschaft und im Erfahrungsraum der Schüler bereits besitzen usw.

Die Bedingungsfelder

Mit diesen Faktoren meint Wolfgang Schulz die sogenannten *Bedingungsfelder*, nämlich die *anthropogenen* und die *sozial-kulturellen Voraussetzungen*. Die Analyse dieser Voraussetzungen führt auf die zweite Stufe der didaktischen Reflexion, nämlich zur Faktorenanalyse, zur Analyse der Bedingungen. Dabei ergeben sich zwei Sachfelder:

Anthropogene Voraussetzungen

Der Unterricht wird nach Wolfgang Schulz von den »Anlagen« wie z. B. Lehr- und Lernkapazität, Geschlecht, Alter, Milieu aller am Unterricht Beteiligten mitbestimmt. In der Analyse kann man unterscheiden, von welchen angenommenen Faktoren der Unterrichtende sich hat leiten lassen und welche Faktoren sich tatsächlich durchgesetzt haben. Zu den beteiligten Personen bzw. zur personalen Bedingungslage gehören

- der *Lehrer* mit seinen ganz persönlichen philosophischen, anthropologischen, erfahrungswissenschaftlichen oder psychologischen Interpretationen und
- die *Schüler*, so wie sie sich entwicklungspsychologisch und lernpsychologisch zum Zeitpunkt des Unterrichts darstellen.

Sozial-kulturelle Voraussetzungen

Hierunter versteht Schulz die Tendenzen, die aus einer »sozial-kulturellen Gesamtsituation« heraus den Unterricht beeinflussen. Solches können die Absichten sein, eine bestimmte Tradition zu wahren, oder auch »moderne Trends«, die durchgesetzt werden sollen. Auch hier muß wieder zwischen Angenommenen und Faktischem unterschieden werden. Im Abschnitt »Unterrichtsplanung« wird Schulz genauer. Hier fordert er, »die konkret gegebenen Verhältnisse ... klar zu erfassen« (1970, 46), also die zum Zeitpunkt des geplanten Unterrichts beobachtbaren Momente in der konkreten Klasse, Schule usw. zu berücksichtigen.

Das Situationsgefüge umfaßt:

- die Individuallage des Schülers (häusliches Milieu),
- die Klassensituation (mit ihrem Klassenklima),
- die Schulsituation (z. B. einzelne Schulzweige),
- die »Zeit«-Situation, womit alle gesellschaftlichen und kulturell wirksamen Faktoren gemeint sind.

Interdependenzen

Diese sechs Strukturmomente stehen in einem engen Wechselverhältnis. Erst die Gesamtschau aller sechs Momente und deren wechselseitiger Beeinflussung ermöglicht es dem Beobachter eines Unterrichtsvorganges bzw. dem Unterrichtenden selbst festzustellen, ob die einzelnen Momente einander entsprechen oder sich widersprechen.

8.2 Lernfelder und Handlungsfelder

Das erste Feld, auf welchem ein Kind Erfahrungen macht, ist sein eigener Körper. Diese Erfahrungen sind taktil-kinästhetisch (Spüren einer Unterlage, einer Begrenzung) und vestibulär (Empfinden einer Veränderung der Lage), unmittelbar vital (feucht, trocken, hungrig, satt, warm, kalt usw.). Allmählich weitet sich dieser Erfahrungsraum aus über das Berühren, Greifen, Erreichen, Sehen, Hören, Riechen. Diese Ausweitungen stellen Breitinger und Fischer im Bild der konzentrischen Kreise dar, mit dem sie auch sich erweiternde pädagogische Handlungsfelder beschreiben:

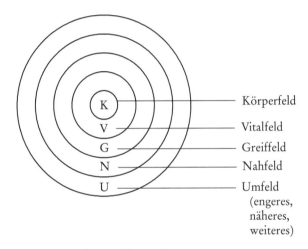

Abb. 26: Lern- und Handlungsfelder (nach BREITINGER, FISCHER 1993, 147; auch bei STRASSER 1994, 160)

Die weitere Darstellung pädagogischer Arbeitsfelder folgt im Grundsatz dieser Ausweitung vom Körper in die Umwelt. Dabei sind zuallererst Inhalte und Methoden nicht zu trennen, wie am Beispiel »Festhalten« und »Basale Kommunikation« zu erkennen ist: Wer über den Körper eines Menschen Kontakt zu diesem aufnehmen will, muß diesen Körper berühren, anfassen, streicheln, bewegen, halten. Hierzu wird als Arbeitsmittel zunächst nur der eigene Körper benötigt.

Im weiteren Ausbau dieser Konzepte treten Hilfsmittel, Arbeitsmittel hinzu, die zunächst nur eine oder ganz wenige Funktionen erfüllen: Der Waschlappen dient zum Reiben auf der Haut, zum leichten Massieren

(= Reiben), zum Waschen (= Reiben). Dann treten Arbeitsmittel hinzu, die multifunktionell einsetzbar sind, die möglicherweise ihrem gewöhnlichen Zweck entfremdet werden: Die Taschenlampe leuchtet nicht einen Weg aus, sondern vermittelt visuelle Stimuli. Zunehmend werden solche Arbeitsmittel vielfältiger eingesetzt, und die Arbeitsmethoden trennen sich von den Arbeitsinhalten. Ganz am Ende dieser Entwicklung arbeiten wir mit Methoden (z. B. der mündlichen Erklärung), die zu unüberschaubar vielen Zwecken eingesetzt werden können (Der Lehrer erklärt wortreich, warum Reden beim Essen stört, der Finanzminister im Fernsehen, warum die Besteuerung freifliegender Kartoffelschalen eingeführt werden muß, soll die Nation nicht zugrunde gehen.) und mit Hilfsmitteln, die ebenfalls funktional kaum begrenzt sind (Mit dem Bleistift kann man Löcher bohren, Nachbarn pieken, Rechnungen schreiben, Landschaften zeichnen ... .).

8.3   Lernfelder und Lernziele

Unterrichtseinheiten beschäftigen sich mit bestimmten Inhalten und dienen bestimmten, vorher festgelegten Zielen. In Normalschulen werden die Lerninhalte durch die Unterrichtsfächer repräsentiert, die in dieser Gliederung in der Schule für Geistigbehinderte weder vorfindlich noch sonderlich sinnvoll sind. Jedoch bedürfen auch die unterrichtlichen Aufgaben der Schule für Geistigbehinderte einer hinreichend genauen Beschreibung. Um diese Beschreibung leisten zu können, schlägt D. Fischer den Begriff des *Lernfeldes* vor und beschreibt acht solche Lernfelder:

1. Stimulations- und Aktivierungsfelder,
2. Empfindungs- und Erlebnisfelder,
3. Erfahrungsfelder,
4. Erkundungs- und Erprobungsfelder,
5. Handlungsfelder,
6. Anwendungs- und Gestaltungsfelder,
7. Trainings- und Übungsfelder,
8. Informationsfelder.

Bei sechs dieser Lernfelder sieht er einen hierarchischen Aufbau: »Von Bereich I bis Bereich VI nehmen sowohl die Bewußtheit im Vorgehen als auch die Aktivität der Schüler zu« (D. FISCHER 1994, 56). Auch hält er es für möglich, die einzelnen Schüler der Schule für Geistigbehinderte einem dieser Felder zuzuordnen. Insoweit bietet sich der Vergleich mit der Einteilung von Manfred Thalhammer (1977) an. D. Fischer weist darauf hin, daß sich die Lernfelder durchaus auch vom Lerninhalt her unterscheiden:»Nicht alle Inhalte und nicht alle Lernziele lassen sich in jedem Feld realisieren« (1994, 57). Er will aber auch darauf hinweisen, daß diese unterschiedlichen Lernfelder in der Schule für Geistigbehinderte gleichberechtigt nebeneinander stehen, daß z. B. ein»Aktivierungsangebot« bei Schwerst- oder Schwerstmehrfachbehinderten ebenso wertvoll sein kann wie die Durchführung von handelndem Lernen bei Schülern auf höherem Lernniveau. In welchem Lernfeld und auf welchem Lernniveau ein einzelner Schüler zu unterrichten ist, ist ausschließlich von dessen Lernvoraussetzungen abhängig, die vom Lehrer zunächst einmal zu erfassen und zu beschreiben sind.

D. Fischer ordnet den Lernfeldern unterschiedliche Lernziele zu:

1. *Aktivierungs- und Stimulationsfelder*
   Der Schüler soll zur Wahrnehmung, Aufmerksamkeit, zum Unterbrechen von Stereotypen veranlaßt werden. Hierzu dienen Reizangebote, Zuwendung, musische Inhalte. Beispiel: Der Schüler wird durch Hautkontakte stimuliert und angeregt. Vgl.: Basale Stimulation nach Fröhlich; Basale Kommunikation nach Mall.

2. *Empfindungs- und Erlebnisfelder*
   Der Schüler soll noch relativ ganzheitliche Empfindungen und Erlebnisse in sich aufnehmen. Dabei soll er Vorstellungen von Ereignissen seiner Umwelt gewinnen. Beispiel: Teilnahme an einer Feier, an einem Ausflug usw.

3. *Erfahrungsfelder*
   Der Schüler soll»Erfahrungen sammeln, die ihm noch nicht bewußt, sondern nur erlebbar sind«. Hierzu dienen Lernangebote und Lernsituationen wie z. B.:»Mit einem großen Becher kann man viel Milch bekommen, mit einem kleinen wenig, mit einem Stuhl kann ich mein Ziel besser erreichen als ohne diesen ...« (D. FISCHER 1994, 59).

4. *Erprobungs-, Erkundungs-, Experimentierfelder*
   Durch eigene Aktivität soll der Schüler Erfahrungen sammeln, gemachte Erfahrungen sich bestätigen, neue Erfahrungen versuchen. Die von Dieter Fischer beschriebenen Beispiele verweisen auf die Methode des Versuchs und Irrtums.

5. *Handlungs- und Problemfelder*

Der Schüler »soll Problem- oder Aufgabenstellungen mit Hilfe erworbener Fähigkeiten und Fertigkeiten lösen, bewältigen und dabei den Handlungsablauf, die Problemlösung selbst erlernen bzw. bereits Gekonntes verbessern, festigen« (D. FISCHER 1994, 59).

6. *Anwendungs- und Gestaltungsfelder*

Der Schüler soll »z. B. bei einem Projekt oder einer arbeitsvorbereitenden Phase mit Hilfe vorhandener Fähigkeiten und vorhandenem Wissen ein Produkt herstellen, eine sich wiederholende Aufgabe (z. B. ein Amt über längere Zeit) durchhalten und dabei Gelerntes anwenden bzw. damit eine Aufgabe/Vorhaben allein oder mit anderen gestalten u. a.« (D. FISCHER 1994, 59 – 60).

7. *Trainings- und Übungsfelder*

In diesen Feldern soll der Schüler »gezielte, umschreibbare Fähigkeiten und Fertigkeiten erwerben, z. B. den Pinzettengriff beim Fädeln, einen richtigen Laut durch Sprachübungen, eine Spielregel durch häufiges Spiel usw.« (D. FISCHER 1994, 60).

8. *Informationsfelder*

Im Rahmen geeigneter Aufgabenstellungen soll der Schüler »entweder Informationen erwerben oder lernen, wo und wie er solche erhalten kann, wenn er sie braucht« (D. FISCHER a.a.O.). Beispiel: Die richtige Abfahrtzeit des Busses ermitteln.

Auch wenn D. Fischer die ersten sechs Lernfelder in hierarchischer Anordnung sieht, so möchte er sie doch nicht als Niveaustufen betrachtet wissen, die bei entsprechender Förderung zu überwinden sind. Vielmehr ist er der Ansicht, daß auf hierarchisch niedrigere Niveaustufen immer wieder zurückgegriffen würde und zurückgegriffen werden müsse. Auch betrachtet er diese Lernfelder nicht als exklusiv. Vielmehr betont er die Mehrdimensionalität von Lehren und Lernen und auf der Schülerseite den mehrdimensionalen Erwerb von Lerninhalten, was erforderlich macht, die relativ engen Grenzen der einzelnen Lernfelder immer wieder zu überschreiten. Insgesamt geht es ihm bei dieser Strukturierung »um eine Ausweitung des Wahrnehmungs-, Erlebnis-, Erfahrungs- und Handlungsfeldes und damit um eine Ausdifferenzierung der Wahrnehmungs-, Erlebnis-, Erfahrungs- und Handlungsfähigkeit« (D. FISCHER 1994, 61); diese Strukturierung fördere die mehrdimensionale

Beanspruchung und Förderung des Schülers eher als ein rein lernziel-orientiert angelegter Unterricht.

Die bei Breitinger und Fischer (1993) beschriebenen Lernfelder hat Urs Strasser (1994, 161) nach dem Ausmaß der aktiven Beteiligung der Schüler zwischen den Polen »passiv« und »aktiv« eingeordnet. Diese Einordnung soll in etwas veränderter und leicht erweiterter Form den Überblick über die Konzepte erleichtern:

	Förderkonzepte nach Schwerpunktsetzung	
	passiv	aktiv
1	Basale Kommunikation	
2	Basale Stimulation	
3	← Passives Lernangebot	
4	Gewöhnung ⟶	
5	Basale Aktivierung ⟶	
6	Aktives Lernangebot ⟶	
7	Ereignisangebot ⟶	
8	Konditionierung ⟶	
9	Lernen außer Haus ⟶	
10	Freies Aktionsfeld ⟶	
11	← Training/Übung ⟶	
12	← Objekterkundung	
13	Handlungseinheit ⟶	
14	Projekt ⟶	

Abb. 27:   Förderkonzepte nach Beteiligung der Schüler (BREITINGER, FISCHER 1993, 249; auch STRASSER 1994, 161; erw. durch H.J.P.)

8.4   Didaktisches Grundmodell

Auch die schönste Sammlung von Richt- und Grobzielen, ja selbst von Feinzielen, ergibt noch keinen Unterricht. Deren Umsetzung in Unterricht erfordert Planung, diese wiederum eine bestimmte Struktur. Der Strukturierung der weiteren Unterrichtsplanung dienen sogenannte »didaktische Modelle«, die in der Fachliteratur in vielfältiger Weise vorfindlich sind, und die dennoch nicht ohne weiteres in die Unterrichtsplanung mit Geistigbehinderten übertragen werden können.

Grundlagen

Planung von Unterricht heißt u. a., »Lernziele und Lerninhalte in die jeweils notwendige Beziehung zu bringen« (D. FISCHER 1994, 91). Die spezifischen Lerneigenschaften geistigbehinderter Schüler erfordern eine erhebliche Abweichung von den üblichen Planungsmethoden der Regelschulen. Auch erfordert die inhaltliche Orientierung der Schule für Geistigbehinderte (die ja außer der nirgendwo ausdrücklich erwähnten »Werkstattfähigkeit« kein definiertes Schulziel aufweist) die Beachtung bestimmter »didaktischer Prinzipien«, die von denen anderer Schulformen zum Teil erheblich abweichen.

Ein *didaktisches Grundmodell* für die Schule für Geistigbehinderte muß nach D. Fischer von folgenden Bedingungselementen her gedacht werden:

es zielt auf unterschiedliche Schüler mit unterschiedlichen Lernmöglichkeiten;

es berücksichtigt die unterschiedlichen Strukturen von Lernstoffen und Lernzielen;

es berücksichtigt die Unterschiedlichkeit der verschiedenen Lehrerpersönlichkeiten;

es berücksichtigt die Unterschiedlichkeit der verschiedenen herangezogenen Lerntheorien.

Gerade zu letzterem Aspekt ist die Warnung von Bedeutung, »sich in der didaktischen Planung nicht auf *eine* didaktische Theorie ausschließlich zu beziehen« (D. FISCHER 1994, 36; H. d. H.J.P.).

Ein für die Schule für Geistigbehinderte verbindliches *allgemeingültiges* Strukturgitter läßt sich nicht erstellen. Dagegen hält Dieter Fischer es für möglich, ein *didaktisches Grundmodell* zu entwickeln, welches dann in Anpassung an die jeweilige Fachdisziplin, den Lerninhalt, die Schülergruppe und den unterrichtenden Lehrer Modifikationen erfahren kann.

Grundelemente des Lernverlaufs

1. Ein Lernprozeß beginnt irgendwo bei einem Anfangszustand (Ausgangszustand), der hinsichtlich des Schülers genau beschrieben werden kann: Leistungen, Können, Fähigkeiten, Befindlichkeit und Motivation, soziale Position in der Klasse usw.

2. Lernen führt zu einem vorgesehenen Endzustand, der dadurch gekennzeichnet ist, daß der lernende Schüler dann etwas neu oder bes-

ser kann, neues Wissen oder neue Eindrücke erworben hat. Der Schüler in diesem gewünschten Endzustand ist in ähnlicher Weise zu beschreiben wie bei Ziffer 1.

3. Vom Ausgangszustand zum Endzustand führt ein Weg, der durch den Unterrichtsprozeß, das Unterrichtsgeschehen beschrieben werden kann.

4. Da nicht alle der bei 1. genannten Aspekte in einer einzigen Unterrichtseinheit berücksichtigt werden können, ist es erforderlich, für den konkreten Unterricht einzelne Aspekte herauszugreifen (z. B. Erwerb einer neuen Fertigkeit oder Erwerb von zwei neuen Begriffen), auf welche sich dann der konkrete Unterricht zu konzentrieren hat. Diese Schwerpunktaspekte sind in der Form des Grobziels und der zu erreichenden Feinziele genauer zu beschreiben.

5. Unterricht, organisiertes Lernen, ist ein Geschehen, an welchem Lehrer, Schüler und Lernmaterialien (Unterrichtsmittel) beteiligt sind. Lernen im Unterricht geschieht in Interaktion. Solche Interaktionen finden statt

- zwischen Lehrer und Schüler,
- zwischen Schüler und Schüler,
- zwischen Schüler und Medien.

Die Art der Interaktionen (z. B. verbale Beeinflussung durch den Lehrer, Arbeitsteilung und gegenseitige Hilfe durch die Schüler, handelnder Umgang mit den Materialien) sind möglichst präzise vorher zu planen.

6. Es ist die Lernsituation (Handlungssituation) zu beschreiben, innerhalb derer mit Hilfe der genannten Medien das beschriebene Lernziel ganz oder teilweise erreicht werden soll.

7. Zu dieser Beschreibung gehören ebenso die Lerninhalte bzw. die Lerngegenstände in ihrer Eigengesetzlichkeit (sachlogische Struktur), von der aus das Unterrichtsgeschehen beeinflußt und ggf. gesteuert wird.

Im Unterrichtsverlauf selbst sieht D. Fischer das wesentliche Merkmal des Unterrichts als »offenes Handlungsfeld«. Bei dem Abheben auf ein »offenes Handlungsfeld« geht er davon aus, daß der tatsächliche Lernerfolg bei geistigbehinderten Schülern häufig minimal und auch von geringerer Bedeutung sei gegenüber der Interaktion und den kommunikativen

Beziehungen, welche sich im Unterrichtsverlauf zwischen Lehrer, Schüler und Medien ergeben. Durchgängig finden wir bei D. Fischer eine starke Betonung der kommunikativen und interaktiven Aspekte, denen er zuweilen höhere Bedeutung beimißt als den inhaltlichen.

Ein didaktisches Grundmodell für Geistigbehinderte

Dieter Fischer schlägt als eine Art didaktische Universalie ein »didaktisches Grundmodell« vor, das er wie folgt kennzeichnet:

1. Es soll offen sein für unterschiedliche Schülergruppen, für Geistigbehinderte aller Intensitätsgrade; es soll modifizierbar sein für die unterschiedlichsten Lernvorhaben. Dies, so D. Fischer (1994, 100) ist dann der Fall, wenn der Unterrichtsverlauf als *Lernweg in Lernsequenzen* gefaßt, geplant und gestaltet wird.
   Die einzelnen Lernsequenzen werden in *Lernsituationen* realisiert, in denen die Schüler tätig werden. Diese Schülertätigkeiten in Lernsituationen bezeichnet er als *Lerntätigkeiten*, womit er konkrete äußere Aktivitäten ebenso meint wie geistige Tätigkeiten. Ebenso zur Lernsituation gehören die *Lernmaterialien*. Sein Modell präsentiert D. Fischer in folgender Grafik (s. Abb. 28).

2. Das didaktische Grundmodell ist keiner Lerntheorie ausschließlich verpflichtet.

3. Es eignet sich in allgemeiner Form zur Planung aller Lerninhalte.

4. Es geht gleichzeitig vom Lernziel und vom Lerngegenstand aus, die beide die Lernsituation mitdefinieren.

5. Das didaktische Modell ist schülerorientiert insoweit, als es gestattet Lernsituationen zu planen, die für spezifische geistigbehinderte Schüler ausdrücklich organisiert sind.

6. Das didaktische Grundmodell bezieht sich auf einen Unterricht, der ausdrücklich und insgesamt als sonderpädagogische Veranstaltung verstanden wird. Insoweit hält es Dieter Fischer in der Regel nicht für opportun, in der Unterrichtsplanung für geistigbehinderte Schüler besondere sonderpädagogische Maßnahmen auszuweisen, da dieser Unterricht insgesamt sonderpädagogisch gestaltet werden muß.

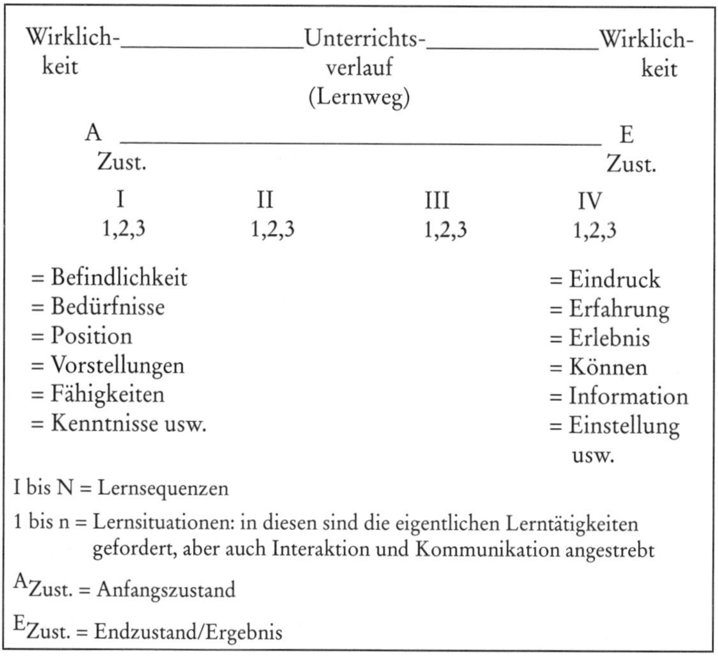

Wirklich- keit		Unterrichts- verlauf (Lernweg)		Wirklich- keit
A Zust.				E Zust.
I 1,2,3	II 1,2,3	III 1,2,3		IV 1,2,3

= Befindlichkeit = Eindruck
= Bedürfnisse = Erfahrung
= Position = Erlebnis
= Vorstellungen = Können
= Fähigkeiten = Information
= Kenntnisse usw. = Einstellung
   usw.

I bis N = Lernsequenzen

1 bis n = Lernsituationen: in diesen sind die eigentlichen Lerntätigkeiten
   gefordert, aber auch Interaktion und Kommunikation angestrebt

$A_{Zust.}$ = Anfangszustand

$E_{Zust.}$ = Endzustand/Ergebnis

Abb. 28: Lernweg in Sequenzen (aus D. FISCHER 1994, 101)

7. Das didaktische Grundmodell beinhaltet eine Analyse nach zwei
   Aspekten:

   Eine Analyse des Lernvorhabens bzw. des Lerninhaltes, aus welcher
   sich das Anspruchsniveau dieses konkreten geplanten Unterrichts ableiten läßt;

   eine Analyse des Schülers, aus der sich das Lern- bzw. Leistungsniveau dieses Schülers ableiten läßt.

   Anspruchsniveau des Unterrichts und Leistungsniveau des Schü-
   lers/der Schüler sind miteinander zu vergleichen. Dieser Vergleich
   führt zu Aussagen über angemessene oder nicht angemessene Schwie-
   rigkeit, über vorhandene oder mögliche Lern- bzw. Leistungsmotiva-
   tion und damit zu Vorhersagen über den möglichen Erfolg oder Miß-
   erfolg des Unterrichts.

8. Dieses didaktische Grundmodell sieht D. Fischer in zweierlei Weise
   an das Leben des Schülers gebunden:

   durch die Berücksichtigung seines Lern- und Leistungsniveaus,

   durch die Berücksichtigung seiner sozialen und materiellen Umwelt.

9. Das didaktische Grundmodell stellt nach der Meinung von D. Fischer das eigentliche Lernen nicht in den Mittelpunkt.

Modifizierung des Grundmodells

Bei intensiv Geistigbehinderten, wie sie bei D. Fischer genannt werden, ist mit einem Entwicklungsalter zwischen eins und drei Jahren zu rechnen. Intensiv-Geistigbehinderte (geistig Schwerstbehinderte) weisen folgende Merkmale auf:

Sie können nicht über längere Zeit eine Zielvorstellung verfolgen.

Sie verstehen sprachliche Unterweisungen nicht.

Sie können nicht in einer Gruppe gemeinsam lernen.

Sie können persönliche Bedürfnisse zugunsten sachorientierter Belange nicht zurückstellen.

Sie verfügen nicht über die erforderlichen kognitiven Techniken bzw. schaffen es nicht, diese anzuwenden.

Sie können nicht über längere Zeit an einem Platz sitzenbleiben.

Auf diese Lernverhaltensweisen geistig Schwerstbehinderter hat sich auch die schulische Didaktik einzustellen. Insoweit muß das didaktische Grundmodell abgewandelt werden. D. Fischer schlägt vor, hieraus ein *Unterrichtsmodell* zu entwickeln.

Ähnlich wie es bereits im Anschluß an Thalhammer durch Kirsch erfolgt ist, bietet Dieter Fischer eine Zuordnung unterschiedlicher Unterrichtsformen zu den Intensitätsgraden geistiger Behinderung an, die bereits in Kapitel 1 dargestellt worden ist.

Innerstrukturelle Bedingungen der Fischerschen Unterrichtsmodelle

Die mit der Zuordnung in Tabelle 6 (Kap. 1) verbundenen unterschiedlichen Schwerpunkte und methodischen Aspekte stellt D. Fischer (1994, 116) in einer Übersicht dar, die je nach den Intensitätsgraden geistiger Behinderung im Unterricht zu berücksichtigen sind (siehe Tab. 22).

D. Fischer geht dabei von folgenden Prämissen aus:

Kein geistigbehinderter Schüler sollte während seiner gesamten Schulzeit nur nach einem einzigen Unterrichtsmodell gefördert werden.

Er hält es für möglich, daß einzelne geistigbehinderte Schüler während ihrer Schulzeit alle vier von ihm vorgestellten Unterrichtsmodelle durchlaufen können.

	Intensivform geistiger Behinderung	Durchschnittsform geistiger Behinderung	Übergangsform geistiger Behinderung
Lernform	Lernen durch passives und aktives Lernangebot	Lernen durch Lernvorhaben als Aufgabenfolge mit relativ selbständigen Lernsequenzen	Lernen in herkömmlichem Unterricht gemäß den Artikulationsstufen nach H. Roth
Aktivität des Lehrers	Aktivität des Lehrers vorherrschend Schüler pathisch-aufnehmend – teilnehmend-aktiv	Schüler und Lehrer arbeiten in enger Kontaktnahme	Selbsttätigkeit des Schülers dominiert, Lehrer gibt Steuerungs- und Regelungshilfe
Präsentation der Lernaufgabe	Lernen durch Anbieten von »Elementen« initiiert	Lernen durch Aufgabenfolgen initiiert	durch Bewältigung von Ganzheiten gekennzeichnet
Lernverbindungen	»Verbindung« wird vom Lehrer hergestellt	Lehrer verbindet die Teilabschnitte, innerhalb von Lernsituationen selbständiges Handeln der Schüler	Schüler schafft Gliederung und »Verbindung« anhand der Sache selbst Lehrer berät
Lerninhalte	z. B. Erlernen erster Eindrücke, Reaktionen, Gewohnheiten möglich, »Orientierungsreaktion«, basale Stimulation	z. B. Erlernen motorischer Fertigkeiten möglich, Bewältigung kleinerer Alltagssituation mit Hilfe des Lehrers	z. B. Handlungseinheiten, Darstellungseinheiten, Projekte usw. möglich
Motivation, Aufmerksamkeit	Äußerst kurzphasige Aufmerksamkeit, primär motiviert bis teilweise aktionsmotiviert	Aufmerksamkeit immer wieder für Intervalle zu gewinnen – Motivation nur für jeweils eine Lernsequenz	von der Sache her motivierte Aufmerksamkeit möglich, Motivation durch umfassende, übergreifende Problemstellung

Tab. 22: Differenzierungen nach Behinderungsintensität
(nach D. FISCHER 1994, 116; Ergänzung: H.J.P.)

Dem Verfasser ist ein solcher Schüler, der alle vier von D. Fischer vorgeschlagenen Unterrichtsmodelle durchlaufen hätte, im Laufe seiner Berufstätigkeit noch nicht begegnet. Konkret würde dies bedeuten, daß ein Geistigbehinderter seine Schullaufbahn beginnt als Schwerst-Mehrfachbehinderter, der des »passiven Lernangebots« etwa im Sinne der basalen Stimulation von Fröhlich bedarf, und der seine Schullaufbahn beendet als ein Geistigbehinderter im Grenzbereich zur Lernbehinderung oder gar als schwacher Lernbehinderter in der Schule für Geistigbehin-

derte, mit welchem auf kognitiv anspruchsvollem Niveau unter Einsatz
des Mediums Sprache gearbeitet werden könne. Die hier von D. Fischer
vorgetragene Vorstellung scheint übertrieben optimistisch und realitäts-
fern.

Dagegen scheint es realistisch, daß Schüler(innen) der Schule für Geistigbehinderte je nach ihrem Anfangszustand zumindest eine Stufe weiter-
kommen können: Schwerst-Mehrfachbehinderte können zu teilweiser
Aktivität gefördert werden, punktuell motorisch tätige jüngere Schüler
können durchaus am Ende ihrer Schulzeit zum Vollzug motorischer
Operationen in der Lage sein. Es kann auch nicht auszuschließen sein,
daß in seltenen Fällen über eine zwölfjährige Schulzeit hinweg die Förderung über drei dieser unterschiedlichen unterrichtlichen Anspruchsni-
veaustufen hin möglich sein kann. Realistischer scheint D. Fischers Anmerkung: »Es gibt aber auch Schüler an der Schule für Geistigbehinderte, die nur die Stufe I und II (passives und aktives Lernangebot)
schaffen« (D. FISCHER 1994, 115). Es erscheint selbstverständlich, daß
nicht alle Lerninhalte und nicht alle Lernziele in der Form der Aufgabenfolge oder des passiven Lernangebots ausschließlich vermittelt werden können. Hier sind weitere Spezifizierungen erforderlich.

D. Fischer weist schließlich auch darauf hin, daß die von ihm vorgeschlagenen Unterrichtsmodelle als »idealtypisch« anzusehen sind. Im Unter-
richtsalltag werden sie sich selten in reiner Form darstellen; vielmehr ist
mit fließenden Übergängen zu rechnen.

In diesem Kapitel haben wir einige grundsätzliche Aussagen kennengelernt, für die Gültigkeit für Unterricht ganz allgemein wie speziell
für den Unterricht mit Geistigbehinderten beansprucht wird. Solche
für Unterricht generell als gültig bezeichneten Aussagen haben für den
Lehrer handlungssteuernden Charakter, stellen allgemeine Anweisungen dar, die auch als »Prinzipien« bezeichnet werden. Eine Sammlung
solcher für den Unterricht mit Geistigbehinderten formulierter Prinzipien wird erst in Kapitel 11 separat erörtert.
Zunächst aber müssen wir uns damit beschäftigen, wie die in vorste-
hendem Kapitel erörterten Grundfragen in äußere Formen des Unterrichts übersetzt werden können, so daß wir allmählich genauere Vorstellungen von der Organisation von »Unterricht« gewinnen können.

9 Äußere Formen des Unterrichts

9.1 Struktur und Form

Jeder Mensch hat so seine Vorstellungen von schulischem Lernen, häufig aus den Erinnerungen an die eigene Schulzeit heraus, häufig auch aus dem Miterleben und Miterleiden des Schulschicksals der eigenen Kinder: Da sitzen die Schüler ordentlich aufgereiht mit Blick zum Lehrer und zur Tafel, lauschen mehr oder weniger aufmerksam den Worten des Lehrers, schreiben auf, lösen Aufgaben, lernen auswendig und dürfen hie und da sogar einmal etwas selbst in die Hand nehmen. Mancher wird sich mit Grausen an diese Form von Schulunterricht erinnern und auch daran, wie wenig er im Grunde dabei gelernt hat.

In der Tat: Auch in den Regelschulen wird Lernen heute meist in anderer Weise organisiert; in Sonderschulen ist diese Form des lehrerzentrierten Unterrichts oft gar nicht möglich. Wie sieht es dann aber aus mit dem Lernen gerade in einer Schule für Geistigbehinderte?

Zunächst einmal sollten wir festhalten: Lernen geschieht nicht nur im Unterricht. Bereits bei der Busfahrt zur Schule wird gelernt: Rücksicht zu nehmen, sich gegenseitig beim Ein- und Aussteigen zu helfen, einen Platz anzubieten, miteinander zu reden, auf Streit und Schlägereien zu verzichten usw. Auch in den Pausen wird gelernt, beim Frühstück, beim Mittagessen, bei einer Geburtstagsfeier, bei einem Spaziergang, beim Spiel.

Es sind insbesondere soziale Verhaltensweisen, die bei solchen Gelegenheiten angeeignet (und das heißt: gelernt) werden, Formen des Umgangs miteinander, Rücksichtnahme und Hilfsbereitschaft. Aber all dies wird auch in regelrechtem Unterricht vermittelt, planmäßig und durch Lehrer. Und dennoch unterscheidet sich Lernen in solchen offenen Situationen vom Lernen im Unterricht durch Lehrer. Der Unterschied liegt im Ausmaß und Umfang der *Strukturierung des Lernens. Strukturiert* wollen wir Lernen dann nennen, wenn es durch den Lehrer *vorgeplant und organisiert* ist, wenn der Lehrer das notwendige Material zur Verfügung stellt und den Ablauf der Lernprozesse auf ein zu erreichendes Ziel hin steuert. Dabei ist es gleichgültig, ob solch strukturiertes Lernen

- für eine ganze Klasse (= Klassenunterricht),
- für eine aus mehreren Klassen ausgewählte besondere Lerngruppe (= Kursunterricht) oder

- für einen einzelnen Schüler (= Einzelunterricht)

stattfindet.

Klassen an einer Schule für Geistigbehinderte umfassen in der Regel Schüler mit ganz unterschiedlichem Lernstand und Lernvermögen. Klassen sind nicht leistungshomogen. Für den *Klassenunterricht* kommen solche Lerngegenstände und Lernsituationen in Frage, von denen alle Schüler profitieren können. Dies sind in allererster Linie Inhalte des sozialen Lernens, Umgang mit dem eigenen Körper, lebenspraktische Fertigkeiten, Aneignung von Verständigungsformen.

Für den *Kursunterricht* ist allerdings die Homogenität der Lernvoraussetzungen von grundlegender Bedeutung. Deswegen werden für Kursunterricht Schüler mit (annähernd) gleichen Lernvoraussetzungen aus einer Klasse oder aus mehreren Klassen ausgewählt; sie bilden für eine bestimmte Zeit – meist für ein Schuljahr – eine besondere Lerngruppe. *Ziele* des Kursunterrichts können unter anderem sein:

der Abbau von Sprach- und Sprechstörungen,

die Vermittlung von Lesen, Schreiben und Rechnen,

der Erwerb besonderer Qualifikationen wie z. B. das Seepferdchen-Abzeichen oder den Freischwimmer-Schein, Erste-Hilfe-Prüfung,

die Vorbereitung auf den Übergang in eine Schule für Lernbehinderte.

Ziel kann aber auch die Schaffung von Gelegenheiten für bestimmte Schüler sein, besonderen *Interessen* nachzugehen und sich hierfür erforderliche Fähigkeiten und Fertigkeiten anzueignen, wie z. B.

Zeichnen und Malen,	Leistungssport,
Weben,	Musik,
Floristik,	Tanz usw.
Gartenbau,	

Bei den zuletzt genannten Kursgruppen sprechen wir von *Neigungsgruppen*.

Schließlich gibt es auch Schüler mit besonders schwerwiegenden Leistungsausfällen oder in Teilbereichen überdurchschnittlichen Fähigkeiten, deren besondere Förderung weder im Klassen- noch im Kursunterricht erfolgversprechend erscheint. Für diese Schüler muß *Einzelunterricht* angeboten werden.

Bei schwer beeinträchtigten Schülern, auch bei Schülern mit autistischen Verhaltensweisen, beziehen sich die Bereiche der Einzelförderung insbesondere auf

den Erwerb sozialer Fähigkeiten, vor allem Fähigkeiten der Verständigung,

Fertigkeiten der Nahrungsaufnahme,

das An- und Auskleiden,

die Toilettenbenutzung,

die Körperpflege,

den Abbau unerwünschter Verhaltensweisen,

wobei häufig Techniken der Verhaltensmodifikation eingesetzt werden. Die im Einzelunterricht aufgebauten Fertigkeiten und Fähigkeiten werden soweit wie möglich im Klassenunterricht aufgegriffen und gefestigt. Dies erfordert eine enge Zusammenarbeit der beteiligten Lehrkräfte.

Aufgabe des Einzelunterrichts ist es vor allem, den Schüler auf die Teilnahme am Klassenunterricht vorzubereiten und Inhalte und Ziele des Klassenunterrichts zu stützen. Aufgabe des Kursunterrichts ist es, den Klassenunterricht in einzelnen Bereichen zu vertiefen sowie über die Möglichkeiten des Klassenunterrichts hinausgehende Fähigkeiten und Fertigkeiten zu vermitteln.

Klassen-, Kurs- und Einzelunterricht sind *Organisationsformen* des Lernens. Diese Organisationsformen sagen noch nichts darüber aus, wie niedrig oder wie hoch strukturiert Lernen stattfindet. Fragen wir nach dem *Strukturierungsgrad* des Lernens, so sollten wir *vier Stufen* unterscheiden:

nicht strukturierte Lernphasen,

wenig strukturierte Lernphasen,

mittelhoch strukturierte Lernphasen und

hoch strukturierte Lernphasen.

Von *nicht strukturiertem Lernen* sprechen wir dann, wenn es *in Alltagssituationen* stattfindet, die vom Lehrer nicht oder nur ganz wenig beeinflußt werden, wenn Lernprozesse eher zufällig in Gang kommen, ohne daß sie vom Lehrer geplant und/oder bewußt eingeleitet worden sind, wenn Lernen sich ganz beiläufig ereignet, eher aus einer Zufallssituation heraus.

Wenig strukturierte Lernsituationen treffen wir an

- außerhalb der Klassengemeinschaft: bei der Fahrt zur Schule oder nach Hause, bei Freipausen auf dem Schulhof;
- innerhalb der Klassen- bzw. Schulgemeinschaft: bei der Ankunft in der Schule, der Vorbereitung auf den Unterricht, beim Frühstück und Mittagessen, beim Aufräumen und Saubermachen, bei Unterrichtsgängen, bei der Vorbereitung zur Abfahrt.

Bei diesen Gelegenheiten steuern die Schüler ihr Verhalten meist gegenseitig; Lehrer, Erzieher oder Busbegleiter greifen nur bei besonderen Anlässen helfend oder korrigierend ein oder geben Hinweise oder Anregungen. Lernphasen dieser Art sind für die Schüler von wesentlicher Bedeutung; dennoch sind sie im Stundenplan einer Schule nicht aufgeführt.

Lernphasen mit *geringem Strukturierungsgrad* lassen Planung des Lehrers und Steuerung durch den Lehrer bereits erkennen, obwohl ihr Ablauf ebenso wesentlich durch die Schüler mit beeinflußt wird wie durch die gerade vorhandene Lernumwelt und die aktuelle Lernsituation. Es handelt sich häufig um Lernsituationen, die dem uninformierten Betrachter eher spielerisch erscheinen mögen, Gesprächssituationen, aber auch um Unternehmungen außerhalb der Schule, Besuche bei Handwerkern, in Fabriken, Besuche in einem Café oder Eiscafé, Feste und Feiern, gemeinsame Unternehmungen mit Partnerklassen aus anderen Schulformen, aber auch um Werkstatt- oder Betriebspraktika etwa in der Werkstatt für Behinderte, deren Ablauf wesentlich nicht durch den Klassenlehrer, sondern durch die Bedingungen, Möglichkeiten und Arbeitsangebote der Werkstatt bestimmt werden.

Lernphasen mit *mittlerem Strukturierungsgrad* sind wesentlich durch den Lehrer vorbereitet, gestaltet und gesteuert. In der Regel gibt der Lehrer die Lerninhalte und die Lernziele vor, plant und organisiert den Einsatz notwendiger Lernmaterialien und steuert den Lernprozeß der Schüler.

Dennoch determiniert der Lehrer in diesem Fall den Unterrichtsablauf nicht vollständig: Es werden hinreichende Freiräume für Eigenaktivitäten der Schüler vorgesehen, die unter Umständen den vom Lehrer vorgesehenen Unterrichtsablauf beeinflussen und verändern können (die »Schülerorientierung«). Dabei achtet der Lehrer jedoch darauf, daß insgesamt die Zielorientierung und die Ablauflinie des Unterrichts beachtet und eingehalten werden.

Unterricht mit solcher mittleren Strukturierung finden wir im Klassenunterricht bei Projekten, Vorhaben, aber auch in bestimmten Formen des Fachunterrichts wie beispielsweise Sachunterricht, Religion, Sport usw. Dieser Fachunterricht kann selbstverständlich auch als klassenübergreifender Kursunterricht stattfinden. Entscheidend für eine mittlere Strukturierung ist die Beeinflussung der Lehrerplanung durch den individuellen Lern- und Leistungsstand der Schüler und das relative Offenhalten der Lernprodukte; in diesen Bereichen finden wir keine vorab definierten Abschlußqualifikationen.

Vom mittelhochstrukturierten unterscheidet sich *hochstrukturierter Unterricht* dadurch, daß die möglichen Freiheitsgrade weiter eingeengt werden: Nicht mehr die Lernmerkmale der einzelnen Schüler beeinflussen den Unterrichtsablauf, sondern eher die sachstrukturellen Eigentümlichkeiten des Unterrichtsgegenstandes. Dieser Unterrichtsgegenstand (Lerninhalt) beschneidet auch die Freiheit des Lehrers in der Auswahl der Unterrichtsmethoden und der Unterrichtsmittel. Häufig hat dieses hochstrukturierte Lernen den Charakter eines *Lehrgangs*, der sich mit einem genau *vorab definierten Lerninhalt* und einem *vorab definierten Lernziel* beschäftigt; Lehrgänge dienen der Erreichung einer *vorab definierten Abschlußqualifikation*. Dabei können Lehrgänge umfassend sein, sich über einen breiten Lernbereich und über viele Jahre erstrecken (Schreib- und Leselehrgang), aber auch ein eng umschriebenes Sachgebiet und eine in kürzerer Zeit erreichbare Qualifikation beinhalten (Erste Hilfe bei Verletzungen).

Außer in der Form der Lehrgänge finden wir solche hohen Strukturierungen auch beim Einsatz vorbereiteter Lernprogramme (programmierter Unterricht) und in neuester Zeit beim Einsatz von Personalcomputern (PC) im Unterricht auch mit Geistigbehinderten. Im letzteren Fall ist die Auswahl der Unterrichtsmittel durch die Verfügbarkeit eines Personalcomputers einge schränkt, die Auswahl der Unterrichtsinhalte und der Lernziele durch die Verwendung der entsprechenden Software (Lernprogramme).

nicht strukturiert	gering/niedrig strukturiert
Alltagssituationen: Ankunft Frühstück Mittagessen Freispiel/Pause Vorbereitung zur Abfahrt Spaziergänge	• Beschäftigungen mit spielerischem Charakter • lebenspraktische Übungen • Betriebspraktika, z. B. in der WfB
Ablauf vom Lehrer nicht vorgeplant Eingetretene Situationen werden aufgegriffen • Hilfestellungen • Hinweise • Anregungen vermehrt durch Schüler	Rahmenplanung durch den Lehrer Ablauf wird teilweise durch die Schüler mitbestimmt sowie durch die Lernumwelt/Lernsituation

mittelhoch strukturiert		hoch strukturiert	
themenorientierte/projektartige Lernphasen im		fachorientierte Lehrgänge im	
Klassenunterricht	*Kursunterricht*	*Klassenunterricht*	*Kursunterricht*
• Projektunterricht, Sachunterricht • Religionsunterr. • Sport • Schwimmen • Rhythmik • Musik • Sprachförderung	• Malen • Zeichnen • Hauswirtschaft: Kochen • Textilbearbeitung • Weben	• Arbeitslehre • Sozialkunde • Werken Holz • Werken Metall • Werken Ton	• Lesen • Schreiben • Rechnen • Vorber. auf Umschulung • Leistungssport • Schwimmen • Erste Hilfe • Radfahr-Prüfung
Präzise Vorplanung durch den Lehrer; Lernabläufe festgelegt, Material wird bereitgestellt, Lernprozesse der Schüler durch Lehrer und Material gesteuert			
Lehrerplanung durch individuellen Lernstand der Schüler mitbestimmt Keine vorab definierten Abschlußqualifikationen		Lehrerplanung durch die Bedingung und Merkmale des Lerngegenstandes (»Fach«) und die Zielvorgaben bestimmt (Qualifikation, Abschluß)	

Tab. 23:   Strukturierungsgrade des Lernens

Die Erwähnung von Klassenunterricht, Kursunterricht und Einzelunterricht macht uns darauf aufmerksam, daß es unterschiedliche Formen gibt, die Kooperation zwischen Lehrer(inne)n und Schüler(inne)n zu organisieren. Da solche Organisationsformen Menschen und deren Interaktionen betreffen, sprechen wir meist von »Sozialformen« des Unterrichts, von denen es mehr gibt als lediglich die bereits erwähnten. Mit ihnen beschäftigt sich das folgende Teilkapitel.

9.2 Sozialformen des Unterrichts

Unterricht ist ein vielschichtiger und komplexer Prozeß. Einer der Faktoren in diesem komplexen Zusammenhang ist die Frage der sozialen Organisation des Unterrichts. Diese Sozialformen werden nach Schulz wie nach Kösel (1978) dem Entscheidungsfeld »Methodik« zugeordnet. Der Begriff der sozialen Organisation soll die Beziehungen zwischen Schülern und Lehrern erfassen, beschreiben und planbar machen. Soziale Organisationsformen des Unterrichts haben darüber hinaus Auswirkungen auf didaktische Entscheidungen wie umgekehrt solche Entscheidungen die soziale Organisation des Unterrichts beeinflussen. Auch werden den unterschiedlichen Sozialformen unterschiedliche Einflüsse auf »den Lernerfolg, die Unterrichtsatmosphäre, den Unterrichtsstil, das soziale Handeln der Gruppe und des Individuums« (KÖSEL 1978, 6) zugeschrieben.

Da eine Schulklasse im sozialpsychologischen Sinne eine »Gruppe« darstellt, sind in ihr auch gruppendynamische Prozesse beobachtbar, Hierarchien, unterschiedliche Rollenverteilungen, Statuszuweisungen. Nicht immer sind beobachtbare sozialpsychologische Phänomene in der Klasse auch wünschenswert; unterschiedliche Sozialformen des Unterrichts dienen auch dazu, bestimmte sozialpsychologische Verhältnisse zu verändern.

Gottfried Biewer (1995, 277) ist sicherlich recht zu geben, wenn er als Quelle wenigstens eines Teils der Didaktik der Schule für Geistigbehinderte die Reformpädagogik des ausgehenden 19. und beginnenden 20. Jahrhunderts benennt. Unter *Reformpädagogik* versteht Grunder »eine ideelle und praxiswirksame pädagogische Kraft. Sie dringt zu Beginn des 20. Jahrhunderts mit großem propagandistischen Elan in die europäische bildungspolitische Landschaft ein. Ihre Wurzeln liegen im 19. Jahrhundert. Reformpädagogik diskreditiert das Schulsystem des 19. Jahrhunderts als nicht kindgemäße *Lern-, Buch-, Pauk- und Drillschule«* (GRUNDER 1995, 275; H.i.O.). Zu ihren Grundforderungen gehörten »geistige Mündigkeit des Kindes, Menschenbildung (weniger Wissensvermittlung), Förderung von Interesse, Selbsttätigkeit und Selbstbestimmung, Lernen durch praktisches Tun, Ablösen von Spezialistentum zugunsten einer allgemeinen Bildung, Einsicht der Erwachsenen in die Grenzen der Lernschule, Überwinden der Kluft zwischen Schule und Leben« (GRUNDER 1995, 275). Handelndes Lernen und arbeitendes Handeln sind die zentralen Forderungen, die nicht nur aus der Kritik an der traditionellen Paukschule heraus erhoben werden, sondern ebenso aus der Kritik am Zustand der damaligen Gesellschaft heraus, welche als krank und auseinanderfallend gesehen wurde. Es waren also durchaus nationalistische und sozialistische (z. B. bei Siegfried Bernfeld) Interessen, welche einige der bekannteren Vertreter der Reformpädagogik geleitet hatten. »Fünf Begriffe charakterisieren den reformpädagogischen Unterricht: Anschauung; Aktivität, Selbsttätigkeit; Lebensnähe, Kindgemäßheit, Individualisierung; Erfolgssicherung, Übung« (GRUNDER 1995, 276), Begriffe, die wir im vorherigen Kapitel bei der Erörterung allgemeingültiger Grundsätze bereits kennengelernt haben.

Wir können, wie wir weiter vorne gesehen haben, jedoch noch weiter zurückgehen: »Die Grundsätze für den gemeinsamen Unterricht größerer Schülerzahlen« (Margret FISCHER 1975, 9) hat Johann Amos Comenius (1592 – 1670) in seiner »Didacta magna« im 17. Jahrhundert entwickelt. Ihm verdanken wir auch die Zusammenfassung von Schülergruppen nach Jahrgängen sowie die Anordnung der Lerninhalte entlang dem Altersfortschritt der Schüler. Comenius unterscheidet vier Schularten:

die Schule der Kindheit – der Mutterschoß.

die Schule des Knabenalters – die Muttersprachschule (Grundschule).

die Schule des Jünglingsalters – die Lateinschule (Gymnasium).

die Schule des beginnenden Mannesalters – die Universität (COMENIUS 1960, 186).

Bereits ein Vorgriff auf die später entwickelte Spiraldidaktik ist die Anmerkung von Comenius:»So unterschiedlich diese Schulen auch sind, so soll in ihnen doch nicht Verschiedenes behandelt werden, sondern vielmehr dasselbe in verschiedener Weise ...« (COMENIUS 1960, 186). Damit meint er,»daß ›auf jeder Lebensstufe dem wachsenden Menschen die ganze Enzyklopädie‹ begegnet. ... Der Weg gehe ›vom Leichten zum Schweren, vom anschaulich Zugänglichen zum Abstrakten, vom heimatlich Benachbarten zum Fernen; jedem Lernenden wird der gleiche Inhalt geboten in der Reihenfolge, in der sich das Erfahren und Verstehen gesetzmäßig aufbaut‹« (Margret FISCHER 1975, 12).

Frontalunterricht

Frontalunterricht ist diejenige Form, welche die meisten Menschen am besten kennen, da sie sie über lange Zeit selbst erlebt und erlitten haben. Hierbei steuert der Lehrer zentral den Unterrichtsverlauf und den Informationsfluß, ebenso die Möglichkeiten der Schüler zur Kommunikation und Reaktion. Der Arbeitsrhythmus ist für alle einheitlich, für alle gilt ein vom Lehrer vorgegebenes verbindliches Arbeitstempo. Als *Vorteil* gilt: Rasche und gleichmäßige Informationsvermittlung an alle Schüler, geringe Vorbereitung für den Lehrer, größere Übersicht, weniger Disziplinprobleme, bessere Passung an die eigenen Erfahrungen der Schüler, schnellere Ausübung von Macht und formaler Autorität. *Nachteile*: Wenig gefördert werden Aktivität, Beteiligung, Problemlösen, Kreativität, Selbständigkeit, gedankliche Wendigkeit und Fähigkeit des Operierens, Kooperation, Entscheidungsfähigkeit, Kritikfähigkeit usw. Wesentliche Lehreraktivität ist hierbei der Vortrag, die Demonstration, die Lehrerfrage.

Auf der Suche nach Unterrichtsformen, welche die Individualität des einzelnen Schülers beachten konnten, entwickelten Gaudig und Scheibner das »arbeitsteilige Unterrichtsverfahren«. Scheibner beschreibt drei Formen des arbeitsteiligen Verfahrens:

den beschäftigenden Unterricht,

das freie Unterrichtsgespräch,

den arbeitsteiligen Unterricht (vgl. Margret FISCHER 1975, 69).

Insbesondere der arbeitsteilige Unterricht gestattet es, nach verschiedenen Möglichkeiten zu differenzieren. Solcher arbeitsteiliger Unterricht verläuft in drei Etappen:

1. zu Beginn Einzelarbeit,
2. abgelöst von Partner- oder Gruppenarbeit, die beide möglich sind als arbeitsgleiche Tätigkeit, d. h. alle Schüler bearbeiten die gleiche Aufgabe,
   als echte Arbeitsteilung: Jede Gruppe bearbeitet einen anderen Teil des gesamten Auftrages.
3. Gemeinsame Tätigkeit der gesamten Klasse, etwa: Zusammentragen der Einzelergebnisse, deren Verbindung miteinander und Anwendung.

Gaudig und Scheibner beschreiben damit unterrichtliche Verfahren, wie sie sich unter der Bezeichnung »Gruppenunterricht« bis heute in der allgemeinen Schulpädagogik etabliert haben und wie sie auch im arbeitsteiligen Projektunterricht vorzufinden sind.

Partnerarbeit

Partnerarbeit vollzieht sich unter Ausschluß des Lehrers zwischen jeweils zwei Schülern. Sie ist komplizierter und aufwendiger als der Frontalunterricht, jedoch schnell und flexibel einsetzbar, effizient und für die Schüler abwechslungsreich. Jeweils zwei Schüler sind bei Partnerarbeit für eine gewisse Zeit zu einer Arbeitsgemeinschaft verbunden, die ihre Arbeitsanweisungen vom Lehrer erhält. *Vorteil*: Die Schüler haben genügend Zeit, eigene Lösungsvorschläge zu entwickeln, zu erörtern, zu beurteilen. *Nachteil*: Solche Partnerschaften bergen die Gefahr des Wetteifers und des Aufkommens von Konkurrenzdenken. Kösel schlägt deswegen vor, es »sollten öfters die Partner gewechselt werden« (KÖSEL 1978, 11). Günstig einsetzbar erscheint dieses Verfahren dann, wenn ein Lehrer eine an autoritäre Führung im Frontalunterricht gewohnte Klasse langsam in Richtung zunehmender Selbständigkeit auflockern möchte. Als typische Schwäche der Partnerarbeit bezeichnet Kösel die Organisation nach ungefähr gleichen Leistungen und die Gefahr des Konkurrenzdenkens, der Langeweile, sobald alle Partnergruppen die gleiche Aufgabe zu bewältigen haben. Dem steht jedoch der Vorteil gegenüber, daß innerhalb von Partnerarbeit auch ein Helfersystem aufgebaut werden kann: Ein Schüler, der eine Aufgabe bereits bewältigen kann, hilft einem Schwächeren dabei. Insofern hat die Partnerarbeit auch eine wesentliche Bedeutung innerhalb der Sozialerziehung.

Alleinarbeit

Alleinarbeit (Stillarbeit) ist schon so lange bekannt wie der Frontalunterricht und steht meist in Kombination mit diesem. Dem Schüler bietet die Alleinarbeit in seiner Lernaktivität einen größeren Spielraum. Sie gestattet ihm ein Arbeiten nach seinem individuellen Arbeitstempo ebenso wie das Bearbeiten solcher Aufgaben, die von denen der übrigen Schüler abweichen. Insoweit ist Alleinarbeit eine Komponente der inneren Differenzierung des Unterrichts.

Als »konsequenteste Form der Individualisierung« (KÖSEL 1978, 14) bereitet sie den selbstinstruierenden programmierten Unterricht ebenso vor wie neuerdings das Tätigsein mit einem Personal-Computer auch innerhalb der Schule für Geistigbehinderte [vgl. etwa das Themenheft »Lernen mit dem Computer« der Zeitschrift »Geistige Behinderung« (1997, Heft 2)]. Quellen der Alleinarbeit finden wir bereits in der Reformpädagogik bei Maria Montessori (Vorschulerziehung) sowie im Dalton-Plan von Helen Parkhurst. Sie entwickelte zu Beginn des 20. Jahrhunderts in den USA Unterrichtsformen, welche den Frontalunterricht durch individualisierende Verfahren auflockerten. Kernstück war das »individual-work«. Sie ersetzte den gemeinsamen Unterricht »durch individuelle Arbeit in ›Laboratorien‹ und ›Fachräumen‹ (›subjectrooms‹)« (Margret FISCHER 1975, 54), in welchen die Schüler ihr Arbeitsprogramm nach eigenen Interessen und Neigungen und dem eigenen Lerntempo angemessen organisieren sollten. Hierfür wurden den Schülern bis in alle Einzelheiten ausgearbeitete Studienprogramme mit Jahres-, Monats- und Wochenaufgaben zur Verfügung gestellt.

Die Arbeitsprogramme stellten den Schülern genau beschriebene Aufgaben. Dem Schüler selbst waren die Art der Lösung und die Auswahl des Lösungsweges überlassen. In dieser Weise organisierte Einzelarbeit erlaubt es, besondere Fähigkeiten wie individuelle Lernrhythmen einzelner Schüler besonders zu berücksichtigen und ggfs. auch zu fördern.

Anklänge an Helen Parkhurst finden wir heutzutage im »Wochenplanunterricht« und in der »Freiarbeit« wieder. Beispiele aus der Arbeit mit Geistigbehinderten berichten u. a. Mechthild Raeggel und Christa Sackmann (1997) und Dorothee Schulte-Peschel und Ralf Tödter (1996).

Gruppenunterricht

Auch bezüglich des Gruppenunterrichts können wir Ursprünge in der Reformpädagogik festmachen, so z. B. bei Georg Kerschensteiner und Hugo Gaudig. Gruppenunterricht gehört zu den zur Zeit gegenüber dem Frontalunterricht favorisierten Sozialformen. Gegenüber letzterem ist er jedoch aufwendiger und erfordert vom Lehrer Kenntnisse der gruppendynamischen Prozesse und der Mikrosoziologie seiner Klasse. In der Regel werden einzelnen Arbeitsgruppen jeweils verschiedene Aufgaben zugewiesen. Gruppenunterricht kann also ein arbeitsteiliges Verfahren sein, das einige zeitökonomische Vorteile bringt. Dem steht arbeitsgleicher Gruppenunterricht gegenüber, in welchem von allen Gruppen die gleichen Aufgaben zu bearbeiten sind. *Vorteil*: Gruppenunterricht fördert die Eigentätigkeit in sozialer Kooperation. Er dient damit auch der Einübung kooperativer Verhaltensweisen. Salzmann hat hierfür folgende Verlaufsstruktur vorgeschlagen, die an Helen Parkhurst erinnert und bereits auf den groben Ablauf in projektorientiertem Unterricht hinweist:

1. *Geschlossene Phase:*
   Von der gesamten Klasse wird ein Gesamtplan im Unterrichtsgespräch entworfen und thematisch aufgegliedert.

2. *Offene Phase:*
   Einzelne Gruppen aus drei bis sechs Schülern führen die Teilaufgaben aus. Dabei ist es durchaus möglich, innerhalb einzelner Arbeitsgruppen weitere Arbeitsteilungen vorzunehmen. Die gewonnenen Ergebnisse werden von den Arbeitsgruppen dokumentiert.

3. *Geschlossene Phase:*
   Nunmehr stellen die einzelnen Arbeitsgruppen ihre Ergebnisse vor. Diese werden im gemeinsamen Gespräch erörtert, kritisch hinterfragt und zusammengefaßt.

In demokratisch-emanzipatorischem Verständnis wird der Gruppenarbeit gerne die Möglichkeit zugeschrieben, Emanzipation, demokratisches Verhalten, Abbau von überbordender Autorität zu bewirken und der Anbahnung sozialer Fähigkeiten und größerer Selbstreflexion zu dienen.

Auch Carleton Washburne ergänzt in seinem Winnetka-Plan (1929) das individuelle Arbeiten durch die Gruppenarbeit. Sein Lehrplan unterscheidet zwei Sachbereiche: *common essentials* und *group and creative activities.*

Common essentials:»Geschicklichkeit und Sicherheit im Rechnen; die Fähigkeit, allgemeine Regeln der Zeichensetzung und Rechtschreibung richtig anwenden zu können; ... leserlich und mit angemessener Geschwindigkeit schreiben und mit einer gewissen Geschwindigkeit und entsprechendem Verständnis lesen zu können; ... Kenntnis von allgemein bekannten Personen, Orten und Ereignissen; Information über die bedeutendsten bürgerlichen, sozialen und industriellen Probleme Amerikas und die Fähigkeit, darüber verständig zu diskutieren« (M. FISCHER 1975, 59).

Group and creative activities:»... alle Bereiche, in denen sich die Leistungen der einzelnen Kinder mit Recht unterscheiden: Verständnis für Schrifttum, Freude an Musik und Kunst, Betätigungen auf dem Spielplatz und in der Versammlung, Handarbeiten verschiedener Art, dramatische Darstellungen, Diskussionen [...], ›projects‹ aller Art und viel von dem ›color material and background of history and geography‹« (M. FISCHER 1975, 59 – 60).

Diese Einteilung des Unterrichts verweist bereits auf die in Schulen für Geistigbehinderte üblich gewordene Einteilung in Klassenunterricht und Kursunterricht. Das individual-work im Dalton-Plan ist nun nicht als Vorläufer des Einzelunterrichts an der Schule für Geistigbehinderte zu sehen – dieser erfordert immer noch zusätzlich zum Schüler den Lehrer –, sondern als ein Vorläufer des programmierten Lernens. Solche Vorläufer des programmierten Lernens finden sich auch in den »Selbstbildungsmitteln«, wie sie insbesondere von Franz Kade entwickelt worden sind. Diese Selbstbildungsmittel wie auch andere angeblich selbstbildende Arbeitsmittel sind im sonderschulischen Bereich jedoch vorwiegend in der Schule für Lernbehinderte eingesetzt worden und haben die Schule für Geistigbehinderte in der Regel nicht erreicht.

Der Gruppenarbeit wird allgemein ein hoher erzieherischer Wert beigemessen. Unter Bezug auf Fuhrich und Dick weist Margret Fischer jedoch darauf hin,»daß sich ›die Gruppenarbeit vorwiegend für die Aneignung von Nutzwissen eignet, weniger aber zum Erwerb von Bil-

dungs- und Heilswissen[1]«« (M. FISCHER 1975, 79). Religiöses und litera-
risches, insgesamt gemütsbetontes Bildungsgut, gehören nicht in den
Gruppenunterricht. Dagegen eignen sich für diese Unterrichtsform
Aufgaben für werkliches Tun und freies Gestalten,
Sammelaufträge,
Erkundungsaufträge, z. B. bei Wanderungen,
Beobachtungsaufträge, z. B. Wetterbeobachtungen (vgl. auch Ovid
DECROLY).

Nach Margret Fischer »begünstigen vor allem solche Themen die Gruppenarbeit, die zur Realbegegnung führen und verschiedenartige Darstel-
lungsformen ermöglichen« (M. FISCHER 1975, 83).

Team teaching

Team teaching beschreibt die Zusammenarbeit von mindestens zwei
Lehrern, bei fächerübergreifendem Unterricht die Zusammenarbeit aller
beteiligten Lehrer, in der Schule für Geistigbehinderte in der Regel die
Zusammenarbeit von Lehrer und Assistent(in) wie z. B. Praktikant(in),
Zivildienstleistendem, Helfer(in) im Freiwilligen Sozialen Jahr usw.
Team-teaching-Unterricht muß von allen Beteiligten gemeinsam vorbe-
reitet und gemeinsam durchgeführt werden. Häufig wird solcher Ver-
bundunterricht eingesetzt, wenn eine größere Schülerzahl (mehrere
Klassen) nur durch eine Gruppe von Lehrern zu führen ist. Dabei kann
der Unterricht stattfinden

in einer Großgruppe in einem einzigen Raum,

in mehreren Räumen oder Gruppenecken in Kleingruppen, die dann
jeweils von einem Lehrer betreut werden.

Die beteiligten Lehrer werten den gemeinsamen Unterricht auch gemeinsam aus und legen ebenso gemeinsam die weiteren Lernwege fest.

---

[1] Was immer das auch sein mag. Wir wollen an dieser Stelle die unsägliche Diskussion
um das »Heil« oder das »Heilen« in der »Heilpädagogik« nicht neu anfachen. Dazu
Ludwig Wittgenstein: »Wovon man nicht sprechen kann, darüber muß man schwei-
gen« (Tract. log.-phil. 7).

Mischkonzepte

Homogene Gruppen innerhalb der Klasse

Zum Ausgleich der immer wieder beobachteten Unterschiede der Lerngeschwindigkeit und Lerngüte von Schülern schlägt Albert Huth bereits 1921 vor,»möglichst homogene ›Gruppen‹ innerhalb der ›Klasse‹ zu bilden. Der Lehrer könne dann die Anforderungen des Unterrichts besser den unterschiedlichen ›Begabungen‹ der Schüler anpassen« (M. FISCHER 1975, 34). Huth geht von einer grundsätzlich ungleichmäßigen Förderung der verschiedenen Schüler aus und verlangt als Konsequenz »mehrere bewegliche Stoffreihen für jede Altersstufe« (nach M. FISCHER 1975, 34). Organisatorisch bedeutet dies, daß nicht die gesamte Klasse zur gleichen Zeit vom Lehrer unterrichtet wird, sondern nur ein Teil, eine Gruppe.

Damit ist aber auch angedeutet, daß nicht die gesamte Klasse nach einem einheitlichen Lehrplan unterrichtet wird, sondern eigentlich mehrere »kleine Klassen« in der »großen Klasse« nach jeweils verschiedenen Lehrplänen. Solches gesplittete Unterrichten gab sicherlich Sinn in wenig gegliederten Landschulen, in denen im ungünstigsten Fall alle damals acht Schülerjahrgänge in einem Raum mit nur einem Lehrer zusammensaßen.

Für die heutige Schule für Geistigbehinderte bietet sich die Alternative »Kursunterricht« an: Aus mehreren Klassen werden – annähernd – leistungshomogene Kursgruppen gebildet, die je von einem eigenen Lehrer unterrichtet werden.

Wechselnde Gruppierungen

Einen Schritt weiter ging Peter Petersen in seinem Jena-Plan: Er wollte individuelle Unterschiede durch wechselnde Gruppierungen berücksichtigen. Statt der Jahrgangsklasse wollte er »Stammgruppen« und »Niveaukurse« einrichten. Für die Stammgruppen »wird keine Homogenität angestrebt« (M. FISCHER 1975, 37), diese jedoch in den Niveaukursen. Eine solche Organisation des Unterrichts erfordert neue Unterrichtsformen:

- *Das Unterrichtsleben*
  Dieses »soll problemhaltige, ›Kinder und Jugendliche auf natürliche Weise zum Lernen anreizende Situationen‹ anbieten« (Margret FISCHER 1975, 37), welche die Schüler zum »freien Lernen« führen.

- *Fachliches Lernen*
  Dieses ist verbindlich für die Niveaugruppen.
- *Wahlkurse*
  Diese können von Schülern für bestimmte Zeit belegt werden.

Dieses Modell erinnert sehr an die Organisation des Unterrichts in Schulen für Geistigbehinderte. Der tragende Verband ist die heterogene Klasse, in der vor allem soziales Lernen geschieht. Unterschiede in der Lernfähigkeit und im Lerntempo werden in Fach- und Neigungskursen sowie im Einzelunterricht berücksichtigt. Der Wechsel in der Zusammensetzung der jeweiligen Kurse und Gruppen erlaubt »eine Differenzierung im Hinblick auf verschiedenartige Lehrziele« (M. FISCHER 1975, 38). Ein weiterer Hinweis ist für die künftige Didaktik einer Schule für Geistigbehinderte von Bedeutung: Den allgemeinbildenden Unterricht bezeichnet Peter Petersen im Jena-Plan als »Gesamtunterricht«; dieser Gesamtunterricht »nutzt die unterschiedlichen Fähigkeiten und Begabungen für die gemeinsame Arbeit und gewährt dadurch individuelles Wachstum« (M. FISCHER 1975, 39).

Aufgabenorientierte Konzepte

Berthold Otto sah in der »naturgemäßen Entwicklung« des Kindes die Leitlinie zu dessen Erziehung und Bildung, wobei er sich ausdrücklich auf Jean Jacques Rousseau bezog. Grundvoraussetzung des kindlichen Lernens ist für Otto »die ›Spontaneität‹ des natürlichen geistigen Wachstums«, woraus er die Konsequenz ableitete, das Kind müsse vielfältige Gelegenheiten erhalten, seinem Erkenntnistrieb nachzugehen. Dann sei das Kind in der Lage, sich durch seine Fragen mit »instinktiver Sicherheit« seine geistige Welt vollständig aufzubauen (vgl. M. FISCHER 1975, 42). Diese von ihm als »natürliche Form« des Lernens bezeichnete Aneignung durch kindliches Fragen übertrug Berthold Otto unter der Bezeichnung »Gesamtunterricht« in seine »Hauslehrerschule«. Es liegt auf der Hand, daß so gedachter Unterricht vollständig von der Neugier, der Initiative der Schüler abhängig ist. Diesen Gesamtunterricht bezieht Berthold Otto sowohl auf die ganze Schule wie auch auf einzelne Schulstufen, so daß im Gesamtunterricht keine homogenen Gruppen zusammengefaßt werden. Der Gesamtunterricht lebt geradezu »von den unterschiedlichen Fähigkeiten und Interessen der Schüler« (M. FISCHER 1975,

43). Neben diesem Gesamtunterricht gibt es bei Berthold Otto »Sonderkurse« und »Lehrgänge«.

Sonderkurse sollen die besonderen Interessen einzelner Schüler an bestimmten Bereichen befriedigen.

In den *Lehrgängen* steht eine »formale Geistesbildung« im Mittelpunkt, nicht die individuellen Interessen der Schüler.

Die Konzeption des Gesamtunterrichts durch Berthold Otto wird von Margret Fischer durchaus positiv bewertet: »Ottos Verdienst ist es, mit dem ›Gesamtunterricht‹ eine neue Unterrichtsform entwickelt zu haben, die das Zusammensein einer größeren Schülerschar für den ›individuellen Bildungserwerb‹ nutzt. Da im ›Gesamtunterricht‹ die planmäßig aufbauende Arbeit der verschiedenen Fächer zugunsten einer ›natürlichen Methode‹ kindlichen Bildungserwerbs aufgegeben wird, brauchen die zum gemeinsamen Unterricht zusammengefaßten Schüler nicht mehr gleich weit fortgeschritten zu sein. Die individuell verschiedenen Interessenrichtungen und Gedankengänge bereichern vielmehr das Gespräch«. Margret Fischer macht allerdings auch darauf aufmerksam, daß der Gesamtunterricht nicht zum Erreichen fachgebundener Ziele geeignet ist, »sondern ausschließlich dem selbständigen Denken der Schüler folgen sollte« (M. FISCHER 1975, 44).

Methodenorientierte Konzepte

Orientierung an der Tätigkeit

Adolphe Ferrière und Ovid Decroly wollen mit ihren Schulreformplänen ebenfalls dem Kind einen »freien« Bildungserwerb ermöglichen. Sie verlassen sich jedoch nicht auf die nicht einschätzbare universelle spontane Neugier des Kindes, sondern gehen davon aus, daß die Umwelt des Kindes nach wohlüberlegten Plänen so arrangiert werden soll, daß damit fruchtbare pädagogische Situationen geschaffen werden können. Die Schüler sollen also in indirekter Weise zur eigentätigen Auseinandersetzung mit ihrer Umwelt und damit zu deren Aneignung gebracht werden. Zu dieser indirekten pädagogischen Einflußnahme durch Gestaltung der kindlichen Umwelt gehört »zunächst einmal ... die richtige Gestaltung der räumlichen und geistigen Umgebung zu einer erzieherisch wertvollen, bildungswirksamen Lebenswelt« (M. FISCHER 1975, 45). Der Belgier

Decroly[1] beabsichtigt mit seiner École active (deutsch: Tatschule; besser: »Schule der Tätigkeit« oder »tätige Schule«) eine »Dokumentensammlung des Lebens«: Die Schüler sollen die Natur und die Menschen beobachten, bei »Lehrausflügen« zusammen mit dem Lehrer an allerlei Orten menschlicher Tätigkeit Dokumente sammeln, wobei der Genfer Ferrière besonderen Wert auf die Beachtung der kindlichen Interessen legt: »Sobald die Wahl des Kindes sich nicht auf das Wissen, sondern auf das Können, nicht auf ein Aneignen[2] richtet, sondern auf etwas, was es mit seinen Händen oder seinem Verstande schaffen kann, dann stehen wir dem gegenüber, was man das schöpferische Streben oder den schöpferischen Ausdruck des Kindes nennen kann« (nach M. FISCHER 1975, 46). Die Tatschule Ferrières wollte so dem Kind die Möglichkeit geben, spontan und kreativ selbst tätig zu sein. Drei Grundsätze kennzeichnen diese Tatschule:

1. »Pflege der konstruktiven und schöpferischen Spontaneität des Kindes;

2. Anpassung des Unterrichts an die Neigungen und Interessen der Schüler;

---

[1] Adolphe Ferrière: École active und Ovid Decroly: École nouvelle. Zu beiden Autoren liegt nur spärliche deutschsprachige Literatur vor (1928), worauf Clemens Hillenbrand (1994) bedauernd aufmerksam macht.
Ovid Decroly kann wohl als »einer der führenden Reformpädagogen« (HILLENBRAND 1994, 243) bezeichnet werden. Er ist allerdings im deutschen Sprachraum nur wenig bekannt, da keine seiner zahlreichen Veröffentlichungen in deutscher Sprache vorliegt. Auf seine »École pour la vie par la vie« machen im deutschen Sprachraum lediglich zwei übersetzte Veröffentlichungen zweier seiner Schülerinnen aufmerksam.
Daß er in anderen europäischen Ländern durchaus bekannt ist, wird deutlich in der Schilderung des Genfer Rechtsanwalts Ovide Décroly in Sveva Casati Modignanis Roman »Der schwarze Schwan« (erstmals Mailand 1993), dessen besonderes psychologisches Einfühlungsvermögen auf seinen belgischen Großvater Ovide Décroly zurückgeführt wird:»Décrolys belgischer Großvater, von dem er den Namen hatte, war Psychiater gewesen, Gründer einer bekannten Schule, die sich mit der Behandlung psychisch gestörter Kinder befaßte. Von dem berühmten Großvater, der in allen einschlägigen Lehrbüchern zitiert wurde, hatte Ovide seine außergewöhnlichen psychologischen Fähigkeiten und eine besondere Sensibilität geerbt...« (CASATI MODIGNANI 1995, 8). Der dichterischen Freiheit wird die abweichende Schreibweise der Namen zugerechnet.

[2] »Aneignen« ist hier als schlichtes (passives) Aufnehmen verstanden, nicht im Sinne der Aneignungspsychologie der Kulturhistorischen Schule als eine aktive Auseinandersetzung des Individuums mit Umweltgegebenheiten.

3. ›natürliche Auswahl‹ der Fähigkeiten, die sich aus der schöpferischen Spontaneität innerhalb der ›Anpassungsschule‹ ergibt« (FERRIÈRE 1928; nach M. FISCHER 1975, 46).

Einen ähnlichen Wert auf die Natürlichkeit des Kindes legte Decroly in seiner *École nouvelle*. Er fordert die permanente Mitarbeit der Schüler bei regelmäßigen Verrichtungen wie der Pflege der Pflanzen, der Versorgung der Tiere, beim Aufräumen und Ordnen von Räumen, Sammlungen, Materialien, Bildern, Texten. Diese Form des Lernens bezeichnete er als ein *Lernen für das Leben durch das Leben*.

Ferrière und Decroly beschreiben unabhängig voneinander auch methodische Schritte zur Bearbeitung der von den Schülern gesammelten Beobachtungen und Erfahrungen. Ferrière: Beobachtung, Ideenassoziation, Nachdenken, Ausdruck; Decroly: Wahrnehmen, Denken, Handeln, Ausdrücken (vgl. M. FISCHER 1975, 48). Kritisch ist anzumerken, daß Ausdrücken immer eine Form des Handelns ist. Wir kommen also mit drei Schritten aus: Wahrnehmen – Denken – Handeln.

Decroly legt zudem auch Wert auf die Aneignung des Lesens, Schreibens und Rechnens, wozu er didaktische Spiele entwickelt hat. Ein Beispiel für ein solches didaktisches Spiel ist bei Margret Fischer mitgeteilt: »Kurze Sätzchen werden unter die Zeichnungen gesetzt, die das Ergebnis der Beobachtungsstunde zusammenfassen. Diese kleinen Sätze werden dann noch einmal auf lose Zettel geschrieben. Dann wird folgendermaßen gespielt:

1. Das Kind fängt an, die gleichlautenden Sätze herauszusuchen und sie unter die Zeichnungen zu legen. Dies geschieht durch einfaches visuelles Identifizieren – eine Übung im Vergleichen.

2. Man deckt die unter die Szene geschriebenen Sätze zu und läßt das Kind mit Hilfe des Gedächtnisses die Sätze auf den losen Zetteln heraussuchen, die zu den entsprechenden Zeichnungen gehören. – Übung für das Gedächtnis.

3. Eine dritte Abschrift der Sätzchen wird den Kindern vorgelegt; diesmal sind sie in einzelne Wörter zerlegt, die das Kind – zunächst nach dem Muster, dann ohne Vorbild – wieder zusammenlegen muß.

4. Die Zahl der kleinen dargestellten Szenen ist natürlich unbegrenzt. Das Spiel wird fortwährend reichhaltiger, da sich immer neue Beobachtungen zu den alten gesellen« (aus M. FISCHER 1975, 49).

Zusammenfassend verdanken wir Ferrières *École active* und Decrolys
École nouvelle die folgenden Arbeitsweisen: In Arbeitsgemeinschaften
wird der »freie selbsttätige Bildungserwerb« gepflegt; Einzel- und Partnerarbeit mit didaktischen Spielen dient dem selbständigen Erwerb und
der Übung »elementarer Fertigkeiten«.

Orientierung an der Verbalität

Debatte (Streitgespräch)

Mit der Form der aus der englischen Parlamentstradition in die englische
Schultradition hinübergewanderten Debatte beschreibt Kösel eine
Unterrichtsform, die in Schulen für Geistigbehinderte nur selten auffind-
bar und die eigentlich auch keine Sozialform ist. Es geht darum, zu einem vereinbarten Thema Argumente und Gegenargumente zu finden
und vorzutragen, zu lernen, persönliche Angriffe von sachlichen At-
tacken zu unterscheiden und zu einer Meinungsbildung durch Abstimmung zu kommen. Hierbei werden Spielregeln der Demokratie eingeübt: Die unterlegene Minderheit hat den Mehrheitsbeschluß zu akzeptieren und mitzutragen. Als Diskussionsleiter können sowohl Lehrer als
auch Schüler tätig werden. Der Diskussionsleiter erteilt das Wort, besei-
tigt Störungen, greift bei persönlichen Angriffen vermittelnd ein.

Freies und gebundenes Gespräch

Das Gespräch dient zum einen der Vermittlung optimaler Information,
zum anderen aber auch dem Transparentmachen einer Situation. In pädagogischer Absicht dient es der Förderung sachlicher und selbständiger
Meinungsäußerung und dem Lernen, eigene Überzeugungen zu vertreten. Auch diese Gespräche können sich der unterschiedlichsten Sozialformen bedienen.

Die Diskussion

Wie Debatte und Gespräch ist auch die Diskussion keine Sozialform.
Diskussionen dienen der Vorbereitung einer Entscheidung. Die Ent-
scheidungsgegenstände sollen dabei ganz reale Fragen sein, z. B., wohin
der nächste Klassenausflug führen soll. Das Ergebnis solcher Diskussion
ist wiederum eine möglichst gemeinsam getroffene Entscheidung, deren
Durchsetzung (also die tatsächliche Durchführung des Klassenausflugs)
der Lehrer gewährleisten muß.

Wie bereits weiter vorne angedeutet, sind bestimmte Sozialformen des Unterrichts immer wieder mit Hinweisen auf günstige Ablaufstrukturen verbunden worden. Diese Hinweise werden wir im Kapitel »Unterrichtsplanung« erneut aufgreifen, erweitern und an Beispielen erläutern. Auch werden einige der hier dargestellten Sozialformen gerne in Anspruch genommen, um vom Lehrer unabhängigere Tätigkeit der Schüler(innen) zu ermöglichen und so Rahmenbedingungen zu schaffen, innerhalb derer Schüler(innen) selbständiger auswählen, planen, entscheiden und handeln können. Zunächst aber wollen wir uns dem Bereich der unterrichtlichen Methoden, der Vermittlungsmethoden, noch auf einer eher noch theoretischen Ebene zuwenden.

10 Methodische Modelle

10.1 Zur Kritik einer sonderpädagogischen Methodik

Wie die Methodik der Schule für Geistigbehinderte ist traditionell auch diejenige der Schule für Lernbehinderte gekennzeichnet durch eine Zwiespältigkeit, die sich bewegt zwischen der Berücksichtigung der besonderen Eigenarten der Sonderschüler und der Angleichung an die traditionellen Verfahren der Normalschulen. Hans Wocken beschreibt als Theoreme der klassischen Hilfsschulmethodik:

»1. Wesen und Eigenart der Hilfsschüler sind die ausschließliche Grundlage hilfsschulgemäßer Unterrichtsmethoden.

2. Hilfsschulmethodik ist eine graduelle Modifikation der Volksschulmethodik.

3. Hilfsschulmethodik ist eine abnehmende Größe« (WOCKEN 1978, 470).

Zu 1.:

Bleidick vertritt die Ansicht, daß im Grundsatz jedes Wissensgebiet zum Unterrichtsgegenstand der Schule für Behinderte werden kann, »wenn es methodisch richtig zubereitet, d. h. orthomethodisch[1] auf die Persönlichkeitsstruktur des Schwachbegabten abgestimmt wird« (BLEIDICK 1970, 36 nach WOCKEN 1978, 470). Damit wird die Persönlichkeitsstruktur des Schülers zum Ausgangspunkt methodischer Überlegungen, keineswegs zum Ausgangspunkt inhaltlicher Variationen gegenüber der Regelpädagogik. Das Problem der Methoden wird damit »zu einem Problem der exakten Diagnose der anthropogenen Ausgangslage, Unterrichtstheorie zu einer bloßen Anwendung psychologischen Wissens« (WOCKEN 1978, 471).

Zu 2.:

An gleicher Stelle weist Wocken darauf hin, daß die traditionelle Hilfsschule nur »die Anwendung besonderer Lehrverfahren, spezieller Lehrhilfen und heilpädagogischer Trainingsmaßnahmen« für sich bean-

---

[1] Der Begriff »Orthopädagogik« wird in einigen europäischen Ländern benutzt und entspricht in etwa den deutschen Begriffen »Sonderpädagogik«, »Sondererziehung« oder »Behindertenpädagogik«. Nach TER HORST »beschäftigt sich die Orthopädagogik ... mit der Erziehung, die solches Leid mit sich bringt, daß die Beteiligten keinen Ausweg mehr sehen« (1983, 10; H.i.O.). Orthomethodik ist dann die Methodik der so verstandenen Orthopädagogik.

sprucht hat, um Schüler(innen) bestmöglich fördern zu können. Diese besonderen Lehrverfahren, speziellen Lehrhilfen und heilpädagogischen Trainingsmaßnahmen hat die Sonderschule jedoch nicht selbst entwickelt und bereitgestellt, sondern entweder als therapeutische Methoden der Psychotherapie entliehen oder in der Form der Anpassung normalpädagogischer Verfahrensweisen der abweichenden Ausgangslage ihrer Schüler angeglichen. Wocken schließt daraus: »Hilfsschulmethodik ist Methodik im vollgültigen Sinne und daher Teil der allgemeinen Methodik, sie besitzt keine prinzipiell eigenständige Qualität« (WOCKEN 1978, 471).

Zu diesen Anpassungen der Regelmethodik gehören

* das *mikrostrukturelle Lehrverfahren*, die Methodik der kleinsten Schritte, die Aufgliederung des Lehrstoffs in überschaubare Teilaufgaben wie die Feinplanung der Maßnahmen der Unterrichtssteuerung, der Impulse zum Denken und der Arbeitsweisen. Ebenso gehört hierzu »die Ausdehnung der Speicherungs-, Übungs- und Transferphase« (WOCKEN 1978, 472), das wiederholte Üben und das vielfältige Anwenden. Diese Präzisierung der allgemeinpädagogischen Methoden hat Bleidick als »*Präzisionsmethodik*« bezeichnet.

* Ebenso gehört zu dieser Adaption der Allgemeinmethodik der handelnd-anschauliche Unterricht, der auf die »leibnahe, Ich-bezogene Antriebsstruktur« (WOCKEN a.a.O.) der Schüler zurückgreift und deren Stärken im motorisch-handelnden bzw. anschaulich-konkreten Lernen berücksichtigt.

* Ebenso ausgeliehen ist das *therapeutische Funktionstraining*, mit welchem vorhandene Intelligenzschwächen so weit wie möglich behoben werden sollten, insbesondere durch Förderung der »Stützfunktionen der Intelligenz« wie Aufmerksamkeit, Motivation, Konzentration und Gedächtnis. Diesen therapieorientierten Funktionstrainings liegt ein regelrechter therapeutischer Anspruch zugrunde.

Zu 3.:

Die Spezifizierung der sonderpädagogischen Methoden ist »als eine im Laufe der Schulzeit abnehmende Größe« (Gerhard KLEIN 1971, 5) gedacht. Abnehmende Spezifität einer sonderpädagogischen Methodik heißt zunehmende Annäherung an die Methoden der Regelschule und berücksichtigt

- die generelle Zielsetzung der Normalisierung,

- den erwarteten und eintretenden Lerngewinn von Schülern im Laufe der Schulbesuchszeit und

- deren Fortschreiten innerhalb der z. B. von Piaget, Bruner, Galperin oder Leontjew beschriebenen Etappen.

Insbesondere durch den Wandel der Schülerschaft der Schule für Lernbehinderte von den intelligenzgeschädigten zu den sozio-kulturell benachteiligten Schülern, wie ihn Begemann (1970; 1982; 1984) eindrucksvoll beschrieben hat, hat eine solche Betonung der abnehmenden Größe gefördert.

Für die Schule für Geistigbehinderte müssen wir heute im Gegensatz zu der Meinung Wockens die *Spezifizierung der Methoden als zunehmende Größe* feststellen. Die zunehmende schulische Betreuung schwerst- und schwerstmehrfachbehinderter Schüler(innen) hat die Grenzen der Tragfähigkeit der in den Gründerjahren der Schule für Geistigbehinderte eingesetzten Methoden längst gesprengt. Die Schule für Geistigbehinderte arbeitet heute mit Verfahren der aktivierenden Pflege und der Förderpflege, die aus medizinischen Tätigkeitsbereichen übernommen sind, mit körperorientierten und körperzentrierten Verfahren, die zunächst als psychologische Interventionsverfahren entwickelt worden sind, mit verhaltenstherapeutischen Techniken, deren Ursprung ebenfalls klinisch ist bis hin zu Unterrichtsverfahren, die kaum noch Unterschiede zur Regulärmethodik erkennen lassen.

Die Bandbreite des methodischen Instrumentariums der Schule für Geistigbehinderte hat also erheblich zugenommen und ist kaum noch überschaubar. Eine geschlossene Systematik dieser Methoden ist kaum zu erkennen, wenn überhaupt, dann in dem Kontinuum zwischen

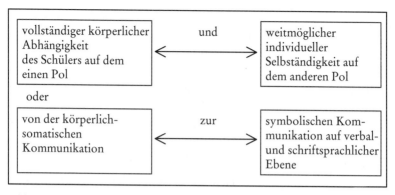

Abb. 29: Bandbreite der Methoden und Verfahren

10.2 Spezifischer Unterricht für Geistigbehinderte

Zielsetzung

Die Forderung Robinsohns, den Schüler für zukünftige Lebenssituationen zu qualifizieren, gilt auch für geistigbehinderte Schüler. Abweichend von dieser rein curricularen Frage ergibt sich jedoch zusätzlich die Frage nach dem Weg, auf dem dieses Ziel erreicht werden kann.

Dieter Fischer beschreibt *fünf Zielaspekte*, die in der Schule für Geistigbehinderte durch Unterricht zu verwirklichen seien:

»1. Die Schule soll den geistigbehinderten Schüler für gegenwärtige *und* zukünftige Lebensaufgaben ertüchtigen.

2. Die Schule soll für geistigbehinderte Schüler erfüllendes Lernen gestalten und sie zum persönlichen Erfülltsein, zu Wohlbefinden führen.

3. Die Schule soll Geistigbehinderte zur Eingewöhnung in unsere Welt (in ihre kulturellen, sozialen, normativen, technischen, gesellschaftlichen Zusammenhänge), aber auch zur ›originalen Auseinandersetzung mit der Welt und ihren Gegebenheiten‹ veranlassen und ermutigen.

4. Die Schule für Geistigbehinderte soll zur Selbstverwirklichung in sozialer Integration beitragen.

5. Die Schule für Geistigbehinderte soll durch Erziehung und Bildung zur Bewältigung eines beschädigten Lebens ... und zur Gewinnung

von Daseins-Techniken, von Daseins-Gestaltung und Daseins-Steige-
rung ... Hilfe leisten« (D. FISCHER 1994, 34 – 35).

Merkmale

D. Fischer (1994, 36) vertritt die Ansicht, daß für den Unterricht in der
Schule für Geistigbehinderte grundsätzlich zunächst einmal die gleichen
Elemente und Stufen des Unterrichtsprozesses gelten wie für allgemeine
Schulen.

Darüber hinaus beschreibt er weitere *fünf fundamentale Aufgaben*:

»1. *Ein sonderpädagogisch qualifizierter Unterricht respektiert, aner-
kennt und bestätigt den geistigbehinderten Schüler in seinem Sosein*«
(D. FISCHER 1994, 36).

Hierzu zählt D. Fischer folgende Merkmale und Tatsachen:

Jedes Kind ist einmalig.

Das ganze Kind entwickelt sich.

Jeder Lernende strebt Ziele an und sucht Befriedigung.

Die ›gleiche‹ Erfahrung hat unterschiedliche Bedeutung für verschiedene Menschen.

Indem das Kind lernt, Schlüsse zu ziehen und Beziehungen zu sehen, wird das jetzige Lernen auf künftige Situationen anwendbar.

Der geistigbehinderte Schüler findet Situationen vor, die speziell
für ihn gestaltet werden.

Der Geistigbehinderte erhält Gelegenheit, sich selbst in seinem eigenen Verhalten, seiner Wesensart, seinen Empfindungen und seinem Erleben zu erfahren und darzustellen. Diese Möglichkeit bedarf jedoch der sozialen Interaktion mit seinen pädagogischen
Bezugspersonen.

Der Schüler lernt, sich in vorgegebene Ordnungen einzufügen.

Der Schüler erhält die Möglichkeit, fehlende Basisfähigkeiten und
Fertigkeiten nachzulernen.

»2. *Ein sonderpädagogisch qualifizierter Unterricht ist Vermittler zwischen der Welt und dem Geistigbehinderten*« (D. FISCHER 1994, 37).

Dabei versteht D. Fischer »Welt« als Sammelbegriff für die Vielzahl
der Umwelterscheinungen, die menschliches Leben bestimmen.

Unterricht dient als Vermittler zwischen den Anforderungen der
Gesellschaft und den tatsächlichen Leistungen und Bedürfnissen

des Einzelnen. Unterricht hat dazwischen einen Ausgleich zu schaffen. Die einseitige Anpassung an die Gesellschaft wird abgelehnt. Unterricht dient als Modell für Interaktion und Kommunikation mit Geistigbehinderten. Unterricht mit Geistigbehinderten ist gegenüber der Gesellschaft offen.

»3. *Ein sonderpädagogisch qualifizierter Unterricht richtet sich nicht ausschließlich auf ›Lernen‹ aus«* (D. FISCHER 1994, 38).

Lernen ist wohl eine Form, Bildung und Erziehung für geistigbehinderte Menschen zu verwirklichen, jedoch nicht die einzige und nicht die ausschließliche.

Unterrichtsplanung ist immer Lernplanung. Sie erfaßt zumindest zwei Aspekte: Überprüfbar zu erreichende Ziele und Nebenwirkungen, die D. Fischer als »pädagogische Intentionen« (1994, 38) bezeichnet.

Die Vorbereitung des Unterrichts umfaßt auch die Vorplanung und Bereitstellung von Medien und Arbeitsmitteln. Gegenüber geistigbehinderten Schülern ist der Lehrer in der Rolle des Gebers, besonders intensiv bei körperorientierten Vorgehensweisen wie der »Basalen Stimulation« nach Fröhlich oder der »Basalen Kommunikation« nach Mall.

Die Atmosphäre des schulischen Lernens darf nicht nur aufgabenbezogen sein, sondern muß ein »kommunikatives Miteinander« ermöglichen. »Sowohl der Klassenraum als richtiger *Arbeitsraum* als auch die Klasse (als Gruppe) soll eine freie, anregende und fördernde Arbeitsatmosphäre zum Ausdruck bringen« (D. FISCHER 1994, 38 – 39).

»4. *Ein sonderpädagogisch qualifizierter Unterricht bietet bei schwerwiegenden Störungen und Defiziten therapeutische Hilfe«* (D. FISCHER 1994, 39).

Otto Speck betrachtet solche therapeutischen Hilfen nicht als isolierte Maßnahmen, sondern als »spezielle Lernhilfen«: Sonderpädagogische Maßnahmen, psychologische Aktivitäten sowie pflegerische Hilfen. Solche therapeutischen Hilfen sind angebracht bei Wahrnehmungsschwächen bzw. -störungen, motorischen Retardierungen,

Strukturierungsschwächen,

Zuwendungs- und Motivationsausfällen,

Aufmerksamkeits- und Tätigkeitsschwächen.

»5. *Ein sonderpädagogisch qualifizierter Unterricht stellt sich auf die Lernleistungen und Verhaltensweisen geistigbehinderter Schüler ein*« (D. FISCHER 1994, 39).

Geistigbehinderte sind auch im Lernen extrem beeinträchtigt. Sie zeigen

Unregelmäßiges Leistungsrepertoire,

Unausgewogene Lerneigenschaften,

Abgeschwächte Zuwendungs- und Motivationsleistungen,

Geringe Fähigkeit, längere Unterrichts- und Lernvorgänge durchzuhalten,

Mangelnde Fähigkeit, einzelne Elemente zu einem Ganzen bzw. zu einem neuen Ganzen zusammenzufügen,

Mangelnde Fähigkeit, die ›Elastizität‹ eines Lernprozesses bis zu einem Ergebnis durchzuhalten,

Mangelnde Fähigkeit, Gelerntes auf neue Situationen anzuwenden, zu übertragen oder in einen Sinnzusammenhang zu stellen.

Von daher kritisiert D. Fischer eine ausschließlich curriculare Planung, der er vorwirft, mit dem Blick auf Leistungsoptimierung nicht zur Befähigung zur Lebensgestaltung und Daseinsbewältigung beizutragen, »wenn Lernziele nicht in Lernsituationen eingebunden sind« (D. FISCHER 1994, 41). Wenn wir diesen Gedanken Fischers von der »Lernsituation« weiterführen, können wir statt dessen ohne weiteres von einer *Handlungssituation* sprechen.

Schließlich erwähnt er auch das »unausgeglichene Fähigkeitsrepertoire« (1994, 41) Geistigbehinderter. Aus alledem leitet D. Fischer folgende Forderungen ab:

• Unterricht hat vorwiegend in Situationen stattzufinden (Handlungssituationen).

• Die zu erwerbenden Fähigkeiten sind immer an Gegenstände, Objekte, Personen und Situationen anzubinden.

- Unterricht hat Informationen über die jeweilige Umwelt zu vermitteln.

- Geistigbehinderte sollen nicht vorwiegend trainierend lernen, sondern person- und problemzentriert. Wichtig ist dabei, dem geistigbehinderten Schüler seinen hinzugewonnenen Lernzuwachs bewußt zu machen, ja ihn soweit zu führen, daß er sich seines Fähigkeitszuwachses selbst bewußt wird (erworbene Ich-Kompetenz).

10.3 Unterschiedliche Lernniveaus

Das Anpassen des Lernangebots an den Erlebnishorizont eines Kindes ist besonders wichtig, da nur so ein hohes Maß an Interesse und Lebensbedeutsamkeit erreicht werden kann. Zu den Faktoren des Interesses und der Lebensbedeutsamkeit müssen weiter hinzukommen:

- ein Lernen innerhalb des Erlebens- und Lebensfeldes;

- Lernen durch Beanspruchung vorhandener, dem Lebens- und Lernfeld zugehöriger Lerntätigkeiten.

Lernhandlungen müssen dem Tätigkeitsniveau der Schüler entsprechen. Auch Lernen ist eine Tätigkeit, demnach das Lernniveau ein Tätigkeitsniveau. Lernhandlungen müssen im Unterricht einer Klasse so organisiert werden, daß eine vollständige Zergliederung des Unterrichts in Einzel-Curricula vermieden wird. Ein solches sinnvolles gemeinsames Lernen einer ganzen Klasse ist jedoch problematisch, da das Fähigkeitspotential der meisten geistigbehinderten Schüler(innen) sehr unausgeglichen ist.

Um sinnvolle Lerntätigkeiten für die gesamte Klasse zu organisieren, bieten sich mehrere Möglichkeiten an:

- Verallgemeinerung des Lernangebots;

- Übergabe des Lernangebots an die Schüler (keine frontale Konfrontation);

- Individualisierung des Lernangebots;

- Spezialisierung des Lernangebots (zusätzliche Lernaufgaben für einzelne Schüler).

Am Beispiel einer Grobplanung zum Thema »Sommer« macht D. Fischer deutlich, welche Aspekte zur gleichen Thematik durch verschiedene Schüler auf den unterschiedlichen Tätigkeitsniveaus bearbeitet werden können:

Sommer	Ziel: Bewußtsein von Sommer zu erwerben – Steigerung der Lebens- und Erlebensqualität

Sinnlich-aufnehmend	handelnd-personal, -aktional	darstellend-bildlich, -symbolisch	begrifflich-abstrakt

Sonne
 	
Hitze
 	
Eis
 	
Wind
 	
Schatten
	Eis essen
	  aussuchen
	  herstellen
	  erkennen
	Getränke aussuchen
	  kaufen
	  öffnen
	  trinken
	andere
	  mitversorgen
		Kinder gehen zum Schwimmen
		Klaus und Sigi machen »Sommerspiele«
		Was man im Sommer/bei Hitze alles trinken kann, tun soll/nicht ...
		Wie man Nahrungsmittel vor der Hitze richtig schützt
			Hitze ... heiß, schwül, warm
			Wind ... kalt, warm, bläst, weht
			Sonne ... scheint, wirft Schatten, brennt
			Sich äußern, wenn es einem zu heiß ist, wenn man Durst hat

Wasser
  schwitzen
  kühlen
  einreiben
  lutschen
Erleben
Wahrnehmen
»unterscheiden«
sich schützen
sich holen
sich helfen
usw.
	Ich schwitze ...
	  richtig anziehen
	  ausziehen
	  duschen,
	Verwenden von Deo, Seife
	Sich fürs Schwimmbad vorbereiten,
	• einpacken
	• zum Bad finden
	• sich richtig verhalten
	Obst (z. B. Erdbeeren)
	  pflücken
	  kaufen
	  verarbeiten
	  zum Gebrauch richten
	Wir grillen
	• vorbereiten
	• mithelfen usw.
		Was uns die Wetterkarte/das Thermometer sagt
		Was es im Sommer auf dem Markt zu kaufen, im Garten zu ernten gibt
		Familie Meier verreist
		Wie bzw. wozu Kinder/Erwachsene Wasser verwenden
		Sommerfarben – Herbstfarben
		Sommergärten – Wintergärten
		So wird Limonade hergestellt
		Ein Gewitter zeigt sich am Himmel usw.
			Kleidungsstücke/u. U. Stoffe benennen, die für den Sommer geeignet sind
			Wir planen eine Wanderung
			Wir berichten von einer Wanderung
			Wir beobachten den Reisebetrieb am Bahnhof, auf der Autobahn, in der Stadt, usw.
			Hinweisschilder im Schwimmbad, in der Stadt usw. lesen können

Tab. 24: Ein Thema auf vier Tätigkeitsniveaus (aus D. FISCHER 1994, 210 – 211; gekürzt, korrigiert und verändert)

Fast jedes Lernvorhaben, so D. Fischer (1994, 213) kann von der Stufe 1 bzw. 2 usw. in die nächste Stufe weitergeführt werden, wobei jeweils auch ein höherer Bewußtseinsgrad erforderlich ist bzw. erreicht wird. Eine solche Durchführung durch alle Stufen kann nach seinem Vorschlag etwa so aussehen:

Stufe 1:   sinnlich-
Den Sommer erleben: aufnehmend
- Hitze erleben,
- Sonne erleben,
- Schwüle erleben,
- sich in die Sonne setzen,
- sich der Hitze aussetzen,
- von der Sonne geblendet werden,
- schwitzen,
- Durst bekommen usw.

Stufe 2:   (en)aktiv
Sich Erholung verschaffen:
- Herstellen eines Getränks,
- Kaufen eines Getränks,
- Trinken von Tee,
- Waschen mit Seife, usw.

Stufe 3:   enaktiv/ikonisch
Erlebtes bildlich darstellen: nachgestaltend
- z. B. auch im Rollenspiel,
- Bilder betrachten,
- Bilderbücher betrachten usw.

Stufe 4:   nachgestaltend,
Wörter zum Sommer schreiben und   symbolisch
lesen:
- Erlebnisse sprachlich ausdrücken,
- einen kurzen Lesetext erarbeiten,
- den Text erlesen,
- Erlebtes auf andere Situationen bzw. andere Personen übertragen,
- fragen, wie es jemand anderem im Sommer ergangen ist,
- berichten, was wir gegen die Hitze getan haben usw.

Dabei ist jede Lerntätigkeit auf einem bestimmten Tätigkeitsniveau (vier Spalten in der nächsten Abbildung 30) auf Anteile aus den benachbarten

Niveaus angewiesen. Es wird nicht nur handelnd gelernt, sondern es sind immer auch z. B. optische Momente mit einzubeziehen.

G	sinnlich-aufnehmend	handelnd-personal	darstellend-bildlich	begrifflich-abstrakt
A	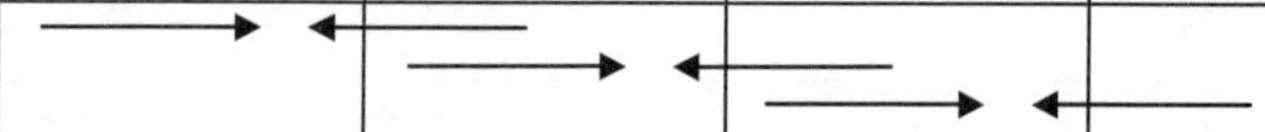 ⟶ ◀	⟶ ◀	⟶ ◀	
D	Umwelt Nahwelt Körperfeld Vitalfeld	Umwelt Nahwelt Körperfeld Vitalfeld 	Umwelt Nahwelt Körperfeld Vitalfeld 	Umwelt Nahwelt Körperfeld Vitalfeld 
	○	◎	◎	◎
E	Erleben	Handeln	Kennenlernen auf sich über- tragen	Bezeichnen, Benennen, Beschreiben Kategorisieren
F	passives Lern- angebot aktives Lern- angebot freies Aktionsfeld Erlebniseinheit Unterrichtsgang auch Training/ Übung	Aufgabenfolge Handlungseinheit mot. Lehrgang Projekt Aktion Vorhaben	Bilderbuch Bildergeschichten Film, Dia-(Over- head-)Projektor Darstellungs- einheit	Begriffsbildung Geschichten Lesetexte Erörterung Problemerarbei- tung auf verbaler Basis

Legende:

Zeile A: Interdependenzen der Lernniveaustufen
Zeilen B und C: weggelassen
Zeile D: Enge/Weite des Erlebens-/Lebensfeldes
Zeile E: dominierende Form der Lerntätigkeit
Zeile F: Zuordnung von Unterrichts- bzw. methodischen Modellen und Medien
Zeile G (Kopfzeile): Stufen des Bewußtseins bzw. der geistigen Tätigkeit

Abb. 30:   Einordnung der vier Lernniveaus (nach D. FISCHER 1994, 212, gekürzt)

Ein Aufbau und eine Weiterentwicklung ist grundsätzlich durch alle Lernniveaustufen hindurch anzustreben. Auch müssen Schüler, die auf einer anspruchsvolleren Lernniveaustufe lernen (z. B. begrifflich), immer wieder auf die vorhergehenden Stufen zurückgeführt werden. Jede Lernniveaustufe »beinhaltet die Tendenz zur Weiterentwicklung in die nächste, bzw. es sollen Impulse zur Weiterentwicklung gegeben werden« (D. FISCHER 1994, 214). Insoweit kann die vorgestellte Aufgliederung dem Lehrer Anregung sein zur Entwicklung eines eigenen kleinen Spiral-Curriculum über mehrere Jahre hinweg.

10.4 Methodische Modelle

Die Qualität des Unterrichts beeinflußt dessen Effektivität, wobei Qualität des Unterrichts u. a. abhängig ist von der angemessenen Auswahl bestimmter Lehr- und Lernmethoden. D. Fischer nennt zur Erleichterung des Lernens drei Faktoren:

»die Wahl der besten Lern- und Unterrichtsmodelle

die Wahl des geeignetsten methodischen Modells

die aufbereitete und angepaßte Gestaltung des Lernvorgangs selbst« (D. FISCHER 1994, 145).

Geistigbehinderte benötigen ein in seiner Komplexität reduziertes Unterrichtsangebot. Bei der methodischen Gestaltung des Unterrichts müssen verschiedene Probleme berücksichtigt werden:

1. D. Fischer beklagt beim Unterricht Geistigbehinderter eine aus der Geschichte der Schulform heraus gewachsene starke Akzentuierung auf lebenspraktische Aufgaben mit einer »Tendenz zur Beschäftigung und Betreuung« (D. FISCHER 1994, 146), worin er nicht die optimale Form möglichen Lernens Geistigbehinderter sieht.

Diese Kritik wird auch von Heinz Bach mitgetragen, der »*eine Verbesserung seiner* [des Geistigbehinderten; H.J.P.] *kognitiven Disposition* im Sinne einer weitmöglichen stufenweisen Differenzierung als die besondere erzieherische Bedarfslage« (BACH 1997, 78; H.i.O.) bezeichnet.

2. Ebenso wendet sich D. Fischer gegen die unreflektierte Übernahme des herkömmlichen Schulmodells bis hin zur Tafelorientierung und dem Stundenzuschnitt im 45-Minuten-Rhythmus. Ebenso wendet er sich gegen die Aufgliederung in Unterrichtsabschnitte nach den Vorstellungen der Herbartschen Schule.

3. Eine Gefahr sieht er auch darin, daß der Lehrer sich in seiner Füh-
    rungsdynamik vom verlangsamten Lerntempo seiner Schüler beein-
    flussen läßt. Neben einigen anderen Eigenschaften, die für jedwede
    Tätigkeit mit Geistigbehinderten erforderlich sind, fordert er vom
    Lehrer »neben Sensibilität Konsequenz und Zielsicherheit« (D. FI-
    SCHER 1994, 146). Auch beklagt er den Verlust wertvoller Unter-
    richtszeit durch die Veranstaltung regelmäßiger Rituale wie z. B.
    Morgenkreis, Einzelbegrüßung der Schüler usw., eine Kritik, die
    dann gelten mag, wenn Geistigbehinderte nur am Vormittag unter-
    richtet werden (Halbtagsschule oder integrativ in Regel-Halbtags-
    schulen). Besuchen diese Schüler dagegen eine Ganztagsschule, so
    sind sie noch stärker auf die Strukturierung/Rhythmisierung ihres
    Lern- = Arbeitstages auch durch solche Rituale angewiesen, wie auch
    durch Frühstück, Pausen, Mittagessen, Spiel, Vorbereitung auf die
    Heimfahrt.

4. Auch wendet sich D. Fischer gegen eine gewisse traditionelle Mysti-
    fizierung des Unterrichtsgeschehens in der Form der Einbettung in
    »Geschichten«. Dem setzt er seine These gegenüber: »Kindgemäßes
    Lernen heißt ... einfach lernen, vereinfacht lernen« (D. FISCHER 1994,
    147). Eine solche Vereinfachung hält er insbesondere dann für
    erforderlich,

wenn Kinder sich noch nicht mit einer Person (betrifft »Geschich-
ten«) identifizieren können;

wenn Kinder die Inhalte nicht von einer Person ablösen und abstrahieren können;

wenn Kinder noch keine Zusammenhänge herstellen können.

Nach seinen Vorstellungen bedeutet kindgemäßes Lernen:

Lernen durch unmittelbare Führung,

Lernen durch Nachahmung,

Lernen durch Versuch und Irrtum usw.

Dabei hat dieses kindgemäße Lernen auch sachgemäß zu sein und sich an
den sachstrukturellen Bedingungen des Lerninhaltes zu orientieren.

Methodisches Grundmodell

Für die Unterrichtsgestaltung bei Geistigbehinderten bieten sich eine
Vielzahl von Lernformen und methodischen Modellen an. Methoden

repräsentieren dabei die Auseinandersetzung des Menschen mit seiner Umwelt und ermöglichen ihm diese Auseinandersetzung. Formen solcher Auseinandersetzung mit der Umwelt sind z. B. arbeiten, spielen, essen, verändern, usw. Geistigbehinderte wählen dabei einfach strukturierte, motorisch und sensorisch bedingte Formen der Auseinandersetzung, weniger kognitive Formen. Den Entwicklungsweg eines Modells skizziert D. Fischer wie folgt:

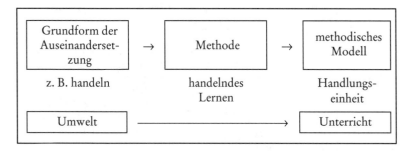

Abb. 31:   Methodisches Grundmodell (aus D. FISCHER 1994, 150)

Als methodisches Modell bezeichnet D. Fischer »die einer Gruppe ähnlicher Unterrichtsabläufe zugrundeliegende methodische Struktur« (1994, 151), die sich erweist

• in der Ähnlichkeit der Unterrichtsstoffe und Lernziele,

• in der Ähnlichkeit der Lernsituationen,

• in der Ähnlichkeit der didaktischen Absicht.

Die von ihm aufgeführten methodischen Modelle bezeichnet er als weitgehend sachorientiert, damit stofforientiert und somit gleichzeitig lernzielorientiert. Es erscheint als Selbstverständlichkeit, daß dies nicht ausreicht, sondern daß hierbei eine bewußte und eindeutige Schülerorientierung hinzutreten muß.

Übersicht über verschiedene Modelle

D. Fischer bietet eine umfangreiche Übersicht über verschiedene methodische Modelle an, die sicherlich noch nicht vollständig ist und über deren Stellenwert im Unterricht mit Geistigbehinderten auch kontrovers diskutiert werden kann. Zur ersten Information wird die Übersicht Fischers in gekürzter Fassung mitgeteilt. Nicht mehr werden diejenigen methodischen Modelle mitgeteilt, auf die weiter hinten ausführlicher eingegangen wird (s. Tab. 25). Zur Bestimmung der jeweils angemessenen Methode ist die Kenntnis der Sachlogik des Unterrichtsgegenstandes ebenso von ausschlaggebender Bedeutung wie die psychologische Kenntnis des Kindes. Hierauf hat bereits Heinrich Roth 1957 in »Pädagogische Psychologie des Lehrens und Lernens« aufmerksam gemacht.

Methodisches Modell	Kennzeichen des betreffenden meth. Modells und Zielsetzung	Vorhaben bzw. LZ, die bewältigt werden können	Anforderungen an den Schüler	für GB geeignet bzw. nicht geeignet
Darstellungseinheit (DE)	Zweck liegt im Bereich der Didaktik des SU[1] – szenische Darstellung als Kern des Unterrichts *Ziel:* Einsichten in soziale Zusammenhänge und Einüben sozialer Verhaltensweisen [1] SU = Sachunterricht	Der Schutzmann regelt den Verkehr. Am Auskunftsschalter. So löse ich mir eine Buskarte. Im Gasthof kann ich bestellen. • sich wehren können, • sich informieren können.	Er muß Konflikte in ihrer Komplexität wahrnehmen, zur Lösung bereit sein und sich nicht nur betroffen zeigen. • Vorstellungsfähigkeit.	Anspruchsvoll in der Schule für Geistigbehinderte, besser direktes soziales Training oder mit Bildern arbeiten.
Unterrichtsgespräch (UG)	Überall möglich, wo ein Gegenstand oder Sachverhalt unter verschiedenen Perspektiven betrachtet werden kann, macht Interaktion zwischen allen Beteiligten möglich	Jetzt ärgere ich mich nicht so viel. Das bin ich. Heiner findet seine Schuhe nicht.	Sprechfähigkeit, ausreichendes Sprachverständnis, genügende Reflexionsfähigkeit.	Sehr anspruchsvoll, aber notwendig, Geistigbehinderte sollen lernen, sich sprachlich zu artikulieren, sich zu unterhalten.
a) gebundenes UG b) freies UG	Vom Lehrer vorgegebenes Thema – wird vom Lehrer geführt Von den Schülern gewähltes Thema – Lehrer als Gesprächspartner	Von Träumen berichten, mit anderen zusammen ein Erlebnis besprechen	Relative Unabhängigkeit vom Lehrer, problemorientiert	s. o.

Methodisches Modell	Kennzeichen des betreffenden meth. Modells und Zielsetzung	Vorhaben bzw. LZ, die bewältigt werden können	Anforderungen an den Schüler	für GB geeignet bzw. nicht geeignet
Spiel: Gesellschaftsspiel, Stehgreifspiel, Lernspiel, Fang- u. Laufspiel, Bauendes Spiel, Rollenspiel, Psychodrama	Zweckfreiheit Ausgleichsfunktion pos. Gestimmtheit Gewöhnung an Partner- u. Gruppenarbeit Vorbereitung auf Ernstsituation (Erwachsensein) Spieler mimt Rolle anhand einer Handlungsaufgabe	In einer Garage. Auf einem Parkplatz. Kasperl in der Schule. Kasperl stellt etwas an. Wir waren im Zirkus. • eine Bauidee umsetzen können. • den anderen etwas vorspielen können.	Lösung vom Gegenst. und vielfältiges Umgehen damit, Umsetzen von Vorstellungen/Ideen in Handlungen mit einfachen Mitteln	Sehr geeignet, je nach Alter, Entwicklungsstand, nach Zielsetzung usw.
Experiment	Fragestellung an die Natur Gewinnung von Erkenntnissen über Zusammenhänge und Gesetze des Naturgeschehens Prinzip des forschenden Lernens	Salzsäure ist Gift. Benzin ist gefährlich. Man kann mit dem Tauchsieder Wasser erhitzen. Wir machen Schuhe/Stoffe wasserdicht.	Gezielte Problemstellung, genaue Beobachtungsgabe, Vergleichfähigkeit	Anspruchsvoll, aber sehr wichtig, um genaues Beobachten, auch Denken zu schulen, hilft Unterricht zu versachlichen
Training	Planmäßige Funktionsübung Ziel: Individuelle Höchstleistung – körperlich und geistig (autogen. Training) – auch im Bereich der Sinne Training sehr wichtig	Reagieren auf Aufforderung. Wir binden eine Schleife. Ich kann den Elektroherd einschalten. • körperliche Ertüchtigung • Wahrnehmungstraining	Für Verstärker zugänglich, konditionierbar, lernbereit, motorisch/sensorisch flexibel	Sehr geeignet aufgrund der Konsequenz und Struktur des Lernens

Metho-disches Modell	Kennzeichen des betreffenden meth. Modells und Zielsetzung	Vorhaben bzw. LZ, die bewältigt werden können	Anforderungen an den Schüler	für GB geeignet bzw. nicht geeignet
Programmierter Unterricht (auch am PC)	Information durch Lehrprogramm Individualisierung des Lernprozesses Ersatz des Lehrers durch U-Technologie	Lehrinhalte, die in Form von Programmen erlernt werden können und abfragbar sind, erlernen von Rechnen, aber auch Farben/Formen	Fähig zur Alleinarbeit, ausdauernd, fähig zu optischer, akustischer, motorischer Aufgaben-Verstärkung	Anspruchsvoll, weil Ausdauer und Alleinarbeit vorausgesetzt wird
Themenzentrierte Interaktion	Die Schülerpersönlichkeit ist neben dem Stoff, der Sache gleichermaßen wichtig, 10 Regeln! Hat hohe sonderpädagogische Relevanz	Eigentlich starke Tendenz zur Methode, nicht mehr ausschließlich ziel-/sachorientiert, daher: keine eigenen Unterrichtsbeispiele	Sprechfähigkeit, Bewußtsein eigener Empfindungen und Erlebnisse, Darstellungsbereitschaft, Problemorientiertheit	Sehr wertvoll, aber nur für sprechfähige Geistigbehinderte der Mittel-, Ober- und Werkstufe
Meditation	Sich in einen Gegenst., in ein optisches oder akustisches Ereignis vertiefen, starke Ähnlichkeit zur Erlebniseinheit, doch mehr Bewußtheit in der Einstellung zur Mitte	Das Licht Das blaue Tuch Wir hören Musik Schönes Obst	Je nach der kognitiven und sprachlichen Höhe des Meditationsgegenstands, Zuwendungsfähigkeit, relative Bewußtheit	Wichtig, gut geeignet, aber anspruchsvoll, setzt einen für meditative Elemente aufgeschlossenen Lehrer voraus

Tab. 25:   Übersicht über verschiedene Modelle (aus D. FISCHER 1994, 154 – 161; gekürzt)

Handlungsanweisungen für Lehrer(innen), auch in der Form von Algorithmen, haben auch in der Behindertenpädagogik eine lange Tradition. Soweit sie sich auf den Umgang mit Schüler(inne)n und auf die Gestaltung von Erziehung und Unterricht beziehen, sind sie weitgehend inhaltsoffen und repräsentieren eher übergeordnete Handlungsgrundsätze. Solche Handlungsgrundsätze werden »Prinzipien« genannt und im folgenden Kapitel 11 vorgestellt.

11 Unterrichtsprinzipien

11.1 Was sind Unterrichtsprinzipien?

Immer wieder verlangen Eltern, Erzieher und Lehrer nach grundlegenden Anweisungen, nach handhabbaren Vorgaben, um ihre Erziehungs-und Unterrichtsarbeit gestalten zu können. Solche Hilfen für die tägliche pädagogische Arbeit suchen sie in der Fachliteratur, in Lehrbüchern und in Lexika unter den Bezeichnungen »Erziehungs- und Unterrichtsprinzipien, grundlegende Prinzipien, methodische Prinzipien, didaktische Prinzipien, inhaltliche Prinzipien, Erziehungs- und Unterrichtsgrundsätze, allgemeine Grundsätze für Erziehung und Unterricht etc.« (HOFMANN 1979, 151). Häufig werden jedoch Erziehungs- und Unterrichtsziele sowie Unterrichtsformen bei diesen sogenannten Prinzipien verwechselt oder synonym gebraucht. Die in der Literatur vorfindlichen Prinzipien sind »meist begrifflich unscharf und schillernd« (HOFMANN 1979, 151) und bieten für die tägliche Unterrichtsarbeit oft genug wenig Hilfe an. Es gilt daher zunächst, eine Übersicht über bisher angebotene Erziehungs- und Unterrichtsprinzipien zu schaffen.

11.2 Übersicht über vorgeschlagene Prinzipien

Bleidick und Heckel benennen (1970, 52 ff.) für die Schule für Lernbehinderte insgesamt 22 unterrichtsleitende Erziehungs- und Unterrichtsprinzipien in vier Gruppen. Hofmann (1979, 152 – 153) kritisiert hieran, daß einige dieser Prinzipien so weit gefaßt seien, daß sie fast das gesamte unterrichtliche Geschehen umfassen, andere wiederum so eng gefaßt, daß sie eigentlich methodische Leitlinien darstellen. Aber auch von anderen Autoren vorgestellte Prinzipien, die ausdrücklich für die Schule für Geistigbehinderte gedacht sind, zeichnen sich durch die gleichen Schwierigkeiten aus: unterschiedliche Geltungsbereiche, unterschiedliche Reichweiten, terminologische Unschärfen, ideologische (auch wissenschaftsideologische) Überfrachtung.

Bei Theodor Hofmann (1979, 152) findet sich eine Gegenüberstellung der Erziehungs- und Unterrichtsprinzipien nach Heinz Bach (1968), Konrad Josef (1968) und Otto Speck (1970), die ich Ihnen nicht vorenthalten möchte (siehe Tab. 26).

BACH (1968, 42 ff.)	JOSEF (1968, 42 ff.)	SPECK (1970, 160 ff.)
Entwicklungs-gemäßheit	Angepaßtheit	Unterricht muß dem Stufengang der geistigen Entwicklung folgen
Beweglichkeit Strukturiertheit Stetigkeit	Individualisieren Prinzip der Erziehung Prinzip der Haltgebung	
Ganzheitlichkeit Differenziertheit Eindringlichkeit Akzentuiertheit Gegliedertheit	Kleinste Schritte Isolierung von Schwierigkeiten Prinzip der räumlichen und zeitlichen Nähe motorisches Prinzip	handelndes Lernen
Selbsttätigkeit	rhythmisches Prinzip allsinnliches Prinzip	
Anschaulichkeit Konkretheit Einprägsamkeit Selbständigkeit Abgeschirmtheit Lustbetontheit	Anschauung grobsinnliches Prinzip Lebensnähe Prinzip der Festigung Prinzip der psychodynamischen Entlastung	Üben soziale Lernmotivation

Tab. 26:   Erziehungs- und Unterrichtsprinzipien (nach HOFMANN 1979, 152)

Erziehungs- und Unterrichtsprinzipien werden dabei aufgefaßt als »allgemeine Grundsätze der Erziehung ... das Ergebnis der Reflektionen und Erfahrungen und der Versuch einer kritischen Ordnung der dabei gewonnenen Erkenntnisse« (so HOFMANN 1970, 790; nach HOFMANN 1979, 153), oder diese Prinzipien werden aufgefaßt als durchweg formale Gesichtspunkte bezogen auf die Auswahl, Strukturierung und die Gestaltung von Lerninhalten, somit verstanden im Sinne von Regeln, deren Einhaltung das Gelingen pädagogischer Bemühungen fördere.

In jedem Falle gelten Erziehungs- und Unterrichtsprinzipien als pädagogische Grundsätze, welche sich sowohl auf die Lerninhalte als auch auf die Lernenden beziehen. Hofmann versteht unter Unterrichtsprinzipien »Gesichtspunkte, die vor allem für die planmäßige Gestaltung des Unterrichts wichtig sind, während die Erziehungsprinzipien sich auf den gesamten Vorgang der Erziehung beziehen« (1979, 153).

11.3 Grundlegende Prinzipien

Die grundlegenden pädagogischen Prinzipien sind bereits 1657 von Amos Comenius in seinem umfassenden Werk »Didacta magna« dargelegt worden. Comenius forderte z. B.:

- »Tätigkeiten sollen durch Tun erlernt werden.«
- »... lieber mit der Tat als mit Worten, lieber mit Beispielen als mit Vorschriften ...«.
- »Alles muß durch beständige Übung gefestigt werden.«
- »Man soll bei jedem Ding so lange verweilen, bis es begriffen ist ...«.
- »Alles (soll) durch sinnliche und natürliche Veranschaulichung (gelehrt werden) ... Der Anfang der Erkenntnis muß immer von den Sinnen ausgehen.« (nach GRZESKOWIAK, KLEUKER 1979, 180).

11.4 Prinzipien der Lernerleichterung

Für den Unterricht mit Geistigbehinderten legte Konrad Josef 1968[1] einen Katalog von 17 Prinzipien vor, den er selbst als unvollständig bezeichnet und bei dem er vor Widersprüchlichkeiten dann warnt, »wenn der Erzieher glaubt, alle Prinzipien gleichzeitig berücksichtigen zu müssen« (JOSEF 1974, 49). Die von ihm so genannten Prinzipien bezeichnet er als »Gesichtspunkte, die uns erinnern sollen, daß Lernen angesichts geistiger Behinderung nicht ganz so selbstverständlich ist, wie meist – oft fälschlicherweise – unter normalen Bedingungen angenommen wird« (1974, 49). Viele dieser Prinzipien hält Josef für bewährte Grundsätze früherer »Schwachsinnspädagogik«, weist jedoch darauf hin, daß sie »durch die Erkenntnisse moderner Lernforschung weitgehend bestätigt werden« (1974, 49). Wir halten diese Grundsätze auch aktuell

---

[1] Hier nach der 3. Auflage 1974.

für wichtig und wert, (wieder) beachtet zu werden, zumal ihnen durch
neuere neuropsychologische Forschungsergebnisse weiteres Gewicht
verliehen wird.

Motorisches Prinzip

Bewegung, Tätigkeit, Handeln soll den Aneignungsprozeß der Schüler
kennzeichnen. Alle Lerninhalte, so fordert bereits Josef (1974), sollen in
dieser Form vermittelt werden, die eigene Tätigkeit (»Selbsttätigkeit«)
der Schüler fordert. Er verweist darauf, »daß wir 20 % von dem, was wir
hören, 30 % von dem, was wir sehen, 50 % von dem, was wir hören und
sehen, 70 % von dem, was wir sprechen und 90 % von dem, was wir tun,
behalten« (JOSEF 1974, 49 – 50). Dieses »Motorische Prinzip« ordnen
Grzeskowiak und Kleuker dem »Prinzip der Selbsttätigkeit« unter und
betrachten es als einen von zwei Aspekten dieses letzteren Prinzips (vgl.
Abb. 32). Hieraus leiten Grzeskowiak und Kleuker in Anlehnung an
Schade (1971) das »Prinzip der kleinen Schritte« ab, auf welches wir später eingehen.

Speck faßt diese Überlegungen unter der Bezeichnung »Aktivierungs-
prinzip« zusammen: »Das Kind soll in eine aktive Auseinandersetzung
mit dem Lerngegenstand treten. Dazu sind bei vorliegender geistiger Behinderung besondere Anreize nötig. Sie können von Personen und von
Sachen (Lernmaterialien) ausgehen. Durch konkretes eigenes Handeln
(sehend, hörend, tastend, bewegend) muß das Kind genügend Gelegenheit zum Sammeln von Erfahrungen erhalten. Verbales Belehren und
bloßes Demonstrieren sind nicht nur nahezu völlig wirkungslos sondern
auch aktivitätshemmend« (1977, 119). In weiteren Veröffentlichungen
weitet Speck dieses Aktivitätsprinzip in Richtung einer Tätigkeits- und
Handlungsorientierung aus: »Nur durch eigenes Tun wird es möglich,
sich die äußere Wirklichkeit einzuverleiben« (1993, 239).

Aus neuropsychologischer Sicht stützt Erwin Breitenbach (1996) dieses
Prinzip des tätigen, handelnden Lernens. Er betont die Bedeutung ausreichender gesamtkörperlicher Bewegungsmöglichkeiten und weist darauf hin, daß über handelndes Lernen »zudem das taktil-kinästhetisch-
vestibuläre Verarbeitungssystem in den Lernprozeß miteinbezogen«
wird. »Bewegungsreize sind Weckreize, mit deren Hilfe wir unsere Auf-
merksamkeitssteuerung und unseren Wachheitsgrad positiv beeinflussen
können« (BREITENBACH 1996, 417).

Prinzip der Selbsttätigkeit
allgemein: »Umgang mit den Gegenständen der An-schauung« beim Spiel wie beim Lernen (GRZESKO-WIAK, KLEUKER 1979, 184 – 185)
in zwei Aspekten

↓   ↓

Motorik	Selbständiges Handeln
• Bewegung, • Tätigkeit, • Handeln Betont das Lernen über die Sen-somotorik unter der Annahme, »daß geistig behinderte Schüler besonders sensorisch und moto-risch, aber wenig kognitiv an-sprechbar sind« (GRAMPP 1980, 96). Allerdings gibt es auch Hinweise auf Ablenkbarkeit beim Hantie-ren mit Lernmaterialien (GRAMPP 1980, 97).	• erfordert entsprechende »Risikobereitschaft« der Bezugsperson (GRZESKO-WIAK, KLEUKER 1979, 185 – 186) • »gelenkte Selbsttätigkeit« (SCHADE) ↓ • sollte über die Versprachli-chung (Galperin) • zum operativen Denken (Aebli) führen. Vgl. hierzu auch die Etappen der Interiorisation von der äußeren gegenständlichen Tätigkeit zum Denken nach Galperin.

↓   ↓

Gerd Grampp schlägt vor, vom
Prinzip der SELBSTÄNDIGKEIT
zu sprechen (1980, 98). »Selbständigkeit geht dabei weit über Selbsttätigkeit hinaus, da sie sich nicht mehr nur auf *Selbst-Tun*, also motorische Fähigkeiten bezieht, sondern *Selbst-Ent-scheiden, Selbst-Auswählen, Selbst-Bestimmen* u. ä. als kogni-tive Fähigkeiten einschließt« (GRAMPP 1980, 99; H. d. H.J.P.)

Abb. 32:   Prinzip Selbsttätigkeit – Selbständigkeit

Rhythmisches Prinzip

Josef bezieht sich auf von anderen Autoren berichtete Untersuchungen über die Beziehungen von Gedächtnisleistungen und Rhythmus. »Wurden die Silben den Versuchspersonen in gleichen Zeitabständen gezeigt oder vorgelesen, so hatten die Versuchspersonen von sich aus die Tendenz, sie zu rhythmisieren. Die Versuchspersonen zeigten bessere Lernerfolge, wenn die Silben nicht nur in gleichen Abständen, sondern in bestimmten Versmaßen vorgelesen wurden«. Die besseren Ergebnisse der Gruppe mit rhythmisierter Darbietung werden daraus erklärt, »daß die Gruppierung der Silben die Anzahl der Einzelglieder vermindert. ... Fast alle Teilnehmer hatten die Tendenz, den Takt des Sprechens durch Mitbewegungen des Körpers zu verstärken.« Die meisten Versuchspersonen empfanden »die Wirkung des Rhythmus als angenehm« und sahen »darin einen Vorzug für das Lernen. ... Eine Anzahl der Versuchspersonen erblickten im Rhythmus eine Stütze der Aufmerksamkeit, indem immer ein neuer Impuls erfolge und eine Bereitschaft für das Kommende geweckt werde« (JOSEF 1974, 50).

Wegen dieser Ergebnisse fordert Josef, Rhythmus sowohl als Fach (rhythmische Erziehung, musikalische Rhythmik) als auch als Prinzip zu sehen. Rhythmus als Prinzip meint er auch als Anpassung des Unterrichts »an den Lebens-, Tages- und Stundenrhythmus des Kindes« (1974, 50) und als Ausschöpfung aller »dem Unterrichtsstoff innewohnenden rhythmischen Möglichkeiten« (a.a.O.) zum Aufbau einer umfassenden Bewegungserziehung. Damit steht dieses »rhythmische Prinzip« in engstem Zusammenhang mit dem vorher dargestellten »motorischen Prinzip«.

Rhythmisierung heißt jedoch auch, eine Orientierung an gleichmäßigen, immer wiederkehrenden Abfolgen zu ermöglichen. Für den Tagesablauf bedeutet dies z. B.

Ankunft

Begrüßung

Kleidung aufhängen

Platz herrichten usw.

Frühstück usw.

Mittagessen, Pause usw.,

für den Wochenablauf die Belegung eines jeden Schultages mit einem besonders bemerkenswerten Ereignis, etwa

Montag:	Einkaufen mit Unterrichtsgang
Dienstag:	Schwimmen
Mittwoch:	Schulchor
Donnerstag:	Gymnastik/Sport
Freitag:	Reiten.

Solche immer wiederkehrenden Ereignisse werden schnell zu Ankerpunkten der Orientierung im Zeitablauf, vor allem auch, wenn sie in einem Bildstundenplan festgehalten werden (vgl. BERRES-WEBER 1995). Rhythmisierung hat also sowohl kurzfristige als auch mittel- und langfristige Aspekte.

Prinzip der kleinsten Schritte

Nur ein Fortschreiten »in allerkleinsten Einheiten und Teilschritten« garantiert nach Josef (1974, 51) den erzieherischen Erfolg bei geistigbehinderten Kindern. Speck spricht hier vom »*Strukturierungsprinzip:* Der Unterricht, das intendierte Lernen, muß in so kleine Lernschritte aufgegliedert sein, daß es dem Kind möglich wird, das Lernziel zu erreichen. Dabei geht es um das didaktische Berücksichtigen und möglichst unmittelbare Erfassen aller Teilqualitäten eines Sachverhaltes oder Begriffes in sensorischer, motorischer, kognitiver und/oder sozialer Hinsicht, aber auch um das angemessene – langsame – *Lerntempo*. Durch das Strukturieren des Lernvorganges wird es dem Kinde ermöglicht, seine Umwelt zu strukturieren und sich sinnvoll angepaßt [...] zu verhalten« (1977, 119). Dezidiert meint er damit die Strukturierung der Lehrziele, »ein weitestgehendes Klarlegen der Lernroute«, die »sukzessive und dynamische Erweiterung vorhandener »Schemata« (SPECK 1993, 241).

Der Einschränkung bis Verunmöglichung von Fehlversuchen dient die Herstellung einer »fehlerfreien Situation«. In einer solchen fehlerfreien Situation hat das Kind nur eine einzige Handlungsmöglichkeit, welche der Aufforderung entspricht. Im Farblernprogramm von Florin und Tunner (1971) z. B. wird dem Kind zunächst nur ein einziges, z. B. gelbes, Klötzchen auf den Tisch gelegt. Wird das Kind nun aufgefordert: »Gib mir das Gelbe!«, so kann es nur im Sinne der Anweisung richtig handeln, wenn es dem Lehrer/Therapeuten das hingelegte Klötzchen überhaupt gibt. Das Kind kann dann unmittelbar (kontingent) durch Lob o. a. verstärkt werden.

Grzeskowiak und Kleuker unterscheiden wiederum zwei Aspekte:	
Die Anpassung des Arbeitstempos führt zur Verminderung der Anforderungen innerhalb einer Unterrichtseinheit, wobei auch verminderte Umstell- und Merkfähigkeit zu berücksichtigen sind.	Die Aufteilung des Stoffes in für die Schüler überschaubare Einzelstufen oder -schritte »ist so selbstverständlich, daß man gar nicht darüber sprechen müßte, wenn nicht von seiner bewußten und systematischen Anwendung die Ausbildung des behinderten Menschen entscheidend abhinge … Wir finden die Anwendung dieses Prinzips auch und besonders in der Verhaltensmodifikation bei geistig Behinderten. Hier besteht die Aufgabe, die Anzahl von sogenannten ›Fehlversuchen‹ einzuschränken« (GRZESKOWIAK, KLEUKER 1979, 185 – 186).

Tab. 27:   Zwei Aspekte des Prinzips der kleinsten Schritte

Bigelow führt hierzu aus: »Wenn man versucht, dem Patienten verschiedene Farbnamen zur gleichen Zeit beizubringen, wird er nur langsam vorankommen … und einige Patienten würden die Aufgabe auf diese Weise niemals meistern. Wenn man sie jedoch in kleine Schritte unterteilt, dem Patienten zunächst eine Farbe beibringt und die anderen erst dann, wenn er Fortschritte macht, erleichtert man das Lernen …« (BIGELOW 1976, 32; nach GRZESKOWIAK, KLEUKER 1979, 187).

Konsequent durchgeformt finden wir diese Aufgliederung in fast nicht mehr unterteilbare Einzelschritte in solchen Lehr-/Lernprogrammen, die sich der Methoden der Verhaltensmodifikation bzw. der Verhaltensformung durch Verkettung (chaining) bedienen. Ein Beispiel dafür ist das Lernprogramm »Zähneputzen« von Bouter und Smeets (1979). Sie gliedern den Ablauf in 15 (bzw. 17) Schritte:

(1)   Zahnbürste nehmen und sich zum Wasser drehen

(2)   Zahnbürste naßmachen

(3)   Kappe von der Tube drehen

(4)   Zahnpasta auf die Bürste auftragen

(5)   Kappe wieder auf die Tube drehen

(6)   Die äußeren Flächen [der Zähne] bürsten

(7)   Die Kauflächen bürsten und

(8)   die Innenflächen der Zähne

(9)   Den Becher mit Wasser füllen

(10)   Ausspülen und
(11)   Mund abtrocknen
(12)   Zahnbürste ausspülen
(13)   Becher ausspülen
       a) Becher mit Wasser füllen
       b) entlang der Innen- und Außenflächen reiben und
       c) den Becher in den Ausguß stellen
(14)   den Ausguß ausspülen
(15)   die Geräte wegstellen
(BOUTER, SMEETS 1979, 64)

Hilfestellungen erfolgen nach den Vorschlägen der Autoren durch

- verbale Instruktion,
- verbale Instruktion und Vormachen,
- verbale Instruktion und teilweise körperliche Führung,
- verbale Instruktion und volle körperliche Führung.

Prinzip der Festigung

Neues Lernen ist nicht bloßer additiver Zuerwerb von zusätzlichen Kenntnissen, Fertigkeiten oder Fähigkeiten. Neues wird erst dann fruchtbar, wenn es mit dem bereits vorhandenen Lernbestand sinnvoll verbunden, in diesen integriert und das bisher Gelernte damit auf ein neues, komplexeres Niveau gehoben wird. Dies setzt allerdings voraus, daß das bisher Gelernte zum sicheren, gesicherten Bestand geworden ist. Diese Bestandssicherung, diese Festigung, wird durch Übung erreicht. »Dem Üben und Festigen kommt daher eine ganz besondere Bedeutung beim Lernen geistig Behinderter zu. Wegen der Generalisationsschwäche [...] sollte das Festigen auch immer wieder in neuem Gewande erfolgen, aber erst dann, wenn die vorhergehende Übungsform sicher beherrscht wird« (JOSEF 1974, 51). Auch hier dürfen wir Comenius zitieren: »Alles muß durch beständige Übung gefestigt werden. Man soll bei jedem Ding so lange verweilen, bis es begriffen ist ... Dies wird erreicht durch Einüben, Prüfen und Wiederholen bis zur Sicherheit [...] « (GRZESKOWIAK, KLEUKER 1979, 188).

Grzeskowiak und Kleuker differenzieren dezidiert weiter aus, was bei Josef nur angedeutet ist: »Auch bei dem Prinzip der Übung oder der Festigung haben wir unser Augenmerk also auf *zwei Gesichtspunkte* zu richten. Zum einen ist darauf zu achten, daß weitere Lernschritte erst vollzogen werden dürfen, wenn der *vorhergehende Schritt* sozusagen *in* ›*automatischen Besitz übergegangen* ist‹ [...]. Hier sollte sich der Erzieher stets vergewissern, ob der Behinderte die notwendigen Voraussetzungen für den nächsten Schritt tatsächlich beherrscht. Er muß aber auch erkennen [...]: Das scheinbar ganz sicher Eingeprägte ist schon nach ein paar Tagen völlig vergessen ... Einfache Bewegungen und Handgriffe werden nicht behalten, da kein Gedächtnis für motorische Wahrnehmungen vorhanden ist ...« (GRZESKOWIAK, KLEUKER 1979, 188 – 189; H. d. H.J.P.). Mit dem Einüben bis zum quasi automatischen Ablauf soll auch erreicht werden, daß neu Angeeignetes im Sinne von Hacker (1986) von der intellektuellen über die perzeptiv-begriffliche auf die sensomotorische Regulationsebene verlagert wird und damit das wache Bewußtsein für übergeordnete Regelungstätigkeiten frei macht.

Frederic Vester macht in diesem Zusammenhang darauf aufmerksam, daß jeder Lernstoff in Abständen wiederholt aufgenommen werden soll. Aus der Sicht der Neuropsychologie begründet er: »Wenn eine Information wiederholt über das Ultrakurzzeit-Gedächtnis (aber nicht innerhalb der Zeitspanne des UZG) aufgenommen wird, kann sie mit mehreren vorhandenen Gedächtnisinhalten assoziiert werden. Vorstellungen und Bilder werden geweckt, die die vielen Wahrnehmungskanäle eines echten Erlebnisses teilweise ersetzen und eine Einkanal-Information wenigstens innerlich zur Mehrkanal-Information machen, quasi zu einem inneren Erlebnis« (F. VESTER 1993, 143).

Zusätzlich gilt es zu beachten, daß einfache Wiederholungen keine Wahrnehmungsleistungen verbessern und »intellektuell behinderten Kindern am wenigsten Lerngewinn« (GRUNWALD 1974, 7) bringen. Notwendige Wiederholungen bedürfen daher einer besonderen, Varianten einführenden Gestaltung.

Hierauf weisen auch Grzeskowiak und Kleuker hin: »Ein weiterer wichtiger Gesichtspunkt ist das *Problem des Generalisierens*. Geistig behinderte Kinder leiden an einer Generalisierungsschwäche (mangelnde Fähigkeit der Verallgemeinerung). Sie sind außerstande, ihre Erkenntnisse in einem Gebiet auf ein anderes, neues zu übertragen« (GRZESKOWIAK, KLEUKER 1979, 189). Bereits Josef hatte auf diese Generalisierungsschwäche hingewiesen: »Das Kind überträgt das in der einen Situation Gelernte nicht auf eine ähnliche, aber in einigen Teilen anders struktu-

rierte Situation« (1974, 100). Wenn ein Kind »das an der einen Ampel im
Stadtgewühl Geübte für die Ampel an der anderen Straßenecke« nicht
anwenden kann, dann ist dies ein deutliches Zeichen für eine solche Generalisationsschwäche. Für den Erzieher ist dies ein Hinweis, eine solche
Situation in vielen Beispielen darzustellen und zu üben. Als *Faustregel*
mag gelten: 1/5 neuer Unterrichtsstoff und 4/5 üben und festigen des bekannten Unterrichtsstoffes« (GRZESKOWIAK, KLEUKER 1979, 189 – 190).
Aus neuropsychologischer Sicht verweist F. Vester darauf, daß »eine
dichte Verknüpfung aller Fakten eines Unterrichts, eines Buches oder einer Aufgabe miteinander« Neugierverhalten, das Erfassen von Zusammenhängen, die Informationsaufnahme über möglichst viele Kanäle und
die Verbindung des Gelernten mit der Realität verbessert. Diese dichte
Verknüpfung »vermittelt Informationserlebnisse und fördert das Behalten wie auch das kreative Kombinieren ohne zusätzlichen Aufwand« (F.
VESTER 1993, 143).

Wiederum weist auch Speck auf die Brisanz der Transferproblematik hin
und begründet darauf das »*Übertragungsprinzip:* Das an einem bestimmten Lerngegenstand, in einer bestimmten Lernsituation Gelernte muß
auf andere, ähnliche übertragen werden können (Transfer). Diese beim
Geistigbehinderten erschwerte Übertragung ist in besonderer Weise an-
zubahnen und zu üben. Häufige Wiederholungen in Verbindung mit
leicht abgewandelten Lerngegenständen bzw. Situationen sind dazu nötig« (1977, 119). Dieses Übertragungsprinzip ergänzt Speck später durch
das Prinzip der Anschaulichkeit und faßt beide zu einem übergreifenden
»*Prinzip der Anschaulichkeit und der Übertragung*« (1993, 242 – 243)
zusammen.

Prinzip der Isolierung von Schwierigkeiten

»Der Lernstoff ist so aufzubereiten, daß das Kind nur einer Barriere ge-
genübersteht. Denken wir an das Nasenreinigen; erst wird die Erzeu-
gung eines richtigen Luftstromes geübt, wenn das sicher beherrscht
wird, lernt das Kind das Halten des Taschentuches. Wesentliche Aufgabe
der didaktischen Analyse ist diese Zergliederung des Lernstoffes, für den
engfeldigen Erfassungstypus einzige Möglichkeit des Aufnehmens und
für den diffusen Erfassungstypus eine Möglichkeit sinnvoller Strukturierung. Der Lehrer muß im Stoff die Schwierigkeiten erkennen und isolie-
ren, wenn er wirklich helfen will« (JOSEF 1974, 51).

Als Beispiel sei wieder auf das Zahnputz-Lernprogramm von Bouter und Smeets verwiesen. Sie beschreiben die besonderen Schwierigkeiten der meisten von ihnen untersuchten erwachsenen Geistigbehinderten beim Reinigen der Zahninnenflächen. Im Sinne der »Isolierung von Schwierigkeiten« gliedern sie die Schritte

(6) Die äußeren Flächen [der Zähne] bürsten

(7) Die Kauflächen bürsten und

(8) die Innenflächen der Zähne [bürsten]

als besondere Übungseinheit heraus und geben zu deren Bewältigung besondere, intensive Hilfestellungen (siehe weiter vorne). Mit zunehmend intensiverer Hilfe lernten schließlich alle 7 Personen, auch die Zahninnenflächen zu putzen. Bouter und Smeets fassen Assistenzformen und Ergebnisse (in Prozent) zusammen:

Assistenz -form	(verbale) Anleitung		(verbale) Anleitung + Vormachen		(verbale) Anleitung + teilweise körperliche Führung		(verbale) Anleitung + volle körperliche Führung	
Personen	Schritte 6–8	Schritte 1–5 9–15	Schritte 6–8	Schritte 1–5 9–15	Schritte 6–8	Schritte 1–5 9–15	Schritte 6–8	Schritte 1–5 9–15
Anneke	66,6	100,0	75,0		100,0			
Wim V.	25,6	95,0	27,4	100,0	93,4		100,0	
Nel	34,0	100,0	34,3		36,4		100,0	
Wim B.	36,6	100,0	30,4		94,4		100,0	
Tineke	94,7	100,0	100,0	100,0	100,0		100,0	
Martha	78,1	100,0	71,4		77,2		100,0	
Kees	26,0	94,4	35,3					

Tab. 28:   Abstufung der Hilfestellungen (Quelle: BOUTER, SMEETS 1979, 68; Übers. d. H.J.P.)

Als Verstärkung wurden kontingentes, also sofortiges, unmittelbares Lob bei Erfolg, ausdrückliches und beiläufiges Kopfnicken – auch kombiniert – eingesetzt. Die Übungen fanden täglich einmal an fünf Tagen in der Woche statt. Die Prozentzahlen beschreiben das Verhältnis der erfolgreichen zu den tatsächlichen Versuchen am Ende des Lernprozesses.

Aus neurobiologischer Sicht macht F. Vester darauf aufmerksam, daß Schwierigkeiten auch durch Interferenzen entstehen können, durch

Wahrnehmungen ähnlichen Inhaltes, die sich gegenseitig stören. Solche »Zusatzwahrnehmungen ähnlichen Inhalts stören oft das Abrufen der innerhalb des Ultrakurzzeit-Gedächtnisses kreisenden Erstinformation. Sie lassen diese ohne feste Speicherung abklingen und verhindern so das Behalten. Besser ist es, die Erstinformation zunächst ins Kurzzeit-Gedächtnis abzurufen, d. h. an bekannten Gedankeninhalten zu verankern, und dann erst ›Variationen über das Thema‹ anzubieten« (F. VESTER 1993, 142).

Prinzip des Individualisierens

»Ohne Berücksichtigung der individuellen Möglichkeiten und Grenzen wie Erfassungsform, dynamische Struktur, soziale Erfahrung, Begabung, Interessen u. a. ist jeder Unterricht geistig behinderter Kinder zum Scheitern verurteilt. Die Klassen werden ja deshalb so klein gehalten, damit auf die legitimen individuellen Ansprüche Rücksicht genommen werden kann. Lehr-, Lern-, Arbeitsmittel finden besondere Verwendung, da sie nicht nur andere Prinzipien (etwa Motorik) verwirklichen helfen, sondern weil hierbei jedes Kind seinem Lerntempo gemäß unterrichtet werden kann. Gegebenenfalls sollte man Programmen gegenüber nicht ganz verschlossen sein. Daß bei wirklicher Berücksichtigung dieses Prinzips für jedes einzelne Kind ein Bildungsplan aufzustellen ist, ist selbstverständlich« (JOSEF 1974, 51 – 52).

Josef beschreibt damit das Individualisieren des Unterrichts auf längere Sicht. Die konsequente Anwendung dieses Prinzips würde vom Lehrer verlangen, für jeden einzelnen Schüler einen individuellen Lern-/Förderplan zu erstellen und den Unterricht für diese Schüler als ein unverbundenes Nebeneinanderherlernen zu organisieren. Für jeden Schüler bleiben die Ziele gleich, nur das Lerntempo und die Lernmittel ändern sich.

Darauf, daß es auch anders geht, hat z. B. Feuser (1989; 1995) aufmerksam gemacht. In dem von ihm geforderten Projektunterricht verzichtet er auf gleiche Lernziele für alle, wie es auch in projektähnlichem bzw. handlungsorientiertem Unterricht geschieht. Hier werden die Schüler in der Form der Arbeitsteilung tätig, so daß sich die Individualisierung auf die Tätigkeitsinhalte und -anteile bezieht (vgl. Kap. 6).

Eine Möglichkeit zu solcher Unterrichtsorganisation stellt D. Fischer (1994) unter der Bezeichnung »Reduzieren« vor. Der Vorgang des Reduzierens dient der Zerlegung einer größeren Arbeitsaufgabe, z. B. eines Vorhabens, in immer kleinere Teilschritte so lange, bis der einzelne Schüler das jeweilige Teilvorhaben überschaut. Reduktion dient also nicht der Verringerung des Anspruchsniveaus, sondern der Verringerung des Aufgabenumfangs. D. Fischer illustriert dies am Beispiel eines Vorhabens »Wir laden zum Geburtstag ein«, welches bereits in Kapitel 7 vorgestellt wurde.

Grobsinnliches Prinzip

Dieses »Prinzip meint den Einsatz eines vergröbernden, besonders wesentliche Merkmale hervorhebenden Anschauungsmaterials. Die konkrete Wirklichkeit erweist sich häufig als zu kompliziert und zu verwirrend durch die Details. Vereinfachte Modelle, die nur die wesentlichsten Merkmale enthalten, sollen deshalb ggf. eingesetzt werden« (JOSEF 1974, 52). Im Extrem führt diese Reduktion der Merkmale zum »Prototyp«, und der Unterricht wird zum »prototypischen Unterricht« (D. FISCHER 1994). Auch eine komplexe Handlung bedarf häufig der Akzentuierung auf das Wesentliche. D. Fischer spricht dann von »Entflechten«. Den Vorgang des Entflechtens beschreibt er am methodischen Modell der »Handlungseinheit«. Eine Handlungseinheit geht von einer sehr konkreten Aufgabenstellung aus. Als solche Aufgabenstellung dient bei Dieter Fischer das Vorhaben »Wir stellen Zitronensaft her«.

Bei einem solchen Vorhaben wird vorausgesetzt, daß die Schüler die einzelnen Tätigkeitskomponenten bereits bewältigen können, die erforderlichen Handlungsmittel (Gegenstände, Instrumente) kennen und mit ihnen umgehen können. Mit Hilfe solcher bereits bekannten Handlungsschemata soll nun die Handlung ausgeführt werden. Ziel dabei ist es, diese Handlung den Schülern in ihrem Ablauf und in der Reihenfolge der Einzeltätigkeiten bewußt zu machen, auf Schwierigkeiten aufmerksam zu machen, die an bestimmten Ablaufpunkten auftreten können (»Knotenpunkte« nach D. FISCHER 1994, 51) sowie »Einsichten, Begriffe, Zusammenhänge, Funktionen und Gegenstände usw. aufzuzeigen« (ebd.):

    Funktion der Zitronenpresse

    Begriffe, wie z. B. Südfrüchte

    Funktion des Verdünnens, Auflösens usw.

Es kann nun geschehen, daß einzelne Schüler bestimmte Handlungs-schritte zunächst noch lernen müssen. Diese Handlungsschritte sind her-auszuanalysieren und zu üben (vgl.: Reduzieren). Von einem »entflochtenen« Angebot spricht D. Fischer dann, wenn es sich auf das Wesentliche, den Kern einer Handlung konzentriert. Im Fall des Herstellens von Zitronensaft kann dieses Wesentliche in der Er-kenntnis bestehen, daß sich der Geschmack des Wassers verändert, wenn diesem etwas Zitronensaft beigegeben wird. Insoweit meint D. Fischer mit »entflechten« die Reduktion einer komplexen, vielschichtigen Lern-situation zu einer vereinfachten, auf das Wesentliche bezogenen Lernauf-gabe. Im auf das Lernvermögen Geistigbehinderter abgestimmten Falle wird hieraus eine »in klaren, überschaubaren Handlungsschritten geglie-derte, einlineare Aufgabenfolge« (D. FISCHER 1994, 52). Möglicherweise ist der Begriff des »Entflechtens« nicht allzu geschickt gewählt. Es han-delt sich hier wohl eher um eine Akzentuierung der Sinngebung, um eine bewußte Setzung einer »pädagogischen Intention«, zu deren Realisie-rung der vorhergehende Handlungsablauf eher vorbereitenden Charak-ter hat. Das Ausarbeiten einer einlinearen, konsequent ablaufenden Auf-gabenfolge in einzelnen Schritten kann auch mit anderen Begriffen be-schrieben werden.

Allsinniges Prinzip

»Alle Sinne oder wenigstens möglichst viele Sinne sind anzusprechen. Mit Verbalismus kann das Lernziel meist ebensowenig erreicht werden wie etwa nur auf optischem oder akustischem Wege. Riechen, Schmek-ken, Sehen, Tasten müssen eingebaut werden, um das geistig behinderte Kind zu besseren Leistungen zu bringen« (JOSEF 1974, 52). Josef bedarf an dieser Stelle dringend einer Ergänzung, ehe der Eindruck entsteht, die Sprache habe im Unterricht mit Geistigbehinderten überhaupt nichts verloren. Im Gegenteil! Sie ist zwingender Bestandteil jeder tätigen An-eignung, worauf im Anschluß an Galperin insbesondere Jantzen (1990, 281) aufmerksam gemacht hat (vgl. Kap. 5). Speck faßt diese Notwendig-keit im *Prinzip des aktionsbegleitenden Sprechens:* »Es dient einerseits der Sprachentwicklung, es unterstützt aber auch die kognitive Entwick-lung. Durch die Verbindung von Handeln und begleitendem Sprechen (des Lehrers oder/und des Kindes) kommt eine dichte Verknüpfung des sprachlichen Zeichensystems mit der Erfahrung zustande, andererseits werden dadurch Vehikel für die Funktion des Denkens bereitgestellt [...]« (1977, 119). Noch breiter geht er 1993 (245 – 247) auf diese Notwendigkeit der Kopplung von gegenständlicher Tätigkeit und Sprechtätigkeit ein.

Aus neurobiologischer Sicht fordert auch F. Vester, »den Lernstoff über möglichst viele Eingangskanäle« anzubieten, einzuprägen und zu verarbeiten. »Je mehr Wahrnehmungsfelder im Gehirn beteiligt sind, desto mehr Assoziationsmöglichkeiten für das tiefere Verständnis werden vorgefunden, desto größer werden Aufmerksamkeit und Lernmotivation, und desto eher findet man die gelernte Information wieder, wenn man sie braucht« (1993, 142 – 143). Beispiele und Begleitinformationen, die zusätzlich der Veranschaulichung dienen, verleihen einer neuen Information »gleichsam ein Erkennungssignal für das Gehirn. Operationale (anschauliche) Darstellung läßt weitere Eingangskanäle und sonst nicht benutzte haptische und motorische Gehirnregionen mitschwingen. Das garantiert bessere Übergänge ins Kurzzeit- und Langzeit-Gedächtnis und bietet vielseitigere Möglichkeiten, die Information später abzurufen« (F. VESTER 1993, 142).

Prinzip der Anschauung

»Es sollte möglichst mit dem Gegenstand begonnen werden, dann folgen Modelle, Reliefs, Abbildungen, Zeichnungen, Skizzen, Symbole, Beschreibungen« (JOSEF 1974, 52). Josef folgt damit dem *Prinzip der zunehmenden Abstrahierung und Symbolisierung*. Wolf-Rüdiger Walburg stellt dies in einer Grafik anschaulich dar, die hier leicht verändert wiedergegeben wird (siehe Tab. 29).

Walburg betont jedoch, daß »in der Schule für Geistigbehinderte die gegenstandsbezogenen Anschauungsmittel (Originaler Gegenstand – Modell – Bild) bevorzugt eingesetzt werden« (1982, 69) müssen, die Abstraktionsstufen des Schemas, des Symbols und der Sprache dennoch anzustreben sind. Anschaulichkeit schafft eine Verbindung mit der Realität. So fordert auch F. Vester, »den Lerninhalt möglichst viel mit realen Begebenheiten [zu] verbinden, so daß er ... ›vernetzt‹ verankert wird. Werden reale Erlebnisse angesprochen, so wird der Lerninhalt trotz zusätzlicher Information eingängiger (Aufnahme als ›Muster‹ statt als ›lineare Folge‹). Bei der anschließenden Verfestigung des Gelernten

Ausgangspunkt: Der originale Gegenstand	
Der Gegenstand wird zunehmend abstrakter auf den Stufen:	**Diesen Abstraktionsstufen werden folgende Funktionen zugeordnet:**
1. Das Modell dreidimensional und mit dem Original weitgehend übereinstimmend 2. Das Bild zweidimensionale Abbildung des Originals	1. Repräsentierende Funktion: Veranschaulichungsmittel stehen als Vertreter für reale Gegenstände, wenn diese aus räumlichen oder zeitlichen Gründen nicht verfügbar sind.
3. Das Schema zweidimensionale Schematisierung der Abbildung mit Reduktion auf das Wesentliche	2. Distanzierende Funktion: Die Repräsentanten der Gegenstände *schaffen* räumliche, zeitliche bzw. emotionale Distanz
4. Das Symbol mit Signalcharakter, welcher durch Übereinkunft oder Vorschrift festgelegt ist 5. Die Sprache als gesprochenes oder geschriebenes Wort	3. Isolierende Funktion: Komplexe Strukturen werden vereinfacht; damit wird das Wesentliche herausgestellt. Abbildungen sind somit eine vorselegierte Auswahl der Realität.

Tab. 29:   Anschauung und Abstraktion (nach WALBURG 1982, 68 – 69)

(Konsolidierung) wirkt dann die reale Umwelt als unentgeltlicher und unbemerkter ›Nachhilfelehrer‹, weil sie das Gelernte zum Mitschwingen bringt« (F. VESTER 1993, 143).

Zur Frage der Anschaulichkeit zählt auch, daß wir mit geistigbehinderten Schülerinnen und Schülern Begriffe nicht deduktiv, quasi »von oben nach unten«, abarbeiten können. Begriffe sind von Einzeltatsachen, Einzelphänomenen her induktiv aufzubauen. Hierzu aus neurobiologischer Sicht F. Vester: »Durch eine Erklärung von Tatsachen oder Zusammenhängen (ohne noch den zu erklärenden Begriff zu nennen) werden ... bereits bekannte Assoziationsmuster geweckt, an denen dann der eigentliche neue Begriff – auf den man nun neugierig ist – fest verankert werden kann« (F. VESTER 1993, 142).

Prinzip der räumlichen Nähe

Dieses Prinzip entspricht der altbekannten Maxime Pestalozzis »Vom Nahen zum Fernen« und berücksichtigt, daß sich beim Geistigbehinderten Assoziationen »nach den Gesetzen der räumlichen Nachbarschaft«

(JOSEF 1974, 52) bilden. Kinder beachten vordringlich das im wörtlichen Sinne Naheliegende, viele auch nur dann, wenn es unmittelbar optisch erfaßbar ist, also im Blickfeld real vorhanden. Die alte Lebensweisheit »Aus den Augen – aus dem Sinn« gewinnt hier unmittelbare pädagogische Relevanz, was wir insbesondere bei unseren jüngeren Schülerinnen und Schülern immer wieder beobachten können.

Prinzip der zeitlichen Nähe

Gleiches gilt für den zeitlichen Abstand zwischen einem Ereignis und dessen Abrufen aus dem Gedächtnis. »Die Besprechung etwa einer Begebenheit hat kaum noch Sinn, wenn sie nicht unmittelbar mit der konkreten Situation in Verbindung steht. Der Sachverhalt kann sonst in seiner Vielschichtigkeit nicht mehr rekonstruiert und zugeordnet werden« (JOSEF 1974, 53). Hiermit sind nun auch Probleme unzureichender Leistungen des Langzeitgedächtnisses Geistigbehinderter angesprochen, die es erforderlich machen, Memorierungsstrategien bewußt einzuüben und Hilfsmittel als Gedächtnisstützen geplant und strukturiert einzusetzen. Von ganz besonderer Bedeutung ist das Gebot der zeitlichen Nähe dann, wenn Sie etwa verhaltenstherapeutische Techniken einsetzen wollen, um Fertigkeiten aufzubauen. Ein Lob ist keine Verstärkung mehr, wenn es eine halbe Stunde nach der erwünschten Leistung erfolgt. Die zeitliche Kopplung von Leistung und Verstärkung erträgt nur eine Verzögerung von wenigen Sekunden.

11.5   Prinzipien zur Gestaltung von Lernumwelten

Prinzip der Affektivität

Mit »Affektivität« sind nicht etwa explosive Affekte im Sinne einer Affekthandlung gemeint, sondern so etwas wie eine positive emotionale Grundstimmung, welche geistigbehinderten Kindern Lust auf's Lernen schafft. Hierzu gehören:

das Gefühl der Zugehörigkeit, Sicherheit und Geborgenheit;
das Gefühl, Erfolg zu haben, nicht überfordert zu werden;
die Sicherheit, für erfolgreiches (Lern-)Handeln Bestätigung, positive anerkennende Rückmeldung zu erhalten;
die Möglichkeit der freien Entfaltung innerhalb der eigenen Fähigkeiten ohne permanente Grenzziehungen oder Gängelungen durch

Lehrer/Erzieher;
die Erwartung von dosiert Neuem.

Es geht also um Phänomene, die wir heutzutage mit dem Begriff »Klima« bezeichnen: das Schulklima, das Klassenklima, das Lernklima, um die Frage, wie Schüler und Lehrer miteinander umgehen, wieviel Vertrauen und Verläßlichkeit bestehen. Speck sieht hier den übergreifenden sozialen Zusammenhang des Lernens, wenn er sein »*Prinzip der sozialen Lernmotivation*« formuliert: »Das geistigbehinderte Kind ist auf Grund seines sachstrukturellen Entwicklungsrückstandes in besonderem Maß auf positive sozio-emotionale Lernbedingungen angewiesen. Der Mangel an sozialer Zuwendung kann seine Lernbereitschaft und seinen Lernerfolg empfindlich beeinträchtigen. Soziales Lernen ist freilich nicht bloßes Mittel zum Zweck der Motivierung schulischen Leistens, sondern hat seinen eigenen pädagogischen Wert. Die Schule muß diesem Grundbedürfnis des Kindes und Jugendlichen nach sozialem Austausch und gemeinsamem Erfahrungsammeln angemessen Rechnung tragen« (SPECK 1977, 120).

Prinzip der psychodynamischen Entlastung

Eng mit diesen klimatischen Fragen verbunden ist das von Josef so bezeichnete Prinzip der psychodynamischen Entlastung: »Auch das geistig behinderte Kind ist gehemmt, ängstlich usw. und durch vielerlei äußere Umstände in seinen noch vorhandenen inneren Möglichkeiten und in seinen Fähigkeiten eingeengt. Eine psychische Befreiung von allen den Bildungsgang hemmenden Faktoren muß unbedingt erfolgen, wenn Lernen mit geistig behinderten Kindern heilpädagogisches Tun sein soll« (JOSEF 1974, 54). Zu dieser psychodynamischen Entlastung gehört auch, daß wir unsere Schüler(innen) nicht mit absolut Neuem konfrontieren. F. Vester nimmt folgende Gleichsetzung vor: »Unbekannt = feindlich = Streß« (F. VESTER 1993, 141). F. Vester bezieht sich dabei auf die hormonale Steuerung der menschlichen Befindlichkeit und weist darauf hin, daß durch so induzierten Streß eine negative Hormonlage ausgelöst wird, welche »das Denken und Kombinieren [blockiert] und verhindert, daß sich der Stoff assoziativ verankert. Vertraute ›Verpackung‹ mildert dagegen die Abwehr gegen das Unbekannte und vermittelt darüber hinaus durch das Gefühl des Wiedererkennens ein kleines Erfolgserlebnis, und der Trend geht in Richtung lernpositiver Hormonlage« (a.a.O.).

11.6 Allgemeine pädagogische Prinzipien

Prinzip der Erziehung

»Oberstes Prinzip aller Arbeit am geistig behinderten Kind bleibt es, zu seiner Erziehung beizutragen. Das Kind muß erkennen, daß es ›Gesetze‹ gibt, die zu befolgen sind, und daß es Gemeinschaftsverpflichtungen gibt« (JOSEF 1974, 54). Dieses Prinzip finden wir auch bei Bleidick und Heckel (1970) als allgemeinen Auftrag der Sonderschule, den Svetluse Solarova in sechs übergreifenden Prinzipien spezifiziert:

   Prinzip der Prävention,

   Prinzip der Korrektion,

   Prinzip der Integration,

   Prinzip der Kompensation,

   Prinzip der Reedukation,

   Prinzip der Individualisierung und Gemeinschaftserziehung«

(zit. nach GRUNWALD 1974, 8), die untereinander eng verflochten und von hohem Allgemeinheitsgrad sind und einen weiten Geltungsbereich für sich beanspruchen.

Prinzip der Haltgebung

Eng mit Affektivität und psychodynamischer Entlastung verbunden ist die Frage der Haltgebung. Kinder suchen Halt bei den Erwachsenen, den Eltern, Erziehern, Lehrern. Dieser Halt meint sowohl emotionale Sicherheit als auch Führung, klare, eindeutige, widerspruchsfreie Anleitung.

Josef weist zusätzlich darauf hin, daß auch bestimmte Lerninhalte den Menschen verunsichern, aus dem emotionalen Gleichgewicht werfen können, etwa das Behandeln von Katastrophen oder Verkehrsunfällen. Aber auch: Andererseits gibt es Stoffe, die Gefühle der Sicherheit vermitteln können. Weiter trägt alles Wiederkehrende, wenn es erstmals mit positiven Gefühlsmomenten geladen war, Bekanntheitscharakter und vermittelt Sicherheit« (JOSEF 1974, 54). Aus diesem Grunde, daß alles Wiederkehrende Bekanntheitscharakter hat und Sicherheit vermittelt, schlägt F. Vester auch vor, Neues alt zu verpacken, schreibt das Prinzip der Rhythmisierung geradezu vor, Ereignisse regelmäßig wiederkehren zu lassen, um eine sichere Orientierung zu ermöglichen.

Prinzip der Angepaßtheit

Diese Angepaßtheit meint die Berücksichtigung des jeweiligen Entwicklungs- und Kenntnisstandes der Schüler(innen) bei jedwedem Unterricht. Für die didaktisch-methodische Planung finden wir nützliche Hinweise bei Feuser (Kapitel 6), in der Isolierung von Schwierigkeiten, im Individualisieren (vgl. das Beispiel von D. Fischer in Kap. 7) und in der generellen Entwicklungsorientierung wesentlicher Lernbereiche (vgl. STAATSINSTITUT 1982).

Prinzip der Lebensnähe

»Das Prinzip der Lebensnähe meint, daß in der Schule nur das Bildungsgut vermittelt werden soll, das der Hilfsschüler (hier der Geistigbehinderte) später für sein Leben gebraucht« (BLEIDICK 1965, 621). »Für den Unterricht wird nur das verwendet, was dem Kinde psychologisch nahe ist« (JOSEF 1974, 54). Psychologisch nahe ist dem Kind seine ganz persönliche alltägliche Erlebniswelt. Mit dieser alltäglichen Erlebniswelt, »also mit Vertrautem«, hängen »größere Zusammenhänge ... selbstredend immer irgendwie ... zusammen« (F. VESTER 1993, 142). Eine Information aus der vertrauten alltäglichen Lebenswelt, aus einem gewohnten Lebenszusammenhang, »ist daher im Gegensatz zu den Details nie allzu fremd. Sie wird sich eher auf vielen Ebenen im Gehirn verankern können und ein empfangsbereites Netz für später angebotene Details bieten, so daß diese ›saugend‹ aufgenommen werden« (F. VESTER a.a.O.).

Damit sind die Erörterungen zu übergeordneten Gesichtspunkten der Methoden-Frage abgeschlossen. In den folgenden Kapiteln werden wir uns einzelnen Unterrichts- bzw. Förderverfahren zuwenden, wobei wir uns zunächst an der von Leontjew beschriebenen Abfolge der dominierenden Tätigkeiten orientieren werden: Perzeptive Tätigkeit in Kapitel 12, Manipulative Tätigkeit in Kapitel 13 und Gegenständliche Tätigkeit in Kapitel 14. Das darauf folgende Kapitel greift über einzelne Tätigkeitsstufen hinaus und beschreibt Entwicklungen aus einer Stufe in (eine) andere hinein, um dann in eine auf Handeln gestützte Annäherung an die entwicklungslogische Optimalform des Projektunterrichts einzumünden.

12   Aufbau einer basalen Handlungsorientierung

12.1   Einleitung

Die nachfolgend erörterten Förderkonzepte beziehen sich in einem weiteren Sinn auf Handlungsorientierung. Einige zielen unmittelbar auf die Schaffung von Wachheit und Aufmerksamkeit wie auf die Verbesserung der kindlichen Wahrnehmungsmöglichkeiten, andere, obwohl unter diesem Anspruch angetreten, scheinen solches geradezu zu verhindern. Auch wenn wir die Wahrnehmungsproblematik vordergründig mit Leontjews »perzeptiver Tätigkeit« in Verbindung bringen, bedeutet dies nicht, daß die folgend erörterten Verfahren und Konzepte ausschließlich an das Lebensalter bis zu vier Monaten gebunden seien. Wahrnehmung, Wahrnehmungsförderung und Schaffung einer grundlegenden Orientierung auf das Handeln hin stellen sich unter Umständen als lebenslange Aufgabe, abhängig nicht vom Lebensalter, sondern von der Entwicklungs- und Lerngeschichte je unterschiedlich beeinträchtigter Individuen und von deren je erreichtem Kompetenzgrad.

Die Verfahren werden in zwei Gruppen geordnet:

- eine Verfahrensgruppe der *Mensch-Mensch-Interaktion*, in welcher der Erwachsene unmittelbar mit den Kind/dem Behinderten tätig wird im Sinne der unmittelbaren Beeinflussung Pfeffers;

- eine Verfahrensgruppe der *Kind-Umwelt-Interaktion*, in welcher der Erwachsene das Kind nicht unmittelbar zu beeinflussen sucht, sondern mittelbar durch das Arrangement und die Bereitstellung einer für anregend erachteten, gestalteten Umgebung.

Innerhalb dieser beiden Gruppen wird versucht, die einzelnen Verfahren/Konzepte nach dem Kriterium der abnehmenden Aufdringlichkeit zu ordnen. Als aufdringlich gelten solche Interventionen wie Umweltgestaltungen, denen sich der Behinderte nicht oder nur mit großen Schwierigkeiten entziehen kann.

12.2 Körperorientierte Konzepte der Mensch-Mensch-Interaktion

Festhalten

Darstellung

Die Festhalte-»Therapie« wurde von Jirina Prekop (1989) für die Arbeit mit autistischen Kindern im deutschen Sprachraum vorgestellt. Der Denkansatz lautet in etwa: Die Kontaktverweigerung durch autistische Kinder ist Ausdruck einer emotionalen Mangelsituation bzw. verstärkt diese. Diese emotionale Mangelsituation sei durch intensiven Körperkontakt, auch gegen den Willen des betroffenen Kindes, zu überwinden. Hierzu wird das Kind von einer Bezugsperson – in der Regel wohl wieder die Mutter, wenn wir Martha Welch (1996) folgen, – so lange unter Einsatz aller körperlichen Kräfte am Körper festgehalten (z. B. Sitzen auf dem Schoß), bis sein Widerstand erlahmt oder dem Festhalter die Kräfte schwinden. Dabei soll die Mutter das Kind »hautnah, von Angesicht zu Angesicht, von Herz zu Herz [...] mit allen Sinnen [...] spüren, seine emotionale Lage [...] erfühlen«. Dies sei, so Prekop, »die Grundlage für das Einfühlungsvermögen« (1996, 7). Tinbergen beklagt, daß die Welchsche Methode des forced holding »immer noch größtenteils von der schulmedizinischen Psychiatrie ignoriert« (TINBERGEN 1996, 10) werde, wo doch nach Welch »forced« gehaltene Kinder »weniger anstrengend oder ängstlich« würden, »mehr Selbstvertrauen und Motivation« entwickelten, »weniger Anlässe zur Bestrafung« gäben, »mehr Gefühl« zeigten und sogar mit ihren Geschwistern weniger streiten würden, überhaupt die Halte-Methode »eine wirksame Behandlungsform bei kindlichen Störungen, von den leichtesten bis zu den schwersten« (WELCH 1996, 16) sei. Diese »wirksame« Methode fordert allerdings von der Mutter den »beharrliche[n] Einsatz ihrer Kräfte« und führt »zu einem für beide Seiten verzweifelten Kampf« (WELCH 1996, 17).

Diskussion

Die grundlegende Annahme, durch dieses Festhalten sei ein emotionaler Mangel zu überwinden, hält Susanne Dank für eine »unbewiesene Schlußfolgerung« (DANK 1993, 5), solches Vorgehen des Therapeuten für aufdringlich und den gesamten Ansatz für »sehr unseriös«. Noch drastischer äußert sich Feuser, der bei Anwendung der »Festhalte-Therapie« von einem »an die Grenze der [...] Perversität reichenden pädago-gisch-therapeutischen Mißbrauch dieses Personenkreises« spricht (FEU-SER 1989, 23). Während Janzowski, Klein und Schmäh die Haltetherapie durchaus freundlich besprechen (1990, 859), ist das Urteil von Störmer und Kischkel vernichtend. Letztere kritisieren insbesondere »die bedin-gungslose physische Unterordnung des Kindes unter die Mutter« (1988, 328) als »Rechtfertigungsversuch [...] der Gewalt« (1988, 330) unter der politischen Ideologie der Opposition »gegen Liberalität als Erziehungs-ziel und Geisteshaltung« (1988, 332). Wissenschaftliche Kritik stützen Störmer und Kischkel auf Verkürzungen der Zitation bei Prekop, der Herauslösung der Methode aus Lebens- und Bedürfniszusammenhängen von Kindern (1988, 329) und auf die »hilflosen Denkfiguren« (1988, 330) der Begründungsversuche bei Welch und Prekop. In diesem Zusammen-hang beschreibt Susanne Dank Kriterien zur Beurteilung solcher Verfah-ren als »Gütesiegel«: »Die Gütesiegel eines brauchbaren Konzeptes in der Arbeit mit Schwerstbehinderten sind letztlich die »eingebaute« For-derung nach permanenter Reflexion der angewandten Maßnahmen in bezug auf die Befindlichkeit des Kindes sowie die Offenheit des Förder-ansatzes für Revisionen und Korrekturen. Diese Kriterien werden beim Festhalten leider nicht einmal ansatzweise erfüllt« (DANK 1993, 5).

Basale Kommunikation

Darstellung

Basale Kommunikation spricht nach Mall (1984) tiefere Schichten der Persönlichkeit an. Sie zielt letztendlich auf die Herstellung einer Bezie-hung. Hierzu sollen Erfahrungen vermittelt werden wie Verständnis, Angenommensein, Interesse. Gleichzeitig sollen Angst, Unverständnis, Verspannung und Panik abgebaut werden. Damit ist basale Kommunika-tion nur indirekt eine Fördermethode. Sie zielt nicht unmittelbar auf eine Veränderung der Persönlichkeit ab, kann jedoch die Voraussetzungen für den Beginn einer Therapie schaffen, denn jede therapeutische Bemühung ist auf eine gute wechselseitige Beziehung angewiesen. Mall spricht sei-nem Konzept der Basalen Kommunikation ausdrücklich erhebliche kreative und spielerische Elemente zu. Das wiederum heißt, daß man sich nicht an einen streng systematischen Ablauf irgendwelcher Prozesse halten sollte, sondern stets offen zu bleiben hat für eigenes Spüren und

Suchen, sich stets immer wieder auf die individuelle und momentane Situation des Kindes einzustellen hat.

Zur Durchführung seiner basalen Kommunikation gibt Mall folgende Hinweise, die im folgenden nach der Zusammenfassung von Gruszka zitiert werden:

»- In einer störungsfreien Zeit in einem möglichst dunklen Raum mit dem Partner sitzen, so daß er mit dem Rücken an mich gelehnt ist.
- Leise und ruhig sprechen.
- Keinen Blickkontakt erzwingen.
- Sich in den Atemrhythmus einfühlen, die Hände auf den Bauch des Partners legen, die Ausatmung hörbar machen.
- Nachahmung der Ausdruckselemente des Partners (Ausatmung, Töne, Geräusche, Bewegungen).
- Versuchen, sie zu variieren.
- Körperkontakt versuchen, über Körperteile streichen.
- Leichtes Bewegen bzw. Rütteln von Körperteilen zwecks Entspannung.
- Mit Abwehr des Partners flexibel umgehen (auch kurz loslassen können und neu versuchen), dabei liebevolle Aufdringlichkeit.
- Das Ende der Sitzung selbst bestimmen« (GRUSZKA 1992, 425 – 426).

Mit dem Begriff der »liebevollen Aufdringlichkeit« bezeichnet Mall das Grundprinzip seines Vorgehens. Dazu gehört auch, das Kind zur Not selbst auf der Matte festzuhalten, auch unter Einsatz erheblicher körperlicher Kräfte. Im weiteren Vorgehen ähnelt das Verfahren dem Aufbau von Verhaltensketten (chaining), wie es in der klassischen behavioristischen Verhaltenstherapie beschrieben wird. Dabei sollen durchaus materielle Verstärker (z. B. Eßwaren) eingesetzt und später durch soziale Verstärker (z. B. Lächeln, Streicheln) abgelöst werden. Schließlich können auch einfache Gesten als Verstärker eingesetzt werden.

Mall berichtet folgende Veränderungen, die bereits nach wenigen Wochen basaler Kommunikation eingetreten seien:

»- Rückgang von Problemverhalten wie Aggressionen, Selbstverletzungen, Toben;
- größere Offenheit für sozialen Kontakt, zum Teil vermehrtes, aktives Suchen nach Zuwendung und Körperkontakt;

- größeres Interesse auch an der gegenständlichen Umwelt;
- größere Toleranz für schwierige Erfahrungen (räumliche oder personelle Veränderungen, Krankheit, klimatische Veränderungen, usw.);
- entspannteres, gelösteres Verhalten mit einhergehender Verbesserung von Motorik, Gleichgewichtskontrolle, usw.« (MALL 1984, 14).

Erst wenn auf diese Weise eine zwischenmenschliche Beziehung zwischen Erwachsenen und Kind aufgebaut ist, kann als nächstes therapeutisches Ziel der Aufbau von kommunikativem Verhalten oder von Blickkontakt angegangen werden.

Diskussion

Ausdrücklich weist Mall darauf hin, daß Basale Kommunikation »nicht die Heilung der Behinderung zum Ziel« hat, sondern die »Heilung« der Beziehung des Betreuers/Erziehers zu seinem behinderten Partner. Basale Kommunikation stellt »Kommunikationsmittel zur Verfügung auf einer Ebene, für die wir gemeinhin keine Kommunikationsmittel mehr kennen«. Dabei bewegt sie sich »im vorbewußten Gebiet und darf nicht vom Verstand kontrolliert werden« (MALL 1984, 15).

Basale Stimulation

Darstellung

Das Konzept der Basalen Stimulation wurde von Andreas Fröhlich in seinem »Schulversuch zur schulischen Förderung schwerstkörperbehinderter Kinder« in Landau (Pfalz) entwickelt. Er definiert: »Basale Stimulation ist der pädagogisch-therapeutische Versuch, Menschen mit schwersten Behinderungsformen Angebote für ihre persönliche Entwicklung zu machen. Mit dem begrifflichen Bestandteil ›basal‹ ist gemeint, daß es sich um elementare, grundlegende Angebote handelt, die in einfachster, vor allem aber voraussetzungsloser Form dargeboten werden« (FRÖHLICH 1992, 20; zit. n. THEUNISSEN 1995, 147; ausführlicher beschrieben bei FRÖHLICH 1991, 135).

Das Ausmaß der so definierten schwersten Behinderung wurde mit einem Entwicklungsalter von höchstens zwölf Monaten festgelegt (FRÖHLICH, HAUPT 1992, 6; abweichend von anderen Äußerungen mit einer Grenzziehung zwischen sechs und acht Monaten). Dies entspricht den Zeitangaben für die perzeptive und manipulierende Tätigkeit bei Leontjew. Ähnlich wie Mall geht Fröhlich davon aus, daß der menschliche

Körper das wesentliche Kommunikationsinstrument sei. Stimulation meint hierbei ganz wörtlich das Herantragen von Reizen an den Behinderten von außen, durch den Lehrer, die Erzieherin, den Therapeuten. Dieses Herantragen von Reizen kann in außerordentlich vielfältiger Weise geschehen. Eine durchgängig gültige Methode oder Vorgehensweise wird nicht mitgeteilt, vielmehr wird auf die Notwendigkeit abgehoben, Reizangebot, Art der Reizvermittlung, Dauer und Umfang auf die Notwendigkeit und Möglichkeit des einzelnen Kindes abzustellen. Folgende Förderangebote werden beschrieben:

- Sensorischer Input in allen sensorischen Bereichen bei extremen Wahrnehmungsdefiziten und -störungen;
- psychomotorische Arbeitsformen zur Anregung;
- Stimulationsangebote zum Abbau von Stereotypien;
- Aufbau grundlegender motorischer Schemata und deren Differenzierung;
- Aufbau einfachster, grundlegender Kommunikationsformen, z. B. durch»Baby-talk«;
- Verbesserung der Nahrungsaufnahme.

Als Arbeitsmittel werden hierbei allerlei Dinge eingesetzt, die der Vermittlung somatischer, vestibulärer, auditiver, visueller, Geruchs- und Geschmacksempfindungen dienen können: »Weiche Stoffe, Fell, Fön, Hängematte, Vibratoren, Physioball, Matte, Schaukel, Gymnastikrolle, Höhle, Geruchsdosen, Taschenlampe, Radio, Lautsprecher, Trommel, Mobiles, Rasseln, Naturmaterialien wie Sand, Wasser, u.a.m.« (THEUNISSEN 1995, 148).

Weiterentwicklungen

Fröhlich hat dieses Konzept der Basalen Stimulation weiterentwickelt, weil in der Arbeit mit schwerstbehinderten Schülern eine Neugewichtung und Erweiterung der Förderinhalte notwendig wurde, sobald die einzelnen Kinder ein etwa halbjähriges Entwicklungsalter erreicht hatten. Diese Weiterentwicklung, die auch in Richtung zu einem basalen Lernen in Alltagssituationen geht, findet sich als *»integriertes Lernen«* bei Haupt und Fröhlich. Durch diese Erweiterung verliert das Konzept der Basalen Stimulation den Charakter des isolierten Funktionstrainings. Es schenkt dem kommunikativen Dialog stärkere Beachtung.

Auch wurde Fröhlichs Konzept der Basalen Stimulation in die Krankenpflege übertragen, insbesondere »bei beatmeten, desorientierten, somno-
lenten Patienten, die keine Reaktionen zeigten« (BIENSTEIN 1994, 5) und
wird inzwischen auch in der pflegerischen Fachliteratur beschrieben
(z. B. MALETZKI, STEGMAYER 1998, 66 – 67). Bienstein berichtet über
Erfahrungen auch mit bewußtlosen, beatmeten Patienten, Hemiplegiepa-
tienten, Alzheimerpatienten und Apallikern. Die Zustandsverbesserun-
gen bei apallischen Patienten sind, wie Bienstein und Fröhlich berichten,
dann eher, schneller und weitreichender eingetreten, wenn die zugeführ-
ten Reize auch als gesprochene Sprache gegeben wurden, und zwar von
nahen, eng vertrauten Angehörigen, von Menschen also, zu denen der
bewußtlose Patient eine lange, intensive und emotional stabile Beziehung
gehabt hat. Halten wir fest: *Die therapeutische, fördernde und damit
auch pädagogische Wirkung entfaltet sich mit der Intensität einer Beziehung.* Der konkret gefragte einzelne Mensch ist nicht durch einen anderen Menschen zu ersetzen, nicht durch eine Gruppe von Menschen im
Schichtwechseldienst, und erst recht nicht durch eine vollautomatische
Stimulationsmaschine. Dabei geht Bienstein von einer unbedingten
Fremdaktivität aus: »Eine völlig falsche Annahme ist es, wenn davon
ausgegangen wird, daß *der Patient zuerst von sich allein aus Reaktionen
zeigen soll.* [...] *Wenn wir Reaktionsfähigkeit nicht fördern, kann der Patient nicht reagieren«* (BIENSTEIN 1994, H.i.O. gefettet).

Diskussion

Theunissen hält Basale Stimulation für »eines der wichtigsten Konzepte
im Rahmen der Arbeit mit geistig schwerst- und mehrfachbehinderten
Menschen« (THEUNISSEN 1995, 149), welches durch Fröhlichs Weiterentwicklung den Charakter des isolierten Funktionstrainings inzwischen
verloren hat und dem kommunikativen Dialog stärkere Beachtung
schenkt. Basale Stimulation trägt zur Handlungsorientierung und zur
Handlungsmotivation bei, insoweit die Wahrnehmung der Kinder verbessert wird, fordert aber vom Erzieher ein unmittelbares Herantragen
von Stimuli an die behinderte Person.

Förderpflege, Aktivierende Pflege

Darstellung

Beide Begriffe bezeichnen einen Arbeitsansatz, der erforderliche alltägliche Verrichtungen in den Dienst der Aktivierung des kranken bzw. behinderten Menschen stellt. Diese aus der medizinischen Notwendigkeit bei pflegeabhängigen bzw. apallischen Patienten entstandenen Arbeitsansätze haben inzwischen im Bereich der Krankenpflege einige Beachtung und Verbreitung gefunden (vgl. GRÖSCHKE 1989). Fröhlich sieht dabei die Übernahme seines Konzeptes der »Basalen Stimulation« im Mittelpunkt (FRÖHLICH 1995, 319) und stellt zusammen mit Christel Bienstein vielfältige Anregungen vor (BIENSTEIN, FRÖHLICH 1994).

Breitinger und Fischer halten die Pflegebedürftigkeit geradezu für ein Kennzeichen intensiver geistiger Behinderung (1993, 109), wobei dem Lehrer die aktive, gebende Rolle zufällt und dem gepflegten Schüler die passive, annehmende Rolle. Fröhlich macht allerdings darauf aufmerksam, »daß sich pädagogische Fachkräfte durch intensive Pflegemaßnahmen in hohem Maße verunsichert fühlen« (FRÖHLICH 1995, 318). Breitinger und Fischer beschreiben dabei drei Aspekte des Pflegeaktes:

1. Pflegeakte sind Antworten auf Situationen.

   Als Beispiel mag das klassische Windelwechseln gelten: Die Windel wird gewechselt, wenn sie naß ist. Insoweit reagiert der Pfleger auf eine gegebene Situation, »ohne die Ursache überwinden zu können« (BREITINGER, FISCHER 1993, 110).

2. Mit dem Pflegeakt werden weiterreichende Ziele verfolgt, z. B. wird

   - durch hygienische Maßnahmen einer Krankheit vorgebeugt,
   - durch die Durchführung medizinischer Maßnahmen ein Heilungsprozeß unterstützt,
   - durch gesunde Ernährung der Körper vor weiterem Schaden bewahrt,
   - durch die Interaktion während der Pflegehandlung »das menschliche Zusammenleben erleichtert« (BREITINGER, FISCHER 1993, 111),

   insgesamt das Leben bereichert.

3. Die Autoren weisen aber auch darauf hin, daß Pflegeakte die zwischenmenschliche Kommunikation erschweren können. Dies sehen sie besonders bei Intensivbehinderten, deren Möglichkeiten zur akti-

ven Mitarbeit bei der Pflegehandlung und zur Kommunikation während der Pflegehandlung ohnehin außerordentlich eingeschränkt sind. In dieser Einschränkung sehen sie die Gefahr, daß auch ein pädagogisches Pflegen »zu einem mechanisch-technisierten Behandeln« (BREITINGER, FISCHER 1993, 112) absinkt.

Auch weisen Breitinger und Fischer auf die Notwendigkeit hin, sich die zur Durchführung von Pflegehandlungen erforderlichen Fachkenntnisse anzueignen.

Pflegehandlungen schreiben Breitinger und Fischer eine innere Perspektive in ihrer Kontinuität zu: »Sie dienen augenblicklich zur Verbesserung ihres aktuellen Zustandes, streben aber dennoch Langzeitwirkung an« (1993, 120), wofür folgende Ziele gelten:

»- mehr Selbständigkeit,

- mehr und gesteuerte Aktivität,

- mehr Lockerheit für die gesamte Person,

- mehr Kommunikationsbedürfnis und -bereitschaft,

- mehr Kultivierung von Lebensäußerungen und Lebenstätigkeiten,

- mehr Wahrnehmungstüchtigkeit,

- mehr und präzisiere Umwelteindrücke« (BREITINGER, FISCHER 1993, 120).

Einer gut durchgeführten Pflege sprechen Breitinger und Fischer die Funktion zu, zur Kommunikation anzuregen, »wie sie auch zum Mittun auffordert. Pflege in diesem Sinne vermittelt gezielte Eindrücke von der Umwelt und läßt Handlungen als Handlungsketten – in einer rhythmisierten Abfolge – erleben. Damit werden erste Eindrücke von Zeit hervorgerufen, erste Gewohnheiten angebahnt und vielleicht auch Verlangen geweckt, Pflegebedürfnisse zugunsten eigener Selbststeuerung und einem Selbst-Tun aufzugeben. So verstanden führt Pflege zum Leben hin« (BREITINGER, FISCHER 1993, 120).

Insoweit decken sich die von Breitinger und Fischer vorgenommenen pflegerischen Akzentuierungen mit den pädagogischen Akzentuierungen der konventionellen Kranken-, Alten- und Behindertenpflege.

Krankengymnastische Behandlung

Zur pädagogischen Verortung

Es ist unstrittig, daß auch die krankengymnastische Behandlung innerhalb der Erziehung Geistigbehinderter einen hohen Stellenwert hat. Unstrittig ist auch, daß die krankengymnastische Behandlung nur durch hierfür speziell ausgebildete Fachkräfte durchgeführt werden darf. Strittig ist jedoch seit jeher, ob sie isoliert neben dem sonstigen schulischen Unterricht herläuft – was als nicht sinnvoll empfunden wird –, oder ob sie in das Gesamtkonzept der schulischen Förderung einbezogen werden soll – was allgemein als notwendig und sinnvoll erachtet wird. Eine solche Integration scheitert jedoch in solchen Fällen in der Regel am Zeitmangel, in denen die Behandlung durch niedergelassene Krankengymnast(inn)en mit eigener Praxis durchgeführt wird, welche lediglich zur Durchführung der Behandlung und zur Entgegennahme der ärztlichen Verordnung in die Schule kommen. Günstiger und pädagogisch fruchtbarer, damit wünschenswerter, ist die krankengymnastische Behandlung durch Fachkräfte, welche wie die Lehrkräfte an der jeweiligen Schule angestellt sind. In solchen Fällen ergeben sich wesentlich verbesserte Möglichkeiten der Kooperation (vgl. BACH 1979b; PITSCH 1975) und der Feinabstimmung der therapeutischen, erzieherischen und schulischen Inhalte wie Methoden.

Grundsätzlich gilt wie bei der Förderpflege: Therapie und Pädagogik sind dann besonders hilfreich, wenn sie in einem integrierten Zusammenhang angeboten werden.

Methoden

Bobath

Der pädagogisch fruchtbare Kern der Behandlung nach Bobath besteht nach Aly darin, daß Eltern darin eingewiesen werden,

- »wie sie ihren Säugling langsam und vorsichtig aus der Rückenlage über die Drehung auf die Seite unter Einbeziehung des Kopfes hochnehmen können,

- wie sie ihren Säugling beim An- und Auskleiden langsam über die Seite auf den Bauch drehen können, so daß es ihm angenehm ist,

- wie sie ihren Säugling mit gespreizten Beinen und stabil gehaltenem Rumpf sicher tragen können, so daß er sich nicht verspannen muß,

• daß alle Übergänge von einer Position zur anderen mit kleinen fließenden Drehbewegungen eingeleitet werden« (ALY 1998, 130). Dabei handelt es sich um Bewegungen, wie sie im Alltag auftreten bzw. auftreten sollten, deren »therapeutisch günstigere(.) Abfolge« (ALY 1998, 130) den Eltern vermittelt wird. Dieses Handling benötigen nach Aly Kinder mit Entwicklungsverzögerungen ebenso wenig wie Kinder mit Down-Syndrom und damit assoziierten Entwicklungsverzögerungen »und rein körperlichen Behinderungen« (ALY a.a.O.). Bei solchen Problemlagen sei ein therapeutisches Handling nach Bobath »künstlich und überflüssig« und könne, obwohl es sich um eine »eher sanfte Technik« handele, »durchaus Schaden anrichten« (ALY a.a.O.). Sinnvoll erachtet Aly diese Behandlung dann, wenn sie flexibel erfolgt und sich auf »eine zurückhaltende und individuelle therapeutische Begleitung sensomotorischer Probleme« (ALY 1998, 131) beschränkt sowie die pflegerischen Aspekte beachtet.

Vojta

Dieses Konzept ist in unserem Zusammenhang nur insoweit von Interesse, als Eltern regelmäßig von Schmerzen, Schreien, Abwehr und Angst ihrer Kinder berichten, was auch durch Jacobi, Riepert, Kieslich und Bohl bestätigt wird (2001, 573). Darüber hinaus wirft Aly dieser Methode vor, daß ihr genereller Nutzen wissenschaftlich durchaus »nicht bewiesen« sei und sie häufig »ohne wirklichen Grund verschrieben« (1998, 131) werde.

Doman

Vor der Methode Doman warnte selbst die US-amerikanische Ärzteschaft, die dem Verfahren jeglichen therapeutischen Nutzen abspricht (vgl. ALY 1998, 135). Die Methode gilt als gewalttätig und erfordert den Einsatz von vier bis fünf Erwachsenen, um ein Kind zu bewegen oder es an den Füßen aufzuhängen.

Kozijawkin

Kozijawkin betreibt eine regelrechte Wallfahrtsstätte in der Ukraine, in der mittels Einspritzungen von Bienengift, Akupressur und Manualtherapie solche Wirbelsäulenblockierungen gelockert werden sollen, die einer Cerebralparese assoziiert sind. In der Tat sind »eine vorübergehende Normalisierung des Muskeltonus, eine Aktivierung der Durchblutung und dadurch eine Verbesserung des verspannten Gewebes« (ALY 1998,

137) zu beobachten, Effekte, die allerdings wenige Wochen nach der Behandlung wieder verschwinden.

Petö

Die konduktive Therapie nach Petö darf inzwischen als bekannt gelten. Trotz ihres ganzheitlichen Ansatzes kritisiert Aly deren Unverträglichkeit mit dem Integrationsgedanken und den »gelegentlich fast militärisch anmutenden Drill«, regt aber auch an, »die von Petö gut durchdachten Möbel in den Kindergartenalltag zu integrieren, damit die Kinder inmitten der Normalität lernen können, selbständiger zu werden« (ALY 1998, 138).

Sensorische Integration

Darstellung

Das Konzept der Sensorischen Integration geht auf A. Jean Ayres zurück und wendet sich an Kinder und Jugendliche mit Entwicklungsverzögerungen und Wahrnehmungsstörungen sowie an Geistigbehinderte mit auffälligem, insbesondere autistischem Verhalten, welches auf Störungen der Wahrnehmungsverarbeitung zurückgeführt wird. Sensorische Integration meint den »Prozeß des Ordnens und Verarbeitens sinnlicher Eindrücke (sensorischen Inputs), so daß das Gehirn eine brauchbare Körperreaktion und ebenso sinnvolle Wahrnehmungen, Gefühlsreaktionen und Gedanken erzeugen kann. Die Sensorische Integration sortiert, ordnet und vereint alle sinnlichen Eindrücke des Individuums zu einer vollständigen und umfassenden Hirnfunktion« (AYRES 1992, 37). Um dieses Ziel zu erreichen, wird auf »entwicklungsgeschichtlich frühere« Wahrnehmungs- und Bewegungsmuster zurückgegriffen, um auf diesem Wege Entwicklungsstörungen zu kompensieren und neue Verhaltensweisen aufzubauen.

Jean Ayres weist dem Hirnstamm als dem ältesten Gehirnteil eine besondere Bedeutung zu, »da alle Reize an das Gehirn zunächst über die Nervenbahnen des Hirnstamms (Formatio reticularis) laufen« (THEUNISSEN 1995, 183). Mit dem Hirnstamm bringt Ayres eine breite Palette von Auffälligkeiten in Verbindung wie z. B. Lernstörungen, hyperaktives Verhalten und auffälligen Muskeltonus.

Störungen im Hirnstamm führen nach ihrer Auffassung zu Störungen höherer Hirnareale, weshalb eine Therapie »an der niedrigeren Funktionsebene anzuknüpfen habe« (THEUNISSEN). Insbesondere gelte dies für die taktile, vestibuläre und kinästhetische Wahrnehmung. Solche Wahrnehmungsstörungen werden als Störungen der sensorischen Integration betrachtet. Zur Therapie dient dann ein breites Angebot zur taktilen, vestibulären und kinsästhetischen Stimulation, wofür »ein speziell eingerichteter, möglichst großer Therapieraum vorgeschlagen« (THEUNISSEN 1995, 184) wird. Dieses Angebot besteht aus einem »Rahmenkonzept mit immer wiederkehrenden Elementen und Prinzipien (z. B. ein zehnminütiges Schaukelangebot, das drei Wochen lang täglich durchgeführt wird)« (THEUNISSEN a.a.O.). Vielfältige Übungsanregungen stellen Brand, Breitenbach und Maisel (1995) vor.

Diskussion

Das Konzept des Sensorischen Integration hat inzwischen weite Verbreitung gefunden, ganz besonders auch in der Ausbildung von Ergotherapeuten und bringt sicherlich »Erfolge in bezug auf Abbau selbststimulierenden Verhaltens, autistischer sowie autoaggressiver Verhaltensweisen« (THEUNISSEN 1995, 185). Theunissen hält das Konzept für »eine Art Basistherapie« und warnt ausdrücklich »vor einer Überschätzung des Verfahrens« (a.a.O.). Kritik richtet sich vor allem gegen die Überbewertung des Hirnstamms, bei der die beeinflussenden und kompensierenden Fähigkeiten höherer Hirnareale übersehen werden. Das Konzept der funktionellen Systeme von Lurija (1995) geht von der untrennbaren Beteiligung aller Hirnteile an menschlichem Verhalten aus, somit von einem komplexeren Zusammenfunktionieren, welches das analytische, diagnostische und therapeutische Herausisolieren eines einzigen Bereichs obsolet macht. Die bei Ayres (1992) wie bei Brand, Breitenbach und Maisel (1995) vorgeschlagenen Übungen können dennoch im Sinne einer Basisförderung sinnvoll und nützlich sein.

Passive Lernangebote

Darstellung

Das passive Lernangebot (D. FISCHER 1994) soll einem Kind Empfindungen, Eindrücke, Materialien zu Vorstellungen wie auch gezielte Anlässe zum Reagieren und Agieren anbieten. Der Lehrer vermittelt hierbei *input.*

Ein Lernen durch ein passives Lernangebot berücksichtigt insbesondere solche Schüler, die zum »eigentlichen« Lernen noch nicht in der Lage sind. Dieses Lernangebot will solchen Inhalten gerecht werden, die vorwiegend passiv aufgenommen werden können. Die Zielsetzung der Veränderung beim Schüler durch pädagogische Anforderungen ist hierbei nachrangig. Das passive Lernangebot liefert nach D. Fischer (1994) dem Schüler Umweltreize in einer für ihn faßbaren Form, vermittelt Erlebnisse und Empfindungen und bietet situationsbezogene Sinnes- und Entwicklungsreize an. Zunächst wird der Schüler passiv konsumieren. Erst – zum Teil wesentlich – später erfolgt ein Reagieren und Agieren. Adressaten für das passive Lernangebot sind Intensiv-Geistigbehinderte (sensu Speck) jeder Altersgruppe und kognitiv beeinträchtigte Kleinstkinder.

Beispiel

Für die Planung und Durchführung eines solchen passiven Lernangebots gibt D. Fischer (1994, 119 – 121) ein Beispiel an, welches wir mit freundlicher Genehmigung des Verfassers in einem Ausschnitt vorstellen:

»1. Vorbemerkungen

Lernabsicht:	Die Kinder sollen in Einzelsituationen durch verschiedene Anlässe die Veränderung ihrer Körperlage erleben und sich u. U. bei kritischen Situationen reflexhaft abstützen.
Lernfeld:	Aktivierungs- bzw. Erlebnisfeld (I und II)
Lernvorausset -zungen:	Die entsprechenden Kinder müssen in der Lage sein zu sitzen, eventuell sich auch hinsetzen zu können und mit der Zeit auch ihren Sitz zu sichern.
Lernsituation:	Einzelarbeit – aber in der Gruppe (zwei Bezugspersonen).
Lernmaterial:	Schaumstoffkissen/Sitzpolster, Tische und Stühle, eventuell Musik vom Kassettenrecorder.
Lernzeit:	Über mehrere Tage hinweg – in einem bestimmten Rhythmus immer wieder.

2. Grobplanung:

Situation I	Kontaktaufnahme:	Kinder sitzen auf dem Schoß des Pädagogen.
Situation II	Übertragungsphase:	Kinder sitzen auf Schaumstoffkissen.
Situation III	Anwendungs-Erlebnis-Phase:	Kinder sitzen auf den Stühlen.
Situation IV	Reaktionsphase:	Kinder sitzen auf den Stühlen.
Situation V	Abschlußphase:	Kinder sitzen am Tisch.

3. Plan der Durchführung

Situation I   Die Kinder werden der Reihe nach auf den Schoß des Lehrers gesetzt,
a) Gesicht nach vorne,
b) Gesicht zum Lehrer.
Der Lehrer bewegt sich bzw. seine Beine, so daß das Kind langsam
zum Mitschaukeln gebracht wird.

Dabei kann eine Leiermelodie gesungen/gesummt werden; das
Kind soll die Veränderung der Körperlage erfahren, es als ange-
nehm empfinden, mit dem Körper des Lehrers mitschwingen ...
Körperkontakt spüren, sich sicher fühlen ...

Der Lehrer verursacht Kippbewegungen, so daß das Kind Schutz-
oder Klammerreaktionen auslösen muß. Die Hände des Lehrers
werden das Kind am Rücken gewissermaßen abstützen, aber doch
nur sehr sacht.

Die Aktionen sind mit Sprache oder einem gleichbleibenden Laut/
Wort zu begleiten.

Durch immer neue Wiederholungen sollen sich Lustgefühle einstellen, das Kind soll genießen, erwarten, in neue Lagen gebracht werden.

Als Basis muß die Zuwendung von Erzieher/Lehrer zum Kind un-
angetastet bleiben, immer wieder bestätigt werden.

Situation II   Kinder sitzen auf Schaumstoffpolstern.

Lehrer sitzt vor ihnen, dann an der Seite, dann hinter ihnen.

Er versucht, das Polster durch Drücken immer wieder so zu verändern, daß sich auch für das Kind eine veränderte Sitzlage ergibt.

In einigen Fällen können die Hände des Kindes mit »benützt« werden, indem diese sich am Drücken beteiligen. Das Tun muß so akzentuiert und deutlich geschehen, für das Kind angekündigt werden, so daß es sich allmählich auf einen gewissen Rhythmus einstellen kann.

Es ist außerdem darauf zu achten, daß zwischen den einzelnen Be-
wegungssituationen immer wieder Ruhephasen eingeschaltet werden.

In diesen kann man das Kind nur streicheln, nur hinlegen, leise mit
ihm reden, eine ganz bestimmte Musik immer wieder zum Erklin-
gen bringen usw.

[...] Es lassen sich noch weitere Situationen dazwischenschalten; dies ist
jedoch abhängig von dem Vermögen der Kinder und ihrer Leistungsfähigkeit« (D. FISCHER 1994, 119 – 121; gekürzt).

Diskussion

Dieses Konzept zeigt deutliche Ähnlichkeiten mit dem der »Basalen
Kommunikation« von Mall, ist jedoch etwas stärker in Richtung einer

kognitiven Aktivierung der Kinder orientiert. Deutlich wird dies in der Aufforderung, die Aktionen sprachlich zu begleiten und Veränderungen dem Kind vorher anzukündigen. Solche Signale dienen auch dazu, Aufmerksamkeit zu erzeugen und damit den Grad der Bewußtheit anzuheben.

12.3 Sensorisch orientierte Konzepte der Kind-Umwelt-Interaktion

Pränatalraum-Musiktherapie

Darstellung

Dieses Arrangement zielt wie Snoezelen auf geistig schwerst- und mehrfachbehinderte Menschen. Von ihren Vertretern wird Pränatalraum-Musiktherapie als ein multisensorieller Förderansatz gesehen, der den gesamten Organismus insbesondere über die vestibulär-cochleare-Stimulation aktiviere. Der gleichzeitige Einsatz biodynamischer Techniken wie Massage und Atmungssteuerung rege die funktionale Aufmerksamkeit an. Als Ziel dieser »Therapie« gilt die »Wiederherstellung, Erhaltung und Verbesserung seelischer und körperlicher Gesundheit« (VOGEL 1988, 5; nach THEUNISSEN 1995, 166).

Pränatalraum-Musiktherapie benötigt ein temperiertes Wasserbett unter einer Stoffkuppel mit rötlich gedämpftem Licht. Das Wasserbett ist mit einem Vibrationssystem verbunden, durch welches Musik und Sprache in Vibrationen umgesetzt werden kann, wobei gleichzeitig der Klang erhalten wird.

Die theoretischen Quellen finden sich in der pränatalen Psychologie nach Tomatis (1990), nach der das Hörorgan ab etwa der 25. Schwangerschaftswoche funktionsfähig und das Ungeborene in der Lage ist, »Reize wahrzunehmen, zu verarbeiten und zu speichern« (THEUNISSEN 1995, 166). Wesentlich dabei ist die enge Kopplung des Hörorgans mit dem Gleichgewichtsorgan. »Ein akustischer Reiz wirkt über das Gleichgewichtssystem im Mittelohr auf den ganzen Körper. Das Vestibularsystem bildet die Basis der organischen Strukturen, alles fängt sozusagen im Ohr an« (SCHNELL 1992, 35f.; nach THEUNISSEN 1995, 167). Ebenso vestibulär stimulierend sind die Schaukelbewegungen auf dem Wasserbett. Methodische Vorgehensweisen sind beschrieben worden und bei Theunissen (1995, 168) zusammengefaßt.

Diskussion

Insbesondere der theoretischen Begründung wirft Theunissen vor, »höchst spekulativ« zu sein und, new age-Modewellen folgend, einem »neuen Kult der Innerlichkeit und der Gefühle« (1995, 169) zu entspringen. Die durchaus nützliche Arbeit mit Wasserbett und Musik könne auch modeerscheinungsfrei auf einfachere Weise begründet werden. Schließlich könne von einer »heilenden Wirkung« kaum die Rede sein. Theunissen weist auch auf den weiteren Widerspruch hin, daß das Hineinversetzen in den »Pränatalraum dem Zusammenhang von Individuum und Lebenswelt in keiner Weise gerecht wird. Was nutzt es einem behinderten Menschen, wenn er im Pränatalraum Geborgenheit findet, die ihm sein Lebensalltag nicht bietet. Der Widerspruch zwischen Therapie und Alltag ist eklatant« (THEUNISSEN 1995, 170). Pränatalraum-Musiktherapie führt nicht zu einer verbesserten Beherrschung der Lebenswirklichkeit durch den Behinderten.

Snoezelen

Darstellung

Eines der heftig umstrittenen Konzepte ist das des Snoezelen. »Snoezelen ist ein Freizeitangebot für Schwerstbehinderte, bei dem sie ruhig werden und zu sich selbst finden können« (HULSEGGE, VERHEUL 1997, 10; vgl. auch TEUNISSEN 1995, 150; ZIMMER 1997, 190), dem keine geschlossene Theorie zugrunde liegt. »Snoezelen« heißt soviel wie »Dösen, Schlummern, Schnuppern, Schnüffeln, sich Wohlfühlen« (TEUNISSEN 1995, 150) und basiert auf dem körperlichen Erleben und auf der Aufnahme unterschiedlicher visueller, akustischer, taktiler und kinästhetisch-vestibulärer Stimuli. Snoezelen zielt auf geistig schwerst- und mehrfachbehinderte Menschen, denen außerhalb des üblichen Wohnheimrahmens Räume zur Verfügung gestellt werden können, »in denen sie ganz selbst sein dürfen und zu sich selber finden könnten« (THEUNISSEN 1995, 151).

Grundlegend ist für Hulsegge und Verheul (1997), daß viele Behinderte trotz schwerer zerebraler Beeinträchtigung doch zu tiefen sinnlichen Erfahrungen fähig sind. Durch die grundlegenden Anregungen der Sinne soll versucht werden, neue Zugangsweisen zur Welt für die Menschen ausfindig zu machen, die aufgrund ihrer schweren geistigen Behinderung sich meist nicht selber äußern und sich sensorische Informationen nicht selbst beschaffen können. So verstehen Hulsegge und Verheul unter Snoezelen »das bewußt ausgewählte Anbieten von Reizen in einer angenehmen Atmosphäre. Snoezelen ist eine Form primärer Aktivierung schwer geistig behinderter Menschen, vor allem auf sinnliche Wahrnehmung und sinnliche Erfahrung gerichtet, mit Hilfe von Licht, Geräuschen, Gefühlen, Gerüchen und dem Geschmackssinn« (HULSEGGE, VERHEUL 1997, 36).

Die für Snoezelen eingerichteten Räume können innerhalb einer Wohngruppe integriert sein (Mini-Snoezelen) oder auch eine gesamte Abteilung innerhalb einer Einrichtung darstellen (Maxi-Snoezelen). Zur Einrichtung gehören in der Regel Wasserbett mit Baldachin, Bällchenbad, Tastobjekte, Lichtfußboden, Verstärkeranlage mit Lautsprechern und Mikrophon, Vibrationseinrichtungen, Riechobjekte, Klang- und Geräuschobjekte, Verdunkelungsmöglichkeiten, Möglichkeiten zur Dämpfung des Lichtes (Dimmer), beruhigende Hintergrundmusik, Spiegelkugel mit Scheinwerfer, Fiberglasleuchten, flüssigkeitsgefüllte Säulen mit aufsteigenden Blasen, Leuchtfäden u. v. a. m..
Zur Aufnahme von Stimuli in einem Snoezelen-Raum gibt es keine verbindliche Methode. Jeder Behinderte (und natürlich auch deren Erzieher/Betreuer) wählt sein Angebot selbst aus und bestimmt auch die Dauer des Aufenthaltes in Situationen, die dem Betroffenen angepaßt sind. Snoezelen geht nach dieser Auffassung von einer *ganzheitlichen Sichtweise* in der Arbeit mit behinderten Menschen aus.
Die Motivation der behinderten Person soll von den Dingen im Raum ausgehen. Das Material und die Umgebung müssen somit reizvoll, anregend und zugleich einladend wirken. Nach Wrede (1991, 248) sollte der Raum dagegen »reizarm« gestaltet sein, das heißt, es sollen möglichst wenig Sinne gleichzeitig angesprochen werden. Dennoch sollte er gemütlich und kuschelig wirken (möglichst warm und weich, mit Schaumstoff gepolstert), eine ruhige warme Beleuchtung haben und zu entspannter Aktivität auffordern. Die Snoezelen-Räume sollten nach Wrede (1991, 248) idealerweise so eingerichtet sein, daß sie eine »phantastische, traumartige« Atmosphäre schaffen. Eine leichte Hintergrundmusik so-

wie eine warme, farbige, künstliche Beleuchtung mit verschiedenen Effekten sollen als »Angebot« vorgehalten werden.

Beim Snoezelen können »sich therapeutische Situationen andeuten oder ergeben« (HULSEGGE, VERHEUL 1997, 159), die das Aufstellen eines festen Snoezel-Programms erforderlich machen und sich beispielsweise auf die Entwicklung der Sinnesorgane konzentrieren. Ihre wesentliche Absicht sehen Hulsegge und Verheul jedoch in der Beruhigung, in der Entspannung des Behinderten. Nach Wrede (1991, 249 – 250) dagegen sollen durch das Snoezelen Entwickung stimuliert, Sponaneität gefördert, Koordinationsfähigkeit, Selbständigkeit und Entscheidungsfähigkeit verbessert, eine größere Frustrationstoleranz angestrebt, Entspannungsfähigkeit geübt und stereotype Bewegungen in sinnvollere Bewegungen umgesetzt werden. Auch soll die »Bereitschaft zur Kontaktaufnahme sowohl zu anderen Behinderten als auch zu den Betreuern« (WREDE 1991, 250) gefördert werden.

Die Frage, welche Sinneswahrnehmungen konkret beim Snoezelen angesprochen werden können und wie vorzugehen ist, um den einen oder anderen Sinn bei einer einzelnen Person zu fördern, wird jedoch nicht beantwortet.

Hypertrophien

Das reine »Freizeitangebot« (HULSEGGE, VERHEUL 1997) basiert auf der Unterstellung, Schwerstgeistigbehinderte würden in ihren Zimmern und, wenn sie diese verlassen dürfen und können, auf ihren Stationen oder Wohngruppen »Lernzeit« oder »Arbeitszeit« verbringen. Dem stellt Wrede (1991, 249) zumindest im Konjunktiv ein gigantisches Alternativangebot an Räumen (»zentrale Snoezelenräume«) gegenüber: den Flur, einen Verkleidungs- und Schminkraum, einen Weißen Raum, ein Bällchenbad (in einem eigenen Raum), einen Aufenthaltsraum, einen Bewegungsraum, ein Wasserbett (wiederum in einem eigenen Raum), einen Licht- und Tonraum, einen Bade- und Pflegeraum (zusätzlich zu funktionsgleichen Installationen im Wohnbereich!) und einen Riech- und Schmeckraum, und dies alles »außerhalb der Wohn- und Lebenssituation Behinderter« (WREDE 1991, 249), eine architektonische und finanzielle Gigantomanie, der er später mit der Erfindung eines Snoezelen-Schwimmbades (WREDE 1999) die Krone aufsetzt. Letzteres soll vor allem über Unterwasser-Lautsprecher zusätzliche akustische Eindrücke vermitteln und somit zum »Erlebnisschwimmbad der besonderen Art« (WREDE 1999, 267) werden.

Es erscheint dann fast konsequent, wenn Mertens und Sernau die Nutzung dieser Anlagen an den vorherigen Erwerb einer zertifizierten Snoezelen-Kompetenz binden und sofort einen Träger propagieren, der künftig auch noch adressatenspezifisch fortbilden soll, von »Familie, Kindergarten und Vorschule« über »Freizeit, Wohnen und Werkstatt« bis zu »Senioreneinrichtungen« und »Hospize[n]« in acht verschiedenen Fortbildungsgängen (MERTENS, SERNAU 1999, 208).

Diskussion

Wahrnehmung ist eine notwendige Voraussetzung für die manipulative Tätigkeit und bildet sich in ihr weiter heraus. Snoezelen eignet sich lediglich in einem eingeschränkten Sinn zur Förderung der Voraussetzungen zur manipulativen Tätigkeit. Es handelt sich um eine künstlich geschaffene, also unnatürliche, ir-reale Situation. Der behinderte Mensch braucht kein bißchen Aktivität zu zeigen.

Snoezelen schafft weder einen bemerkenswerten Beitrag zur Handlungsorientierung noch zur manipulativen Tätigkeit; Snoezelen schafft eine passive Wahrnehmung, die nur sehr eingeschränkt geeignet ist, beim Betroffenen eine Tätigkeit auszulösen und zu steuern. Als Steuerungsmöglichkeit ist lediglich zu erkennen: Wenn dem behinderten Kind die visuelle Wahrnehmung nicht gefällt, kann es die Augen schließen, kann es dieser Wahrnehmung aus dem Weg gehen. Das Kind ist passiv; es handelt nicht, sondern es wird be-handelt.

Anders als Feuser, der Snoezelen wie das erzwungene Festhalten an die Grenze der Perversität rückt (FEUSER 1989, 23) schreibt Theunissen den Snoezelen-Installationen und ihrer Nutzung durchaus einen Beitrag »zum basalen Lernen und psychisch-physischen Wohlbefinden geistig schwerst- und mehrfachbehinderter Menschen« (THEUNISSEN 1995, 152) zu, betont jedoch ausdrücklich, daß es sich hierbei um keinerlei »Therapie« handelt. Auch Theunissen sieht die Gefahr, daß insbesondere großzügig ausgestattete Maxi-Snoezelen-Anlagen als »Aushängeschild« einer Einrichtung zu Werbezwecken mißbraucht werden und »zur Stabilisierung einer Anstalt« beitragen können (THEUNISSEN 1995, 152). Dagegen konzidiert er kleineren Anlagen im Sinne des Mini-Snoezelen durchaus den Charakter der Bereicherung des Alltags und gesteht ihnen hinsichtlich einer Atmosphäre des Wohlbefindens »eine präventive Wirksamkeit« (THEUNISSEN a.a.O.) zu. Nicht auszuschließen ist auch, daß Snoezelen-Installationen von den Mitarbeiter(inne)n einer Einrichtung zur eigenen Erholung mißbraucht werden sowie daß bestimmte intermittierende Lichtsignale ähnlich wie Stroboskopblitze bei hierfür anfälligen Menschen durchaus epileptische Anfälle auslösen können.

Höchst kritisch und spöttisch äußert sich Whittaker (1998) über das Snoezelen, dem er zunächst vorwirft, à la longue die Erfahrungen im Alltag abschaffen zu wollen (WHITTAKER 1998)[1]. Auch wendet er sich dagegen, Snoezelen als Diagnoseinstrument zu mißbrauchen, kreiert mit der »Snoezelistin« ironisierend geradezu »eine neue Gruppe von Therapeutinnen« und schließt mit dem Verdikt: »Snoezelen mag schon O.K. sein, am Rummel oder im Vergnügungspark« (WHITTAKER 1998).

Hinter der Kommerzialisierung solcher Arbeitskonzepte stehen immer wirtschaftliche Interessen, so daß die Vermarktung von Arbeitskonzepten geradezu zum pädagogischen Kontraindikationskriterium erhoben werden kann. Sah Feuser (1989) derart hochgepuschte Konzepte noch »an der Grenze zur Perversion«, so ist mit dem Aufbau einer einnahmeorientierten Fortbildungsindustrie diese Grenze inzwischen überschritten.

Es ist festzuhalten, daß Snoezelen keineswegs der Lebensrealität entspricht; es führt nicht zu einer verbesserten Beherrschung der Lebenswirklichkeit durch den Behinderten. Die autonome Handlung des Betroffenen bei diesem Arrangement besteht lediglich darin, etwas zu gestatten, etwas zuzulassen, wie z. B. bestimmte Stimuli. Soweit es visuelle Stimuli betrifft, besteht eine durchaus attraktive Alternative in dem im Klassenraum aufgebauten Aquarium mit Neonfischen und entsprechender Beleuchtung. Instandhaltung, Pflege und Füttern sind zudem Anlaß zu regelmäßiger sinnvoller Tätigkeit und zur Übernahme von Verantwortung und Pflichten.

---

[1] Dem Verfasser liegt lediglich der Internet-Ausdruck aus bidok.uibk.ac.at vor, der abweichend von der Veröffentlichung in »betrifft: integration« von S. 1 bis S. 2 paginiert ist. Es wird daher zur Vermeidung von Fehlern oder unzutreffender Quellen-Bezugnahme auf die Seitenangabe verzichtet.

Gewöhnung (Habituation)

Darstellung

Im Sinne von Schulz (1970) ist Gewöhnung der Erwerb von Gewohnheiten, der Weg zum Erwerb einer Form der Daseinsbewältigung, der über die Aneignung von Fähigkeiten und deren Ausformung zu Fertigkeiten führt und in der Schulzschen Beschreibung die pragmatische Dimension des Lernens ausfüllt. Solche Gewohnheiten stellen Routinen dar, Algorithmen, mit denen ein großer Teil des Alltagshandelns als Gewohnheitshandeln (WEBER) bestritten werden kann. Solcherart erworbene Gewohnheiten erfordern aktive Aneignungsleistungen des Individuums, somit mehr als lediglich ein passives Sicheinpassen.

Genau dieses passive Sichanpassen ist aber gemeint, wenn Breitinger und Fischer als Beispiel anführen:»Daran gewöhnt man sich mit der Zeit [...] an den schlechten Geruch, an das Geschaukle der Kinder, an die permanente Unruhe, an die geringe Veränderbarkeit« (1993, 118). Solches Gewöhnen heißt: Etwas mit der Zeit nicht mehr zur Kenntnis nehmen, nicht mehr wahrnehmen, und äußert sich in der»Verringerung der Intensität einer OR [= Orientierungsreaktion; H.J.P.] nach wiederholter Darbietung eines Reizes« (BIRBAUMER, SCHMIDT 1991, 485). Je regelmäßiger ein Reiz dargeboten wird, desto schneller erfolgt die Habituation. Verlangt ein Reiz dagegen»eine Diskrimination, eine negative oder positive Konsequenz oder eine Entscheidung [...], ist die Habituationsrate verzögert« (BIRBAUMER, SCHMIDT a.a.O.), was beim Menschen nicht von der objektiven Intensität des Reizes abhängt, sondern von dessen subjektiver Bedeutung. Mit der Bindung an die subjektive Signifikanz ist auch verbunden, daß ein einmal habituierter Reiz wieder dishabituiert werden und eine erneute Orientierungsreaktion auslösen kann, wenn er z. B. innerhalb eines ungewohnten Zusammenhangs erneut auftritt und dadurch wieder subjektive Bedeutung gewinnt (vgl. BIRBAUMER, SCHMIDT a.a.O.).

Solche Habituationen bewirken ein Freiwerden der Wahrnehmung von der Gebundenheit an ständig gleichbleibende und irrelevante Reize und eröffnen damit die Möglichkeit, relevante Reize wahrnehmen zu können.

Habituation beschreibt einen autonomen Prozeß. Gewöhnung, so wie von Breitinger und Fischer (1993) weiter ausgeführt, ist dagegen ein aktiver zielorientierter Prozeß und im folgenden Kapitel zu besprechen.

Ereignisangebot, Erlebniseinheit

Darstellung

Die Erlebniseinheit kennzeichnet D. Fischer (1994, 159) als einen von besonderer Unmittelbarkeit, Emotionalität und Subjektivität gekennzeichneten Vorgang. Der Schüler soll dabei »auch emotional bestimmte Gegebenheiten annehmen, sich an sie gewöhnen« (a.a.O.). Als Beispiele für solche Situationen/Ereignisse nennt er

»Meine Mutter erkennt mich.
Wir besuchen Iris im Krankenhaus.
Das Vogelnest im Schulgarten.
Den anderen erleben« (D. FISCHER a.a.O.).

Auf der Ebene der sinnlich-aufnehmenden Tätigkeit wird vom Schüler dabei keine motorische Aktivität erwartet. So beschreibt auch D. Fischer das Schülerverhalten als »rezeptiv [...], passiv-aufnehmend, nicht mit sich beschäftigt sein« (FISCHER 1994, 159) und fordert lediglich das Dabeisein, nicht ein rationales Aufnehmen.

Diskussion

So verstanden dient das Ereignisangebot/die Erlebniseinheit »nur« der Förderung und Pflege einer positiven emotionalen Grundgestimmtheit des Schülers und nicht der Förderung von Fertigkeiten und Fähigkeiten im Sinne des Aufbaus von Handlungsfähigkeit. Letzteres verlangt die aktive Beteiligung des Schülers, zumindest seine Mit-Beteiligung (»Mittun« nach GOEDMAN, KOSTER 1977). Solches Mittun fördert den Aufbau erster eigener Aktivitäten mit subjektivem Sinn und dient der Vermittlung von Eigenschaften und Funktionen der Dinge. Nach Goedman und Koster zeigt das Kind dabei »etwas mehr Aufmerksamkeit für die Dinge der Außenwelt; kann sich schon etwas konzentrieren; ist schon auf seine Beschäftigung ausgerichtet (merkt z. B. bei Geräuschen auf, die es selbst macht und experimentiert damit)« (GOEDMAN, KOSTER 1977, 64).

12.4 Mischkonzepte \

Darstellung

Ein aus Komponenten anderer, linearer angelegter Verfahren zusammengesetztes Konzept bietet Susanne Dank (1993) unter dem Titel »Kombiniertes Konzept« für die schulische Förderung schwerstbehinderter Kinder und Jugendlicher an. Dabei kombiniert sie Anteile der Krankengymnastik, der Förderpflege, der Basalen Kommunikation, der Basalen Stimulation, der sensomotorischen Entwicklungsförderung und des integrierten Lernens je nach der Ausgangslage und den Förderbedürfnissen der einzelnen Schüler(innen). Die zunächst additiv zusammengefügten Komponenten aus den einzelnen Förderansätzen versucht sie in »lebensrelevanten Situationen« einzubinden, um somit eine ganzheitliche Förderhandlung entstehen zu lassen. Die so konstruierte Situation ist dann eine Alltagssituation, wie sie auch in anderen Konzepten beschrieben wird.

Zum Verständnis des Ansatzes sei Danks Beispiel für eine ganzheitliche Förderung »Baden« wiedergegeben (s. Tab. 30).

Diskussion

Kaum ein Pfleger/Erzieher/Lehrer wird sich je die Mühe machen, eine solche Situation aus Einzelkomponenten heraus induktiv zu konstruieren. Vielmehr stellt der gewöhnliche Alltag den Behinderten und seinen Pfleger/Erzieher immer wieder vor die Notwendigkeit zu handeln. Solche Alltagssituationen drängen sich als Handlungsbedarf auf und können und sollen – wenigstens gelegentlich – daraufhin durchdacht werden, ob außer der Routine noch weitere förderliche Aspekte mit in die Gesamthandlung einbezogen werden können. Eine solche zusätzliche Analyse hinsichtlich »eingebauter« Fördermöglichkeiten kann dann zu einer analytischen Durchdringung der Handlung »Baden« führen, wie sie Dank vorgelegt hat. In vergleichbarer Weise geht auch Affolter (1980) von problemhaltigen – widerständigen – Alltagssituationen aus und benutzt diese zur Applikation ihres Therapiekonzepts. Kein konstruiertes Setting kann dem Reichtum und der Variabilität des Alltags standhalten.

**Beispiel für ganzheitliche Förderung im Rahmen der lebensrelevanten Situation
»Baden« durch Anwendung des Kombinierten Konzeptes**

Ziel	Maßnahmen	Förderkonzepte
Konstitutionell: Erhaltung und Verbesserung von Pflegefähigkeit, Sauberkeit, Wohlbefinden	Auskleiden gemeinsames Bad Eincremen Verwendung spez. Pflegemittel und Aromen Ankleiden	Förderpflege Aktivierende Pflege Basale Stimulation Snoezelen
Sensorisch: In-Gang-Setzen von Wahrnehmungsprozessen (v. a. im somatischen Bereich)	Streicheln Abduschen Abreiben Massieren Fönen Einsatz verschiedener Schwämme, Bürsten	Förderpflege Aktivierende Pflege Basale Stimulation Snoezelen
Motorisch: Ermöglichung und Anregung sensomotorischer Erfahrungen im Wasser und auf dem Wickeltisch	Passives Bewegen der Extremitäten, günstige Lagerung, Führen der Hände	Krankengymnastik Basale Aktivierung
Emotional/kommunikativ: Kontakt annehmen, Gefühle zeigen, Kontakt beantworten	Körperkontakt Ansprache »Baby-Spiele«	Basale Kommunikation Basale Aktivierung
Individuell: Abbau der Angst vor unangenehmen Einflüssen (v. a. Lageveränderungen) Aufbau positiver Gestimmtheit	Behutsamkeit, Nähe, Wärme, Sicherheit durch Ansprache, Zärtlichkeit: Eindeutigkeit, Regelmäßigkeit, Wiederholung angenehmer Erfahrungen	Basale Kommunikation Basale Aktivierung

Tab. 30:   »Baden« im Kombinierten Konzept (aus Susanne DANK 1993, 10)

Die bisher vorgestellten Konzepte sollen dazu verhelfen, eine ganz grundlegende Voraussetzung zu weiterem Lernen zu schaffen: Wachheit, Neugier, Aufnahmebereitschaft als eher pathisches Verhalten. Aus diesem eher passiven, aber aufnahmebereiten Verhalten heraus gilt es nun, unsere Schüler(innen) zunehmend zu eigener Aktivität zu veranlassen. Dies sollen diejenigen methodischen Konzepte leisten, die im folgenden Kapitel erörtert werden.

13 Lernen, die Hände zu gebrauchen

13.1 Grundüberlegungen

In diesem Kapitel werden wir uns mit Aktivitäten des Kindes beschäftigen, welche bei Leontjew der »manipulierenden« Tätigkeit zugeordnet werden. Manipulative Tätigkeiten beginnen mit angeborenen Reflexen bzw. Bewegungsprogrammen, welche durch Übung gebrauchsfähig und zu immer komplexer werdenden Bewegungsmustern ausgeformt werden. Dabei wird der Ausformung der vollen Gebrauchsfähigkeit – der Werkzeugfähigkeit – der Hände größere Aufmerksamkeit gewidmet. Setzt Habituation die Wahrnehmung frei zum Registrieren individuell bedeutsamer Signale, so erfolgen die weiteren Entwicklungen unter Kontrolle von Reiz-Reiz-Kopplungen. Zunehmend beginnt das Kind auch, seine Tätigkeiten an zunächst zufällig eingetretenen Effekten zu orientieren. So in Gang gekommenes operantes Lernen beruht auf Prozessen der Selbstorganisation des Kindes, welche Akkomodationen bewirken.

Selbstorganisation fußt auf dem eigenen Willen zum Tätigsein und auf den bisher angeeigneten tätigkeitsnotwendigen Komponenten. Gerade bei Kindern mit schwerwiegenden kognitiven Beeinträchtigungen stellen wir erhebliche Probleme bei der Orientierung auf Handlung hin und bei der Planung von Handlungen fest, welche die Hilfe der Erwachsenen/Pädagogen erforderlich machen. Das Kind lediglich sich selbst und seiner extrem verlangsamten Selbstorganisation zu überlassen, wäre Verrat am erzieherischen Auftrag und letztlich Verrat am Kind.

Wiederum gilt es zu unterscheiden zwischen Konzepten, welche die unmittelbare Aktivität des Erwachsenen fordern, und solchen, bei denen der Erwachsene mittels durchdachter Gestaltung der Umwelt nur indirekt auf das Kind einzuwirken versucht.

13.2 Förderformen der Mensch-Mensch-Interaktion

Führen

Darstellung

Manchmal stellen sich Kinder aus der Sicht der Erwachsenen »ein bißchen dumm an«. Sabines Gabel ist zu flach angesetzt, um das Stückchen

Fleisch auf dem Teller aufzuspießen. Der Erwachsene, der dem Mädchen helfen will, ergreift dann (vielleicht von der anderen Tischseite her) Sabines Hand und korrigiert die Gabelführung. Dabei führt der Erwachsene die Hand des Kindes so lange, bis die Operation vom Kind alleine erfolgreich beendet werden kann.

Dies ist menschliches Alltagswissen seit Jahrtausenden: Der Erwachsene greift bei unangemessener Tätigkeit des Kindes mit der eigenen Hand ein und steuert den Bewegungsablauf des Kindes. Über solche Situationen stolpern wir täglich vielfach, und immer wieder unter den gleichen situativen Bedingungen: Der Erwachsene sitzt, steht, kauert, liegt dem Kind *gegenüber*. Benutzt das Kind die rechte Hand, korrigiert/führt der Erwachsene mit seiner linken. Und umgekehrt. Das Problem hierbei ist der Seitenwechsel, der auch das Lernen am Modell manchmal problematisch macht. Der Erwachsene ist spontan kaum in der Lage, mit dem rechten Arm eine vom Kind aus »linke« Bewegung auszuführen, das Kind kaum dazu, das, was es an dem linken Arm des Erwachsenen sieht (in der Gegenüberposition), mit seinem eigenen linken Arm auszuführen. Das Kind setzt die seiner Wahrnehmung nach korrekte Seite ein, also die vom Bewegungsablauf her falsche. Schwierigkeiten, Irritationen, ausbleibende Lernerfolge sind vorprogrammiert.

Anders, wenn der Erwachsene *hinter* dem Kind sitzt oder steht: Sein »rechts« ist auch das »rechts« des Kindes, sein »links« das »links« des Kindes, sein »vorwärts« das »vorwärts« des Kindes und sein »zurück« auch das »zurück« des Kindes. Seiten und Bewegungsabläufe werden nicht gespiegelt, sondern synchronisiert, sind die gleichen und verlaufen gleich.

Beispiele für solche Synchronisationen beim Führen finden sich z. B. in der Literatur zur Blindenpädagogik, etwa bei Heslinga (1981). Konsequent durchgeformt, theoretisch gut fundiert und mit ausgefeilten methodischen Anweisungen finden wir diese synchrone, gemeinsame Bewegungsführung von Erwachsenem und Kind bei Félicie Affolter (1990) beschrieben. Ihr Konzept hat Félicie Affolter aus der Arbeit mit Kindern mit taktil-kinästhetischen Wahrnehmungsstörungen heraus entwickelt. In enger Anlehnung an Jean Piaget beschreibt sie die Entwicklung der kindlichen Wahrnehmung in der Auseinandersetzung des Kindes mit Menschen und Gegenständen in den Stufen

1. *Modale Stufe* [1]
   Reize werden durch einzelne Sinnesorgane aufgenommen und als Einzelreize verarbeitet. Besser vielleicht: Unimodale Stufe.

2. *Intermodale Stufe*
   Es kommt zu einer intensiven Zusammenarbeit zwischen den Sinnessystemen, wobei der Tast- und der Bewegungssinn zwischen den Einzelreizen vermitteln.

3. *Seriale Stufe*
   Das Kind lernt nunmehr, einzelne Reize nacheinander wahrzunehmen und zeitlich in ihrer Abfolge zu ordnen. Aus der Wiederholung solcher Abfolgen heraus entsteht eine Erwartungshaltung für das weitere Geschehen, entsteht die »vorgreifende Widerspiegelung« im Sinne von Anochin.

4. *Intentionale* Stufe: *Ausrichtung auf Ziele*
   Das Wahrgenommene wird nun in die Vorstellung übertragen; das Kind kann zwischen sich und der Umwelt unterscheiden und beginnt zielorientiert zu handeln.

5. *Symbol-Stufe: Das Ersetzen*
   Die Wirklichkeit ist nicht nur (bildliche) Vorstellung, sondern erhält Namen, wird zum Symbol. Damit kann sie unabhängig von der Wahrnehmung erfaßt werden (vgl. auch STRASSER 1994, 102).

Die taktil-kinästhetische Wahrnehmung hält Félicie Affolter für den wichtigsten Sinnesbereich. Das *Spüren* bildet »die Grundlage der Wahrnehmung« (THEUNISSEN 1995, 177): »Jede Kontaktaufnahme mit der Umwelt geschieht durch Berühren und Spüren« (THEUNISSEN 1995, 178). Dabei werden Widerstände erfahren (die harte Tischplatte z. B.) und Veränderungen solcher Widerstände (wenn die Hand etwa über die Tischkante ins »Leere« abrutscht). Diese Widerstandsveränderung sagt dem Kind, wo die Tischplatte beginnt bzw. zu Ende ist. Durch die Wahrnehmung solcher Widerstandsveränderungen »wird der Säugling mehr und mehr mit der Welt vertraut« (THEUNISSEN 1995, 178). Beteiligt an dieser »gespürten Wahrnehmung« sind zunächst die *körpernahen* Sinne:

---

[1] Auf die Wiedergabe der bei Affolter mit angeführten Altersangaben wird an dieser Stelle verzichtet, da sie neueren Ergebnissen der Kleinkindforschung nicht mehr standhalten (vgl. ACKERMANN 2001, 65).

- Tastsinn   • Gleichgewichtssinn
- Wärmeempfindung   • Tiefensensibilität
- Wahrnehmung der Körperstellung und der Muskelspannung,
im weiteren Sinne aber auch die *körperfernen* Sinne wie
- Sehen   • Riechen
- Hören   • Schmecken.

Ebenso beteiligt sind das Ergreifen, Umfassen und Loslassen. Hiermit beginnt auch die »seriale Integration«: Informationen aus einzelnen Sinnesmodalitäten werden nicht nur »miteinander koordiniert und assoziiert ... (intermodale Stufe), sondern auch zu kausalen Wirkungsketten in Zeit und Raum integriert« (THEUNISSEN 1995, 178).

Störungen auf diesen Entwicklungsstufen will Félicie Affolter durch intensives körperliches Führen begegnen, wodurch dem Kind angemessene Spürinformationen vermittelt werden. Dies geschieht im Alltag, an alltäglichen Gegenständen und aufgehängt an ganz alltäglichen Problemen (z. B. ein Glas Sprudel eingießen). Sie spricht deswegen vom PLAG, dem ProblemLösenden AlltagsGeschehnis (AFFOLTER 1990). Das Kind benötigt hierbei

eine stabile Unterlage (z. B. fester Sitz),

eine stabile Seite (z. B. fest an die Lehne positioniert, dicht an die Tischkante mit dem Körper anschließend).

Der Erwachsene führt Arme, Hände, Finger des Kindes von hinten durch alle Phasen einer Handlung, ohne dabei zu sprechen. Dadurch wird die Aufmerksamkeit des Kindes auf die Spürinformationen zentriert.

Wegen der Stabilitätsforderung sind Bewegungen durch die Luft zu vermeiden; dabei kann keine Widerstandsänderung gespürt werden.

- Zuerst wird die Stabilität der Unterlage untersucht.
- Bewegungen erfolgen zunächst nur mit einer Hand (auf einer Seite); die andere Hand »bleibt ... fest auf der Tischunterlage, um deren Stabilität zu prüfen« (AFFOLTER 1990, 221). Die stabile Unterlage »wird so zu einer wichtigen *Referenzebene* für das Zusammenspiel der beiden Hände und der zehn Finger, für die Information bezüglich Beschaffenheit und Wirken« (AFFOLTER 1990, 222; H.i.O.).

- Ein von der Hand entfernter Gegenstand wird dadurch erreicht, daß die Hand in dauerndem Kontakt mit der Unterlage geführt wird. Schließlich steht dieser »Gegenstand, den ich nicht direkt berühre, *über die Unterlage mit meinem Körper in nachbarschaftlicher Beziehung*« (AFFOLTER 1990, 222; H.i.O.).

- Ebenso wird ein Gegenstand nicht in der Luft losgelassen, sondern erst dann, wenn die Unterlage gespürt wird.

- »Das Kind muss … die verschiedenen Widerstandsveränderungen zwischen Unterlage – Gegenstand – Körper *gleichzeitig spüren* können, um auf diese Weise langsam statt zu visuellen zu *gespürten* nachbarschaftlichen Beziehungen zu gelangen« (AFFOLTER 1990, 228; H.i.O.).

- Bei der Verwendung von Hilfsmitteln (Werkzeugen) sind die gleichen Grundsätze zu beachten.

- Ursachen (Bewegung) und Wirkungen (ein Gegenstand verändert seinen Ort) müssen »stets in einer zeitlichen Reihenfolge« (AFFOLTER 1990, 245) stehen, auch wenn diese willkürlich festgelegt wird.

- Geführte Alltagsgeschehnisse bewirken Veränderungen, die das Kind auf seine eigene Tätigkeit zurückzuführen lernt (z. B. ein geschälter Apfel). Zu diesen Veränderungen gehören auch totale Formverluste, Zerstörungen (z. B. der in kleine Stücke geschnittene Apfel). PLAGs »beinhalten *gewollt Veränderungen, die nicht mehr rückgängig gemacht werden können*« (AFFOLTER 1990, 245; H.i.O.).

- Zum Lernort: »Fast alle Vorgänge in der Küche sind durch ›Kaputt-Machen‹ geprägt. Sie bietet deshalb unerschöpfliche Möglichkeiten, dem Kind Erfahrungen über die Umwelt mit nicht rückgängig zu machenden Veränderungen zu vermitteln« (AFFOLTER a.a.O.).

Solche durch Führen zu lösenden Probleme bietet der Alltag in unüberschaubarer Fülle. Sie gilt es zu nutzen, anstatt Hoffnung und Geld in laborartige »Therapien« vergebens zu investieren.

Nach Affolter (1990, 42) ist Nehmen-Können eine Voraussetzung für das Wahrnehmen der Umwelt. Das Kind entdeckt, daß es Gesehenes spüren kann durch vielfältiges Berühren und Loslassen vorerst mit einer, dann mit beiden Händen. Die wahrgenommene Umwelt wird nach Affolter (1990, 52) erst dann zur »Wirklichkeit«, wenn das Kind durch Berühren etwas in Bewegung versetzten kann, wenn eine Ursache-Wirkung-Beziehung entsteht. Die Realität wird also verändert. Das Erzeugen von Bewegungen geht jedoch mit Widerstandsveränderungen einher (AFFOLTER 1990, 54). Die Stabilität der Unterlage spielt für eine bedeutende Rolle. Widerstandsveränderungen zwischen Unterlage – Gegenstand – Körper müssen für das Kind gleichzeitig spürbar sein (AFFOLTER 1990, 228). Das Kind spürt und wirkt auf die Gegenstände ein, die es mit Hilfe eines Erwachsenen anfaßt; so entsteht eine enge Verbindung zwischen der Beschaffenheit der Umwelt und unserem Einwirken auf sie (AFFOLTER 1990, 245). Wichtig dabei ist, die Beschaffenheit des Materials zu erspüren; dabei wird das Umfassen mit Referenz zur stabilen Unterlage wichtig. Spüren kann man nach Affolter allerdings nur, wenn sich der Körper bewegt oder bewegt wird.

Variationen[1]

Die Bemühungen des Verfassers, das Affoltersche Konzept des Führens in der Arbeit mit geistigbehinderten Schüler(inne)n nutzbar zu machen, waren so lange nur teilweise erfolgreich, wie die Vorgaben Affolters streng eingehalten wurden. Schneller und dauerhafter haben meine Schüler(innen) gelernt, nachdem ich einige Veränderungen und Abwandlungen vorgenommen habe, die nachstehend vorgestellt werden.

1. Das Verständnis der geführten Handlung wird nach dem Affolterschen Konzept erst im nachhinein erarbeitet, indem die ausgeführte

---

[1] Inzwischen ist die Studie von Heike Ackermann »Das Konzept von Félicie Affolter und seine Bedeutung für die Geistigbehindertenpädagogik« (ACKERMANN 2001) erschienen, innerhalb derer als besonders Affolter-kompetente Fachkräfte sechs Ergotherapeut(inne)n und eine Mototherapeutin aus verschiedenen Tätigkeitsbereichen (vgl. ACKERMANN 2001, 93) befragt wurden. Ackermanns Respondent(inn)en haben dabei aus der eigenen Praxiserfahrung heraus auf Modifikationen aufmerksam gemacht wie handlungsbegleitendes Verbalisieren (oben: Variation 1), Seitenstellung bei rollstuhlgebundenen Kindern (in der Arbeit mit Geistigbehinderten weniger häufig) und insgesamt die »Erfahrung des Erzielens geringerer Erfolge beim Einsatz der Methode in ihrer ursprünglichen Form« (ACKERMANN 2001, 101). Angedeutet wird bei Ackermann auch die vom Verfasser vorgeschlagene Unterscheidung von vollständigem und teilweisem Führen mit der Anmerkung: »Geführt wird nur dann, wenn der Klient die Tätigkeit nicht selbständig ausführen kann« (ACKERMANN a.a.O.). Die vom Verfasser bereits früher vorgestellten Variationen (PITSCH 1998) werden bei Ackermann allerdings nicht aufgegriffen; gleichwohl halten »alle Interviewten […] den *Einsatz von Affolters Konzept in der SfG* für *sinnvoll* und erstrebenswert« (ACKERMANN 2001, 111; H.i.O.).

Handlung versprachlicht, verbildert, verschriftet (verbalisiert, ikoni-
siert, symbolisiert) wird. Affolter folgt damit dem Konzept der Interiorisierung gegenständlicher Handlungen von Galperin in einer
streng sequentierten Form. Nichts spricht jedoch dagegen, etwa beim
Begriffsaufbau mit geistigbehinderten Schülern bereits während der
Handlungs(aus)führung zu verbalisieren. Die unmittelbare Verbalisierung schafft Assoziationen zwischen Ding/Tätigkeit und Wort (→
Prinzip der zeitlichen Nähe; → Prinzip der Kontiguität), die wir
nicht verschenken sollten. Affolter selbst macht darauf aufmerksam, daß »gespürte Informationsvermittlung durch ›Führen‹ ... auch bei schwerst Geschädigten
möglich« (1990, 327; H.i.O.) ist. Hierzu gibt Mario Beck (1995) hilfreiche Anregungen.

2. In zurückgenommener Form kann das Führen auch nur dann eingesetzt werden, wenn ein Kind bei der Handlungsausführung aus dem
   optimalen Bewegungsablauf herausfällt, wenn es Schwierigkeiten hat.
   In solchen Momenten wird kurze Zeit geführt, um den Bewegungsablauf zu korrigieren. Sobald das Kind in den regulären Bewegungsablauf zurückgefunden hat, wird diese situative Hilfe beendet. Wir
   sprechen dann vom *helfenden Führen*.

3. Schließlich eignet sich das Verfahren des intensiven Führens in unserer Arbeit mit Geistigbehinderten auch dazu, *Bewegungsabläufe einzuüben* und feinzusteuern. Alle Alltagsverrichtungen lassen sich auf
   diese Weise lernen, vom Brot-in-den-Mund-Nehmen bis zur Bedienung eines Videorecorders. Wenn es um das Eintrainieren solcher all-
   tagspraktischer Bewegungsabläufe (äußerer Handlungen) geht, ist die
   unmittelbare Verbalisierung allerdings eher kontraproduktiv. Die
   Aufmerksamkeit des Kindes sollte dann schon auf die taktil-kinästhetischen Empfindungen zentriert sein. Manchmal ist es schon
   nützlich, wenn der Lehrer seinen Mund hält. Nur tun muß er etwas.

4. Der Ansatz des Arbeitens in Alltagssituationen dient dann auch der
   »Förderung von Handlungskompetenz« (THEUNISSEN 1995, 181) im
   Alltag. Und solche Handlungskompetenz im Alltag zu fördern ist ja
   gerade Auftrag der Schule für Geistigbehinderte. In Anlehnung an
   Leontjew kann die Methode des Führens als *das* pädagogische Mittel
   angesehen werden, mit dessen Hilfe ein Kind von der rein perzeptiven zur »manipulativen« und von dieser zur »gegenständlichen« Tä-

tigkeit gefördert werden kann. Insoweit ist die Methode des Führens weit mehr als lediglich »ein ausgezeichnetes ›Anschlußprogramm‹ an die Prinzipien der basalen Stimulation« (BECK, FRÖHLICH 1995, 46) oder deren »Weiterentwicklung« (THEUNISSEN 1995, 181). Wir verfügen hier über eine Methode zur *Förderung der allgemeinen Handlungsfähigkeit in ihrem äußeren, motorischen Teil.*

Diskussion

Im Gegensatz zu den Konzepten Snoezelen und Basale Stimulation trägt dieses Konzept wie das von Nielsen (siehe später in diesem Kapitel) zur Förderung aller Komponenten der Handlungsfähigkeit bei. Es eignet sich bereits zur Förderung der manipulativen Tätigkeit, insbesondere jedoch der gegenständlichen Tätigkeit, weil das Kind in alltäglichen, realitätsbezogenen Situationen zum selbständigen Handeln angeregt wird. Alle Alltagssituationen lassen sich auf diese Weise lernen, wie beispielsweise Brot in den Mund nehmen, Bedienung des Videorekorders, usw. Dieser Ansatz dient nach Theunissen (1995, 181) der Förderung der Handlungskompetenz im Alltag und wird mit den vom Verfasser vorgeschlagenen Variationen erheblich ausgeweitet und breiter einsetzbar.

Allerdings ist für dieses Konzept in der Affolterschen Fassung konstitutiv, daß es sich um gegenständliche Tätigkeit handelt, daß die Gegenstände in ihrer eigentlichen Funktion benutzt werden, was bei der manipulativen Tätigkeit nicht immer der Fall ist. Da geführte Situationen alltäglich und real sind, wie z. B. einen Apfel zu schneiden, benutzt das Kind die Gegenstände automatisch in ihrer gesellschaftlich vorgegebenen Funktion. In der manipulativen Tätigkeit soll dagegen zunächst nur der Gebrauch der Hand gelernt werden, ohne daß die Gegenstände dabei in ihrer zweckbestimmten Funktion benutzt werden müssen.

Führen kann aber auch zur Förderung der manipulativen Tätigkeit genutzt werden. So kann der Erzieher beispielsweise die Hand des Kindes führen, um einen Gegenstand zu ergreifen, ohne dabei eine Assoziation zwischen Ding und seiner gesellschaftlichen Funktion zu schaffen. So kann das Kind z. B. eine Tasse ergreifen, ohne daraus trinken zu müssen, eine Hose, ohne sie anzuziehen. Der Erzieher kann als »helfender Führer« die Hand des Kindes führen, um ihm bei einer Bewegung zu helfen, die es selber machen wollte, bei der es aber Hilfe benötigte. Er kann aber auch selber die Initiative ergreifen und die Hand des Kindes führen,

wenn er möchte, daß es eine gezielte Bewegung wie beispielsweise die
des Greifens ausführt.

Die Methode des intensiven, später nur noch helfenden Führens bietet
sich dem Pädagogen quasi als Königsweg an zur Vermittlung steuerbarer
motorischer Abläufe. Automatisierte Abläufe werden u. a. als funktionelle Systeme beschrieben, welche, einmal ausgebildet, als automatisierte
Handlungsschemata, als Algorithmen, dienen können. Sie bedürfen wegen dieses ihres Stellenwertes der gesonderten Betrachtung.

Aufbau funktioneller Systeme

Lernprogramme wie z. B. das Zahnputzprogramm von Bouter und
Smeets sind gekennzeichnet durch ihre Einfachheit und Konsequenz. Sie
schließen komplizierte Lernvorgänge auf und gliedern sie in kindgemäße
Lernschritte. Ihnen liegt eine behaviouristische Lerntheorie zugrunde,
wie wir sie von der Verhaltensmodifikation oder vom Programmierten
Lernen her kennen. Danach werden einfache Elemente vor komplexen
gelernt. Erst wenn solche Elemente (z. B. Laute) beherrscht werden,
können sie im Sinne von Gagné (1970) zu Ketten zusammengefügt werden.

Eine andere Form der Steigerung von Lernleistungen bietet sich an in
der Umsetzung der Ergebnisse der russischen Lernpsychologie. Lernen
wird dort als eine Form menschlicher Tätigkeit gesehen ebenso wie z. B.
Spielen oder Arbeiten. Als menschliche Tätigkeit wird Lernen im wesentlichen durch die Umwelt herausgefordert.

Anochin stellt ein sehr komplexes funktionelles System vor, das funktional wie ein Regelsystem aufgebaut ist, sich aber strukturell erheblich
vom Grundmodell unterscheidet, nicht zuletzt deshalb, weil die tatsächlich erzielten Effekte eine Rückkopplung, eine Reafferenz erfahren.
Ein Beispiel soll dieses Reafferenzprinzip verdeutlichen: Ein Handfeger
soll in die Hand genommen werden. Zwischen der Motorik und der visuellen Wahrnehmung findet eine Assoziation der Reizwahrnehmungen
statt; efferente und afferente Reize regulieren sich gegenseitig. Dabei
wird von der ersten vorgenommenen Bewegung eine Kopie festgehalten,
die verändert werden muß, wenn sie nicht mit den reafferenten Informationen übereinstimmt. Als Folge davon wird die Bewegungsrichtung
verändert. Dieser Vorgang wird als Adaptation bezeichnet.

Wird der Griff des Handfegers nicht angesteuert, können verschiedene Ursachen verantwortlich sein:

- Das Objekt wird nicht richtig identifiziert (mangelndes Vorstellungsschema).
- Der Griff wird nicht als solcher erkannt (mangelndes oder falsches Vorstellungsschema).
- Visuelle Fehlerkennung der Lage des Griffes.
- Motorische Schwierigkeiten (z. B. beim Cerebralparetiker).

Die richtige Steuerung kann jedoch eingeübt werden, bis der Adaptionsvorgang vollzogen ist.

Diskussion

Stadler, Seeger und Raeithel weisen darauf hin, daß vergleichbare funktionelle Systeme »allen Regulationsleistungen des Organismus zugrunde« (1977, 191 – 192) liegen. Dabei sind senorische und motorische Vorgänge »auf vielen verschiedenen Ebenen eng miteinander verwoben« und bilden »im vollen Wortsinn eine Einheit« (STADLER, SEEGER, RAEITHEL 1977, 192). Diese Einheit wird als ein dynamisches, dialektisches Geschehen verstanden zwischen der objektiven Realität der gegenständlichen Umgebung und der Eigentätigkeit des Organismus.

Ziel des Lernens ist die Ausbildung funktioneller Systeme, über die der Lernende verfügen kann und die sich im zentralen Nervensystem verankern. Solche funktionellen Systeme sind zwischen zwei Polen verankert:

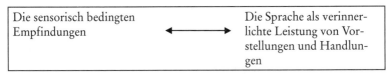

| Die sensorisch bedingten Empfindungen | ◄———► | Die Sprache als verinnerlichte Leistung von Vorstellungen und Handlungen |

Abb. 33:   Bandbreite funktioneller Systeme

Beide Pole bedingen und ergänzen sich gegenseitig. Die Verbindung zwischen ihnen wird durch Tätigkeiten bzw. Handlungen hergestellt. Tätigkeiten sind »Verursacher« von Denkprozessen und Auslöser von Empfindungen. Wahrnehmung spielt hierbei eine entscheidende Rolle; ein Wahrnehmungsvorgang qualifiziert sich demnach nicht nur durch seine funktionale Leistung, sondern sowohl durch die Dimensionen des Tätigseins (tasten, greifen, anschauen) als auch durch die Dimension der emotionalen Qualität (haben wollen ...).

Bei kognitiv beeinträchtigten Kindern bilden sich solche funktionellen Systeme bzw. geistigen Tätigkeiten nicht von alleine aus. Deren Herausbildung bedarf der Anleitung und Führung durch den Lehrer durch alle Stufen des Lernens hindurch. Diese Stufen des Lernens beziehen sich hierbei auf die Theorie der Interiorisation nach Leontjew und Galperin:

Stufe 1: sinnlich-wahrnehmend

Stufe 2: handelnd-aktiv

Stufe 3: bildlich-darstellend

Stufe 4: begrifflich-abstrakt (verbalisiert).

Läßt sich das Lernen Schritt für Schritt als eine von der Sachlogik her gebotene Abfolge horizontal darstellen, so bildet das Lernen nach der Vorstellung der funktionalen Systeme bzw. der geistigen Tätigkeiten eine eher vertikal anzuordnende hierarchische Gliederung ab. D. Fischer hält insbesondere »eine Kopplung von beiden Modellen für das Lernen Geistigbehinderter didaktisch überzeugend und sinnvoll« (1994, 201). Als Beispiel verweist er auf die von Andreas Fröhlich (1977) vorgestellten Funktionskataloge zur Entwicklung einzelner Fähigkeitsbereiche, aus welchen er die Entwicklung der Handmotorik herausgreift. Diese Liste spiegelt zunächst nur die zeitliche Abfolge wider und gibt noch keine Auskunft über beteiligte Wahrnehmungsmodalitäten.

Die einzelnen Items in Fröhlichs Liste faßt D. Fischer in wichtige Untergruppen zusammen:

1/2/3/4	postnatale Reflexaktivitäten	Niveau 1
6/8/10/12	taktil gesteuerte Tastaktivitäten	Niveau 2
7/15/19	oral gesteuerte Hand-Mund-Koordination	Niveau 3
11/16/17/26/28	propriozeptiv gesteuerte Aktivitäten	Niveau 4
13/14/17/20/21/ 22/23/24/27/29	visuell gesteuerte Greifaktivitäten	Niveau 5

Tab. 31:   Zusammenfassung der Entwicklung der Handmotorik nach Quellen der Aktivitätssteuerung[1]

---

[1] Die Nummern in der linken Spalte entsprechen der Numerierung in Tabelle 4 in H.-J. Pitsch: Zur Entwicklung von Tätigkeit und Handeln Geistigbehinderter (Oberhausen: Athena, 2002), Kap. 5.2, die auch die zeitliche Zuordnung enthält. Diese Tabelle ist aus Platzgründen in vorliegender Einführung nicht enthalten. Deutlich werden die Zusammenhänge zwischen Tätigkeit und Wahrnehmung, wenn

Mit der Aufgliederung in fünf Aktivitätsbereiche erhalten wir gleichzeitig eine Annäherung an die von der Tätigkeitspsychologie beschriebenen ersten Stufen der kindlichen Entwicklung (z. B. Leontjew; Ljublinskaja). Mit einer solchen Skalierung von Funktionen und Fähigkeiten könnte das künstliche Ausgliedern menschlicher Persönlichkeitsbereiche in Motorik, Kognition, Sozialisation usw. zu Gunsten sich aufbauender funktioneller Systeme überwunden werden. D. Fischer weist jedoch ebenso darauf hin, daß der Schüler u. U. zur Bewältigung von Teilschritten der Hilfe des Lehrers bedarf, wobei der Lehrer

- eine Teilhandlung für den Schüler ausführt,
- für eine Teilhandlung den Schüler führt (motorisch),
- für eine Teilhandlung dem Schüler verbale Anweisungen gibt,

bis der Schüler diese Teilhandlung und schließlich die gesamte Handlung selbst ausführen kann.

Als Aufgaben des Pädagogen führt Dieter Fischer an:

»• die Fülle der einzelnen Schritte sich bewußt zu machen, um den richtigen Ansatz der Ergänzung zu sehen,

- die richtige ›Mischung‹ zwischen Übernahme von Hilfe und Veranlassen zur Mithilfe herauszufinden,

- Methoden zu kennen, um konsequent und zielstrebig das Kind zum Erlernen des fehlenden Schritts, der fehlenden Funktionen im Sinne der Eigentätigkeit zu veranlassen,

- trotz des relativ hohen Eigenanteils des Pädagogen an der Kommunikation mit dem Kind die Kommunikationsebene vor einer ›Asymmetrie‹ zu bewahren« (1994, 207).

Der Aufbau eines funktionellen Systems verlangt ein Vorgehen Teil für Teil, welches in der Unterrichtsform des *Lernens Schritt für Schritt* (chaining) beschrieben wird.

Übergangskonzept Passives Angebot

Erinnerung

Wir bezeichnen solche Förderkonzepte als »Übergangskonzepte«, in welchen eine Neuaneignung und eine Weiterentwicklung auf ein höheres

---

Zeitablauf und Aktivitätsart voneinander abgehoben werden. Eine solche Übersicht läßt auch die zeitliche Abfolge eher erkennen, in der verschiedene Wahrnehmungsmodalitäten beim Greifenlernen mitbeteiligt werden.

Handlungsniveau stattfinden kann. Solche Förderformen leisten auf dem nunmehr angezielten Niveau weiterhin ihre Dienste und sind deshalb noch einmal zu erwähnen. Das von D. Fischer (1994) so bezeichnete *Passive Lernangebot* (vgl. Kapitel 12) ist zu verstehen als eine Erweiterung des Konzepts der Basalen Kommunikation von Mall (1984). Die unmittelbaren körperlichen Kontakte zwischen Erwachsenem und Kind werden weniger dauerhaft, zeitlich kürzer, und die Kontaktsituation variantenreicher. Insoweit enthält das Passive Lernangebot mehr Möglichkeiten zum Transfer, zur Assimilation. Wegen der vermehrten Assimilationschancen kann das Passive Lernangebot als Übergangskonzept gelten:

- Aus der Synchronisation mit dem erwachsenen Partner heraus kann das Kind im Sinne der vorgreifenden Widerspiegelung Erwartungen demnächst erfolgender Handlungen und damit einfache Handlungspläne entwickeln.

- Die von D. Fischer (1994) deutlich betonte Vorankündigung der nächsten Handlung bedient sich der Methode des klassischen Konditionierens, hebt jedoch die Handlungsausführung des Kindes vom Niveau des einfachen Mitvollzugs auf die höhere Ebene des erwarteten Mitvollzugs und damit auf eine bewußtere Ebene.

- Auch wenn die von D. Fischer (1994) vorgestellten Einzelhandlungen zunächst keine Handlungskontrolle durch das Kind erfordern und erlauben, so können doch durch den wiederholten Vollzug Empfindungen der Lageveränderung des Körpers, der Beschleunigung und Abbremsung von Körperbewegungen entstehen, die bei weiteren Wiederholungen zu schnellerem Reagieren auf Veränderungen führen können, somit zum Aufbau einfacher Handlungspläne und einer motorisch betonten Form der Handlungskontrolle.

Basale Aktivierung

Ihr Konzept der basalen Aktivierung legen Manfred Breitinger und Dieter Fischer (1993) vor. Die Gruppe der Intensivbehinderten ist dabei nach Otto Speck zu verstehen und entspricht den weiter vorne dargestellten Gruppen der »eindrucksfähigen« und der »ausdrucksfähigen« Geistigbehinderten nach Manfred Thalhammer. Breitinger und Fischer beschreiben vier Aufgabenfelder, innerhalb derer Basale Aktivierung stattzufinden habe:

1. Sicherung existentieller Grundbedürfnisse;
2. Funktionale Ertüchtigung;
3. Orientierung an der Umwelt;
4. Ermittlung von Lebensaufgaben.

Sicherung existentieller Grundbedürfnisse

Zur Sicherung existentieller Lebensbedürfnisse können beitragen:

- Befriedigte Bedürfnisse des Kindes, welche dieses kennt und artikulieren kann. Breitinger/Fischer verstehen diese Bedürfnisse ganz grundlegend: Medikamente, Nahrung, Kleidung, frische Luft, Bett, Bad, Lagerung, all das, was zur Sicherung des seelischen Gleichgewichtes des Behinderten beitragen kann.

- Pflegehandlungen mit dem Ziel der Verbesserung der Selbständigkeit, der Lockerheit/Gelöstheit, der Kommunikation, der Kultivierung von Lebensäußerungen und Lebenstätigkeiten, der Wahrnehmung und der Verbesserung von Umwelteindrücken.

Funktionale Ertüchtigung

Der Verbesserung der funktionalen Tüchtigkeit bzw. dem Aufbau einer funktionalen Grundausstattung dienen:

- Der Aufbau basaler Funktionen wie Wahrnehmungsleistungen, Zuwendungsbereitschaft und Zuwendungsfähigkeit, Aufmerksamkeit und Konzentration, Nachahmungsfähigkeit, motorische Grundleistungen und evtl. Ansätze einer aktiven Sprache.

- Der Aufbau elementarer Grundaktivitäten wie z. B. etwas in Bewegung setzen, sich gegen einen Widerstand behaupten, selbst Widerstand leisten, etwas heranholen, wegschieben, zusammenfügen.

- Der Aufbau elementarer lebenspraktischer Grundfertigkeiten wie z. B. etwas vom Löffel nehmen, etwas aus der Tasse nehmen mit Hilfe der Verfahren der Gewöhnung bzw. der Konditionierung.

- Der Abbau pathologischer Verhaltensaktivitäten wie z. B. Abbau von Selbststimulationen, Autoaggressionen, Stereotypen, Kommunikationsstörungen oder funktionaler Defizite.

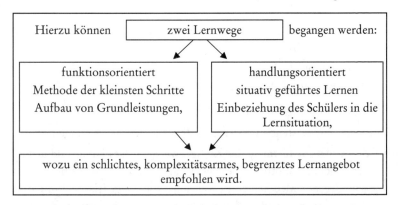

Abb. 34:   Zwei Lernwege zur funktionalen Ertüchtigung

Orientierung an der Umwelt

Hierbei geht es um »Objekt-Kontakte, Objekt-Beziehungen und Umwelt-Orientierung« (BREITINGER, FISCHER 1993, 134). Den Schülern soll wichtiges von der Welt vermittelt werden wie z. B. typische Verkehrszeichen. Es geht aber auch um einfache Grundleistungen: den Aufbau von Beziehungsfähigkeit. Lernangebote erstrecken sich auf

- inhaltsfreie Reizzufuhr im Sinne einer Basalen Stimulation (Fröhlich);

- In-Kontakt-Treten mit Objekten im Sinne einer manipulativen Tätigkeit (Piaget, Leontjew, Elkonin);

- zunehmend sachgerechten Umgang mit Objekten im Sinne einer gegenständlichen Tätigkeit (Leontjew 1973; Elkonin 1980);

- »bis hin zum Erfassen von Umweltphänomenen anhand klar gegliederter, abgehobener Umwelteindrücke und Umweltqualitäten« (BREITINGER, FISCHER 1993, 134) im Sinne des Diskriminationslernens (z. B. Gagné, Florin und Tunner).

Die Realität soll nach Breitinger und Fischer über vier Stufen erschlossen werden, die gleichzeitig als Artikulationsstufen (Ablaufstufen) von Unterricht gesehen werden können:

Stufe der individuellen Welterschließung	Didaktisch: Artikulationsstufe
1. Es gibt »Welt« außerhalb der eigenen Person.	Stufe der Begegnung
2. Diese Welt besteht aus Objekten, Personen, Situationen usw.	Stufe der Erfassung; erfordert motorische Aktivität
3. Die einzelnen Objekte, Personen, Situationen stehen in einem Bedingungszusammenhang	Stufe der Beherrschung (Handlungsfähigkeit)
4. Diese Objekte, Personen, Situationen sind durch einen Sinnzusammenhang verbunden	Stufe der Gestaltung; setzt hohe Fähigkeiten voraus

Tab. 32:   Stufen der Realitätserschließung (nach BREITINGER, FISCHER 1993, 138 – 139)

Ermittlung von Lebensaufgaben

Lebensaufgaben kennzeichnen Breitinger und Fischer als »Felder der Selbstverwirklichung« (1993, 148). Hierzu zählen sie

den Aufbau einer, wenn auch minimalen, Lebensperspektive;

die Teilnahme an, wenn auch bescheidenen, Interaktionen;

eine minimale Bewegungsfähigkeit, die wenigstens »einlineare Bewegungen« und »einfachste monotechnische Arbeiten« (BREITINGER, FISCHER 1993, 151) ab dem Jugendalter erlaubt.

Gegenüber der »Taube« des anspruchsvollen handlungsorientierten Lernens seien solche Lebensaufgaben, so Breitinger und Fischer, wenigstens »Spatzen in der Hand« (1993, 153).

Diskussion

Strasser (1994, 100) weist darauf hin, daß dieses Konzept der »Basalen Aktivierung« auch als »Förderpflege« bezeichnet wird, ein Begriff, mit dem Gröschke (1989) ein gesamtes Praxiskonzept, einen Arbeitsbereich der Heilpädagogik bezeichnet. Sein Ankerbegriff ist die »Leiblichkeit« des schwerst- und mehrfachbehinderten Menschen. Der Förderung solcher Leiblichkeit als integrierter Ganzheit von Körper und Psyche dient sicherlich das Konzept der basalen Aktivierung auch dann, wenn es in seiner Zielsetzung (siehe Lebensaufgaben) auch gelenkt-reproduktive Tätigkeit anzielt.

Integriertes Lernen

Das Arbeitskonzept der basalen Stimulation wird von seinen Vertretern (das sind insbesondere Andreas Fröhlich und Ursula Haupt) für Behinderte gedacht, die einen Entwicklungsstand von 8 Monaten nicht überschritten haben. Ab diesem Entwicklungsstand »ist von basalen Stimulationsübungen keine entwicklungsfördernde Wirkung mehr zu erwarten« (STRASSER 1994, 103). Allfällige Förderbemühungen müssen anspruchsvoller und der Welt zugewandter werden, wofür Fröhlich und Haupt wie Susanne Dank das Konzept des Integrierten Lernens anbieten.

Ähnlich wie im Konzept der »Basalen Aktivierung« von Breitinger und Fischer soll der Behinderte

Beziehungen zu Bezugspersonen aufnehmen,

unmittelbar mit Dingen umgehen,

Kommunikation erleben,

Erfahrungen in ganz konkreten Handlungszusammenhängen und Erlebnissen machen

und dabei evtl. sogar Begriffe lernen.

Nicht die eintrainierte Fertigkeit ist das Ziel, sondern das sinnliche Aufnehmen durch »dabei sein, mitmachen und erleben« (STRASSER 1994, 104). Strasser führt hierzu folgende Liste von Vorschlägen für Aktivitäten bzw. geeigneten Situationen an:

»Essenszubereitung und Essen einschliesslich Einkaufen

Körperpflege

Raum-, Materialpflege und Gestaltung des Eigenbereiches

Gemeinsame Beschäftigungen, Unterhaltung und Spiele

gemeinsam malen, sich schminken oder sich verkleiden

gemeinsam Klötze oder Lego spielen, Türme bauen und einstürzen lassen

gemeinsam Auto schieben, mit Flugzeugen oder Puppen spielen

aus Kissen und Schaumgummiklötzen eine Höhle bauen

mit Tüchern ein Zelt improvisieren

gemeinsam Bälle und Marmeln (= Murmeln, Klicker) zurollen

gemeinsam etwas aus- und einräumen

gemeinsam stecken, schrauben, hämmern, aus- und einräumen

gemeinsam Musik hören, etwas singen oder Musik machen oder Geräusche produzieren

gemeinsam Seifenblasen machen, im Sand wühlen, graben, mit Wasser spielen

gemeinsam etwas mit Plastilin oder Ton formen

gemeinsam ein Feuer machen, eine Kerze anzünden und ausblasen

gemeinsam ein Buch anschauen

auch einmal herumtollen, rammeln oder sich gegenseitig auskitzeln

Beschäftigung mit Pflanzen, Tiere und Natur

Werken und Reparieren« (STRASSER 1994, 104 – 105).

Für solche Tätigkeiten stehen die Materialien, Anlässe, Gelegenheiten, Orte im Alltagsleben zur Verfügung. Ausgaben für »didaktisches Material« entstehen ebensowenig wie für die Ausbildung einer speziellen therapeutischen Fachkraft, die zur Teilnahme am Alltagsleben schlicht nicht benötigt wird.

Einen weiteren interessanten Bericht über ein methodenintegrierendes körperorientiertes Arbeiten hat Heinz Fikar (1987) vorgelegt.

Diskussion

Die Welt ist zunächst der Alltag. »Integriertes Lernen« meint Lernen im Alltag, an den alltäglichen Gegenständen und Ereignissen und zeigt damit eine deutliche Nähe zu Félicie Affolters ProblemLösenden AlltagsGeschehnissen (PLAGs) (vgl. AFFOLTER 1990 sowie weiter vorne) wie zum Konzept des situationsorientierten Lernens. Keineswegs will integriertes Lernen das unterrichtsähnliche, aus dem Alltag ausgekoppelte, geplante »und in besonderen Räumen durchgeführte(s) Programm« (STRASSER 1994, 104).

13.3   Konzepte der Kind-Umwelt-Interaktion

Übergangskonzepte

Zu dieser Verfahrensgruppe müssen auch Konzepte gezählt werden, die zunächst zu einer grundlegenden Handlungsorientierung beitragen, jedoch ebenso eine Weiterentwicklung zur Aktivität hin ermöglichen. Es sind dies das Erlebnisangebot und das Kombinierte Konzept, die bereits in Kapitel 12 als Konzepte zur Förderung der Wahrnehmungstätigkeit

vorgestellt wurden und deren Beitrag zur Förderung der manipulativen
Tätigkeit nunmehr herauszuheben ist.

Erlebnisangebot – Erinnerung

Eine Umweltsituation, die Wahrnehmung nicht nur von Dingen, sondern auch von Personen und ihren Tätigkeiten ermöglicht, beschreibt D.
Fischer (1994) unter der Bezeichnung »Ereignisangebot/Erlebniseinheit«
(vgl. Kapitel 12.3). An solchen Situationen ist das Kind nur motorisch-
passiv, jedoch aktiv wahrnehmend beteiligt, wovon D. Fischer insbesondere positive emotionale Auswirkungen erwartet. Eine dezidierte Absicht zur Förderung solcher Fähigkeiten und Fertigkeiten, die dem Aufbau von Handlungsfähigkeit dienen könnten, liegt nicht in seiner Absicht. Dennoch kann – wie bei anderen Konzepten – die wiederholte
Teilnahme an gleichbleibenden Ereignissen bzw. Situationen Erinnerungen schaffen, welche die Antizipation von Ereignisabfolgen ermöglichen.
Ein Handlungsplan kann so als Erwartungsmuster gebildet werden, eine
– zunächst folgenlose – passive Handlungskontrolle sich ausbilden im
Vergleich der aktuellen Situation mit einer vergangenen.

Kombiniertes Konzept – Erinnerung

Sind Effekte in verschiedenen Bereichen erwünscht, werden unterschiedliche Arbeitskonzepte eher additiv miteinander verknüpft und in eine geeignet erscheinende Situation eingebunden. Ein Beispiel für ein solches
additives Konzept ist das »Kombinierte Konzept« von Susanne Dank
(1993), welches am Beispiel »Baden« in Kapitel 12.4 erörtert wurde. Bei
Anwendung eines solchen Kombinations-Konzepts sind Wirkungen aller beteiligten methodischen Komponenten zu erwarten; Breitband-
Konzepte haben Breitband-Wirkungen. Es wird vorgeschlagen, von
ohnehin zu bewältigenden Alltagssituationen als ganzheitlichen Ereignissen auszugehen und diese auf die Beteiligung unterschiedlicher
methodischer Konzepte hin zu analysieren. Die zu bewältigende Alltagssituation muß die Auswahl der je angemessenen Verfahren leiten.

Gewöhnung als Lernen: Ausbildung von Gewohnheiten

Darstellung

Gewöhnung (Lernen) dient dem Erwerb von Gewohnheiten, lateinisch:
vis inertiae (NIETZSCHE 1887; nach DENNETT 1997, 649), im Deutschen
am angemessensten als »Beharrungsvermögen« (REGENBOGEN, MEYER

1998, 708) bezeichnet. Die Ausbildung solcher Gewohnheiten wird der sensomotorischen Entwicklung nach Piaget (vgl. STAATSINSTITUT 1982) und damit der manipulierenden Tätigkeit nach Leontjew zugerechnet. Damit das Kind diese Gewohnheiten ausbilden kann, ist es »abhängig von den Fähigkeiten

- Reize zu diskriminieren, also wesentliche Reize von unwesentlichen zu unterscheiden und

- diese Reize zu speichern, um eintreffende Reize als neu oder bekannt zu erkennen« (STAATSINSTITUT 1982, 64).

In dieser Phase beziehen sich die Fähigkeiten auf körperbezogene Tätigkeiten. Das Kind erweitert sein Handlungs- und Erfahrungsfeld z. B. durch das Greifen. Kinder mit schwerwiegender geistiger Beeinträchtigung haben es schwerer, die Umweltdinge zu erkunden und Erfahrungen zu sammeln, wodurch das Ausbilden von Handlungsschemata erschwert wird (vgl. MIESSLER, BAUER 1994, 29).

In der dritten Phase der SME überschreitet das Kind »die einfachen körperlichen Betätigungen [...] und beginnt, auf Dinge einzuwirken. Dabei handelt es sich aber lediglich um eine aktive Wiederholung zufällig entstandener Handlungen. Sie werden wiederholt, weil sie einen für das Kind interessanten Effekt hervorgerufen haben« (MIESSLER, BAUER 1994, 25). Solche Wiederholungen dürfen als Gewohnheiten in einem ursprünglichen Sinne gelten und sind nach Miessler und Bauer (1994, 30) bei Geistigbehinderten weniger ausgeprägt als bei nichtbehinderten Kindern.

Die Gewöhnung betrachten Breitinger und Fischer (1993, 122) neben der Konditionierung als den Lernweg zum Aufbau elementarer, grundlegender Fertigkeiten. Sie sehen Gewöhnung dabei unter dem Aspekt der normativen Dimension der Erziehung und führen aus, daß »im Hinblick auf die normative Komponente vorwiegend über die Gewöhnung gelernt« (BREITINGER, FISCHER 1993, 143) wird. So sehen sie Gewöhnung als ein Mittel zum Erwerb sozialer Verhaltenstendenzen, die sich entwickeln können, wenn ein Mensch bestimmte ähnliche Situationen immer wieder erfährt und erlebt und sich in ähnlichen Situationen immer wieder gleich oder ähnlich verhält. Ist eine solche Gewöhnung eingetreten und hat sich als regelmäßig wiederkehrendes Verhalten stabilisiert, sprechen Breitinger und Fischer von »Haltungen« als der »Wahrscheinlichkeit auf ein Objekt (Personen, Gegenstände, Situati-

onen) in einer bestimmten Weise zu reagieren. [...] Z. B.: Am Morgen
nach dem Aussteigen aus dem Bus seinen Mantel auszuziehen und ihn an
einem bestimmten Haken aufzuhängen – wenn auch mit Hilfe« (BREI-
TINGER, FISCHER 1993, 167).

Diskussion

Neben dem Erwerb algorithmisierter Fertigkeiten schreiben Breitinger
und Fischer der Gewöhnung, wie erwähnt, auch eine »normative Komponente« (1993, 143) zu, die sie bei intensivbehinderten Schülern weniger in der Übernahme gesellschaftlicher Normen sehen als vielmehr in
der Sicherung individueller Freiräume. Damit gestehen sie dem Intensivbehinderten zu, nicht alle gesellschaftlichen (Leistungs-)Erwartungen
erfüllen zu müssen.

Breitinger und Fischer beschreiben einfache Gewohnheiten als Antworten auf wiederkehrende Reizmuster, als zirkuläre Prozesse »auf der
Grundlage von Reiz-Reaktions-Schemata« (BREITINGER, FISCHER 1993,
144; i. O. kursiv). Allerdings sehen auch die beiden Autoren die Effizienz des Lernens über Gewöhnung durchaus kritisch. Ihnen ist zuzustimmen, wenn sie einen stabilen Lernerfolg »dann eher [für] möglich«
halten, »wenn nicht nur ein Lernen auf der Grundlage der Gewöhnung
erfolgt, sondern das Objekt als komplexe Situation erlebt und erfahren
wird« (BREITINGER, FISCHER 1993, 167).

Konditionierung

Neben der Gewöhnung bezeichnen Breitinger und Fischer (1993) die
Konditionierung als Lernweg zum Aufbau einer funktionalen Tüchtigkeit oder einer funktionalen Grundausstattung. Hierzu zählen sie

- *Basale Grundfunktionen*
  wie Wahrnehmungsleistungen, Zuwendung, Aufmerksamkeit, Konzentration, Nachahmungsfähigkeit, Motorik und Sprache;
- *Basale Grundaktivitäten*
  wie etwas bewegen, sich behaupten, Widerstand leisten, etwas heranholen, wegschieben, zusammenfügen, in Kontakt treten;
- *Basale Grundfertigkeiten,*
  womit sie einfache lebenspraktische Fertigkeiten meinen wie »etwas
  vom Löffel, aus der Tasse nehmen, beim An- und Ausziehen mithelfen sowie bei der Toiletten-Versorgung, beim Waschen mithelfen

oder Teilbereiche selbst übernehmen, Dinge öffnen und schließen« (BREITINGER, FISCHER 1993, 122).

Techniken des Konditionierens können im Rahmen dieser Einführung nicht dargestellt werden. Nicht oft genug wiederholt werden kann jedoch deren Grundgesetz: Der Königsweg jeglicher Erziehung, Bildung, Therapie ist der Aufbau angemessener, nützlicher Verhaltensweisen unter der Steuerung von Zuwendung, Anerkennung, Verstärkung, Lob, Erfolg.

Haben Sie Ihre Schüler heute schon gelobt?

Freies und gebundenes Aktionsfeld

Darstellung

Die bis hierher dargestellten Unterrichtsmodelle können als bewußt gestaltete Formen des Unterrichts bezeichnet werden. Sie versuchen Lernleistungen zu berücksichtigen, Lernziele anzustreben und Interaktionen zwischen Lehrern und Schülern zu ermöglichen. Eine Ergänzung hierzu sind Lernformen, welche vorrangig den Schüler berücksichtigen und sich in der Intensität der Zuwendung und Strukturierung durch den Lehrer von den bisherigen Lernformen unterscheiden. Als solche Lernformen nennt Dieter Fischer das *freie* und *gebundene Aktionsfeld*.

Beide Formen zielen darauf ab, Geistigbehinderte im Rahmen einer gewissen Zeit und anhand von geeigneten Materialien zu Aktivitäten zu veranlassen, die als Grundlage des Lernens dienen. Der Lehrer reduziert dabei seinen Einfluß auf die Rolle des Beobachters und des Beraters bei Bedarf. Voraussetzung für beide Aktionsfelder ist geeignetes Material, wobei sich für das *freie Aktionsfeld* reizarme, funktionsoffene Materialien anbieten, Dinge, mit denen man hantieren kann, mit denen Geräusche erzeugt, die verändert werden können usw.

Für das *gebundene Aktionsfeld* sind Materialien und nützliche Zusatzmaterialien anzubieten, auch sollen möglicherweise benötigte Zusatzmaterialien für die Schüler zur Verfügung stehen (im normalen Klassenraum wissen die Schüler, wo welche Materialien zu finden sind). Aufgabe der Schüler ist es, aus solchen ungestalteten, offenen Situationen etwas zu machen, diese Situationen zu gestalten. Hierfür fordert Dieter Fischer einen möglichst leeren Raum, um Ablenkungen durch zusätzliche Angebote und Reize zu vermeiden.

Diskussion

Das freie Aktionsfeld regt zu kreativer Tätigkeit an, das gebundene drängt zum Erstellen und Erarbeiten von Aufgaben. D. Fischer spricht dem freien Aktionsfeld eine besondere Eignung für Geistigbehinderte zu, da es gesamtkörperliche Aktivität fordert, wie sie im sonstigen Unterricht kaum zu finden ist.

Innerhalb der in dieser Einführung weiter vorne etwas anders skizzierten Strukturierungsgrade von Unterricht und Lernen ordnet D. Fischer das freie und das gebundene Aktionsfeld dem nicht oder nur wenig strukturierten Ende einer Skala zu (s. Abb. 35).

Die im *Freien Aktionsfeld* vorfindlichen funktionsoffenen Materialien lassen unterschiedliche und probierende Tätigkeiten zu, welche der manipulativen Tätigkeit im Sinne Leontjews zugeordnet werden können. Im *Gebundenen Aktionsfeld* werden dem Kind solche Materialien angeboten, welche – mehr oder weniger – funktional festgelegt sind und damit einen möglichen Handlungsplan repräsentieren. Solche materialinduzierten und materialgesteuerten Tätigkeiten können sich darstellen als gegenständliches Spiel, als Nachahmung von bei anderen beobachteter Tätigkeit, als Bauen oder als Konstruktion.

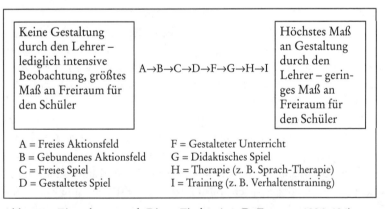

Abb. 35:   Einordnung nach Dieter Fischer (aus D. FISCHER 1994, 134)

Der »Kleine Raum«

Darstellung

Lilli Nielsen (1993) stellt ein Konzept zur Entwicklung früher räumlicher Beziehungen bei Kindern vor, den »Kleinen Raum«. Er soll dem Kind eine besondere Stimulation zukommen lassen, welche seine Entwicklung vorantreiben soll. Das Kind soll in diesem »kleinen Raum« grundlegende Fähigkeiten und Fertigkeiten erwerben, welche ihm die Möglichkeit bieten, frühe räumliche Beziehungen aufzubauen, um ein Objekt-Konzept zu entwickeln und zur Objekt-Permanenz zu gelangen. Der »kleine Raum« läßt sich als eine Art Kiste mit unterschiedlichen Wandelementen beschreiben, wovon jedes eine andere Oberflächenbeschaffenheit aufweist. In das Innere wird Licht durch zwei Deckenelemente aus Plexiglas hereingelassen. Unter Verwendung von dreißig und sechzig Zentimeter langen Metallrohren und Verbindungselementen kann dieser »kleine Raum« in unterschiedlichen Größen hergestellt werden. Gegenstände, die an den Deckenelementen befestigt wurden, hängen im »kleinen Raum« von oben herab. Jeder dieser Gegenstände ist mit einem elastischen Band verknüpft, so daß das Kind die Möglichkeit hat, einen ergriffenen Gegenstand zum Mund zu führen oder aber ihn von der einen Hand in die andere zu bewegen. Das Loslassen des Gegenstandes hat zur Folge, daß dieser wieder an seinen Platz zurückkehrt. Erst wenn das Kind Bewegungen wiederholt, lernt es diese Bewegungen kontrolliert auszuführen; daraus entsteht die Vorstellung »wenn – dann«.

Nach Nielsen (1993, 82) bieten die elastischen Bänder für das Kind den Anreiz zum Einsatz von Muskelkraft. Das Kind wird, so Nielsen, versuchen herauszufinden, wieweit es den Gegenstand aus seiner Ausgangslage entfernen kann. Wegen der unterschiedlichen Lage der Ausgangsposition wird eine Veränderung der Muskelkraft erforderlich. Daneben werden andere Gegenstände an den Wandelementen angebracht, die ebenfalls in seiner Reichweite bewegt werden können. Nach und nach lernt das Kind, beide Hände einzusetzen. Der Einsatz beider Hände ermöglicht dem Kind Bewegungen auszuführen, die für die Drehung von der Bauchlage in die Rückenlage unverzichtbar sind.

Bei der Einrichtung eines solchen »kleinen Raumes« sind nach Nielsen (1993, 84 – 97) folgende Kriterien zu beachten, welche sie als der Entwicklung des Kindes förderlich erachtet:

* Die Art und Anzahl der Gegenstände sollen für das Kind angenehm, anfaßbar, greifbar sein und sowohl unterschiedliche taktile als auch auditive Eigenschaften besitzen. Es ist darauf zu achten, daß das Kind nicht mit seinem Kopf an die Gegenstände stößt, weil erreicht werden soll, daß es seine Hände einsetzt, um den Greifakt und damit die Gebrauchsfähigkeit der Hand zu erwerben.

* Gegenstände, mit denen das Kind nicht gerne in Berührung kommt, sollen entfernt werden. Kinder suchen sich meist Gegenstände aus, mit denen sie sich »intensiver« beschäftigen wollen.

* Der Raum soll mit visuell stimulierenden Objekten (glänzenden Oberflächen) ausgestattet sein, welche das Kind dazu auffordern, die sich bewegenden Gegenstände optisch zu verfolgen bzw. den Anreiz geben, Farben und Formen zu unterscheiden.

* Zudem soll der Raum Objekte enthalten, welche das Konzept der Zahlen verbessern. Das Verständnis des Zahlenbegriffs steigt beim Kind nach Nielsen (1993, 91), wenn es beginnt, mit beiden Händen Gegenstände und Spielsachen anzufassen, sie zu teilen und zusammenzufügen.

* Objekte, welche Geruchs- und Geschmackseigenschaften besitzen (Zuckerstange, duftendes Öl), sowie Metall- oder ähnliche Gegenstände sollen nicht außer acht gelassen werden.

* Die Gegenstände sollen möglichst an derselben Stelle angebracht sein, damit das Kind einen Bezugsrahmen für ihre Lage entwickelt. Erst wenn das Kind gezieltes Suchverhalten zeigt, sollen die Gegenstände in eine veränderte Lage gebracht werden.

* Die Gegenstände sollen auch in Höhe des sehr sensiblen Mundbereiches so angeordnet sein, so daß das Kind Erfahrungen damit sammeln kann.

Das Ergebnis der Nielsenschen Studie zeigte eine positive Wirkung auf die Entwicklung des Verständnisses bei den von ihr untersuchten 20 geburtsblinden Kindern. Dieses Ergebnis wird von der Autorin hauptsächlich auf folgende Faktoren zurückgeführt:

• Der kleine Raum eliminiert die Geräusche der umgebenden Welt so beachtlich, daß das (blinde) Kind Geräusche, die es mit den Gegenständen selbst erzeugt, wahrnehmen kann.

• Das eigene Hervorbringen von wahrgenommenen Geräuschen hat eine deutliche Wirkung auf die Entwicklung des Verständnisses der Lage der Gegenstände. Das Kind erlangt das Verständnis, daß die zu hörenden Geräusche Gegenstände repräsentieren können (vgl. NIELSEN 1993, 65).

• Weitere Bedingungsfaktoren dieser positiven Wirkung sind nach Nielsen die Beständigkeit der Lage der Gegenstände, die Bedeutung des Widerhalls der Geräusche und die Tatsache, daß niemand in die Tätigkeiten des Kindes eingreift, damit das Kind lernt, ohne jegliche fremde Hilfe aktiv zu handeln. Das Kind soll selbst entscheiden, wie lange es sich mit welchem Gegenstand zu welchem Zeitpunkt auseinandersetzen will. Dies gilt auch für geistigbehinderte Kinder, wobei die Aufnahme einer Aktivität bei letzteren länger dauern kann.

Nielsens Forschungsarbeit zeigt deutlich, daß dem (blinden) Kind in seiner Umgebung Möglichkeiten geboten werden müssen, welche das Hantieren sowie das Verständnis für räumliche Beziehungen fördern und der Passivität entgegenwirken. Dem Kind soll durch den taktilen Kontakt mit Gegenständen und durch die selbst hervorgebrachten objektbezogenen Geräusche zu einem Verständnis seiner selbst verholfen werden. Diese Entwicklung im »kleinen Raum« beschreibt Nielsen (1993, 67 – 69) in sieben Stufen:

Stufe 1: Aus zufälligen Bewegungen kommt es, wie beim Neugeborenen, zu einem Bewußtwerden der im »kleinen Raum« angebrachten Gegenstände.

Stufe 2: Auf dieser Stufe werden bewußt Gegenstände angestoßen oder berührt.

Stufe 3: Gegenstände werden angefaßt, losgelassen und auch festgehalten.

Stufe 4: Das Kind wiederholt seine Aktivitäten. Die durchgeführten Wiederholungen werden mit einem Ziel in Verbindung gebracht: der Wiederholung einer taktilen oder auditiven Erfahrung oder, einen bestimmten Gegenstand in einer bestimmten Richtung wiederzufinden.

Stufe 5: Auf unterschiedliche Weise versucht das Kind mit den Gegenständen zu hantieren. Taktile Untersuchungen finden statt, und die
Konzentration kann dermaßen hoch sein, daß auf Geräusche keine
Reaktion mehr erfolgt, weil das Kind sie überhört. Die Kinder beginnen, kinästhetische und taktile Sinnesmodalitäten zu integrieren.

Stufe 6: Neben der kinästhetisch-taktilen Wahrnehmung werden die auditive Wahrnehmung und durch gleichzeitiges Lauschen auf die hervorgebrachten Geräusche die auditive Integration gefördert. Außerdem ermöglicht diese Erfahrung dem Kind, Gegenstände zu lokali-
sieren.

Stufe 7: Auf dieser Stufe finden Vergleiche der verschiedenen Gegenstände bezüglich der Geräusche und der taktilen Beschaffenheit statt.
Die Kinder merken, daß sie die Urheber der zu hörenden Geräusche
sind.

Diskussion

Das Konzept des »kleinen Raumes« eignet sich zur Förderung der manipulativen Tätigkeit. Es bietet dem Kind die Möglichkeit, Gegenstände zu
ergreifen, festzuhalten, von einer Hand in die andere zu bewegen, sie
zum Mund zu führen, beide Hände dabei einzusetzen und sie wieder
loszulassen. Dabei kann es den ergriffenen Gegenstand hinsichtlich seiner Beschaffenheit, seiner Temperatur, seiner Oberflächenbeschaffenheit
usw. erkunden, die Eigenschaften der verschiedenen ergriffenen Gegenstände entdecken und feststellen, was man alles mit ihnen machen kann.
Allerdings sollte u. E. auf Gummibänder verzichtet und eher kurze Seil-
stücke verwendet werden, an welche die Gegenstände gehängt werden,
auch wenn Seile das Erleben von Widerstandsveränderungen beim Her-
anziehen nicht ermöglichen. Gummizüge stellen stets Gefahrenquellen
wie auch eine künstliche, unrealistische Situation dar.
Bei diesem Konzept geht es darum, daß das Kind Bewegungen ausführt.
Da bei der manipulativen Tätigkeit die Bewegung im Vordergrund steht,
eignet sich das Konzept des »kleinen Raumes« zu deren Förderung.
Nielsen geht es darum, daß das Kind aus einer zufälligen Bewegung heraus einen Effekt erzeugt, diesen Effekt wahrnimmt und ihn um des Ef-
fektes willen wiederholen möchte. Es geht also darum, Ursache-Wir-
kungs-Zusammenhänge zu erkennen.

Wahrnehmung, auch die Selbstwahrnehmung, und die motorischen Fähigkeiten hinsichtlich des Greifens, Hantierens und Loslassens können verbessert werden. Das Kind kann wacher, aufmerksamer und neugieriger für die Dinge in seiner unmittelbaren Umwelt werden. Durch den Einsatz des »Kleinen Raumes« kann die Motivation des Kindes zum zunächst manipulativen Handeln gefördert werden.

Sollte es uns gelungen sein, unsere Schüler zu eigener Aktivität und zu mehr Aktivität anzuregen, so gilt es nun, diese Aktivität für weiteres Lernen nutzbar zu machen. Nur durch eigene Tätigkeit wird Handeln erlernt. Das folgende Kapitel stellt solche Konzepte vor, welche vorhandene Aktivität der Schüler aufgreifen und zur Aneignung von einem Stück Welt nutzbar machen.

14 Lernen, die Dinge zu gebrauchen

14.1 Grundüberlegungen

Im vorigen Abschnitt haben wir Unterrichts-/Fördermethoden kennengelernt, die der Aktivierung unserer Schülerinnen und Schüler dienen sollen. Aktivität aber fordert Bewegung, und da Förderung und Unterricht etwas mit Planhaftigkeit zu tun haben, läuft diese Förderung geplant und mit vorher festgelegtem Ziel: dem Aufbau von gezieltem und gesteuertem Bewegungsverhalten. Das bisher Erreichte gilt es nun zu sichern, zu festigen, anwendbar zu machen und auszuweiten. Dies darf nicht in der Form sinnleerer isolierter Funktionsübungen geschehen, sondern erfordert die Bindung an Inhalte, welche für unsere Schüler wichtig und bedeutsam, also subjektiv sinnvoll, sind. Damit bekommt der inhaltliche Aspekt einen neuen und höheren Stellenwert: Es geht nicht mehr so sehr um die verbesserte Beherrschung des Körpers, sondern wesentlich um die Aneignung von Welt. In unserem didaktischen Schema liegen die Schwerpunkte – grob – auf den Bereichen der gegenständlichen, spielerischen und schulischen Lerntätigkeit als dominierenden Tätigkeiten (Leontjew).

Die vorzustellenden Verfahren sind wiederum von unterschiedlicher Komplexität und unterschiedlichem Anspruchsniveau. Gemeinsam ist ihnen, daß sie unter der Voraussetzung ausreichender motorischer Kompetenz der Schüler die weitgehend selbstgesteuerte Bewegungsfähigkeit nutzbar machen, um die inhaltliche Aneignung weiter zu fördern. Insoweit leisten diese Methoden einen erheblichen Beitrag zum Aufbau einer schülereigenen Handlungsfähigkeit.

14.2 Lernen Schritt für Schritt

Darstellung

Obwohl problemlösendes Lernen und Denken bei Geistigbehinderten unterstützt werden sollte, wo immer es nur geht, sind diese Schüler doch wesentlich auch auf andere, einfachere Formen angewiesen, welche auch für die anspruchsvolleren Lernformen die Grundlagen bilden. Lernen Schritt für Schritt verlangt die Gliederung des Lerngeschehens in kleinste Handlungsschritte, so daß jeder geistigbehinderte Schüler zum Mithandeln und Mitlernen in der Lage ist. Obwohl dieses Prinzip schon lange bekannt ist, wurden wirkliche Konsequenzen erst im Zusammenhang mit der Curriculum-Entwicklung gezogen (vgl. Heidemarie ADAM 1978; 1981). Die in diesem Zusammenhang entwickelten Lernzielhierarchien sind zumeist an Ergebnissen der Entwicklungspsychologie orientiert, welche auch die ersten diagnostischen Verfahren (Entwicklungsdiagnostika) angeboten hat, an welchen sich die Organisation von Lernen orientieren konnte. Diese Skalen bieten folgende Vorteile:

Sie lösen komplexe Entwicklungsprozesse in Entwicklungsschritte auf;

sie ermöglichen eine exakte Ermittlung des Leistungs- bzw. Entwicklungsstandes.

Auf dieser Basis entwickelte Lernprogramme weisen Elemente auf, die Bestandteile von Lernketten im Sinne von Gagné sind. Die lernpsychologische und entwicklungspsychologische Strukturierung des Lehrplans bedarf jedoch der Ergänzung durch eine didaktische Dimension, welche auf die Anwendung des Gelernten hinzielt und diese ermöglicht.

Die Phase des Einübens nach der Methode Schritt für Schritt ist Teil einer komplexen Kette:

Vorbereitung des Erlernens einer Funktion, einer Fähigkeit, einer Fertigkeit;

Einüben einer Tätigkeit, Fähigkeit oder Fertigkeit Schritt für Schritt;

Einbinden des Gelernten in die Vorerfahrungen, den Könnens- und Wissensbestand des Kindes und damit in seine Persönlichkeit;

Anwenden in verschiedensten Situationen und Bewußtmachen des neuen Könnens.

D. Fischer (1994, 192 – 193) stellt zwei Beispiele für solches Lernen Schritt für Schritt vor (siehe Tab. 33). Sie sind darauf angelegt, einen einlinearen Handlungsablauf Schritt für Schritt anzueignen. Im Grunde geht es um die Aneignung einzelner Handlungskomponenten und deren Verkettung.

Beispiel I: *Naseputzen*
1. Zieh das Papiertaschentuch aus der Schachtel.
2. Lege das Taschentuch auf deine Nase.
3. Blase Luft durch die Nase.
4. Drücke beide Nasenlöcher zu.
5. Wische die Nase ab.
6. Falte das Tuch.
7. Lege es wieder auf die Nase.
8. Blase Luft durch die Nase.
9. Drücke die Nasenlöcher zu.
10. Wische die Nase ab.
11. Falte das Tuch.
12. Prüfe, ob die Nase sauber ist.
13. Wirf das Taschentuch in den Papierkorb

Tab. 33: Naseputzen (nach dem Programm von MORE, zit. bei ADAM 1977; aus D. FISCHER 1994, 192 – 193).

Das Beispiel II: *Essen mit dem Löffel*
verdeutlicht, wie entwicklungspsychologische Elemente (der Motorik) mit dem Vorgang (des Essens) selbst gekoppelt werden können.

Lernen »Schritt für Schritt« sieht nach dem Magnolia-Programm so aus:

1. Ist fähig, den Löffel mit der dominanten Hand zu halten (die Hand umschließt im Faustgriff den Griff des Löffels).

2. Kann mit dem Löffel kleine Mengen weicher Nahrung aufnehmen und (mit Hilfe) in den Mund führen.

3. Kann mit dem Löffel kleine Mengen weicher Nahrung aufnehmen und in den Mund führen (ohne Hilfe).

4. Gebraucht den Löffel, um flüssige Nahrung aufzunehmen und in den Mund zu führen, kleckert kaum dabei.

5. Gebraucht den Löffel, um feste Nahrung aufzunehmen und in den Mund zu führen und kleckert kaum.

6. Kann den Löffel zwischen Zeige- und Mittelfinger fassen und mit dem Daumen das Gleichgewicht halten.

7. Kann den Löffel angemessen halten, weiche Nahrung aufnehmen, in den Mund führen und kleckert nur geringfügig.

8. Kann den Löffel angemessen halten und ohne Schwierigkeiten weiche Nahrung essen (zit. nach ADAM 1977; aus D. FISCHER 1994, 193).

In diesem zweiten Beispiel werden nicht nur die Fähigkeiten spezieller und differenzierter; darüber hinaus verändert sich das Handlungsziel in seiner Qualität. Der Umfang der Handlungsleistungen nimmt zu. Lernen Schritt für Schritt kann einmal entwicklungspsychologisch orientiert werden. In diesem Fall führt der Lernprozeß von einem engen, eingeschränkten zu einem weiterhin eingeengten, aber höchst differenzierten Aktions- und Handlungsfeld.

Die zweite Orientierungsmöglichkeit stützt sich nicht nur auf die entwicklungspsychologischen Erkenntnisse, sondern auch auf die Bedingungen der Lebenssituation des Schülers. Unter Einbeziehung einer solchen Lebenssituations-Orientierung führt der Lernprozeß in diesem Fall von einem engen zu einem differenzierten und erweiterten Aktions- und Handlungsspektrum. Den Ablauf einer solchen Aneignung Schritt für Schritt skizziert D. Fischer in vier Phasen:

Phase A	→	Phase B	→	Phase C	→	Phase D
Vorbereitung des Erlernens einer Funktion, einer Fähigkeit, einer Fertigkeit		Einüben »Schritt für Schritt« einer Funktion, einer Fähigkeit, einer Fertigkeit		Einbinden in die Persönlichkeit des Kindes, vor allem Bewußtmachen und Widerspiegeln des neuen Könnens		Anwenden in verschiedenen Situationen und Bewußtmachen des neuen Könnens. »Füllen« der neuen Fertigkeit

Abb. 36: Ablauf der Aneignung Schritt für Schritt (aus D. FISCHER 1994, 196)

Für die Praxis zieht D. Fischer daraus folgende Konsequenzen:

• Obwohl sich der Unterricht meist auf die Phase B beschränkt, kann ein guter Unterricht die Phase A als Grundlage für weiteres Lernen nicht außer acht lassen.

• Die Phase B bedarf der minutiösen Feinplanung.

• Eng umschriebene Lernvorhaben sind für Geistigbehinderte erfolgversprechender. Beispiele: *Eine* Farbe von einer anderen unterscheiden. *Ein* Merkmal erlernen.

- Das erreichte Fähigkeitsniveau stellt in der Regel auch das Handlungs- oder Kommunikationsniveau dar, bei Geistigbehinderten unter der Voraussetzung, daß unter Anleitung auch die Phasen C und D bearbeitet worden sind.

- Phase D dient der Integration der erworbenen Fähigkeiten und Fertigkeiten in größere, individuell gesteuerte Handlungsprogramme.

Diskussion

Beim »Lernen Schritt für Schritt« werden die insgesamt erforderlichen Einzeloperationen zunächst einzeln als bewußt ausgeführte Handlungen erlernt und erst anschließend zu einer einheitlichen Handlung zusammengeschliffen.

Aus $\boxed{O_1} + \boxed{O_2} + \boxed{O_3} + ... + \boxed{O_n}$ wird so $\boxed{O_1}\!\!-\!\!\boxed{O_2}\!\!-\!\!\boxed{O_3}\!\!-\!\!-\!\!\boxed{O_n}$

Diese nunmehr zur Routine gewordene Handlung kann mit einem einheitlichen Symbol dargestellt werden, wie z. B. »Nase putzen«:

$\boxed{\text{Nase putzen}}$

14.3   Aktives Lernangebot

Das aktive Lernangebot schafft dem Kind Anlässe und Situationen, in denen es bereits erworbene Verhaltensmöglichkeiten anwenden und übertragen kann. Insoweit kann sich das Kind nunmehr selbst in den Lernprozeß mit einbringen. Durch solche Aktivitäten können auch neue Erfahrungen gesammelt und erste Übertragungsleistungen erbracht werden. Insoweit wird hierbei der *output* betont.

Vom Modell der Aufgabenfolge unterscheidet sich das aktive Lernangebot insoweit, als ersteres eine Bewältigung der Aufgabe Schritt für Schritt erfordert. Insbesondere das Arbeiten auf Anweisung mehrerer Schüler zur gleichen Zeit verlangt Voraussetzungen beim Schüler, die auf der Ebene des aktiven Lernangebots noch nicht gefordert werden.

Das aktive Lernangebot bietet eine Reihe von vielen Teilaufgaben, innerhalb derer die Schüler je nach ihren Fähigkeiten und in nicht festgelegter Abfolge aktiv werden können, dies innerhalb für sie sinnvoller Lernaufgaben, deren Gesamtziel jedoch nur dem Lehrer bewußt ist. Von den Schülern wird auf dieser Ebene noch kein gruppenorientiertes Lernen erwartet. Voraussetzung sind jedoch bei den Schülern bereits erworbene

Basisfähigkeiten und ein wenn auch bescheidenes Repertoire an Verhaltensmöglichkeiten, welche die Schüler jedoch noch nicht von sich heraus selbständig aktivieren können. Der Lehrer hat hierbei folgendes zu beachten:

- In der Schule für Geistigbehinderte können eben nicht alle Schüler gleichzeitig das gleiche in Gruppen lernen.
- Der Lehrer muß selbst passende Aufgabenfolgen ausfindig machen.
- Die Schüler bedürfen der intensiven und individuellen Zuwendung bis hin zur körperlichen Führung von deren Bewegungen (vgl. z. B. AFFOLTER 1990; GOEDMANN, KOSTER 1977).
- Voraussetzung ist die intensive Beobachtung der Aktivitäten des Schülers, um deren motorische Defizite, Defizite in der Bewegungssteuerung und -koordination, der Wahrnehmung usw. zu erfassen. Diese gilt es mit neuen, veränderten Angeboten auszugleichen.
- Ein aktives Lernangebot kann sich u. U. über einen Zeitraum von bis zu zwei Wochen erstrecken.
- Wichtig ist, daß die Bedürfnisse des Kindes als Hilfe zum Ingangbringen von Handeln benutzt werden. D. Fischer gibt als Beispiele an:»sich etwas holen, es haben, es besitzen, etwas verstecken, finden, suchen; etwas abwehren, sich schützen, etwas ablehnen, sich bewegen, tätig werden, neugierig sein, etwas gerne mögen; etwas essen, trinken, etwas fühlen wollen usw.« (1994, 123 – 124).
- Die Begleitung der Handlung des Schülers durch den Lehrer kann auch in der Form des Ermutigens, Verstärkens, Bewußtmachens, Verbalisierens erfolgen.
- Innerhalb aktiver Lernangebote können vorhandene Verhaltensmöglichkeiten aktiviert, gefestigt und differenziert werden.
- Günstig ist es in jedem Fall, wenn solche Tätigkeit dem Schüler Spaß macht.

Für mögliche Sachinhalte bei aktiven Lernangeboten gibt D. Fischer folgende Hinweise:

»den Tisch decken,
eine große Stoffpuppe aus- bzw. anziehen,
zusammen eine Mauer bauen,
einen großen Korb mit Äpfeln usw. füllen und diese an einen anderen Ort transportieren,

einen Wagen mit ... beladen,

das Klassenzimmer für ein Spiel/einen Tanz usw. herrichten,

mit Licht experimentieren,

beim Kuchenbacken helfen,

einen Puppenwagen her/einrichten« (1994, 124).

Das nachfolgende Beispiel beschreibt die Durchführungsphase eines solchen Angebots mit Hilfe der Heidelberger Treppe, eines Wandbretts und verschiedener Spielobjekte. Es findet sich in voller Länge bei D. Fischer (1994, 124 – 127), von wo es mit freundlicher Erlaubnis des Verfassers entnommen ist.

3. Durchführung

Situation I: Ausgangssituation:
                    Kinder sitzen im Kreis auf ihren Stühlen.

Situation II: Mögliche Aufgabenreihe:

1.   Zu Elementen der Heidelberger Treppe gehen, laufen, springen, sie zeigen, mit den Händen berühren, bestimmte Elemente zeigen.

2.   Elemente der Heidelberger Treppe hochheben, schieben, verstellen.

3.   Elemente der Heidelberger Treppe bewegen, tragen, schieben von ... zu ...

4.   Unterschiede feststellen
      groß/klein   passiv, aktiv,
      hoch/niedrig,   gestisch, verbal usw.
      schwer/leicht usw.,

5.   Elemente der Heidelberger Treppe richtig hinstellen, sie ordnen, sie reihen.

6.   Auf einzelne Elemente der Heidelberger Treppe hinauf- bzw. hinuntersteigen, hinunterhüpfen, sich heben lassen, führen, Hilfe in Anspruch nehmen.

7.   Drei, vier und mehr Teile der Heidelberger Treppe zu einer Treppenformation ordnen.

[...]

16.   Weitere Aufgaben können dazugefügt werden.

Situation III: Abschlußphase
                    Bewußtmachen des Erlebens, des Tuns, der Aktivität,
                    besinnlicher, musischer Ausklang.

Diskussion

Das von D. Fischer (1994) so bezeichnete »Aktive Lernangebot« stellt sich als Anwendungs- und Übungsbereich für bereits erworbene Handlungsschemata dar, nicht als eine Möglichkeit neuen Lernens. Auch geht D. Fischer davon aus, daß die Kinder ihre Handlungen nicht selbst steuern; vielmehr sieht er die Steuerungsaufgabe beim Lehrer. Beim Lehrer liegt dann auch die Planung einer aus mehreren einzelnen Schemata zusammengesetzten komplexeren Handlung, bei den Schüler(inne)n die Ausführungssteuerung der einzelnen Handlungsschemata. Die Handlungsorientierung kann, wie D. Fischers Beispiele (1994, 124) zeigen, durchaus durch den Lehrer alleine, durch Lehrer(innen) und Schüler(innen) gemeinsam oder durch die Schüler(innen) alleine erfolgen als Überlegung: Was brauchen wir? Was hätten wir gerne? → z. B. einen gedeckten Tisch. Bildlich ergibt sich eine Aneinanderreihung von einzelnen Ausführungshandlungen:

Abb. 37: Handlungskette »Tischdecken« als Abfolge von lehrergesteuerten Einzelhandlungen

Das Zeichen + deutet an, daß die ausführenden Schüler(innen) den je nächsten Schritt noch nicht selbständig bestimmen. Ist dies der Fall, kennzeichnen wir den Übergang zum nächsten Schritt durch →:

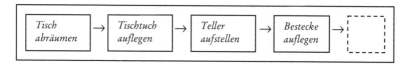

Abb. 38: Handlungskette »Tischdecken« als Abfolge logisch aufeinander folgender, schülergesteuerter Einzelhandlungen

Beherrschen die Schüler(innen) die Logik der Abfolge, läßt sich die Darstellung zu einer einzigen Handlung Tisch decken zusammenfassen. D. Fischers »Aktives Lernangebot« erweist sich so als Konzept, das unter Lehrersteuerung der Übung und Anwendung (Assimilation) zuvor einzeln erworbener Handlungsschemata dient, und das gleichzeitig die Chance bietet, diese Einzelschemata routineartig miteinander zu verbinden und damit im Sinne Galperins zu verkürzen. Die Lehrersteuerung bezieht sich auf die zeitliche Abfolge solcher Aufgabenbewältigungen

(Handlungen), welche das Kind vorher einzeln erlernt hat, etwa durch
»Lernen Schritt für Schritt« oder durch Übernahme aus der Beobachtung des Handelns eines Modells.

14.4 Die Aufgabenfolge

Darstellung

Aufgabenfolgen stellen sich in ihrer Struktur als *Lernketten* dar. Eine
solche Aufgabenfolge als Lernkette ist jedoch nur dann sinnvoll, wenn
für die Schüler ein überzeugendes Lernziel zu erreichen bzw. zu verwirklichen ist. Es wird also in der Regel erforderlich sein, eine solche
Aufgabenfolge/Lernkette in der Folgezeit durch weitere ähnliche Aufgabenfolgen fortzusetzen und zu ergänzen.

Beispiel Joghurt (D. Fischer)

Als Beispiel für eine solche Aufgabenfolge erörtert D. Fischer das Lern-
ziel *Joghurt auswählen und öffnen bzw. essen können*. Die folgenden
Ausschnitte sind wiederum mit freundlicher Erlaubnis des Autors bei
D. Fischer (1994) entnommen:

Ausschnitt aus einer Lernplanung für eine Mittelstufenklasse einer Heim-
Sonderschule. Mittelstufe – 10 Schüler im Alter von 12 bis 18 Jahren –
Durchschnittsform der geistigen Behinderung (nach Speck 1974).
Auf die Darstellung der äußeren Voraussetzungen wird verzichtet. Das
Lernvorhaben ergab sich aus einer realen Situation: der Schulklasse wurde
von einem Besuch der Schule Früchte-Joghurt mitgebracht. Das Lernziel

Joghurt auswählen und öffnen bzw. essen können

wird als Aufgabenfolge geplant, die geistigbehinderten Schülern helfen soll,
über eine längere Lernstrecke hinweg einzelne Lernziele zu erreichen. Dabei
kommt es darauf an, daß der Lehrer die Schüler von Lernsequenz zu Lernsequenz führt. »Grundlegende Lebenssituation« ist: Auswählen bzw. sich entscheiden können. Es werden Lerntätigkeiten beansprucht, die die Schüler bereits entwickelt und gelernt haben.
[...]
2. Grobplanung des Lernvorhabens

Lernsequenzen	I	Begrüßung und Konfrontation mit dem Joghurt
	II	Entscheidungssituation (Möchte ich ein Joghurt?)
	III	Mengenerfassung (Reicht der Joghurt für uns alle?)
	IV	Objekterfassung (Welchen Joghurt haben wir?)

V   Auswahlsituation (Welchen Joghurt möchte ich?)
         (*Dieses* Joghurt möchte ich?)
VI   Demonstration des Öffnens und Nachvollziehens
     dieser Tätigkeit
VII Vorbereiten und Durchführen des Essens
VIII Kontrolle, Bewußtmachung
     (Was hast Du gegessen?)

3. Plan der Durchführung

Lernsequenzen Lernziele	Lernsituationen Lerntätigkeiten	Did.-meth. Kommentar Päd. Intention
I. Einstellung auf Besuch – Konfrontation mit Joghurt	L: stellt Gäste vor S: stellen sich selbst vor • auf Schemel steigen • Namen sagen • Leute anschauen	Vertraut werden mit der neuen Situation
	L: Besuch hat uns etwas mitgebracht L: Stellt Joghurtbecher nacheinander hin S: schauen, sprechen »Joghurt« (einzeln)	Kreis-Sitzordnung Geschenk würdigen Freude am Geschenk wecken Medienunterstützung: Trommel
II. Entscheidungssituation	Erkunden, wer einen Joghurt mag S: Ich will Joghurt Ich will kein Joghurt	Wunsch verbalisieren Entscheidung respektieren
III. Mengenerfassung	Erfahren, ob der Joghurt für alle Kinder reicht: S: selbständige Versuche der Kinder L: Demonstriert: Zuordnen S. Ausführung durch einzelne Kinder	Zuordnen durch Wegstellen und Verbalisieren

IV. Objekterfassung	Bewußtwerden: Auswahlmöglichkeit zwischen 2 Grundsorten: Joghurt mit Marmelade Joghurt ohne Marmelade	Information
	S: Jeder *zeigt* auf den Joghurt, den er möchte	Auswählen durch Deuten
	L: zeigt 2 verschiedene Becher mit ohne	optische Erfassung (Becher von der Seite anschauen)
	S: stellen fest: Joghurt mit Marmelade Joghurt ohne Marmelade	Verbalisieren
V. Auswahlsituation	Bilder auf dem Deckel lassen die Art der Marmelade erkennen	optische Erfassung (Becher von oben anschauen)
	L: zeigt	
	S. wählen aufgrund des Angemutetseins	Ortswechsel: Joghurt an einen Platz am Tisch tragen
VI. Vorbereitung und Durchführung des Essens	S: Löffel holen Becher öffnen	individuelle Hilfe beim Öffnen
	Umrühren – essen Abfall wegwerfen	in Ruhe essen lassen
VIII. Rückblick	S: ich habe Joghurt mit Marmelade gegessen Danke den Gästen	Kinder sollen sich an das Gewesene erinnern. Bewußtmachen anhand der leeren Joghurtbecher

(aus D. FISCHER 1994, 127 – 131; gekürzt)

Wichtig hierbei ist,

- daß die Lernsequenzen, die der Schüler noch nicht bewältigen kann, vom Lehrer mit ihm oder für ihn bewältigt werden;
- daß der Lehrer immer wieder die Aufmerksamkeit des Schülers auf die Handlung selbst lenkt;
- daß es vom Leistungsstand der Schüler abhängig ist, ob eine weiterführende Abstraktion möglich wird;

- daß die Schüler in gewissem Umfang bereits handlungsfähig sind, da die Aufgabenfolge als Lern*handlung* im Mittelpunkt steht;
- daß der Schwerpunkt auf dem lebenspraktischen Vollzug und der Bewußtmachung dieses Vollzuges liegt;
- daß auf Komplexierungen und Komplizierungen etwa durch Objektbetrachtung, weiterführende Begriffe usw. verzichtet wird.

Diskussion

D. Fischers »Aufgabenfolge« erfordert wie das »Lernen Schritt für Schritt« und das »Aktive Lernangebot« den Einsatz mehrerer Handlungsschemata, die prinzipiell einzeln angeeignet werden können. Wie im Beispiel »Tischdecken« sind auch bei der Aufgabenfolge die Einzelhandlungen in einer zweckvollen zeitlichen Ordnung aneinanderzureihen. Die geforderten Handlungen

1. Joghurt auswählen,
2. Joghurt öffnen,
3. Joghurt essen

enthalten jedoch nicht nur motorisch akzentuierte Ausführungshandlungen, sondern auch eine nicht-motorische Entscheidungshandlung[1]. D. Fischers Unterscheidung zwischen »Aktivem Lernangebot« und der »Aufgabenfolge« liegt in seiner Annahme, daß ersteres ausschließlich vom Lehrer gesteuert werde und bei letzterem eine deutlich selbständigere Handlungsfähigkeit der Schüler(innen) gefordert sei, sowie daß beim »Aktiven Lernangebot« die Schüler(innen) Handlungsziel und Gesamtablauf (noch) nicht überschauen können. Insoweit dient das »Aktive Lernangebot« der Vorbereitung der »Aufgabenfolge«. In diesem Verständnis kann das »Aktive Lernangebot« auch als Vorbereitung auf die »Handlungseinheit« verstanden werden. In der grafischen Darstellung bildet sich dies ab wie in Abb. 39 dargestellt.

---

[1] Eine solche Entscheidungshandlung – oder mehrere – kann auch in das »Aktive Lernangebot« eingebaut werden, z. B. als Auswahl unter verschiedenfarbigen Tischtüchern.

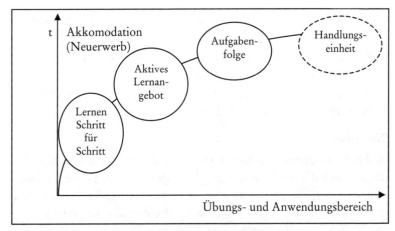

Abb. 39: Einordnung des Lernens Schritt für Schritt, des Aktiven
Lernangebots und der Aufgabenfolge zwischen Neuerwerb und
Anwendung.

14.5 Die Handlungseinheit

Das Konzept der Handlungseinheit geht auf Rabenstein und Haas zurück, welche es auf den Grundgedanken des »handelnden Lernens« von
Dewey bezogen »als methodisches Modell für normalbegabte Kinder
konzipiert« (D. FISCHER 1994, 162) haben. Die Handlungseinheit greift
Fragen und Probleme aus der unmittelbaren Lebenswelt der Schüler auf
und vollzieht sich an den Schülern vertrauten und bedeutsamen Gegenständen dieser eigenen Lebenswelt.

Als Beispiele für mögliche Inhalte nennt D. Fischer mit

»Ich pumpe mein Fahrrad auf,
Wir setzen einen Ableger ein,
Ich kann telefonieren« (1994, 154)

Themen, die denjenigen für handlungsbezogenen Unterricht bei Mühl
wie

Wir fahren mit dem Zug nach A,
Wir schicken einen Mitschüler ein Paket,
Wir basteln ein Album und kleben Fotografien von uns ein,
Wir besuchen einen kranken Mitschüler im Krankenhaus,
Wir besuchen einen Arzt (MÜHL 1979, 151 – 171)

durchaus ähneln. Mühl weist darauf hin, daß solche Themen verschiedenen Sach- bzw. Lernbereichen zugeordnet werden können: der Umweltorientierung, der Sozialerziehung, der lebenspraktischen Förderung, der Entwicklung eines Selbstkonzepts usw..

Beide Autoren geben gemeinsam solche Vorhaben an, die eindeutig tätigkeitsorientiert sind, die die handelnde Auseinandersetzung vom Schüler verlangen und dadurch »im Kind Denkprozesse in Gang setzt und diese gleichzeitig qualifiziert«. Auch wird dieser handelnden Auseinandersetzung eine Förderung »der Speicherfähigkeit von Lerninhalten« (D. FISCHER 1994, 163) zugesprochen, da sie als bewußte, gewollte und zielgerichtete Handlung eine hohe Beteiligung des Bewußtseins, Planhaftigkeit und Aufmerksamkeit verlangt.

Die Handlungseinheit setzt somit den handlungsfähigen Schüler bereits voraus. Dieser Schüler muß

»Handlungen ausführen können,

diese gedanklich mitvollziehen können,

über sein Handeln und die damit in Zusammenhang stehenden Fragen/Objekte reflektieren können« (D. FISCHER 1994, 154).

Eine solche Handlungseinheit verlangt vom Lehrer, das gewählte oder vereinbarte Thema in eine Handlung, also eine strukturierte Abfolge einzelner Tätigkeiten umsetzen zu können. Da sie sich in der Regel auf eine einzige Unterrichtseinheit beschränkt, erträgt die Handlungseinheit auch nur eine Mindestmenge an »Stoff«.

Stärker als Mühl (1979) betont D. Fischer die Produktorientierung: Es soll ein Werk, es sollen Gegenstände »hergestellt, untersucht, verwendet, verändert« werden. Damit wird nicht nur der konkrete Handlungsprozeß bedeutsam, sondern auch – oder gar bereits – die »Möglichkeit eines Handlungsablaufs i. d. Vorstellung« (D. FISCHER 1994, 164). Das Handlungsziel (z. B. der aufgepumpte Fahrradreifen) leitet sich aus einem Problem ab (der Reifen ist platt, ich kann nicht fahren).

Für die methodische Aufbereitung können alle Gliederungssysteme gelten, die für problemlösenden Unterricht entworfen sind. Beispielhaft wird hier das von Machmutow (1972) wiedergegeben:

Etappen	Lerntätigkeit (Schüler)	Lehrtätigkeit (Lehrer)
I	Aktualisierung von Vorkenntnissen Entstehung einer Problemsituation	Vorbereitung des Problems durch Fragen u. a., Problemstellung durch Widerspruchsetzung
II	Analyse der Problemlage eigenständige Formulierung des Problems	lenkende Hinweise
III	erste, noch inadäquate Lösungsversuche Äußerung von Vermutungen Aktualisierung entsprechender Kenntnisse und Überprüfung der Vermutungen Formulierung und Begründung einer Hypothese	Lenkung des Suchprozesses durch Informationsfragen, Hinweise, Vermittlung von Faktenkenntnissen u. a.
IV	Verfikation durch Anwendung vorhandener oder Gewinnung neuer Kenntnisse, Vergleiche, Ableitungen, Verallgemeinerungen u. a. Lösung des Problems und Formulierung einer neuen Erkenntnis	Lenkung des Suchprozesses Bestätigung, Einordnung, Zurückweisung u. a.
V	Überprüfung der Lösung durch Vergleich mit Ausgangspunkt, Anwendung auf neue Situationen u. a.	Aufgaben- bzw. Fragestellung, Bestätigung, Präzisierung, Korrektur
VI	Analyse und Nachvollzug des Lösungsprozesses, Fehleranalyse	Lenkung des Rückblicks, Bewußtmachen des Lösungsvollzugs und seiner hemmenden bzw. fördernden Bedingungen
VII	Weiterführung der Lerntätigkeit	Einbeziehung der Ergebnisse des Problemlösens in weitere Lerntätigkeit, gegebenenfalls Vorbereitung einer neuen Problemsituation

Tab. 34:   Schema grundlegender Etappen des Problemlösens im Unterricht nach MACHMUTOW (1972); aus LOMPSCHER, GULLASCH (1977, 247)

Diskussion

Der Handlungseinheit werden weiterführende Zielsetzungen zugeschrieben, »nämlich *anhand* bzw. *durch* die Handlung Erkenntnisse, Einsichten, Begriffe, Beziehungen usw. zu erlernen«. Diesen kognitiv anspruchsvollen Zielen steht Dieter Fischer sehr skeptisch gegenüber: Die

Handlungseinheit »läßt sich zwar gut *vor* Geistigbehinderten zelebrieren, jedoch ohne sie zu dem beabsichtigten Lernerfolg zu führen« (D. FISCHER 1994, 163; H.i.O.). Dieser Skepsis kann der Verfasser nicht folgen:

1. Ein Lehrer, der lediglich *vor* seinen Schülern etwas »zelebriert«, vollzieht eine Demonstration, keinen am Handeln orientiertenen Unterricht. Im günstigsten Falle liefert er noch eine Orientierungsgrundlage nach Galperin-Typ I.

2. Sind Schüler nicht oder nur teilweise in der Lage, die notwendigen koordinierten Bewegungsabläufe auszuführen, so greife der Lehrer bitte zur Methode des intensiven bzw. helfenden Führens nach Affolter.

3. In keinem Fall soll ein Lehrer eine Lern*tätigkeit als* Lern*möglichkeit* verschenken, zu der ihm das konkrete Motiv von seinen Schülern auf dem Silbertablett angeboten wird.

4. Wenn zur symbolischen Aufbereitung des konkreten Handlungsablaufs in der Form der Versprachlichung und/oder Verbilderung die von D. Fischer (1994) angegebene *eine* Unterrichtseinheit nicht ausreicht, wird eben noch eine zweite UE angehängt, oder auch noch eine dritte ...

Schließlich geht es, wie D. Fischer zurecht betont, um ein »Lernen durch Handeln u. Beobachten – Auflösen komplexer Erscheinungen der Umwelt – Herausarbeiten ihrer Struktur – Aufbau aus mehreren Handlungsschritten – Weg über ›trial and error‹ – Anbilden von Begriffen und Einsichten in Funktionszusammenhänge« (1994, 154) und, wie er betont, auch um »Lernhilfe für *schwierige* Sachverhalte« (D. FISCHER 1994, 164; H. d. H.J.P.). Solche mitunter schwierigen Sachverhalte dürfen wir unseren Schülern nicht deswegen vorenthalten, weil wir sie »geistigbehindert« nennen. Gerade bei solcher Lerntätigkeit erweist sich das methodische Geschick des Lehrers, der auf einen reichen Fundus unterschiedlicher methodischer Konzepte zurückgreifen kann.

14.6   Der Lehrgang

Darstellung

Der »Lehrgang« wird von D. Fischer (1994) in das Ensemble der unter-
richtsorganisatorischen Arrangements ausdrücklich eingeführt[1] und als
quasi »verschärfte« Form der Handlungseinheit gegenübergestellt. Der
Lehrgang geht nicht von erlebnis- oder handlungsbezogenen, sondern
von »sachstrukturellen Überlegungen« (BÖNSCH 1997, 5) aus und führt
zu einem vorab festgelegten Ziel, das von den Teilnehmern zu akzeptieren ist (vgl. KRON 1994, 272). Kron beschreibt fünf Kennzeichen des
Lehrgangs:

1. Inhalte und Ziele sind vorab festgelegt. Damit dient der Lehrgang
dem Erwerb umschriebener und überprüfbarer Qualifikationen »motorischer oder kognitiver Art« (D. FISCHER 1994, 166). Je nach Inhalt und
Ziel können Lehrgänge auf unterschiedliche Dauer angelegt sein:

- Kurzzeit-Lehrgang, wie bei D. Fischer: »Wir lernen, eine Schnitt-
  wunde mit Heftpflaster zu versorgen« (1994, 169 – 173);
- Mittelfristiger Lehrgang, etwa VHS-Kurse im Wochenrhythmus;
- Langzeit-Lehrgang, wie z. B. der Schreib-Lese-Lehrgang in der
  Schule für Geistigbehinderte.

Solche Lehrgänge sind vom übrigen Unterricht deutlich abgehoben und
in ihrem Ziel, der zu erwerbenden Qualifikation, wie in ihrer Aufbau-
und Ablaufstruktur vom geistigbehinderten Schüler um so weniger zu
durchschauen, je komplexer und zeitlich erstreckter sie sind.

2. Methoden: Kron sieht den Lehrgang »als eine planmäßige Aufeinanderfolge von Lehreinheiten« (1994, 272), wobei unterstellt wird, »daß
auch das Lernen als Aufeinanderfolge von Wissens- und Fertigkeitser-
werb zu betrachten ist« (KRON 1994, 272 – 273). Entscheidend scheint
hier die Frage der Ökonomie, der Effizienz, zu sein: Soll in vorgegebener Zeit eine vorgegebene Qualifikation erreicht werden, werden sich
Lehrer(innen) eher D. Fischers Meinung anschließen: »Vormachen –
nachmachen haben Vorrang vor Selberfinden« (D. FISCHER 1994, 167).
Der Autor macht hinsichtlich der Schule für Geistigbehinderte auch
darauf aufmerksam, daß immer wieder »individuelle Lernhilfen für den

---

[1] Bei Mühl (1991), Speck (1993) oder Schurad (1999) findet der »Lehrgang« keine Erwähnung.

einzelnen Schüler notwendig [seien], um ihn immer wieder in den
»Ablauf des Lehrgangs« einzugliedern« (D. FISCHER 1994, 167). Auch
ist nach D. Fischer (1994, 168) ein hoher Übungsanteil vorzusehen mit
häufiger Verstärkung der Schüler(innen).

3. *Medien:* Neben dem Grundmedium der gesprochenen wie geschriebenen bzw. gedruckten Sprache erwähnt Kron ausdrücklich auch »Plan-
spiele, [...] Gruppenarbeit, Partnerarbeit, aber auch [...] die elektroni-
schen Medien« (KRON 1994, 273), deren Auswahl und Einsatz sich an
die jeweilige »instrumentelle, pragmatische oder emanzipatorische
Zwecksetzung« (KRON a.a.O.) des Lehrgangs anzupassen haben. Auf die
Notwendigkeit der sprachlichen Begleitung gerade bei motorisch-
mechanischen Verrichtungen weist auch D. Fischer (1994, 168) hin.

4. *Individuelle und gesellschaftliche Bedeutungszusammenhänge.* Kron
macht – ganz im Sinne des Offenen Unterrichts – darauf aufmerksam,
daß Lehrgangsteilnehmer(innen) nur dann »ihre eigenen Bedürfnisse,
Wünsche, Vorstellungen, Interessen und Perspektiven« (1994, 273) einbringen können, wenn sie an der Festlegung der Ziele, Inhalte, Medien
und Arbeitsformen eines Lehrgangs mitbeteiligt werden. Unter dieser
Prämisse sieht Kron Erfolgsmöglichkeiten von Lehrgängen in doppeltem
Sinne: als »Entwicklung und Differenzierung des individuellen Bil-
dungsganges« und als »Erwerb funktionaler gesellschaftlicher Handlungsfähigkeit« (KRON 1994, 273). D. Fischer sieht dagegen nur einge-
engte Beteiligungsmöglichkeiten geistigbehinderter Schüler(innen) »im
Sinne von Übernahme aller Teilschritte« (1994, 168).

5. *Interaktionen:* Trotz aller Mitbestimmungsbedürfnisse und -möglich-
keiten der Lehrgangsteilnehmer(innen) bestimmen doch, so Kron, die
Lehrenden die Rollenbeziehungen. Sie geben »Normen, Regeln, Regel-
systeme, [...] Erwartungen und Wertorientierungen« (KRON 1994, 273)
vor. Kron spricht geradezu von der »Alphaposition des Leiters bzw. der
Leiterin eines Lehrgangs« (1994, 273). Insoweit konstituiert der Lehrgang eine »autoritäre Situation« (KRON 1994, 274), aus der heraus es
wohl »zu Akkumulation und Transformation von Wissen und Fertigkeiten, aber nur bedingt zur kritischen Bewertung des Gelernten« (KRON
a.a.O.) kommen könne.

Auf einen besonders wichtigen Punkt macht D. Fischer aufmerksam:
»Um einen Erfolg des Lehrgangs zu garantieren, [sind] exakt umschreibbare *Voraussetzungen beim Schüler* notwendig (Basisfähigkeiten!)« (D.

FISCHER 1994, 169; H.i.O.). Wenn jedoch eine festgelegte Anzahl von Teilnehmer(inne)n mit gleichen Lernvoraussetzungen in vorgegebener Zeit die gleichen Inhalte bearbeiten sollen mit dem Ziel, die gleiche Qualifikation zu erwerben, ist damit die *homogene Lerngruppe* gefordert. Lehrgänge eignen sich somit zum Qualifikations*erwerb*, nicht zur Qualifikations*anwendung*.

Formen des Lehrgangs

Auch Bönsch versteht unter einem Lehrgang »die planmäßige Aufeinanderfolge der Unterrichtseinheiten nach der inneren Gesetzmäßigkeit des jeweiligen Lerngegenstandes« (BÖNSCH 1997, 5). Je nach den fachlichen Gegebenheiten unterscheidet er sieben Formen (s. Tab. 35).

Nr.	Form	Beschreibung
1	Logisch-systematische Form	Das Ganze in Elemente zerteilen: Elementarisierung. Ein Schritt bedingt den anderen: Erweiterung.
2	Genetische Form	Chronologisch-entwickelnde Darstellung des Stoffes
3	Konzentrisch-erweiternde Form	Vom Nahen zum Ferneren
4	Ganzheitlicher Ausgangspunkt des Lehrgangs	Die Lebenswelt systematisiert sich.
5	Aufbau vom Elementaren her	Im Elementaren ist das Ganze (Nucleus).
6	Spiralcurriculum	Ein Stoffelement kehrt in ausgefalteten Stufen wieder.
7	Additiver Lehrgang	Stoffe werden in geordneter Form aneinandergereiht.

Tab. 35:   Sieben Formen des Lehrgangs (nach BÖNSCH 1997, 5)

Der Lehrgang in der Geistigbehindertendidaktik

Im Unterschied zur Handlungseinheit geht es hierbei um das Erlernen eines motorischen Ablaufs nach ganz bestimmter, von der Sache her vorgegebener Struktur. Das Erlernen motorischer Vorgänge ist somit auf eine besonders exakte Planung angewiesen, die folgende Schritte umfassen muß:

die Analyse des Vorgangs selbst (Handlungsablauf bzw. Tätigkeitsablauf);

die Analyse der beanspruchten bzw. vorauszusetzenden Fähigkeiten;

das Einbeziehen evtl. erforderlicher Vorübungen;

die Analyse der sich hieraus ergebenden Lernziele für die jeweils konkrete Lernphase.

D. Fischer ist nicht zuzustimmen, wenn er feststellt, daß bei diesem methodischen Modell auf Motivation verzichtet wird. Auch das Erlernen eines motorischen Vorgangs soll für den geistigbehinderten Schüler einsichtig und sinnvoll gestaltet werden; der Schüler soll den Zweck dieser Lernaufgabe vorher einsehen und sie als für sich selbst wichtig ansehen können.

Methodisch herrscht das nachahmende Lernen vor. Zur gedächtnismäßigen Speicherung ist es erforderlich, auf der Ebene von Reiz-Reaktionsmechanismen deutliche Signale zu verankern, welche die einzelnen motorischen Handlungsabschnitte hervorrufen können. Ohne dies deutlich zu machen, ordnet D. Fischer das Erlernen eines motorischen Vorgangs dem methodischen Modell »Lehrgang« unter. Im folgenden stellt er den »Lehrgang« vor (1994, 166 – 168):

»Lehrgang«

Ziele:
Fertigkeit (Technik) motorischer oder kognitiver Art systematisch erworben, aufgebaut, geübt, automatisiert;
oft isoliert von anderem Unterricht, z. B. Leselehrgang, Schuhebinden

Dauer des Lernvorganges:
lange Zeit andauernd, oft über mehrere Unterricht-Tage (-Wochen), für einen Schüler meist/oft nicht überschaubar;
in einzelne Lehrgangsabschnitte zerlegt/gegliedert (Tätigkeitsabschnitte).

In *Teilabschnitten* vorgeplant – von der Sache vorgegeben.
Für den Schüler kaum *Entscheidungsfreiheit.*

Um einen Erfolg des Lehrgangs zu garantieren, [sind] exakt umschreibbare *Voraussetzungen beim Schüler* notwendig (Basisfähigkeiten!).

Der Lehrgang hat ganz bestimmte Eigengesetzlichkeiten zu berücksichtigen:
a) vom Material/Stoff her   c) vom Inhalt her
b) von der Technik her   d) von Werkzeugen her
Voraussetzungen sind normiert.

Methode des Lernens:
Vormachen – nachahmen haben Vorrang vor Selberfinden.

Individuelle Lernhilfen für den einzelnen Schüler notwendig, um ihn immer wieder in den »Ablauf des Lehrgangs« einzugliedern.

Motivationsproblem:
Kann vom Kind meist nicht bis zum Ende mit allen Konsequenzen überschaut werden.
Problemstellung/Motivierung für jede einzelne Phase erneut notwendig.

Kind/Schüler bedarf *häufiger Verstärkung*, da der Übungsanteil ein sehr hoher ist (Problem der Einschleifung und Automatisierung).

Übung sollte nie nur mechanisch geschehen. Durch Sprache begleiten!
Übungsergebnis bedarf der Anwendung.
Übungsverlauf bedarf der ständigen Anerkennung durch den Lehrer.

Beim Lehrgang ist die persönliche Beteiligung aller Schüler im Sinne von Übernahme aller Teilschritte gefordert.

Tab. 36:   Lehrgang (aus D. FISCHER 1994, 166 – 168)

Konkret gibt Dieter Fischer ein Beispiel für eine Unterrichtsplanung zum Thema »Wir kleben Pflaster [...] auf« (1994, 169 – 172). Auch dieses Beispiel sei wegen seiner Prägnanz – geküzt – mit freundlicher Erlaubnis des Autors zitiert:

Ausschnitt aus einer Unterrichtsplanung nach dem methodischen Modell: Erlernen einer motorischen Fertigkeit

1. Thematisierung des Lernvorhabens: Wir kleben Pflaster (Hansaplast) auf
Lernziel
Die Kinder sollen befähigt werden, eine Schnittwunde bei sich (oder einem anderen) selbständig mit Hansaplast versorgen zu können.

Teilziele:
die nötige Pflastermenge abschneiden,
die Wunde gezielt mit dem Pflaster überkleben.

Feinziele
motorisch:
den Parallelschnitt (an verschiedenen Materialien) ausführen,
die Schutzschicht vorsichtig abheben,
die Schutzschicht im Gegenzug abziehen,
das Pflaster richtig andrücken.

kognitiv:
die notwendige Pflastermenge erkennen, abschätzen,
den Pflasterstreifen strukturieren und die notwendige Pflastermenge daraufhin feststellen,
die »Luftlöcher« in ihrer Mengengestalt und gleichzeitig diese als Richtmaß (Signal) für das Abschneiden erfassen,
die Begriffe Pflaster – Luftlöcher – Schutzschicht – Mull verstehen.
affektiv:
mit dem Pflaster vorsichtig umgehen können (und wollen),
anderen helfen wollen und sich trauen,
vor dem Bekleben mit Pflaster keine Angst zeigen,
mit der Schere dem andern keinen Schaden zufügen wollen.
Eingebettet ist das Lernziel in das Grobziel:»Sich bei Beschwerden und Verletzungen richtig zu verhalten«.
[...] (aus D. FISCHER 1994, 169 – 172; gekürzt)

Analyse des Beispiels »Pflaster aufkleben«

Im Beispiel von D. Fischer setzt sich die Endqualifikation »Eine Schnittwunde mit Heftpflaster versorgen können« aus vier Teilqualifikationen zusammen:

- ein angemessen breites Stück Heftpflaster abschneiden können (Parallelschnitt ausführen können);
- die Schutzschicht vorsichtig anheben können;
- die Schutzschicht im Gegenzug abheben können;
- das Pflaster passend andrücken können (vgl. D. FISCHER 1994, 169).

Diese vier Teilqualifikationen können einzeln erworben werden, etwa in trainingsorientierten Einheiten nach dem Vorgehen des Lernens Schritt für Schritt. Sie führen zur Endqualifikation, wenn sie in der richtigen Reihenfolge nacheinander ausgeführt werden.

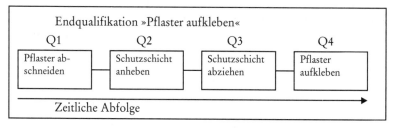

Abb. 40:   Realisierung der Qualifikation »Pflaster aufkleben«

Je nach der Lerngeschwindigkeit der Schüler(innen) kann dieser Qualifikationserwerb auch als ein kurzfristiges Training in der Art des Lernens Schritt für Schritt gesehen werden. So besehen, schleifen sich die Teilqualifikationen

$\boxed{\text{Q1 abschneiden}}$, $\boxed{\text{Q2 abziehen}}$, $\boxed{\text{Q3 anheben}}$ und $\boxed{\text{Q4 aufkleben}}$,

die zunächst quasi additiv aufgereiht werden:

$\boxed{\text{Q1}} + \boxed{\text{Q2}} + \boxed{\text{Q3}} + \boxed{\text{Q4}}$

zu einer Endqualifikation $\boxed{\text{Q1 + Q2 + Q3 + Q4}}$ zusammen, die durch Üben und Anwenden zur Routine, zum Algorithmus wird und nicht mehr in ihren Bestandteilen, sondern nur noch in ihrer Gesamtheit bezeichnet werden muß:

$\boxed{\text{Q Pflaster}}$

Als solche Einzelqualifikation kann »Pflaster aufkleben« in den Zusammenhang eines größeren Qualifikationskomplexes wie z. B. »Erste-Hilfe-Lehrgang« eingebracht werden. In diesem inhaltlich wesentlich weiter gefaßten Lehrgang wird zusätzlich der Erwerb weiterer Qualifikationen gefordert, die alle zusammen erst die zertifikatsfähige Endqualifikation ergeben und von denen im nachfolgenden Beispiel (s. Abb. 41) der besseren Übersicht wegen nur wenige dargestellt werden:

- Arm in Dreieckstuch legen können $\boxed{\text{Dreieckstuch}}$

- Kompresse auflegen können $\boxed{\text{Kompresse}}$

- Verletzten seitlich lagern können $\boxed{\text{Seitlagerung}}$

- Gelenk mit Binde stabilisieren können $\boxed{\text{Gelenkbinde}}$

Die Zeitpunkte des Erwerbs solcher Einzelqualifikationen sind nicht durch eine Vorher-Nachher-Systematik vorgegeben; die insgesamt geforderten Einzelqualifikationen können in willkürlicher Reihenfolge erworben werden. Ein derart organisierter Lehrgang kann etwa so dargestellt werden:

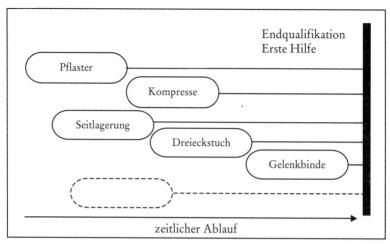

Abb. 41: Mögliche Anordnung des Erwerbs einzelner (Teil-)Qualifikationen in einem Lehrgang; hier Ausschnitte aus Erster Hilfe

Auch die so erworbene Gesamtqualifikation »Erste Hilfe« läßt sich nach erbrachtem Qualifikationsnachweis zu einem einzigen Symbol zusammenfassen:

Erste Hilfe

Diskussion

Die Definition des Lehrgangs als »die planmäßige Aufeinanderfolge der Unterrichtseinheiten nach der inneren Gesetzmäßigkeit des jeweiligen Lerngegenstandes« (BÖNSCH 1997, 5) für eine homogene Gruppe von Lernenden mit gleichen Eingangsvoraussetzungen zur Aneignung der gleichen Inhalte mit dem Ziel des Erwerbs der gleichen vorab in ihren Anforderungen bestimmten Qualifikation erinnert an die Beschreibung von Schulformen, etwa des Gymnasiums (Aufnahmevoraussetzungen, neun Jahre Schulzeit, Abitur), meint aber nicht solch umfassenden Anspruch. Auch ist die Verwendung des Begriffs »Lehrgang« im pädagogisch-professionellen Sprachgebrauch häufig unscharf. Wann und bei welchem Stand seiner Kenntnisse und Fertigkeiten hat eigentlich ein Schüler seinen Schreib-Lese-Lehrgang abgeschlossen? Der Begriff »Lehrgang« erscheint dann eher praxistauglich, wenn er als ausdrückliche Kontrastform zu Formen des Offenen Lernens, des projektorientierten, des handlungsorientierten oder des Projekt-Unterrichts gebraucht wird. Als solcher Kontrastbegriff beschreibt der »Lehrgang« eine Unterrichtsform, in der mittels ausgeprägter Steuerung durch Lehrer(innen) in effizienter Weise vorab bestimmte Qualifikationen erworben werden sollen.

In Projekt- wie offenem Unterricht können Kompetenzmängel Stolpersteine sein, die in auf die Notwendigkeit zwischengeschalteter, hochstrukturierter und lehrergesteuerter Lernphasen hinweisen. Im Akkomodations-Assimilations-Modell ist dem »Lehrgang« die akkomodative Aufgabe zugewiesen, die Vermittlung von Neuem, dessen assimilative Anwendung dann auch in »offenen« Unterrichtsformen verortet werden kann (s. Abb. 42).

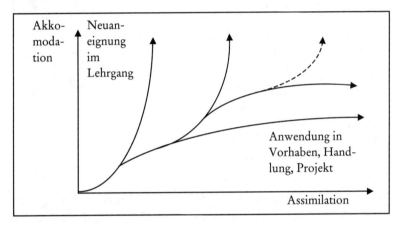

Abb. 42:   Neuaneignung und Anwendung in lehrergesteuerten und offenen
Unterrichtsformen

Aus der Anwendung des im Lehrgang neu Angeeigneten können sich neue Stolpersteine ergeben, welche wiederum das Zwischenschalten neuer Lehrgänge erfordern. Die obenstehende Grafik ließe sich so durch weitere Neuaneignungs-Anwendungs-Verzweigungen ins Unendliche verdichten.

Nunmehr sollte es uns gelungen sein, eine grundlegende Handlungsfähigkeit unserer Schüler auf der Ebene der gegenständlichen Tätigkeit (Leontjew) unter der Steuerung durch den Lehrer erreicht zu haben. Es gilt nunmehr, diese Fremdsteuerung allmählich zurückzunehmen und das Handeln zunehmend in die Eigenverantwortung der Schüler zu übergeben. Grundsätzliche Überlegungen hierzu werden im folgenden Kapitel dargestellt.

15 Analysieren und Entscheiden lernen

15.1 Grundüberlegungen

In Kapitel 14 sind einige Unterrichts-/Fördermethoden besprochen worden, die der zunehmend differenzierten und komplexer werdenden gegenständlichen Tätigkeit unserer Schüler(innen) dienen sollen. Kennzeichnend war in allen Fällen die unmittelbare und enge Steuerung durch Lehrer(innen).

Kinder – also auch Schüler(innen) – werden jedoch auch von sich aus tätig, lehnen zuweilen Einflußversuche Erwachsener vehement ab – und lernen trotzdem etwas dabei. Solche Tätigkeiten beobachten wir als Bauen, stärker vom Ziel beeinflußt als Basteln und eng zielorientiert als Konstruieren. Große Teile des konventionellen Unterrichts in Schulen für Geistigbehinderte folgen dem Modell des Konstruierens, z. B. Werkunterricht, Textilarbeit, Kochen. Aus Platzgründen muß zu diesem Bereich jedoch auf andere Veröffentlichungen[1] verwiesen werden.

Konstruieren, Aufbauen, verlangt aber auch das Abbauen, das Dekonstruieren. Beides gemeinsam mündet in der Unterrichtsform der Objekterkundung, in der konstruktive wie dekonstruktive Tätigkeiten dem Erfassen und Verstehen der Dinge, der Geräte, auf die Sprünge helfen. Objekterkundung läßt sich in ihren Grundstrukturen auch auf die Erkundung sozialer Situationen übertragen, so daß insgesamt selbständiges Planen, Ausführen, Kontrollieren, Vergleichen, Bewerten und Entscheiden gelernt werden können.

In unserem didaktischen Schema liegen die Schwerpunkte – grob – auf den Bereichen der gegenständlichen, spielerischen und konventionellen schulischen Lerntätigkeit als »dominierenden Tätigkeiten« (LEONTJEW). Die vorzustellenden Verfahren sind wiederum von unterschiedlicher Komplexität und unterschiedlichem Anspruchsniveau. Gemeinsam leisten sie einen erheblichen Beitrag zum Aufbau einer schülereigenen Handlungsfähigkeit.

---

[1] H.-J. Pitsch: Zur Entwicklung von Tätigkeit und Handeln Geistigbehinderter. Oberhausen: Athena (2002) sowie H.-J. Pitsch: Zur Methodik der Förderung der Handlungsfähigkeit Geistigbehinderter. Oberhausen: Athena (2003).

15.2 Analysieren lernen: Die Objekterkundung

Darstellung

Bei der Objekterkundung steht das Objekt im Vordergrund; Tätigkeiten und Handlungen dienen lediglich als Instrument zum Lernen. Für geistigbehinderte Schüler hat die Objekterkundung eine doppelte Funktion:

1. Sie soll durch Kennenlernen, Erkunden und somit Erfassen von Gegenständen dem Schüler einen Zugang zur Welt schaffen.

2. Sie soll durch Wahrnehmen, Erfassen und Internalisieren wesentliche Wahrnehmungs- und Denkfunktionen entwickeln und üben.

Dieses Modell hat für die Erziehung und Bildung Geistigbehinderter große Bedeutung, welche sich aus der Funktion der Gegenstände und Objekte ergibt. Gegenstände, Objekte sind nach Aebli (1969)

Träger von Vorgängen und Handlungen,

Träger von Informationen und Eigenschaften,

Träger von Symbolgehalt und Werten,

»Mitglieder« bestimmter »Welten«, somit Ausschnitte einer ganz bestimmten Umwelt,

Subjekte von Einwirkungen (vgl. D. FISCHER 1994, 174).

Das Erkunden spielt hierbei eine wesentliche Rolle. Es ist größtenteils an Wahrnehmungsleistungen gebunden. Geistigbehinderte sind jedoch oft im Bereich der Wahrnehmung stark beeinträchtigt, nehmen nur Teilaspekte wahr. Dabei vollzieht sich das Erfassen von Gegenständen als geistige Verlaufstätigkeit.

Um jedes Kind individuell ansprechen zu können, sind folgende »Welten«, in denen die Kinder leben, zu berücksichtigen:

Das Körperfeld und Vitalfeld (der eigene Körper und seine Versorgung),

Das Greiffeld einschließlich des Mundraumes,

Das Nahfeld, welches durch eigene Bewegung erobert werden kann,

Das Umfeld, dem das Kind bei seinem Spiel, bei Erkundungsgängen begegnet.

Aufgabe des Lehrers ist es, dem Kind seine augenblickliche Welt zu erschließen, es aber auch zu einer Erweiterung seines Lebensfeldes zu führen und eine möglichst große Übereinstimmung von Lernangebot und

Lebensfeld des Kindes anzustreben. Daraus ergeben sich folgende Lernziele:

Kennenlernen der Umwelt, Aufbau eines Weltbildes,

Erweiterung der Handlungs- und Vorstellungswelt (Ich-Kompetenz),

Veranlassung zum Denken, Wahrnehmen und verinnerlichten Handeln,

Ausfüllung der Sprache mit inhaltsreichen Begriffen.

Bei der Planung einer Objekterkundung kann nach den vier Stufen der Entwicklung der geistigen Tätigkeit nach Leontjew vorgegangen werden:

1. Sinnlich-wahrnehmende (aufnehmende) Stufe
2. Handelnd-aktive (erlebend-erprobende) Stufe
3. Bildlich-darstellende (abbildende) Stufe
4. Begrifflich-abstrakte (verbalisierende) Stufe.

Als mögliche Verlaufsstruktur lassen sich folgende Phasen nennen:

1. Schaffung der Ausgangssituation (Orientierungsgrundlage)
2. Arrangement von Erkundungssituationen
   Steigerung der Aufmerksamkeit bezüglich des Objekts,
   Ganzheitliche Erfassung des Objekts,
   Teilinhaltliche Erfassung des Objekts,
   Summierung der einzelnen Erkundungsergebnisse,
   ggfs. zusätzlich eine Phase der Verbalisierung bzw. Symbolisierung (vgl. AFFOLTER 1990).
3. Abschluß oder Ausklang mit Betonung der Sinnkomponente, Übung im freien Umgang, Einbettung in größere Zusammenhänge: Generalisierung und Transfer.

Den Zeitbedarf gibt Dieter Fischer mit mehreren Unterrichtseinheiten »oft über mehrere Tage fortgesetzt« (1994, 182) an. Dies gilt sicherlich für komplexere Objekte, deren Erkundung bereits ein fortgeschritteneres Stadium darstellt. Einfache Objekte wie z. B. eine Streichholzschachtel oder eine Kerze lassen sich durchaus in einer einzigen Unterrichtseinheit angemessen erfassen.

Setzt sich das Kind mit einem Gegenstand auseinander, der selbst aus mehreren (mindestens zwei) Gegenständen (Teilen) besteht, so kann die

Interaktionsstruktur der *Objekterkundung* in zwei Richtungen verlaufen:

* Analyse des Objekts, etwa durch Dekonstruktion[1], durch Zerlegen in seine Teile;

* Synthese des Objekts, Zusammenbau der Teile.

Wiederum kann der Handlungsplan durch den Erwachsenen oder durch die Umwelt vorgegeben sein, oder das Kind hat diesen bereits internalisiert.

Erfassen als Grundoperation des Denkens

Unter dem Begriff »Erfassen« wird das Kennenlernen der Struktur, der Eigenschaften und der Umgangsqualitäten von Objekten im weiteren Sinne, d. h. sowohl von Gegenständen, Handlungen, Ereignissen wie auch von Situationen zusammengefaßt. Man könnte das Erfassen kurz als »Verstehen«, als »Begreifen« definieren. Das Erfassen von Objekten ermöglicht es dem Kind, die Dinge seiner Umwelt sinnvoll zu gebrauchen und zu nutzen.

Nach Lompscher stellt das vollständige Erfassen (d. h. das Erfassen der Beziehungen von Teil und Ganzem und das Erfassen der Beziehungen von Objekt und Eigenschaft) die »Grundoperation« dar, »die letztlich in allen anderen Operationen wiederkehrt, allerdings auf ganz unterschiedlichem Niveau« (MIESSLER, BAUER 1994, 68). Um das Erfassen (d. h. das Begreifen, Verstehen) von Objekten und Situationen beziehungsweise

---

[1] »Dekonstruktion« meint hier das schlichte Auseinanderbauen als Ablauf der Konstruktion in umgekehrter Reihenfolge. Als ein technisches Auseinanderbauen, ein planmäßiges Zerlegen eines komplexen Gegenstandes in seine Bestandteile meint »Dekonstruktion« etwas anderes, als mit dem gleichen Begriff innerhalb der Postmoderne-Diskussion verbunden wird. Die postmoderne Literaturkritik z. B. meint mit Dekonstruktion die Umkehrung der üblichen »Hierarchie von Verfasser und Leser« (PEAK, FRAME 1995, 334) und die ständige Wiederholung dieser Umkehrung und zeigt damit eine deutliche Nähe zur Chaos-Theorie. Beim »Chaos wird die definierende Funktion iteriert, bei der Dekonstruktion die endlose Folge von Inversionen« (PEAK, FRAME a.a.O.). Dadurch erhalten nach Peak und Frame in der Dekonstruktion die »nebensächlichen, scheinbar trivialen Elemente(.) eine zentrale Bedeutung« (a.a.O.). Genau dies ist mit der pädagogisch intendierten gegenständlichen Dekonstruktion nicht gemeint. Ihr geht es vielmehr darum, durch die Umkehrung des Aufbaus in der Zerlegung die Gesetzmäßigkeiten des Aufbaus und der Funktion eines komplexen Gegenstandes (z. B. eines Geräts) zu erfahren.

Handlungen zu erreichen, wird es in der »Objekterkundung« angestrebt.
Die Objekterkundung beschäftigt sich mit dem:
  Gliedern eines Objektes in Teile,
  Erfassen der Beziehungen der Teile zum Ganzen,
  Bestimmen von Eigenschaften eines Objektes,
  Erfassen der Beziehung zwischen Eigenschaft und Objekt und dem
  Erfassen von Gemeinsamkeiten und Unterschieden durch das Ver-
  gleichen.

Gliedern eines Ganzen in Teile

Das Gliedern eines Ganzen in Teile ermöglicht es, die Teile differenziert
wahrzunehmen und sie auch als Bestandteile eines Ganzen zu erfassen.
Das besondere Problem geistigbehinderter Schüler besteht bei dieser ersten Etappe vor allem darin, daß sie eher unspezifische als spezifische
Merkmale erkennen. Sie haben daher auch häufiger Schwierigkeiten,
ohne Hilfe mehrere Teile auszugliedern. Es fällt ihnen leichter, deutlich
abgehobene Teile auszugliedern (vgl. BESONDERHEITEN... 1975).

Das Gliedern eines Ganzen in Teile wie auch das Zusammensetzen der
Teile zu einem Ganzen bezieht sich sowohl auf Objekte wie auch auf Situationen. Es läßt sich zudem auf allen Anschauungsebenen durchführen. Ausgehen sollte man aber von der konkret handelnden Ebene, dann
nach und nach auf die Ebene der unmittelbaren Anschauung (anhand visueller Wahrnehmung) übergehen und schließlich versuchen, das Ganze
auf der Ebene der mittelbaren Anschauung zu analysieren und zu
synthetisieren.

Man kann das Gliedern eines Objektes in Teile auf zwei verschiedene
Weisen angehen: einerseits kann man das Ganze in Teile zerlegen (Analyse), andererseits kann man die Teile aber auch zu einem Ganzen zusammenfügen (Synthese). Bei der Synthese bleibt zu bemerken, daß dem
Zusammensetzen eines Gegenstandes zunächst immer ein Zerlegen des
Ganzen vorhergehen sollte, sei es konkret handelnd, auf unmittelbarer
Ebene (anhand visueller Wahrnehmung) oder bloß auf mittelbarer Ebene
(aus der Vorstellung heraus; vgl. MIESSLER, BAUER 1994, 69). Das Zusammensetzen eines Gegenstandes erweist sich nämlich als deutlich
schwieriger als das Zergliedern. Beim Zusammensetzen eines Objektes
auf der konkret handelnden und der unmittelbaren Ebene läßt sich das
Vergessen von Teilen optisch darüber hinaus besonders auffällig darstel-

len. Wird beispielsweise beim Zusammensetzen eines Pferdes der Rumpf vergessen, so setzen die Beine sofort am Hals an, vergißt man die Äste beim Zusammensetzen eines Baumes, so setzen die Blätter sofort am Stamm an.

Wenn das Gliedern und Zusammensetzen eines Objektes auf der konkret handelnden und der unmittelbaren Ebene gut beherrscht wird, kann man auch dazu übergehen, die Analyse und die Synthese von Gegenständen aus der Vorstellung heraus zu üben. So kann man beispielsweise die einzelnen Bestandteile eines Pferdes, eines Schneemanns, eines Fahrrads usw. aus der Vorstellung nennen.

Auch die Analyse und Synthese von Situationen, Handlungen und Ereignissen kann auf allen Ebenen des Denkens vollzogen werden. Das Gliedern eines Ganzen in Teile führt dazu, daß die Teile bewußt wahrgenommen, als Teile erkannt und voneinander abgehoben werden. Bei der Analyse und Synthese werden aber noch keine Aussagen über die Beziehungen der Teile zueinander und zum Ganzen gemacht.

Erfassen der Beziehungen der Teile zum Ganzen

Das Ausgliedern und Zusammenfügen von Teilen führt zwar dazu, daß man die Teile einzeln erfaßt, es führt aber noch nicht dazu, daß man die Beziehung der einzelnen Teile zueinander und zum Ganzen begreift. Geistigbehinderte Kinder haben oft Schwierigkeiten, wesentliche von unwesentlichen Merkmalen zu unterscheiden. Auch wenn sie gelernt haben zu analysieren, so tun sie dies jedoch meist ohne System. Es ist daher notwendig, die Beziehung der Teile zum Ganzen in einer neuen Etappe zu erarbeiten. Auch diese Etappe ist von grundlegender Bedeutung, wenn es zu klaren Vorstellungen seitens des geistigbehinderten Kindes kommen soll.

In dieser Etappe sollten die Beziehungen zueinander und zu dem Ganzen Schritt für Schritt erarbeitet werden. Das Begreifen der Beziehung der Teile zum Ganzen läßt sich am besten dadurch erreichen, daß man die Bestandteile eines Ganzen systematisch ausgliedert und dabei die Beziehung dieser Teile zum Ganzen und zu den anderen Teilen bestimmt (vgl. MIESSLER, BAUER 1994, 72).

Auch das Erfassen der Beziehungen der Teile zum Ganzen bezieht sich sowohl auf Gegenstände wie auf Situationen, Handlungen und Ereignisse.

Bestimmen von Eigenschaften eines Objekts

Das Kennen der Eigenschaften der Objekte ist von grundlegender Bedeutung, wenn man sachgerecht mit Gegenständen umgehen will und wenn man sie sich nutzbar machen will. Geistigbehinderte Schüler erkennen bei real vorhandenen Gegenständen in der Regel in erster Linie die sinnlich wahrnehmbaren Eigenschaften. Hier treten die funktionalen Eigenschaften häufig in den Hintergrund. Bei nicht unmittelbar wahrnehmbaren Gegenständen werden hingegen meist zuerst die funktionalen Eigenschaften dieser Gegenstände genannt.

Das Bestimmen der Eigenschaften von Objekten im engeren Sinne, d. h. von Sachobjekten, Pflanzen, Tieren und Menschen erweist sich dabei als einfacher als das Bestimmen der Eigenschaften von Situationen, Handlungen und Ereignissen.

Bei den Objekten sollte besonders darauf geachtet werden, daß zum Bestimmen der funktionalen Eigenschaften großer Wert auf den handelnden Umgang gelegt wird, weil es so leichter ist, diese Eigenschaften zu erfassen.

Beim Bestimmen der Eigenschaften von Situationen, Handlungen und Ereignissen, was sich für geistigbehinderte Kinder als schwieriger erweist, sollte man von Situationen, Handlungen und Ereignissen ausgehen, welche die Schüler alle selbst aus ihrem Erfahrungsraum kennen (vgl. MIESSLER, BAUER 1994, 73). Erst später sollte man auf solche Handlungen, Situationen und Ereignisse übergehen, welche die Schüler nur wahrnehmen (d. h. welche sie nicht selbst erleben) oder welche sie sich nur vorstellen.

Beim Bestimmen der Eigenschaften überhaupt sollte man darauf achten, die Interessenlage der Schüler zu treffen, weil es so leichter für sie ist, diese Eigenschaften zu erfassen. Außerdem sollten die Eigenschaften nicht nur erfaßt werden, sondern die spezifischen Bezeichnungen für die jeweiligen Eigenschaften sollen auch erarbeitet werden. Begriffe wie »schön – nicht schön«, »kalt – warm«, »farbig« sollen mit der Zeit ausdifferenziert werden. Die Schüler sollen wissen, daß nicht nur alles »schön« beziehungsweise »nicht-schön« ist. Sie sollen lernen, diese Begriffe auszudifferenzieren wie z. B. in »macht Spaß«, »ist lustig«, »schmeckt lecker« oder »ist langweilig«, »ist anstrengend«, »schmeckt zu sauer« usw.

Erfassen der Beziehung zwischen Eigenschaft und Objekt

Nachdem die Eigenschaften eines Objektes als solche erfaßt wurden, müssen sie nun auch in Beziehung zum Objekt erarbeitet werden. Erst wenn das Kind die Beziehung zwischen Eigenschaft und Objekt kennt, wird es auch adäquat damit umgehen können.

Damit man von »Begreifen« sprechen kann, reicht es nicht aus, die Kinder die Umgangsqualitäten nur erleben zu lassen. Die Umgangsqualitäten müssen bei diesem Lernschritt denkend erfaßt werden. Um von einem Erfassen der Beziehungen zwischen Eigenschaft und Objekt sprechen zu können, muß die »Warum-Frage« beantwortet werden, d. h. der Zusammenhang zwischen Eigenschaft und Objekt muß problematisiert werden (vgl. MIESSLER, BAUER 1994, 74).

Erst wenn dem Kind klar geworden ist, daß der Schnee auf seiner Hand schmilzt, weil diese wärmer als Schnee ist, kann man versuchen, die Erkenntnis »Schnee schmilzt in der Hand« zu objektivieren. Der Schnee schmilzt dann auch für das geistigbehinderte Kind nicht mehr nur in seiner Hand, sondern er schmilzt in jeder anderen Hand genauso.

In einer Geistigbehindertenschule hat es wenig Zweck darauf zu warten, daß diese Verknüpfungen von den Schülern selbst hergestellt werden. Der Lehrer muß hier gezielt zur Verallgemeinerung und Übertragbarkeit anregen. Dazu sollte er von konkreten Objekten und Situationen ausgehen, weil die Erkenntnis leichter internalisiert werden kann, wenn der Beweis an konkreten Objekten und in konkreten Situationen geliefert wird. Die Experimente sind mit Spannung verbunden, und das Erklärte wird nicht nur über das Gehör, sondern über mehrere Sinne wahrgenommen, was das Erfassen erheblich erleichtert.

Das Erfassen der Beziehungen soll auch zwischen Eigenschaften und Situationen, zwischen Eigenschaften und Handlungen sowie zwischen Eigenschaften und Ereignissen angestrebt werden (vgl. MIESSLER, BAUER 1994, 75). Auch hier soll es zur Übertragbarkeit und Verallgemeinerung kommen.

Erfassen von Gemeinsamkeiten und Unterschieden durch Vergleichen

Das Erfassen von Gemeinsamkeiten und Unterschieden durch das Vergleichen stellt die schwierigste Stufe dar. Einerseits muß sich das geistigbehinderte Kind auf mindestens zwei Objekte gleichzeitig konzentrie-

ren, andererseits sollen dazu noch für den Vergleich wesentliche von unwesentlichen Merkmalen abgehoben werden.

Dem Vergleichen wird in der materialistischen Pädagogik große Bedeutung für die Denkerziehung beigemessen, weil es einerseits zum aktiven
Beobachten anregt, andererseits die Entwicklung genauer Vorstellungen
unterstützt und zur Anbahnung der Abstraktionsfähigkeit und zur Einprägungstechnik beiträgt. Die Forschungsergebnisse materialistischer
Psychologen (vgl. BESONDERHEITEN ... 1975) können für die praktische
Arbeit mit geistigbehinderten Kindern sehr nützlich sein. Sie strukturieren das Vergleichen in drei Etappen:

1. Vergleich von Objekten gleicher Art,

2. Vergleich von Objekten unterschiedlicher Art,

3. Vergleich in der Vorstellung.

Als wichtig erweist sich, daß die verschiedenen Etappen alle durch vielfältige Übungen mit verschiedenen Objekten und auch in verschiedenen
Situationen gesichert werden, ehe von einer zu nächsten Stufe übergegangen wird. So soll man erst dann, wenn eine Stufe sicher beherrscht
wird, zur nächsten fortschreiten.

Vergleich von Objekten gleicher Art
Beim Vergleich von Objekten gleicher Art sollen sich die Merkmale der
zu vergleichenden Objekte in einer Anfangsphase stark voneinander unterscheiden. Beispiel: Schachtel/Mappe, Tasse/Becher; Dackel/Schäfer-
hund, Tulpe/Sonnenblume usw. Erst nach und nach sollte der Schwierigkeitsgrad gesteigert werden.

Dabei sollte man beachten, daß geistigbehinderte Schüler in der Regel
mehr Schwierigkeiten haben, Gemeinsamkeiten als Unterschiede festzustellen (vgl. MIESSLER, BAUER 1994, 76). Die verschiedenen Merkmale
sollen zu Beginn auch erst getrennt verglichen werden, da es vielen geistigbehinderten Schülern Schwierigkeiten bereitet, gleiche oder unterschiedliche Merkmale zu unterscheiden. So sollte man sich in der Anfangsphase beispielsweise entweder auf die Farbe, Form oder Oberflächenstruktur konzentrieren, nicht aber alles gleichzeitig analysieren.

Um den Vergleich zu erleichtern, sollte man geistigbehinderten Schülern
auch zumindest anfänglich ihnen bekannte Gegenstände anbieten, d. h.
vorwiegend solche des täglichen Gebrauchs. Erst wenn es den Schülern
keine Schwierigkeiten mehr bereitet zwei Objekte zu vergleichen, d. h.

gleiche oder unterschiedliche Merkmale zu finden und zu abstrahieren, sollte auch die Zahl der zu vergleichenden Gegenstände erhöht werden.

Wenn es den Schülern gelingt, Objekte gleicher Art mit mehreren unterschiedlichen Merkmalen im Unterricht zu vergleichen, so sollte dieses Wissen auch praktisch in alltäglichen Situationen angewandt und so gefestigt werden. Die Schüler sollen dann selbständig ihre Jacke, ihre Mappe usw. unter all den anderen erkennen und dementsprechend handeln.

Vergleich von Objekten unterschiedlicher Art

Erst in einer zweiten Phase sollten Objekte unterschiedlicher Art miteinander verglichen werden, z. B. Apfel/Tennisball, Brille/Glas usw. Die Abstraktionsleistungen, welche beim Herausfiltern von Merkmalen verlangt werden, können nach und nach erhöht werden. Der Schwierigkeitsgrad kann hier vor allem durch die Art der Aufgabeninstruktion festgelegt werden. Es stellt sich aber die Frage, inwieweit das systematische Üben des Vergleichens von Objekten ungleicher Art sinnvoll, d. h. wichtig für den geistigbehinderten Schüler ist.

Objekte ungleicher Art sollen nach Miessler und Bauer (1994, 81) vor allem:

- in der Form von Beschreibung verglichen werden,

- nach Objektbegriffen kategorisiert werden, d. h. beispielsweise, daß Apfel und Birne beide unter den Oberbegriff »Obst«, Schüssel und Tasse beide unter den Oberbegriff »Geschirr« fallen,

- funktionsbezogen verglichen werden, d. h. sie sollen vor allem im Rahmen der Erziehung zum problemlösenden sowie zum vorausschauenden Denken (MIESSLER, BAUER 1994, 91) verglichen werden.

Es kommt hier vor allem darauf an, daß die Vor- und Nachteile von Objekten für bestimmte Aufgaben beziehungsweise Funktionen in einem aufgaben- und funktionsbezogenen Vergleich herausgearbeitet werden. Auch diese Vergleichserlebnisse dürfen nicht auf »objektiver Ebene« (MIESSLER, BAUER 1994, 83) stehengelassen werden. Die daraus gewonnene Erkenntnis muß vielmehr wieder auf die »subjektive Ebene« zurückgeführt werden, um hier dann internalisiert zu werden, d. h. das Kind soll die Erkenntnisse, welche es gewonnen hat, in Handlung und Verhalten des Alltags überführen lernen.

Vergleich in der Vorstellung

In dieser dritten Etappe wird das anschauliche Denken auf der Ebene der Vorstellung angebahnt. Beim Vergleichen in der Vorstellung muß der Schüler sich die Dinge nicht nur ins Gedächtnis rufen, er muß sie darüberhinaus in der Vorstellung analysieren, synthetisieren sowie abstrahieren. Damit dies gelingen kann, muß natürlich auf für die Schüler bekannte Gegenstände zurückgegriffen werden.

Um von der Ebene der konkreten Handlung zur Vorstellungsebene zu gelangen, kann man folgendermaßen vorgehen:

• Praktisch-gegenständliche Handlungen nach einer Zeitspanne nach und nach auf der Vorstellungsebene wiederholen. Die Zeitspanne sollte dabei am besten sukzessiv von wenigen Minuten bis zu mehreren Tagen verlängert werden.

• Objekte, welche den Schülern bekannt sind, mit artgleichen Objekten in der Vorstellung vergleichen. Dazu eignen sich besonders gut Objekte, welche den Schülern gehören und welche sie im täglichen Gebrauch benutzen (wie z. B. Kleider, Schulmappe, Tassen usw.).

• Vergleiche auf der Ebene der unmittelbaren Anschauung auch auf der Vorstellungsebene fortgesetzen und beenden. So kann man beispielsweise von konkret vorhandenen Objekten ausgehen und zuerst die Merkmale und Unterschiede dieser Objekte auf der Ebene der unmittelbaren Anschauung herausarbeiten. Anschließend können die funktionalen Eigenschaften dieser Objekte auf der Ebene der mittelbaren Anschauung erarbeitet und diese dann noch anschließend auf der konkret handelnden Ebene überprüft werden (vgl. MIESSLER, BAUER 1994, 84).

Auch bei farbigen Bildern wird eine erste Abstraktionsleistung verlangt. Hier kann das Vorgestellte dann aber nicht konkret handelnd überprüft werden. Farbige Abbildungen können auch durch Schattenbilder ersetzt werden. Hier wird noch eine weitere Abstraktionsleistung verlangt, da das visuell Wahrnehmbare auf die Form reduziert ist. Alles andere muß aufgrund der Vorstellung (vgl. MIESSLER, BAUER 1994, 85) ergänzt werden. Welche Ebene der einzelne Schüler hier erreichen kann, muß der Pädagoge jeweils individuell feststellen.

Zusammenhänge zwischen »Erfassen« und »Erkennen«

Das Erfassen, wie Miessler und Bauer (1994) es darstellen, zeigt, wenn überhaupt, nur geringe Unterschiede zu dem auf, was Kossakowski und Lompscher (1977) als das »Erkennen« darstellen. Das Erkennen erfordert nach Kossakowski und Lompscher folgende Operationen:

1. Das gedankliche Zergliedern eines Gegenstandes in seine Teile, beziehungsweise das Ausgliedern von Teilen aus einem Gegenstand (Analyse);

2. das Ausgliedern von Eigenschaften eines Gegenstandes und das Herstellen von Beziehungen zwischen den einzelnen Eigenschaften (Synthese);

3. das Wahrnehmen von Unterschieden (Differenzierung);

4. das Ordnen von Objekten (Ordnen);

5. die Festlegung auf wesentliche Eigenschaften/Komponenten (Betonung des Wesentlichen);

6. die Zuordnung des Wahrgenommenen zu Klassen/Kategorien (Induktion);

7. die Unterordnung unter vorhandene Oberbegriffe (Klassifizierungen);

8. das Übertragen und Anwenden des Allgemeinen auf das Besondere (Deduktion).

Diese Zusammenhänge stellen Lompscher und Gullasch wie folgt (siehe Abb. 43) dar:

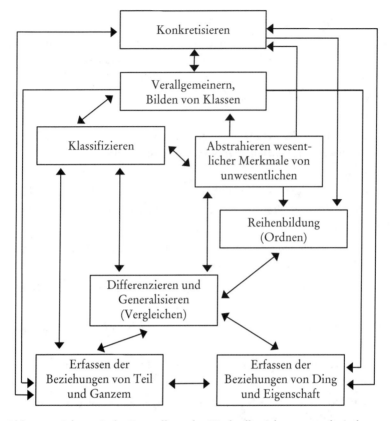

Abb. 43:   Schematische Darstellung der Wechselbeziehungen analytisch-
            synthetischer Operationen in der geistigen Tätigkeit (nach
            LOMPSCHER, GULLASCH 1977, 205)

Zusammenhänge zwischen Konstruieren und Objekterkundung

Die Objekterkundung betont die unmittelbare Bindung an Gegenstände
und die an ihnen möglichen analytisch-dekonstruktiven und synthe-
tisch-konstruktiven Prozesse und eröffnet damit die Möglichkeit der zunehmenden Übernahme der Handlungspläne durch das Kind bis zu deren Selbstkonstruktion. Der besondere Wert liegt zum einen in der Ge-
genstandsorientierung bei der Auseinandersetzung mit der Umwelt und
damit der Vorbereitung auf künftige Arbeitstätigkeit, zum anderen in der
Zusammenführung von synthetischer (konstruktiver) und analytischer

(dekonstruktiver) Tätigkeit, deren Bedeutung für das Verstehen von Aufbau und Funktion der Dinge (Werkzeuge, Geräte ...) in der Objekterkundung kumuliert.

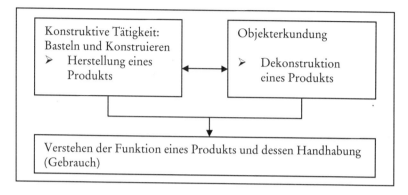

Abb. 44: Beziehungen zwischen konstruktiver und dekonstruktiver Tätigkeit und Verständnis bzw. Gebrauchskompetenz

Analytisch-dekonstruktives und synthetisch-konstruktives Vorgehen bilden die Grundlage für Bewertungen, Wahlen und Entscheidungen, welche für ein selbständiges Handeln von entscheidender Bedeutung sind.

In der Objekterkundung geht es bezogen auf Gegensände um Analysieren-Auseinanderbauen, Synthetisieren-Zusammenbauen, Vergleichen, Beurteilen, jedoch kaum um selbständige Entscheidungen, wie sie zur Gestaltung des eigenen Lebens, in sozialen Situationen und auch bei eigenverantwortlicher gegenständlicher Tätigkeit gefordert werden. Entscheidungen sind insbesondere gefordert bei der Auswahl von Zielen gleich welcher Art. Auch dies sollen unsere Schüler(innen) lernen.

15.3 Vergleichen, Bewerten, Entscheiden

Das Kind lernt im Laufe seiner Entwicklung, Handlungsziele aus eigener Entscheidung festzulegen. Eine Entscheidung zu treffen ist ein komplexer Vorgang, bei dem die Tätigkeiten »vergleichen«, »bewerten« und

»entscheiden« eine wichtige Rolle spielen; durch sie erst kommt die Entscheidung zustande.

Der Entscheidungsprozeß an einem Beispiel

Es ist donnerstags, 18.00 Uhr, in einem Wohnheim, in dem Jugendliche und Erwachsene mit einer geistigen Behinderung leben. Die Erzieherin fragt beim Abendessen, wie die Bewohner den kommenden Samstagnachmittag gestalten wollen. Das Ziel besteht also darin, eine Aktivität zu finden, die den Bewohnern einen schönen Nachmittag bereitet.
In der sechsköpfigen Gruppe wird gemeinsam diskutiert. Unter ihnen befindet sich auch Heinrich. Die Erzieherin schlägt vor, nachdem die Bewohner sich selbst nicht untereinander einigen können, bei schönem Wetter zusammen in die Eisdiele zu gehen und sich dort auf der Terrasse ein Eis zu gönnen. Alle sind sofort von diesem Gedanken begeistert, bis auf Heinrich, der sich nicht schlüssig ist. Ihm gefällt zwar die Idee des Eisdielenbesuchs, doch hatte er insgeheim bereits etwas anderes für diesen Nachmittag geplant: Er wollte in die Philippstrasse gehen, um dort ein Geschenk für seine Mutter zu kaufen. Sie hat nämlich am kommenden Sonntag Geburtstag. Heinrich hatte bereits am Vortag nochmals auf dem Kalender nachgesehen und sich vergewissert, daß seine Mutter an dem Tag Geburtstag hat, der auf dem Kalender rot markiert ist. Heinrich weiß aus einem Gespräch mit seiner Erzieherin, daß er an diesem Tag selbst kein Geschenk kaufen kann, weil er erstens dann schon zu Hause auf Besuch bei seinen Eltern ist, und zweitens die Läden an diesem Tag geschlossen sind. Er muß also spätestens am Tag zuvor, samstags, das Geschenk gekauft haben (freitags nach der Arbeit hat er auch keine Zeit zum Einkaufen). All dies hat Heinrich sich mühsam ausgerechnet und festgestellt, daß er noch zwei Mal schlafen gehen muß, bis sein geplanter Einkaufstag da ist.
Doch nun ist sein Plan auf den Kopf gestellt worden. Der Jugendliche ist hin- und hergerissen: Einerseits muß er unbedingt dieses Geschenk besorgen, andererseits gefällt ihm immer mehr die Idee, bei schönem Wetter mit seinen Freunden vor der Eisdiele zu sitzen und eine angenehme Zeit mit ihnen zu verbringen. Heinrich spricht die Erzieherin auf sein Problem an. Diese erklärt ihm, daß er selbst entscheiden kann (ins Geschäft kann er alleine gehen). Heinrich muß jetzt eine Entscheidung treffen, die zukunftsorientiert ist, und er muß die Konsequenzen seiner Entscheidung überblicken. Dies ist für den Jugendlichen schwer, zumal er in seiner Vorstellung Situationen vergleichen muß und nicht nur visuell erfaßbare Objekte. (Quelle: BRITZ 2000, 2 – 3)

Heinrich könnte zunächst beide Situationen (Eisdiele, Einkaufsbummel) miteinander vergleichen, indem er die Gemeinsamkeiten und Unterschiede beider Angebote überprüft.

Gleichheiten

- Beide Aktivitäten finden am Samstagnachmittag statt, eben an seinem freien Tag.

- Beide Situationen bringen mit sich, daß Heinrich Taschengeld ausgeben wird, sei es nun für ein Geschenk oder aber für eine Portion Eis.

- Beide Aktivitäten erfordern, daß Heinrich außer Haus gehen wird (Ortswechsel).

- Die Aktivitäten nehmen mehr oder weniger die gleiche Zeit in Anspruch (den ganzen Nachmittag).

Unterschiede

- Wenn Heinrich in die Eisdiele geht, ist er mit der Gruppe zusammen, während er den Kaufhausbesuch alleine durchführen muß.

- Beim Eisdielenbesuch würde er auf der Terrasse in der Sonne sitzen, während dies im Kaufhaus nicht der Fall wäre; er könnte also die ersten Sonnenstrahlen in diesem Jahr nicht genießen. Zudem wäre es für ihn auf der Terrasse gemütlicher als beim Einkaufsbummel, wo er hin- und herhetzen wird, um ein passendes Geschenk zu suchen (er mag dies nämlich nicht).

- In der Eisdiele wird sicherlich eine lustigere Atmosphäre in der Gruppe herrschen, als wenn Heinrich allein durch die Läden zieht.

- Der Eisdielenbesuch würde ihm ein »leibliches Wohl« bringen in Form einer Riesenportion Eis, während das gekaufte Geschenk nicht für ihn persönlich bestimmt ist. Die zweite Aktivität betrifft ihn nicht derart unmittelbar.

- Das Geschenk wird teurer ausfallen als das Eis.

Bei diesen Vergleichen, die Heinrich anstellen kann, werden auch sofort Bewertungen mit einfließen, wie z. B. folgende: Heinrich mag Eis sehr gern, und er hat schon lange keines mehr gegessen. Auch hat er bereits lange nicht mehr am Wochenende mit den anderen Bewohnern an einer Aktivität teilgenommen, da er an diesen Tagen meistens zuhause bei seinen Eltern ist. Seine Bedürfnisse nach Verwöhnung (Eis) und nach Kontakt zu seinen Mitbewohnern sind groß, und je länger er darüber nachdenkt, desto besser gefällt ihm diese Idee. Hinzu kommt, daß sein bester Freund Paul ihn drängt mitzukommen, weil dieser keine Lust hat, ohne seinen Freund in die Eisdiele zu gehen.

Vielleicht ist es auch nicht so schlimm, wenn Heinrichs Mutter ihr Geschenk nicht am Tag ihres Geburtstages selbst bekommt, sondern eine Woche später. Heinrich würde mit seiner Mutter am darauf folgenden Sonntag feiern und das Geschenk nachliefern. Diese Alternative erscheint vorteilhafter; er wird dann auch mehr Geld für das Geschenk zur Verfügung haben, da in der Zwischenzeit Taschengeldtag sein wird.

Heinrichs Bewertungen führen schließlich zu einer Entscheidung: Er geht gerne mit den anderen Bewohnern in die Eisdiele und wird das Geschenk eine Woche später als geplant kaufen und seiner Mutter übergeben (diese wird ihm seine Entscheidung nicht übel nehmen). Der Jugendliche hat aus der Auswahl von zwei Möglichkeiten – welche beide das Hauptziel verfolgen, etwas am Samstag nachmittag zu unternehmen – sich aufgrund von subjektiven Bewertungen und dem Zureden seines Freundes für eine entschieden. Sein ursprüngliches Vorhaben wird um eine Woche nach hinten verschoben.

Nachdem Heinrichs Entscheidung feststeht, macht er sich daran, den Eisdielenbesuch zu »planen«: Er überlegt, daß er zuerst seine Mutter anrufen und ihr erklären muß, daß er am kommenden Samstag nicht nach Hause kommt, sondern mit seinen Freunden Eis essen gehen will. Dann sieht er nach, wieviel Geld er in seinem Geldbeutel hat und fragt, wieviel Geld er ungefähr mitnehmen soll (aktueller Vergleich). Hat er nicht genug Geld im Geldbeutel, legt er welches aus seinem Sparschwein hinzu. Heinrich überlegt sich in diesem Moment bereits, welches Eis er besonders mag, und erzählt seinem Freund, welche Sorten er eventuell auswählen wird.

Der Jugendliche konzentriert sich jetzt ausschließlich auf den kommenden Samstag und wird die Planungsarbeit für das Geburtstagsgeschenk seiner Mutter zu einem späteren Zeitpunkt wieder aufnehmen. Die ursprüngliche Entscheidung »Geschenk kaufen« wird verändert durch eine kurzfristig getroffene Entscheidung, die als subjektiv wichtiger bewertet wird.

Dieses ausführliche Beispiel von Heinrich illustriert die Aspekte »vergleichen«, »bewerten« und »entscheiden«, die beim Finden von Handlungszielen intervenieren.

Komponenten der Entscheidung und Phasen des Entscheidungsprozesses

Vergleichen

Der Vergleich wird eingesetzt, um Unterschiede oder Gemeinsamkeiten zweier oder mehrerer Objekte zu erfassen (vgl. »Objekterkundung«). Hierbei spielt einerseits die Aufmerksamkeit des Beobachters eine wichtige Rolle: Er muß sich gleichzeitig auf zwei oder mehrere Objekte konzentrieren. Daneben muß er auch einfache Abstraktionsleistungen erbringen, insbesondere wenn es um das Finden von Gemeinsamkeiten geht (vgl. MIESSLER, BAUER 1994, 76). Mit zunehmender Entwicklung beschränkt das Kind Vergleiche nicht mehr nur auf Objekte, sondern es entwickelt zunehmend die Fähigkeit, verschiedene Situationen miteinander zu vergleichen. Es schätzt deren Vorteile und Nachteile ab, bevor es einen Entschluß faßt, um sein angestrebtes Ziel zu erreichen.

In der materialistischen Pädagogik wird der Fähigkeit, Vergleiche ziehen zu können, große Bedeutung zugeschrieben:

»• Er [der Vergleich: H.J.P.] regt zum aktiven Beobachten an,

• unterstützt die Entwicklung genauer Vorstellungen,

• kann zur Anbahnung der Abstraktionsfähigkeit beitragen und

• kann als Einprägungstechnik dienen« (MIESSLER, BAUER 1994, 76).

Bewerten

»In einen Bewertungsvorgang können verschiedene psychische Faktoren mit eingehen, d. h. die Bewertung kann geleitet sein von Emotionen, Motivationen, Bedürfnissen, sachlichen, kognitiven Überlegungen usw. oder einer Kombination dieser Faktoren, wobei die einzelnen Faktoren einen unterschiedlich starken Anteil haben können« (MIESSLER, BAUER 1994, 140f). Bewertungen schließen in der Regel Entscheidungen mit ein. Alltäglich nimmt der Mensch Bewertungen vor und trifft somit Entscheidungen in vielen Bereichen (vgl. MIESSLER, BAUER 1994, 140).

Geistigbehinderte haben im Zusammenhang mit Bewertungsvorgängen besondere Schwierigkeiten:

• Sie haben die Tendenz, fremde Bewertungen zu übernehmen, anstatt ihre eigenen Bewertungen vorzunehmen.

• Sie dringen häufig nicht zum Bewerten nach sachlich-kognitiven Überlegungen vor, sondern bleiben oft bei einer subjektiven Bewertung im Sinne des Angemutetseins stehen.

• Sie haben Schwierigkeiten, eigene Entscheidungen zu treffen. In Entscheidungssituationen bleiben sie unentschlossen oder übernehmen ohne eigenes Nachdenken fremde Entscheidungen (vgl. MIESSLER, BAUER 1994, 141).

Bedürfnisse

Eine Bewertung kann durch Bedürfnisse beeinflußt werden. Ein Bedürfnis ist ein Mangelgefühl, verbunden mit dem Wunsch, diesen Mangel zu beseitigen (vgl. THESING 1990, 29).

In der Maslowschen Bedürfnishierarchie (vgl. ZIMBARDO 1995, 415f) wird ausgedrückt, daß die »höheren« Bedürfnisse erst erfüllt werden können, wenn die »niederen« befriedigt sind. Maslow betont aber, daß diese Hierarchie nicht zu starr gesehen werden darf (vgl. THESING 1990, 30). So kann z. B. ein Straßenkünstler trotz seines Hungers ein Bild am Straßenrand malen, weil er ein überzeugter Künstler ist und ein ästhetisches Bedürfnis hat.

Bedürfnisse können von Umwelt und Gesellschaft immer modifiziert, manchmal sogar erst geschaffen werden, ein Aspekt, den Maslow nach Vollmers Meinung nicht berücksichtigt (vgl. VOLLMERS 1999, 23). Heinrichs Bedürfnis nach Eis und seinen Freunden war anfangs nicht vorhanden, sondern durch äußere Einflüsse der Umwelt (Diskussion darüber in der Gruppe, Zusprechen seines Freundes) entstanden und in die Bewertung mit eingeflossen.

Entscheiden

Die Bewertung leitet die Entscheidung mit ein. »Entscheiden bedeutet die Auswahl aus verschiedenen Möglichkeiten. Entscheiden ist ein Wahlakt, der verschiedene Möglichkeiten voraussetzt« (DWORATSCHEK 1972, 169). Nach Dworatschek (1972, 172) können folgende Phasen eines Entscheidungsprozesses sinnvoll abgegrenzt werden:

1. Problemdefinition und Problemanalyse;

2. Festlegung der Entscheidungskriterien;

3. Beschaffung von Informationen über alternative Möglichkeiten;

4. Gewichtung der Entscheidungskriterien;

5. Bewertung alternativer Möglichkeiten an Hand dieser Kriterien;

6. Auswahl der optimalen Möglichkeit.

Nebenbedingungen

Bei Entscheidungen sind auch Nebenbedingungen zu beachten, die hinderlich sein können, wie z. B. gesellschaftlich diktierte Normen (z. B. in Form von Gesetzen), welche die Person berücksichtigen muß. Der Entscheidungsfreiraum eines Menschen ist alleine deshalb schon nicht grenzenlos, weil er immer in gesellschaftliche Strukturen eingebunden ist, die Regeln und Normen vorgeben, die für jeden einzuhalten sind.

Entscheidungen sind zumeist zukunftsorientiert, weshalb eine gewisse Unsicherheit nicht vermieden werden kann. Damit ist neben der Bewertung alternativer Möglichkeiten auch das Merkmal der Unsicherheit ein wichtiger Aspekt von Entscheidungen.

Für ein geistigbehindertes Kind sind Entscheidungsprozesse schon wegen seiner kognitiven Beeinträchtigung schwieriger zu bewältigen. Zu der kognitiven Beeinträchtigung kommen weitere Faktoren hinzu, die ihm das Erlernen von Entscheidungsverhalten zusätzlich erschweren. Da ist zunächst das Umfeld des Kindes, das ihm in alltäglichen Angelegenheiten oftmals alle Entscheidungen abnimmt mit der Begründung, daß die Erwachsenen es besser wüßten und nur zum Wohl des Kindes[1] handeln wollten. Wegen dieser Einstellung hat das Kind kaum eine Möglichkeit zu lernen, was entscheiden bedeutet und wie man einen solchen Prozeß durchläuft und durchlebt. Es werden ihm wichtige Erfahrungen vorenthalten (Erfahrungen machen = lernen).

Entscheiden ist ein Wahlakt, der verschiedene Möglichkeiten voraussetzt. Wie sieht dieser Sachverhalt im Alltag geistigbehinderter Kinder aus, wenn sie denn entscheiden dürfen? Werden ihnen in alltäglichen Lebenssituationen tatsächlich immer mehrere Möglichkeiten angeboten, von denen sie sich für eine entscheiden können (z. B. beim Nachtisch: Erdbeer- oder Birnenjoghurt)? Wir haben gute Gründe[2] anzunehmen, daß ihnen eher öfter als nichtbehinderten Kindern nur eine Möglichkeit angeboten wird, die das Kind annehmen oder ablehnen kann. Dies macht auch verständlich, daß geistigbehinderte Kinder plötzlich unsicher sind, wenn ihnen Entscheidungen unvorbereitet überlassen oder sie sogar dazu gezwungen werden. Sie können mit dem plötzlich angebotenen oder aufgezwungenen Freiraum nicht umgehen und fühlen sich verloren. Hinzu kommt, daß Entscheidungen zukunftsorientiert sind, und daß dies ihre Unsicherheit weiter verstärkt.

---

[1] Diese Einstellung ist oft bei überfürsorglichen Eltern anzutreffen, aber auch bei Heimpersonal, das vom traditionell verkündeten hohen Steuerungsbedarf Geistigbehinderter ausgeht.

[2] Der Verfasser hatte 20 Jahre lang Gelegenheit, die Praktiken der Essensvergabe in einem Wohnheim für Geistigbehinderte zu beobachten, dessen Küchenleitung mit einem Tagessatz von DEM 5,35 für Vollverpflegung auskommen mußte.

Wählen und Entscheiden können in Formen des »Offenen Unterrichts« angebahnt, gefördert und stabilisiert werden. Eine Erörterung dieser Unterrichtsformen würde jedoch den Rahmen dieser vorliegenden Einführung sprengen, so daß auf eine andere Veröffentlichung des Verfassers mit dem Titel »Zur Methodik der Förderung der Handlungsfähigkeit Geistigbehinderter« (Oberhausen: Athena 2003) verwiesen werden muß.

An dieser Stelle erinnern wir uns an Georg Feuser und den Projektunterricht, welchen er als den optimalen didaktischen Ort propagiert. Ist »Projektunterricht« ein Hochziel, das wir durchaus anstreben dürfen, so verweisen wir pragmatisch doch auf eine andere Unterrichtsform, die in der schulischen Förderung Geistigbehinderter inzwischen breiten Raum gewonnen hat: den projektorientierten oder handlungsorientierten Unterricht. Er bildet den Kern des nächsten Kapitels, welches sich mit Handeln als Form und Inhalt des Unterrichts beschäftigt.

16 Auf Handeln gestützter Unterricht

16.1 Die Handlungseinheit

Erinnerung

Das Konzept der Handlungseinheit ist bereits in Kapitel 14 vorgestellt und dort zwischen der Aufgabenfolge und dem Lehrgang eingeordnet worden. Die Handlungseinheit stellt jedoch auch eine Vorform solchen Unterrichts dar, der sich stärker als andere Unterrichtsformen auf die Eigentätigkeit der Schüler(innen) stützt und sich über längere Zeit als lediglich eine einzige Unterrichtsstunde erstrecken kann: den Handlungsorientierten und den Projekt-Unterricht. Deswegen sei die Handlungseinheit noch einmal in Erinnerung gerufen. Ihre Ausweitung erfährt sie im »handlungsorientierten« bzw. im »projektorientierten« Unterricht.

16.2 Heinz Mühls Konzept des handlungsorientierten Unterrichts

Heinz Mühl folgt der in der Kritik der Großprojekte (in Kapitel 7) geäußerten Forderung der Bescheidenheit und entwickelt ein Konzept, das sich weitaus besser für die Geistigbehindertenschule eignet. Mühl bezieht sich dabei sowohl auf den Projektunterricht, wie ihn John Dewey konzipiert hat, als auch auf Konzepte aus der Reformpädagogik. Sein Konzept will er auch auf die Gruppe der schwer Geistigbehinderten (= die eindrucksfähigen und ausdrucksfähigen Geistigbehinderten nach Thalhammers Klassifizierung) übertragen: »Immer, wenn es gelingt, sie in soziale Interaktion zu ›verwickeln‹, wird ihre soziale Handlungsfähigkeit angesprochen und gefordert. ... Immer, wenn ein strebendes Verhalten, Dinge der Umwelt zu erreichen, zu manipulieren oder wahrzunehmen, erkennbar wird, sind Handlungsansätze vorhanden, die es aufzugreifen und zu fördern gilt« (MÜHL 1979, 72).

Mühl zieht die Formulierung »handlungsbezogener Unterricht« vor, da sie der Gefahr vorbeugt, die mit dem Begriff »Projekt« verbundenen hohen Ansprüche an die selbständige Mitarbeit der Schüler auch auf die geistigbehinderten Schüler zu übertragen, ohne deren eingeschränkte Handlungsfähigkeit zu berücksichtigen.

Das Ziel »Handlungsfähigkeit« ist, wenn überhaupt, nur für wenige geistigbehinderte Schüler umfassend erreichbar, wenn man unter Handeln bewußtes, kontrolliertes und zielgerichtetes Tun versteht. Dennoch bleibt »Handlungsfähigkeit« in der Zielsetzung der Geistigbehindertenpädagogik von hoher Bedeutung. Nur meint dieses Ziel, daß die geistigbehinderten Schüler zu einem ihren Möglichkeiten entsprechenden selbständigen Handeln innerhalb der Gesellschaft geführt werden sollen.

Im handlungsbezogenen Unterricht wird selbständiges Handeln dadurch gefördert, daß er:

»Bedürfnisse, Interessen, Erfahrungen und Fragen der Schüler berücksichtigt,

die Schüler an der Formulierung von Handlungszielen beteiligt, ihnen nicht nur Aufträge erteilt, sondern sie Aufgabenstellungen und Aufgabenlösungen finden läßt,

die Schüler an der Planung und Realisierung *nach Maßgabe ihrer Möglichkeiten beteiligt* oder sie zumindest über geplante Ziele informiert,

die Schüler in der Partner- und Gruppenarbeit *angemessene* Aufgaben eigenständig erfüllen läßt und nicht jede Aufgabe in ›Häppchen‹ zerlegt,

den Schülern mehr Freiheit läßt, nicht um den eigenen Egoismus auszuleben, sondern um Grenzen der physischen und sozialen Umwelt *selbsttätig* zu erkennen und zu erfahren« (MÜHL 1979, 71; H. d. H.J.P.).

Im Hinblick auf das Ziel der Handlungsfähigkeit sollte der Lehrer die geistigbehinderten Schüler in möglichst »reale« Handlungssituationen bringen. Die Schüler können nämlich nur dann effektiv handeln lernen, wenn sie in der Realität unter Aufsicht des Lehrers erproben, selbst zu handeln.

Das Handeln hat in der Regel für den einzelnen Schüler individuelle und soziale Bedeutungen, was eine Lernerfahrung an sich darstellt. Zu sehr isoliertes Lernen verhindert dieses individuell und sozial bedeutsame Erlebnis. Daher ist es von großer Bedeutung, der Zersplitterung der Lernprozesse in allzu isolierte Einheiten entgegenzuwirken, indem man im Unterricht einfache, sinnvolle Lernsituationen schafft, die in bedeutsamen Lebenszusammenhängen stehen. In diesen Zusammenhängen findet auch das »Prinzip der kleinen Schritte, das bei sensomotorischen Fähigkeiten durchaus seine Berechtigung hat, ... seine Grenzen« (MÜHL 1979, 70).

Auf die Frage, ob das Verhalten der schwer Geistigbehinderten Handlungscharakter hat und damit auch gleichzeitig, ob das Konzept der »Handlungsfähigkeit« auf die Lerngruppe der schwer Geistigbehinderten anwendbar ist, antwortet Mühl, daß ein schwer geistigbehinderter Schüler, gleich einem Säugling in der Mutter-Kind-Dyade, als aktiver Teilnehmer in der Situation »handelnd« eingreift, indem er in eine soziale Interaktion »verwickelt« (MÜHL 1979, 72) wird. Durch sein strebendes Verhalten, seine Umwelt zu erreichen, wahrzunehmen und zu manipulieren, zeigt der schwer geistigbehinderte Schüler Ansätze zum Handeln, die es aufzugreifen und zu fördern gilt.

Diese Förderung ist so lange erforderlich, bis der Schüler in der Lage ist, tatsächlich zu handeln. Diese Handlungsfähigkeit, Handlungskompetenz, beschreibt Mühl mit dem Erfordernis folgender Fähigkeiten:

»Eigene Interessen und Bedürfnisse wahrnehmen und anderen mitteilen

Bedürfnisse und Interessen anderer wahrnehmen und berücksichtigen

Einschätzung der sozialen und sachlich-technischen Situation

Vorstellungfähigkeit

Planungsfähigkeit, Probehandeln

Kommunikations- und Interaktionsfähigkeit

Psychomotorische Fertigkeiten und Techniken

Fähigkeit zur Selbsteinschätzung und zur Kontrolle« (MÜHL 1979, 69).

Der Unterricht in der Schule für Geistigbehinderte, wenn er das Ziel der Handlungsfähigkeit seiner Schüler verfolgt, hat diese Voraussetzungen zu schaffen. Schüler lernen das Handeln jedoch dann am effektivsten, wenn sie es in der Realität unter der Aufsicht und dem Schutz des Lehrers erproben können. Insoweit handelt es sich zunächst um ein *Lernen zu handeln*, welches unmerklich in ein *Lernen durch Handeln* übergeht.

Themenfindung

Jede Form des handlungsorientierten Unterrichts ist auf die Berücksichtigung der Bedürfnisse der Schüler verwiesen. Deren Interessen sind zu berücksichtigen wie auch deren Probleme und Erfahrungen.

Handlungsorientierter Unterricht soll in erster Linie dazu dienen, den Schülern zu einer bewußteren Wahrnehmung ihrer Umwelt zu verhelfen. Dabei sind deren »recht unterschiedlichen Erfahrungen zum Ausgangs- und Mittelpunkt didaktischer Entscheidungen zu nehmen,

- da sie eine hohe Motivation für die meisten Schüler und damit effektive schulische Lernerfahrungen garantieren,

- um sie, da sie die Schüler unmittelbar betreffen, aufzuarbeiten und damit den Schülern Orientierung zu vermitteln und

- da sie die Vorbereitung auf ein Leben gewährleisten, das die Schüler unmittelbar betrifft und später erwartet« (MÜHL 1979, 90).

Handlungsbezogener Unterricht zielt damit auf Lebenssituationen, die nach folgenden Kriterien auszuwählen sind:

- Die auszuwählenden Situationen müssen keineswegs für alle Schüler idealtypisch sein. Sie sollen vielmehr »für die Kinder einer Gruppe von unmittelbarer Bedeutung sein« (MÜHL 1979, 111).

- Es soll sich um Situationen mit hohem Erwartungswert handeln, die in Gegenwart und Zukunft häufig eintreten.

- Diese Situationen »sollen von den Schülern beeinflußbar sein, sollen alternatives Handeln zulassen und eine Vielfalt sozialer Qualifikationen ansprechen« (MÜHL a.a.O.).

- Situationen, »in denen die Handlungsfähigkeit der Kinder eingeschränkt ist, weil sie unterdrückt, überfordert, geängstigt werden oder starre Verhaltensmuster anwenden« (MÜHL a.a.O.), sollen keineswegs gemieden werden.

Gerade das letzte Kriterium weist darauf hin, daß auch geistigbehinderte Schülerinnen und Schüler keineswegs vor Belastungen, Widerständen, möglichen Enttäuschungen um jeden Preis bewahrt werden sollen. Gerade die Forderung nach Realitätsnähe gebietet auch die Einbeziehung von Streßfaktoren, denn »dem Streben nach Realitätsnähe im Situationsansatz liegt die Annahme zugrunde, daß sich ein Kind, das in geschützter Wirklichkeit handelt, daraus unmittelbare Lernerfahrungen gewinnt und sie zu Regeln und Strategien koordiniert« (MÜHL 1979, 113).

Themenbereiche

Die Auswahl der für handlungsbezogenen Unterricht geeigneten Themen ordnet Heinz Mühl in nachfolgenden »Situationsfeldern« (1979, 114), die wir mit Pfeffer (1982) auch »Handlungsfelder« nennen können:

- Familie
- Wohnen
- Speisen und Getränke
- Fest und Feier
- Schule
- Verkehr
- Konsum

- Öffentlichkeit (Versorgungseinrichtungen, Verwaltung, kulturelle Institutionen)
- Natur
- Arbeit/Beruf
- Freizeit/Urlaub
- Zeitliche Orientierung

Zu jedem dieser Handlungsbereiche gibt Mühl eine Reihe detaillierterer Themenhinweise (vgl. MÜHL 1979, 115 – 119). Diese Handlungsfelder lassen sich, ähnlich wie die weiter oben dargestellten Formen von Projekten, mehreren Großbereichen zuordnen:

1. *Lebenspraktische Vorhaben*
   Solche sind seit jeher typisch für den Unterricht in der Schule für Geistigbehinderte und umfassen insbesondere Selbstversorgung und Hauswirtschaft.

2. *Erkundungs- und Orientierungsvorhaben*
   Sie sollen vor allem Neugier wecken, Entdeckungs- bzw. Untersuchungsverhalten hervorrufen. Objekte bieten sich in der vorhandenen natürlichen Umgebung an, die zum Zwecke des Kennenlernens aufgesucht werden muß.

3. *Kontakt- und Unterhaltungsvorhaben*
   Diese erfordern gemeinsame Tätigkeit der Klasse, z. B. bei Vorbereitung und Durchführung von Festen, Feiern, Ausflügen, Fahrten, Spielen.

4. *Veränderungs- und Gestaltungsvorhaben*
   Hiervon sind auch traditionelle Unterrichtsbereiche wie der Werkunterricht, das textile Gestalten, das Konstruieren betroffen. Darüber hinaus zielen solche Vorhaben »aber auch auf Veränderungen in der Umgebung des Schülers, seien es nun Veränderungen im eigenen Klassenzimmer oder auf dem Schulgelände, seien es Veränderungen, die die eigene soziale Situation z. B. in der Schule betreffen« (MÜHL 1979, 121).

Eine übersichtliche Liste möglicher handlungsorientierter Vorhaben einschließlich der Zuordnung zu Situationsfeldern und Handlungsrichtungen legt Mühl (1979, 122 – 125) vor.

Planung für handlungsbezogenen Unterricht

Handlungsbezogener Unterricht kann nicht derart strukturiert geplant werden wie traditionellere Unterrichtsformen. Es sollte vielleicht eher von einer »offenen« Planung gesprochen werden, welche Ziele veränderbar gestaltet und ebenso die Wege zum Erreichen der Ziele veränderbar und anpassungsfähig läßt. Die Schüler sollen dabei mit solchen Themen konfrontiert werden, die ihren eigenen Erfahrungen, Ansprüchen und Interessen entsprechen, aber auch spontane Anlässe aus dem Leben der Schüler sollen aufgegriffen werden. Dabei dürfen die Vorgaben der Lehrpläne nicht völlig außer acht gelassen werden. Es geht vielmehr darum, spontane Anlässe und bedürfnisorientierte Themen in ihrer Ausführung so zu gestalten, daß die Lernergebnisse mit den Vorgaben der Lehrpläne noch einigermaßen in Deckung zu bringen sind. Handlungsorientierter Unterricht ist somit nicht in jedem Detail planbar, aber in der großen Linie.

Schwierigkeiten macht dann allerdings die minutiöse Kontrolle der Lernerfolge der einzelnen Schüler. Handlungsbezogener Unterricht bringt es mit sich, »daß Unterrichtsbewertungen und Effektivitätsüberprüfungen nur unter Berücksichtigung des Handlungszusammenhanges und langfristig vorgenommen werden können« (MÜHL 1979, 141), wobei er neben der Ergebniskontrolle der Überprüfung der Lernprozesse hohes Gewicht beimißt.

Phasenstruktur des handlungsorientierten Unterrichts

Ähnlich wie der Projektunterricht läuft auch der etwas bescheidener daherkommende handlungsorientierte Unterricht in deutlich unterscheidbaren Abschnitten ab:

1. *Zielentscheidung, Zielsetzung, Zielformulierung*
   Insbesondere in der Schule für Geistigbehinderte ist die Zielsetzung in erster Linie vom Lehrer abhängig. Dieser hat jedoch den Schülern die Ziele »einsichtig zu machen«, und dies aus zumindest drei Gründen (MÜHL 1979, 143):

- Ein Schüler, der das Unterrichtsziel nicht kennt, weiß auch nicht, »was im Unterricht getan werden soll« (MÜHL a.a.O.).

- Erst in Kenntnis des Ziels können sich Schüler an der Planung und Organisation des Vorhabens beteiligen. Diese Beteiligung jedoch stärkt ihr Selbstbewußtsein durch die Möglichkeit, ihre eigenen Kenntnisse, Erfahrungen, Vermutungen mit einbringen zu können.

- Die Schüler sollen befähigt werden »in die Zukunft hinein zu denken« (MÜHL 1979, 144), also »vorausschauendes Denken« zu entwickeln (vgl. MIESSLER, BAUER 1994). Diese Fähigkeit zum vorausschauenden planenden Denken wird immer dann verlangt, wenn ein künftiges Handeln in der Vorstellung vorweggenommen werden soll. Damit ist gleichzeitig darauf hingewiesen, daß auch die Entwicklung des Vorstellungsvermögens zu den wesentlichen Aufgaben der Schule für Geistigbehinderte gehört.

2. *Planungsphase*

In dieser Phase werden die vereinbarten Ziele konkret überdacht und die Schritte auf dem Weg zu ihrer Erreichung festgelegt. Ebenso gehört die Auswahl von Medien und Lernhilfen in diese Phase.

Wesentliche methodische Form in diesem Arbeitsabschnitt ist das Unterrichtsgespräch, hier das themengebundene Gespräch. Allerdings wird der Lehrer darauf achten, solche Planungsgespräche so gradlinig wie möglich verlaufen zu lassen, um Spannungsabfall und Langeweile zu vermeiden wie auch, um die deutliche Orientierung auf das Ziel hin konsequent bewußt zu halten.

3. *Aktions- oder Durchführungsphase*

Schlicht: »In dieser Phase wird der Plan oder der Handlungsentwurf in die Tat umgesetzt« (MÜHL 1979, 145) innerhalb der Klasse, der Schule, auf dem Außengelände oder in der Öffentlichkeit. Tätigkeiten in der Öffentlichkeit lassen sich in ähnlicher Weise vorbereiten, wie es weiter vorne am Beispiel des Unterrichtsganges dargestellt worden ist. MÜHL weist auch darauf hin, daß sich hierzu »vor allem Simulations- und Rollenspiele« (1979, 145) eignen.

Beurteilung der Durchführung

Nunmehr geht es darum, »zu überprüfen, ob das angestrebte Handlungsziel erreicht worden ist« (MÜHL 1979, a.a.O.). Gründe für das

Nichterreichen sind ebenso zu finden wie für ein mögliches nur teilweise Erreichen der vorgenommenen Ziele, Vorschläge zur Verbesserung der Handlungsdurchführung können gemacht werden, aber auch: Was gut funktioniert hat, sollte festgestellt werden, wer wem wobei geholfen hat, sollte positiv herausgehoben werden, überraschend positive Erlebnisse und Erfahrungen sollten akzentuiert werden.

Mühl weist aber auch darauf hin, daß es in dieser Phase auch um Generalisierungen und Transfer geht bei der »Begutachtung eines Werkstückes hinsichtlich seiner Verwendbarkeit« (a.a.O.) z. B., um die variantenreiche Sicherung von Ergebnissen im Rollenspiel und um ähnliches mehr.

Diese Ablaufphasen sieht Mühl nicht als starre Vorschrift, sondern vielmehr als ein variables Grundraster, »an dem sich handlungsbezogener Unterricht zu orientieren hat, wenn er als solcher bezeichnet werden soll« (1979, 146). Auch weist er darauf hin, daß im Ablauf eines solchen Unterrichts immer wieder der Rückgriff auf frühere Phasen erforderlich sein kann. Bezogen auf Schülerinnen und Schüler der Schule für Geistigbehinderte macht er jedoch ausdrücklich darauf aufmerksam, daß die Planungsphase zeitlich nicht allzu sehr ausgedehnt werden sollte und »statt dessen je nach den Möglichkeiten der Schüler Planungs- und Aktionsphasen im häufigen Wechsel durchzuführen« (a.a.O.) seien. Er empfiehlt, jeweils kleinere, überschaubare Arbeitsphasen zu planen und unmittelbar durchzuführen, danach die nächste Arbeitsphase in gleicher Weise anzugehen. »Diese Teilschritte kann man sinnvollerweise als Teilhandlungen verstehen, die aneinandergereiht oder netzhaft miteinander verbunden das Handlungsziel anstreben« (MÜHL 1979, 146).

Ein Beispiel

Um Mühls Konzept des handlungsbezogenen Unterrichts anschaulicher werden zu lassen, wird hier ein Beispiel in vollem Umfang mitgeteilt, welches sich bei Mühl (1979, 157 – 159) findet:

Wir schicken einem Mitschüler ein Paket

Begründung und Ziele
Vorrangig sollen die Schüler hierbei lernen, anderen eine Freude zu bereiten, indem sie für einen anderen ein angemessenes Geschenk herstellen oder kaufen. Häufiger haben die Schüler sicherlich die Rolle des Beschenkten

Phasen	Lehrer (L)-, Schüler (Sch)-Aktivitäten	Lehrmittel	Übungen
1. Motivation Ein kranker Mitschüler soll beschenkt werden	L oder Sch sprechen über einen Mitschüler, der krank ist oder sich in Kur befindet		
2. Ziel:	und beschließen, ihm einige Geschenke in einem Paket oder Päckchen zu schicken.		
3. Planung **4. Durchführung:** Herstellen und/oder kaufen von passenden Geschenken			
1. Schritt: Was soll hergestellt und/oder gekauft werden?	L und Sch besprechen den möglichen Inhalt des Paketes: • Schokolade, Bonbons, Kuchen • Glas als Vase bemalen • Bilder, Bilderbuch • Puzzle • Buntstifte und Malbuch • Tiere aus Bast • Untersetzer u. a.	L oder Sch halten Gesprächsergebnisse bildhaft an der Tafel fest	
2. Schritt:	und wählen sinnvolle Geschenke aus. L und Sch • kaufen Süßigkeiten im Kaufhaus • backen Kuchen • bemalen Glas als Vase • basteln Tiere aus Bast oder Untersetzer • u. a.	Geldbetrag zum Einkaufen Zutaten zum Backen entsprechendes Bastelmaterial	Umgang mit Geld Techniken beim Basteln

Phasen	Lehrer (L)-, Schüler (Sch)-Aktivitäten	Lehrmittel	Übungen
3. Schritt:	Tätigkeiten können auch, soweit möglich, in Gruppen durchgeführt werden.		
	L und Sch packen die einzelnen Geschenke ein	u. a. Seidenpapier, Servietten	in Papier einpacken
	• suchen einen geeigneten Karton		
	• packen die Geschenke in den Karton	Kartons verschiedener Größe	Größenvergleiche
	• schlagen das Paket in Packpapier ein	Paketschnur, Schere	Kartons ins Packpapier einschlagen
	• verschnüren das Paket	Anschrift des Schülers und Absender an die Tafel schreiben	
4. Schritt:	• und beschriftet es		Abmessen der Schnur
Abschicken des Paketes	L und Sch sprechen über folgende Punkte:		
	• Wo wird Paket abgeschickt?		Wissen vermitteln über Funktionen der Post und Umgang mit Geld
	• Was kostet dies?		
	• Wie erfolgt die Aufgabe auf der Post?		
	Sie gehen zur Post, um das Paket aufzugeben.		Rollenspiel: Paketaufgabe

Tab. 37:   Handlungseinheit Paket (aus MÜHL 1979, 157 – 159)

erfahren, sie muß wohl nicht erlernt werden. Anders steht es mit der Rolle des Schenkenden, die gewissermaßen eine aktive Rolle darstellt und mannigfache Qualifikationen erfordert. Das Vorhaben gehört in den weiten Bereich der Sozialerziehung, indem mit Hilfe von Geschenken Kontakte und Beziehungen vertieft werden können.

Daneben erlernen die Schüler bestimmte Techniken beim Herstellen eines Geschenkes und erfahren dabei die Möglichkeiten der Freizeitgestaltung.

Ein weiteres Ziel ist das Bekanntmachen mit einer bestimmten Funktion der Bundespost, hier des Pakettransports. Mit Absicht ist das Ziel »Bekanntmachen« formuliert worden, um anzudeuten, daß es sich nicht darum handeln kann, die Schüler zur selbständigen Paketaufgabe anzuleiten, sondern sie lediglich den rein äußeren Vorgang erfahren zu lassen.

Verkehrserziehung kann betrieben werden beim Einkauf und beim Gang zur Post.

Beide Unterrichtsgänge sind außerdem dazu geeignet, die Schüler mit fremden Menschen in der Öffentlichkeit zu konfrontieren und für die Schüler damit ein Stück Integration in die Gesellschaft zu erwirken.

Handlungsorientierter Unterricht in der Schulpraxis

Baginski (2000) berichtet über eine 1998 durchgeführte Befragung von Lehrkräften in Schulen für Geistigbehinderte im Rahmen einer wissenschaftlichen Hausarbeit. 57 Fragebogen aus acht Schulen »im Allgäu und der Bodenseeregion« (BAGINSKI 2000, 92) konnten ausgewertet werden und geben erste Hinweise über die Verbreitung des Konzepts handlungsorientierten Unterrichts in der Fläche. Die Antworten werden an dieser Stelle in einer Übersicht (s. Tab. 38) zusammengefaßt.

Ist der eigene Unterricht handlungsorientiert?	59 % ja, 39 % ansatzweise, 2 % nein
Unterrichtsformen	»sehr oft« + »oft« zus.
Projekte, Vorhaben	73,7 %
Fachunterricht	77,2 %
lehrgangsartige Übungen	56,2 %
Verhaltenstraining	56,2 %
Freiarbeit	47,4 %
Stationenlernen	40,4 %
Sozialformen	
Einzelförderung	68,4 %
Gesprächskreise	66,6 %
Gruppenarbeit	59,6 %
Partnerarbeit	42,1 %
Unterrichtsinhalte	
Herstellung von Gegenständen	80,7 %
fächerübergreifende Handlungssituationen	80,7 %
multisensorische Erlebnisse	64,9 %
Lerngänge	57,9 %
Rollenspiele	38,6 %
Verfassen von Texten	7,0 %
Schülerbeteiligung	
spontane Schüleräußerungen	87,8 %
eigenverantwortliches Handeln	59,7 %
gemeinsame Planung	54,4 %
Experimentiermöglichkeiten	49,2 %
Gemeinsame Auswertung	33,4 %
Kooperation der Lehrer(innen)	
Kooperation mit Kollegen	84,2 %
Unterrichtsbesuche durch Eltern	17,5 %
Elternmitarbeit	1,8 %

Einschätzung des Zeitaufwandes gegenüber konventionellem Unterricht	
deutlich + etwas mehr	70,2 %
nach Eingewöhnung gleich	12,3 %
gleich	15,8 %
Eignung des handlungsorientierten Unterrichts für alle Schüler der SfG	
ja	64 %
nein	32 %
keine Angabe	4 %
Einschätzung der Erschwerung handlungsorientierten Unterrichts durch Beeinträchtigungen in den Bereichen	
Kognition (Niveauunterschiede, Auffassungsgabe, Überforderung, Ausdauer, Konzentration, Gedächtnis, Wahrnehmung)	61,1 %
Motorik (Bewegungseinschränkungen)	44,4 %
Sprache (Verständnis und Sprechfähigkeit)	50,0 %
Sozialverhalten (Autismus, Aggressionen, Regelverständnis, Lehrerzentriertheit)	50,0 %
Sonstiges (Schwerstbehinderung, Stereotypien, Sprunghaftigkeit)	22,2 %
Eignung des handlungsorientierten Unterrichts für	»ja« + »eher ja« zus.
heterogene Gruppen	91,2 %
alle Schüler(innen)	84,2 %
fortgeschrittene Schüler(innen)	35,1 %.

Tab. 38:   Erste Hinweise zur praktischen Realisierung handlungsorientierten Unterrichts (zusammengefaßt aus BAGINSKI 2000, 93 – 100)

16.3   Handelnder Unterricht

Darstellung

Ausdrücklich auf marxistisches Gedankengut gründet Barbara Rohr (1980b) ihr Konzept des »Handelnden Unterrichts«, dessen theoretische Grundpfeiler sie in 18 Thesen skizziert. Sie geht davon aus, »daß der Unterrichtsprozeß in der Schule seinem Wesen nach ein Prozeß menschlichen Handelns, Lernens und Erkennens ist, der im Zusammenhang gesehen werden muß mit der gesellschaftlichen Funktion von Schule und Unterricht« (ROHR 1980b, 95). Wohl bezieht sich Rohr hinsichtlich ihrer speziellen Form eines auf Handeln gestützten Unterrichts auf die Schule für Lernbehinderte, verspricht sich durch das aktive Handeln der Schüler(innen) im Unterricht jedoch auch Profite für nichtbehinderte Kinder.

These 1: *Handelnder Unterricht gründet auf einem marxistischen Menschenbild.*

These 2: *Handelnder Unterricht ist eingebettet in die übergeordnete Kategorie »menschliche Tätigkeit«.*

These 3: *Handelnder Unterricht ist standortbezogen – Ziele und Inhalte sind orientiert an den objektiven und subjektiven Interessen der Schüler.*

These 4: *Handelnder Unterricht ist bedürfnisorientiert.*

These 5: *Handelnder Unterricht ist plangeleitet und zielgerichtet.*

These 6: *Handelnder Unterricht ist produktorientiert.*

These 7: *Handelnder Unterricht ist kooperativ.*

These 8: *Handelnder Unterricht ist zeitlich-linear und zugleich hierarchisch-logisch strukturiert.*

These 9: *Handelnder Unterricht gründet auf einem materialistischen Verständnis von Lernen.*

These 10: *Handelnder Unterricht ist gestaltet nach den Gesetzmäßigkeiten menschlichen Lernens.*

These 11: *Im Konzept des Handelnden Unterricht wird »Isolation« als übergreifende Kategorie zur Erklärung gestörter Aneignungs- und Vergegenständlichungsprozesse verwendet.*

These 12: *Im Konzept des Handelnden Unterrichts werden Lernbehinderungen und Lernstörungen angesehen als Verhinderung des Lernens im Rahmen gesellschaftlicher Möglichkeiten.*

These 13: *Das Konzept des Handelnden Unterrichts ist integrationsstark. Es integriert auf der Grundlage eines einheitlichen Wissenschaftsverständnisses positive Elemente bestehender oder auch bereits überholter didaktischer Ansätze in einen strukturellen Zusammenhang.*

These 14: *Handelnder Unterricht ist seinem Wesen nach ein Erkenntnisprozeß und gründet auf der Auffassung von der grundsätzlichen Erkennbarkeit der Welt.*

These 15: *Im Konzept des Handelnden Unterrichts wird der gesetzmäßige Zusammenhang von Theorie und Praxis im Prozeß menschlichen Erkennens berücksichtigt.*

These 16: Handelnder Unterricht hat das Ziel, daß die Handelnden von der Fremderfahrung zur Selbsterfahrung gelangen.

These 17: Die Realisierungsbedingungen des Handelnden Unterrichts müssen im Zusammenhang gesehen werden mit der gesellschaftlichen Funktionsbestimmung von Schule und Unterricht.

These 18: Handelnder Unterricht ist das Kernstück materialistisch-orientierter Didaktik.

Diskussion

In einer späteren Veröffentlichung macht Barbara Rohr deutlich, daß ihr didaktisches Modell des Handelnden Unterrichts »hohen pädagogischen und *politischen* Ansprüche[n]« (1985, 65; H. d. H.J.P.) genügen soll und fordert dessen Einbettung »in die Einheit von Politik und Pädagogik« (1985, 83). Auch fordert sie die Anerkennung, »daß aller Unterricht politisch strukturiert ist« (ROHR 1985, 83), und sie fordert, »solche gesellschaftlichen Bedingungen [zu] bekämpfen, die der Fähigkeitsentwicklung entgegenwirken« (ebd.).

Inwieweit dieser Kampfauftrag geistigbehinderten Schüler(inne)n übertragen werden kann, muß jedoch offen bleiben. Ebenso bleibt unklar, wie diese ihre »objektiven Interessen« erkennen sollen, so weit es sich um gesellschaftliche Verhältnisse und normative Setzungen handelt. Die Gestaltung eines Lebens in Normalität, das gemeinsame Lernen mit nichtbehinderten Mitschüler(inne)n, ein Arbeitsplatz auf dem freien Arbeitsmarkt außerhalb der Werkstatt für Behinderte – all dies sind Setzungen aus einem wertschätzenden Menschenbild Nichtbehinderter heraus, welche Schule für Geistigbehinderte ihren Schüler(inne)n allmählich und vorsichtig vermitteln muß, vorsichtig deswegen, um im Einzelfall keine uneinlösbaren Zukunftserwartungen zu erzeugen, deren Nichterfüllung nur zu weiterer Frustration führen kann.

Dennoch ist »Handelnder Unterricht« bedeutsam für geistigbehinderte Schüler(innen) auch ohne das Ziel, daß diese selbst eine Veränderung der gesellschaftlichen Verhältnisse bewirken sollen. Die bescheidenere Zielsetzung bezieht sich dann auf einen Unterricht, der auf die Verwirklichung sozialer Ansprüche und auf den Erwerb von Qualifikationen gerichtet ist, die künftig auch zur Verbesserung des alltäglichen Lebens eingesetzt werden können.

Rohrs Konzept des »Handelnden Unterrichts« geht von dem Verständnis von »Handlung« der Kulturhistorischen Schule aus mit Bedürfnis, Zielsetzung, Planung, zielgerichteter Ausführung, plan- und zielorientierter Steuerung und Produktorientierung. Insoweit unterscheidet sich der »Handelnde Unterricht« nicht vom »handlungsorientierten«, »projektorientierten« oder »Projekt«-Unterricht, wie ihn Gudjons (1992) beschreibt (vgl. Kap. 7). Auch das Merkmal des kooperativen Lernens ist den genannten Unterrichtsformen gemeinsam. Hinsichtlich der Schülerinteressen macht Gudjons darauf aufmerksam, daß diese »keine Konstanten [sind], die immer schon da sind, Schülerinteressen müssen geweckt werden« (GUDJONS 1999, 7), was wiederum für jeden Unterricht zu gelten hat. Als besonderes Kennzeichen des »Handelnden Unterrichts« stellt Gudjons heraus, daß es sich hierbei um ein umfassendes, einheitliches »Konzept auf der Grundlage materialistischer Erkenntnis-, Lern- und Unterrichtstheorie« (1999, 8) handelt, während sich andere »Beispiele für einen stärkeren Handlungsbezug des Unterrichts eher wie ein »Steinbruch« aus[nehmen und] weithin ohne übergreifende Theorieableitungen« (GUDJONS a.a.O.) seien. Dieser Vorwurf ist insoweit unberechtigt, als auch Ableitungen aus Deweys Pragmatismus oder aus Piagets Rekonstruktion der Entwicklung kindlicher Kognitionen theoriefundiert sind; ihnen fehlt lediglich die ausdrückliche gesellschaftspolitische Akzentuierung.

Auch macht Gudjons – anders als Rohr – ausdrücklich darauf aufmerksam, daß auch beim handlungsorientierten Unterricht »die *Ergänzung durch Elemente des Lehrganges* nötig [sei], um Einzelerfahrungen in systematische Zusammenhänge einzuordnen, vorliegende »Forschungsergebnisse« mit eigenen Erfahrungen und Erkenntnissen zu vergleichen, ja auch um den Anschluß an den vom Lehrplan vorgesehenen Kanon von Fachinhalten zu halten« (GUDJONS 1999, 22 – 23; H.i.O.).

Gudjons' letzter Hinweis auf Lehrplanvorgaben ist für die Schule für Geistigbehinderte von geringerer Relevanz, seine übrigen Hinweise von um so größerer, insbesondere sein Hinweis auf die Notwendigkeit auch lehrgangsartigen Unterrichts.

Ganz nebenbei muß auch die Bezeichnung »Handelnder Unterricht« als unglücklich gelten. Nicht der Unterricht handelt; Lehrer(innen) und Schüler(innen) handeln. Insoweit ist Allmers Begriffswahl »Lernen

durch Handeln« (1985) vorzuziehen. Zum »Lernen durch Handeln«
sind zu zählen

- Projektunterricht,
- projektorientierter Unterricht,
- handlungsorientierter bzw. handlungsbezogener Unterricht,
- anwendungs- bzw. produktorientierte Formen des offenen Unterrichts.

Die zu diesem Handeln erforderlichen Fähigkeiten und Fertigkeiten
werden in eher lehrgangsmäßigem Unterricht erworben.

Da sich Barbara Rohrs »Handelnder Unterricht« außer durch seine
politische Orientierung nur wenig von anderen auf Handeln gestützten
Unterrichtsformen, insbesondere von Projektunterricht, unterscheidet,
ist eine gesonderte Betrachtung nicht erforderlich; die erkennbaren Unterschiede werden in die nachfolgende Synopse eingearbeitet.

16.4   Zum Abschluß

Auf Handeln gestützter Unterricht

Zu diesen Unterrichtsformen zählen wir die von D. Fischer (1994) beschriebene Handlungseinheit, den Handlungsorientierten Unterricht,
wie er zuerst von Mühl (1979) beschrieben wurde, Barbara Rohrs (1980)
Handelnden Unterricht und den Projektunterricht in seinen vielfältigen
Variationen. Diese vier Unterrichtsformen sind Gegenstand der nachste-
henden Synopse.

Damit bildet sich nach der eingeschätzten Konzeptweite folgende Reihenfolge ab:

1.   HE = Handlungseinheit (D. Fischer),
2.   HOU = Handlungsorientierter Unterricht (Mühl),
3.   HU = Handelnder Unterricht (Rohr),
4.   PU = Projektunterricht (Gudjons),

wobei der Abstand zwischen D. Fischers »Handelungseinheit« und
Mühls »Handlungsorientiertem Unterricht« ebenso eng ist wie zwischen
Rohrs »Handelndem Unterricht« und Gudjons' »Projektunterricht«.
Die beiden erstgenannten und die beiden letztgenannten Unterrichts-
konzepte unterscheiden sich nur wenig voneinander, jedoch deutlich von
den je beiden anderen. Die Unterschiede zwischen HE und HOU sowie

HU und PU sind derart minimal, daß sich HE in HOU und HU in PU inkludieren lassen und eigentlich nur zwei Unterrichtsformen beschreiben:

• Handlungsgestützten Unterricht (Handlungseinheit und Handlungsorientierter Unterricht) und

• Projektunterricht (Handelnder Unterricht und der klassische Projektunterricht).

Nachstehende Übersicht vergleicht die Unterrichtskonzepte »Handlungseinheit« (D. FISCHER 1994), »Handlungsorientierter Unterricht« (MÜHL 1979) und »Handelnder Unterricht« (ROHR 1980b) mit den von Gudjons (1992) dargestellten Merkmalen des Projektunterrichts. Dieser Vergleich ist nur unter Schwierigkeiten möglich: Während Mühl (1979) in seinem Argumentationsgang – wie Gudjons (1992) – dem Ablauf der Handlung folgt, ist dies bei D. Fischer (1994) nur eingeschränkt und bei Rohr (1980) überhaupt nicht der Fall. Deren mögliche Beiträge zu vorstehender Synopse müssen aus den Texten interpretiert werden, was insbesondere bei Rohr (1980b) Schwierigkeiten bereitet, da sie in ihren 18 Thesen zum »Handelnden Unterricht« nicht schul-pädagogisch, sondern marxistisch-gesellschaftspolitisch argumentiert. Lediglich ihre Bezugnahmen auf Leontjew und Galperin erlauben in einigen Punkten Analogieschlüsse.

Noch einmal sei betont, daß die im handlungsgestützten und im Projektunterricht erforderlichen Anwendungen, die assimilativen Ausweitungen dann eher vermittelt werden können, wenn andere Variablen konstant gehalten werden, wenn Schüler auf vorhandenes Wissen und auf vorhandene Fähigkeiten zurückgreifen können und *nicht gleichzeitig* von ihnen akkomodative Neuaneignung, also inhaltlich neues Lernen, die Ausformung neuer Denkprozesse, verlangt wird. Lassen wir hier ruhig die Maxime des Lernens Schritt für Schritt weiter gelten in der Abfolge:

• Wir erwerben ein neues Handlungsschema.

• Wir wenden dieses Schema in unterschiedlichen Zusammenhängen an.

• Wir verorten diese Zusammenhänge an unterschiedlichen Plätzen im Raum.

Synopse

Synopse: Auf Handeln gestützte Unterrichtskonzepte				
Schritte u. Merkmale n. Gudjons	Projektunterricht (Gudjons 1992)	Handlungs-einheit (D. Fischer 1994)	Handlungsorien-tierter/bezogener Unterricht (Mühl 1979)	Handelnder Unterricht (Rohr 1980)
Schritt 1	Problemhaltige Sachlage auswählen			
Merkmal 1	Situationsbezug	unmittelbare Lebenswelt	von unmittelbarer Bedeutung für die Klasse und Zukunftsbezug	Lebenszusammenhang
Merkmal 2	Orientierung an den Interessen der Beteiligten	konkreter Anlaß	Bedürfnisse und Interessen der Schüler (innen)	»objektive« (gesellschaftliche) wie subjekt. Interessen
Merkmal 3	gesellschaftliche Praxisrelevanz	momentaner Bedarf	Konkordanz mit Lehrplanvorgaben	hat auch politischen Ansprüchen zu genügen
Schritt 2	Plan gemeinsam erarbeiten			
Merkmal 4	Zielgerichtete Planung	Ziel ergibt sich aus unmittelbarem Bedürfnis	Schüler*beteiligung* an Zielformulierung	pädagogisch gelenkt
Merkmal 5	Selbstorganisation, Selbstverantwortung	Organisation durch den Lehrer	Schüler*beteiligung*; Partner- u. Gruppenarbeit	kooperativ unter pädagogischer Lenkung
Schritt 3	Sich mit dem Problem handlungsorientiert auseinandersetzen			
Merkmal 6	Einbeziehen vieler Sinne	nicht erwähnt	nicht erwähnt	nach materialistischer Annahme vorausgesetzt; Kooperation als Grundsatz
Merkmal 7	Soziales Lernen	lehrerzentriert	Partner- und Gruppenarbeit	
Schritt 4	Erarbeitete Problemlösung an der Wirklichkeit prüfen			
Merkmal 8	Produktorientierung	Produktorientierng	Ergebnisorientierung, z. T. auch Produktorientierung	Produktorientierung
Merkmal 9	Interdisziplinarität	nicht erwähnt	nicht erwähnt	nicht erwähnt
Merkmal 10	Grenzen: Neuaneignung im Lehrgang	Kompetenzmängel der Schüler(innen); kein Hinweis zu deren Überwindung	Überforderung bewußt einkalkulieren	Störungen durch Mißachtung der Entwicklungsbedingungen gelten als überwindbar
Zeitdauer	mehrere Wochen bis Monate	1 Unterrichtseinheit	kleine, überschaubare Arbeitsphasen (1-mehrere UE)	keine Angaben
»Stoff«-Menge	u. U. immens	Mindestmaß	überschaubar	keine Angaben

Tab. 39: Synopse: Auf Handeln gestützte Unterrichtskonzepte

- Wir verorten diese Zusammenhänge an unterschiedlichen Plätzen in der Zeit.

- Wenn wir dies alles stabil und flexibel handhaben können, sind wir so weit, ein wiederum neues Handlungsschema erwerben zu können.

Nachdem wir uns bis hierher mit notwendigen Grundlagen für den Unterricht mit Geistigbehinderten beschäftigt haben, können wir nun zur Planung von Unterricht übergehen. In solche Unterrichtsplanung geht alles bisher Dargestellte ein:

ein Grundverständnis geistiger Behinderung,

die Lehrpläne,

didaktische Konzepte,

Lernverhaltensweisen unserer Schüler,

übergeordnete Zielvorstellungen,

Sozialformen,

methodische Konzepte.

Das nächste Kapitel führt dies alles zur Planung von Unterrichtsabläufen zusammen.

17 Unterrichtsplanung

Bisher haben wir uns mit wesentlichen Fragen beschäftigt, welche das Lernen und den Unterricht bei geistigbehinderten Schülern beeinflussen, ohne diese in der vollen Breite besprechen zu können. Eine Reihe wichtiger Einflußfaktoren haben wir aus Zeit- und Platzmangel außer acht lassen müssen, wie z. B. Persönlichkeit und Verhaltensformen des Lehrers, Struktur, Einrichtung und Gestaltung der Lernräume oder so entscheidende Fragen wie die Einflüsse der Herkunftsfamilie. Auch Probleme der Lerndiagnose haben wir mit dem Hinweis »der Lehrer muß wissen, wo sein Schüler im Moment steht« an den Rand der Erörterung geschoben. All dies kann im Rahmen dieser einführenden Übersicht nicht mehr besprochen werden.

Was jedoch zum Schluß zwingend besprochen werden muß, da wir von der Schule für Geistigbehinderte und vom Unterricht mit geistigbehinderten Kindern und Jugendlichen reden, ist die Organisation dieses Unterrichts selbst.

Unterricht ist ein Prozeß des Lehrens und Lernens. Dabei erwarten wir, daß Lernen auf seiten der Schüler stattfindet. Dieses Lernen soll jedoch ein planmäßiges, ein organisiertes Lernen sein, und dies wird nur dann möglich werden, wenn die Planung und die Organisation von uns Lehrern geleistet wird.

In den vorangegangenen Kapiteln sind – mehr als Beispiele gedacht – immer wieder einzelne Lehr-, Lern- (Unterrichts-)planungen aufgetaucht, die uns bereits mit einer bestimmten Ablaufstruktur des organisierten Unterrichts bekanntgemacht haben. Diese ersten Eindrücke gilt es nunmehr zu systematisieren, zu ordnen, zu vergleichen und nutzbar zu machen. Dabei werden wir eine Reihe unterschiedlicher Gliederungsschemata (Artikulationsschemata) von Unterricht kennenlernen, die auf ihre Nützlichkeit und Anwendbarkeit zu überprüfen sind. Die Modellpalette reicht dabei von der fast schon klassischen deutschen bildungstheoretischen Tradition bis zu einem Unterrichtsverlauf, der lupenrein nach der Theorie der Interiorisation von Galperin konzipiert ist.

Allzu oft werden Studierende oder Referendare auch heute noch mit einem einzigen Gliederungssystem (Artikulationsschema) vertraut gemacht, von welchem dann behauptet wird, es sei grundsätzlich für jeglichen Unterricht gültig. Auch dem Verfasser ist in seiner Junglehrerzeit solches widerfahren: Heinrich Roths Artikulationsstufen waren damals das non plus ultra. Jedoch: Diese Ansicht der Allgemeingültigkeit eines einzigen Systems ist so falsch wie jede andere bornierte Festlegung auf eine einzige Lehrmeinung. Unterricht hat es mit Menschen zu tun, und Menschen unterscheiden sich nicht nur voneinander, sondern auch situationsspezifisch über die Zeit. Dazu differieren die Unterrichtsinhalte: Eine reine Übungseinheit ist nach anderen Kriterien zu konzipieren als ein Neulernen. Der Lehrer/Erzieher sollte demnach nicht nur unterschiedliche Theorien des Lernens und der Entwicklung kennen, nicht nur die unterschiedlichen Entwicklungsbedingungen und Entwicklungsergebnisse seiner Schülerinnen und Schüler, sondern auch unterschiedliche Systeme des Aufbaus und der Gliederung von Unterricht, um das jeweils im Einzelfall angemessene und nützlich erscheinende System auswählen zu können.

Diese unterschiedlichen Systeme werden anhand von Unterrichtsentwürfen dargestellt, die zum Teil der Literatur entnommen sind. Ein Teil der vorgestellten Unterrichtsentwürfe stammt aus der vom Verfasser geleiteten Schule für Geistigbehinderte und verdankt seine Entstehung nicht dem Alltagshandeln (jeden Tag jeglichen Unterricht in dieser Ausführlichkeit zu konzipieren, würde jeden Lehrer/Erzieher bedenkenlos überfordern), sondern bestimmten eher formalen Ereignissen wie Laufbahnprüfungen, förmlichen Überprüfungen von Lehrkräften zur Anstellung auf Dauer u. ä. m. Verfasser bedankt sich bei den Kolleginnen und Kollegen, die aus solchem Anlaß entstandene Unterrichtsentwürfe auch unter der Voraussetzung zur Verfügung gestellt haben, daß sie kritisiert werden. Niemand von diesen Kolleginnen und Kollegen ist »Lehrer« im klassischen Sinne der Lehrerbildungsgesetze; allesamt sind sie Erzieher/innen mit sonderpädagogischer Zusatzausbildung.

17.1 Aufbau von Unterrichtseinheiten

Eine Unterrichtseinheit, in der Regel eine Unterrichtsstunde, dient dazu, bestimmten Schülern in einer umschriebenen Zeit etwas zu vermitteln. Dazu muß die Aufmerksamkeit der Schüler hergestellt und auf das Unterrichtsthema gelenkt werden. Am Ende dieser Unterrichtseinheit sollen die Schüler über neues Wissen oder neue Fertigkeiten verfügen oder vorhandenes Wissen in der Anwendung geübt und vertieft haben. Am

Ende dieser Unterrichtseinheit also soll etwas beim Schüler vorhanden sein, das vorher noch nicht beobachtbar war. Zwischen diesem Unterrichtsbeginn mit der Herstellung der Aufmerksamkeit und dem Unterrichtsende mit der Feststellung des Neuerworbenen muß etwas geschehen.

Grob läßt sich also eine Unterrichtseinheit in drei Schritte aufgliedern:

1. Die Aufmerksamkeit der Schüler wird erzeugt.

2. Es geschieht irgend etwas an Lernaktivitäten.

3. Die Unterrichtseinheit endet.

In dieser schlichten Einfachheit beschreibt auch Hilda Taba die Groß-Sequenz von Lernaktivitäten:

1. Einstieg in das Themengebiet;

2. Durchführung der Aktivitäten;

3. Schluß.

Dem *Einstieg* schreibt sie folgende Funktionen zu:

»• Diagnose der Lernvoraussetzungen von Schülern und Lerngruppe.

• Weckung des Interesses für das Thema.

• Verbindung der Vorerfahrungen der Schüler mit dem Gegenstandsbereich.

• Verbindung zwischen der Verallgemeinerung der vorausgegangenen Einheit und der folgenden.

• Übung zur Begriffsbildung« (TABA 1974, 44).

Den Hauptteil der Unterrichtseinheit bildet die *Durchführung*. Zur Durchführung gehören die einzelnen Lernaktivitäten, »die der Entfaltung der einzelnen Aspekte des intendierten Lernens dienen: Darlegung von Tatsachen, Entwicklung von Techniken wissenschaftlichen Arbeitens und der Gruppenarbeit« (TABA 1974, 44).

Dem *Schluß* schreibt Hilda Taba eine bereits bekannte Funktion zu: »In diesem Teil wird nicht versucht, einen Überblick zu geben, sondern Gelerntes zu festigen« (a.a.O.).

So schlicht und einsichtig diese Dreigliederung einer Unterrichtseinheit auch ist, so wenig befriedigt sie insbesondere hinsichtlich der speziellen Gestaltung des Durchführungsteils. So bemühen sich Pädagogen und Erziehungswissenschaftler seit Generationen darum, differenzierte Gliederungsschemata für einzelne Unterrichtseinheiten zu entwickeln. Wenn wir nicht gerade bis zu Amos Comenius zurückgehen wollen, so finden wir die ersten ausgefeilten Überlegungen bei Johann Friedrich Herbart und seinen Schülern.

Herbart und seine Schüler

Johann Friedrich Herbart war einige Jahre Hauslehrer gewesen und anschließend von 1809 bis 1833 als zweiter Nachfolger von Immanuel KANT auf dem Lehrstuhl für Philosophie der Universität Königsberg tätig. Seine zentrale Vorstellung von dem Menschen als einem Vernunftwesen, welches sich selbst bestimmt und seine gesellschaftliche Praxis damit auch, gipfelte in der Vorstellung von der »Bildbarkeit des Menschen«. Diese »Menschen, in Sonderheit heranwachsende, sind immer schon handelnd und denkend, fragend und antwortend, forschend und ordnend in ihrer Umgebung tätig« (KRON 1994, 74). Als Grundmedien des Alltagslebens sah Herbart »Erfahrung« und »Umgang« an. Sie bezeichnete er als die »Urquellen des geistigen Lebens«. Herbart ging davon aus, »daß diese beobachtbaren *äußeren* Tätigkeiten auch analoge *innere* Tätigkeiten hervorrufen – und umgekehrt! Dieses Phänomen der inneren, lebendigen und vielgestaltigen Tätigkeit wird mit dem Begriff Bildsamkeit belegt« (KRON 1994, 74).

Den Prozeß der Bildung beschreibt Herbart als Wechsel von »Vertiefung« und »Besinnung«. Vertiefung meint »die Einlassung in einen Sachverhalt, ..., oder das verweilende Analysieren eines Gegenstandes bis in seine Verästelungen hinein« (KRON 1994, 76). Besinnung dagegen wird verstanden als »Sammlung der erkannten oder erfahrenen Elemente eines Gegenstandsfeldes oder [als] Einigung und Synthese von Erkenntnis und reflektierter Erfahrung ... Das Erkannte muß überholbar, also der weiteren Erfahrung anheim gestellt bleiben« (KRON 1994, 76).

Kron an gleicher Stelle weiter: »Dieser gesamte Prozeß von ruhender und fortschreitender Vertiefung, der zu »Klarheit« und »Assoziation« führt, und von ruhender und fortschreitender Besinnung, der zu »System« und »Methode« findet, beschreibt den Bildungsprozeß« (a.a.O.). Nach Herbart vollzieht sich der Aufklärungs- und Selbstaufklärungsprozeß in der Abfolge von

Klarheit – Assoziation – System – Methode.

Unterricht betrachtet Herbart als Ergänzung von Umgang und Erfahrung, welche die Schüler in ihrem außerschulischen Leben machen. Unterricht, so meint er, habe somit »dem Ablauf bzw. der Gliederung oder Stufung des Interessenprozesses der einzelnen Schüler zu folgen« (KRON 1994, 78), weshalb er von *Artikulation des Unterrichts* spricht und damit eine Gliederung des Unterrichts bzw. eine Stufung analog dem Bildungsprozeß der Schüler meint.

Herbart fundiert seine didaktischen Überlegungen auf den Erkenntnissen, die er als Hauslehrer mit zwei Jungen von acht und neun Jahren gewonnen hatte. Diese Schlußfolgerungen mögen gelten für Einzelunterricht oder auch für Unterricht in kleinen Gruppen, bereiten jedoch große Schwierigkeiten bei der Übertragung auf Unterricht mit ganzen Schulklassen.

Ein weiteres Problem stellt sich zudem: Was Herbart vom Bildungsprozeß des Schülers her dachte, wurde von den Schulmethodikern als Anweisung für die Tätigkeit des Lehrers interpretiert. Sie verstanden Herbarts Charakterisierung des Bildungsprozesses als Anweisung zur Gliederung von Unterrichtsstunden in die vier Stufen der Klarheit, der Assoziation, des Systems und der Methode. »Dabei ist interessant, daß diese instrumentelle und formale Auffassung bis heute die didaktische Diskussion bestimmt« (KRON 1994, 80).

Vertreter dieser Auffassung sprechen von *Formalstufen des Unterrichts*. Zum ersten Mal werden solche Formalstufen beschrieben von Tuiskon Ziller (1876), der seine »Theorie der formalen Stufen des Unterrichts« in fünf Stufen dargelegt hat:

1. Analyse,   4. System,
2. Synthese,   5. Methode.
3. Assoziation,

Analyse:
Der Lehrer knüpft an für die Schüler Bekanntes bzw. vorher Gelerntes an, gibt den neuen Lehrinhalt bekannt und legt das Ziel des Unterrichts dar.

Synthese:
Hierbei wird der neue Unterrichtsgegenstand präzise und Schritt für Schritt klargelegt.

Assoziation:
Sie dient der Verknüpfung des Neuen mit dem Bekannten, wobei von den Schülern hohe Abstraktionsleistungen gefordert werden.

System:
Der neue Unterrichtsgegenstand wird in das System der jeweiligen Fachwissenschaft eingeordnet. Dabei sollen die systematischen und objektiven Bezüge zu den Wissenschaften hergestellt werden.

Methode:
Diese Formalstufe soll der Einübung in den »sicheren, gewohnheitsmäßigen Gebrauch« (ZILLER nach KRON 1994, 80) des Gelernten dienen.

Ziller bezeichnete seine fünf Stufen ausdrücklich als *»formale Stufen*; denn sie kommen bei allem Stoff des pädagogischen Unterrichts ohne Unterschied seines Inhalts vor« (ZILLER nach KRON 1994, 80).

Ziller und die sogenannten Herbartianer beziehen die Stufung des Unterrichts demnach ausdrücklich auf den Unterrichtsstoff und seine Vermittlung. Kron merkt dazu an, »daß Ziller sein Formalstufenschema noch nicht als Schema zum Aufbau einer Unterrichtsstunde verstanden hat« (KRON 1994, 81).

Die fünf Formalstufen Zillers wurden von Wilhelm Rein übernommen, der die fünfte Stufe in »Funktion« umbenannnt und insgesamt die Formalstufen mit deutschen Bezeichnungen belegt hat:

1. Vorbereitung,   4. Zusammenfassung,
2. Darbietung,   5. Anwendung.
3. Verknüpfung,

In seiner »Theorie des Lehrverfahrens« spricht Rein dezidiert von »formalen Stufen des Unterrichts«.

Die Formalstufen des Unterrichts im Vergleich:

Herbart:	Klarheit	-	Assoziation	System	Methode
Ziller:	Analyse	Synthese	Assoziation	System	Methode
Rein:	a) Analyse	Synthese	Assoziation	System	Funktion
	b) Vorbereitung	Darbietung	Verknüpfung	Zusammen-fassung	Anwendung

Tab. 40:   Zusammenstellung der Formalstufen (aus KRON 1994, 81)

Die Artikulationsstufen von Heinrich Roth

Der Begriff »Artikulation des Unterrichts« ist ein üblich gewordener Arbeitsbegriff, »mit dem die Abfolge oder die Gliederung des Lehr- und Lernprozesses vom Beginn bis zu seinem Abschluß bezeichnet wird«

(KRON 1994, 280). Seit Herbart dient dieser Begriff dazu, die Phasen,
Stufen, Schritte oder Abschnitte einer Unterrichtssequenz zu kennzeichnen und wird damit als Verlaufsschema verstanden.

Ganz im modernen Verständnis der Vermittlung von Wissen, Kenntnissen, Fertigkeiten hat Herbart sein Konzept vom beobachteten Lernprozeß der Schüler her verstanden. Lehren, Unterrichten hat sich demnach
am Lernen des Schülers zu orientieren. Da Schüler unterschiedliche Vorerfahrungen mitbringen, ist die Notwendigkeit der Differenzierung und
der Veränderung der Lehrkonzepte immer mitgedacht. Insoweit sind die
in den Artikulationsschemata typisierten Phasen »lediglich als Variablen« (KRON 1994, 280) zu verstehen.

Heinrich Roth legte 1962 sein Konzept der »Lernschritte in verallgemei-
nerter Form« auf der Basis verhaltenstheoretischer, entwicklungspsycho-
logischer und lernpsychologischer Forschungen in Verbindung mit pragmatischen Erkenntnissen zur Gestaltung von Lernen vor. Wie Herbart
geht auch Roth davon aus, daß alle Menschen prinzipiell als Akteure, als
Handelnde zu sehen sind.

Roth formuliert sechs allgemeine Lernschritte, die er in sich wiederum
differenziert:

1. Lernschritt: Stufe der Motivation

   I.   Eine Handlung kommt zustande.

   II. Ein Lernwunsch erwacht.

   III. Ein Lernprozeß wird angestoßen. Eine Aufgabe wird gestellt.
       Ein Lernmotiv wird erweckt.

2. Lernschritt: Stufe der Schwierigkeiten

   I.   Die Handlung gelingt nicht. Die zur Verfügung stehenden Ver-
       haltens- und Leistungsformen reichen nicht aus, bzw. sind nicht
       mehr präsent. Ringen mit den Schwierigkeiten.

   II. Die Übernahme oder der Neuerwerb einer gewünschten Lei-
       stungsform in den eigenen Besitz macht Schwierigkeiten.

   III. Der Lehrer entdeckt die Schwierigkeiten der Aufgabe für den
       Schüler, bzw. die kurzschlüssige oder leichtfertige Lösung des
       Schülers.

3. *Lernschritt:* Stufe der Lösung

   I.   Ein neuer Lösungsweg zur Vollendung der Handlung oder zur Lösung der Aufgabe wird durch Anpassung, Probieren oder Einsicht entdeckt.

  II. Die Übernahme oder der Neuerwerb der gewünschten Leistungsform erscheint möglich und gelingt mehr und mehr.

 III. Der Lehrer zeigt den Lösungsweg oder läßt ihn finden. Diesen Lernschritt bezeichnet Roth als den »wichtigsten Lernschritt überhaupt«.

4. *Lernschritt:* Stufe des Tuns und Ausführens

   I.   Der neue Lösungsweg wird aus- und durchgeführt.

  II. Die neue Leistungsform wird aktiv vollzogen und dabei auf die beste Form gebracht.

 III. Der Lehrer läßt die neue Leistungsform durchführen und ausgestalten.

5. *Lernschritt:* Stufe des Behaltens und Einübens

   I.   Die neue Leistungsform wird durch den Gebrauch im Leben verfestigt oder wird vergessen und muß immer wieder neu erworben werden.

  II. Die neue Verhaltens- oder Leistungsform wird bewußt eingeübt. Variationen der Anwendungsbeispiele. Erprobung durch praktischen Gebrauch. Verfestigung des Gelernten.

 III. Der Lehrer sucht die neue Verhaltens- oder Leistungsform durch Variationen der Anwendungsbeispiele einzuprägen und einzuüben. Automatisierung des Gelernten.

6. *Lernschritt:* Stufe des Bereitstellens, der Übertragung und der Integration des Gelernten

   I.   Die verfestigte Leistungsform steht für künftige Situationen des Lebens bereit oder wird in bewußten Lernakten bereitgestellt.

  II. Die eingeübte Verhaltens- oder Leistungsform bewährt sich in der Übertragung auf das Leben oder nicht.

 III. Der Lehrer ist erst zufrieden, wenn das Gelernte als neue Einsicht, Verhaltens- oder Leistungsform mit der Persönlichkeit verwachsen ist und jederzeit zum freien Gebrauch im Leben zur Verfügung steht. Die Übertragung des Gelernten von der

Schulsituation auf die Lebenssituation wird direkt zu leben versucht (alle sechs Lernschritte zit. aus KRON 1994, 281).

Beispiel: Wir waschen unsere Fußballstrümpfe

In der Literatur zur Geistigbehindertenpädagogik finden wir ein lupenreines Beispiel eines Stundenaufbaus nach den Artikulationsstufen von Roth u. a. bei Memmer-Albert und Selbach. Deren Unterrichtsbeispiel handelt von einer Klasse der Schule für Geistigbehinderte, die nach einem Fußballspiel nunmehr ihre Fußballstrümpfe mit der Hand sauberwaschen soll. Sie bieten (1990, 80) nachfolgende Unterrichtsskizze an:

Zeit	Phasen	geplantes Lehrerverhalten	erwartetes Schülerverhalten	did./meth. Kommentar
10 Min.	Motivation	Lehrer stellt den Korb mit schmutziger Fußballkleidung auf den Tisch	Schüler sollen Vorschläge machen, was mit der verschmutzten Wäsche geschehen soll	Schüler stehen am Tisch, auf dem die Wäsche steht
10 Min.	Schwierigkeit	Lehrer nimmt die schmutzigen Strümpfe und zeigt ein Paar saubere	Schüler: Wir können sie in der Waschmaschine waschen	Problemstellung durch den Lehrer optisch
10 Min.	Lösung	Lehrer: Das wäre eine Möglichkeit! Kennt ihr eine andere Lösung?	Schüler: Wir können sie mit der Hand waschen	Selbständige Lösung verbal
10 Min.	Tun und Ausführung	Lehrer führt die Handwäsche vor (siehe Arbeitsblatt)	Schüler schauen zu	Bereitstellen der Arbeitsmittel durch PfK[1]
20 Min.	Behalten und Einüben	Lehrer beobachtet den Arbeitsablauf, gibt Hilfen	Schüler führen einzeln die Handwäsche durch	Differenzierung und Einsatz von SL[2] und PfK
5 Min.	Bereithalten	Lehrer hilft, korrigiert, lobt	Schüler verbalisieren an Hand des Arbeitsblattes den Waschvorgang	Kontrolle des Lernvorgangs und Planung für weiteres Üben
[1] PfK = Pädagogische Fachkraft, Assistentin; H.J.P. [2] SL = Sonderschullehrer; H.J.P.				

Tab. 41:   Unterrichtsaufbau nach Roth

Als handlungssteuerndes Instrument für die Schüler benutzen Memmer-Albert und Selbach Zeichnungen, die im Gegensatz zum Stundenentwurf keineswegs als Beispiel dienen sollen und deshalb nicht beigegeben sind.

Planung im projektorientierten Unterricht

Helga Heits und Erika John beschreiben (1993) sehr ausführlich zwei Formen der Unterrichtsentwürfe:

- den *ausführlichen Unterrichtsentwurf*, wie er z. B. für förmliche Lehrproben gefordert wird,
- *Kurzentwürfe*, wie sie für den pädagogischen Alltag eines routinierten Lehrers ausreichen.

Den Unterrichtsentwürfen legen sie folgende Planungskriterien zugrunde:

»Einordnung des Themas in die Gesamtplanung

Bedingungen: Anmerkungen zur Schulklasse, Sachdarstellung

Entscheidungen: Eingrenzung des Themas auf die Interessen und Bedürfnisse der Schüler, Lernziele, Begründung der Ziele und Inhalte, Begründung der Methoden- und Medienwahl

geplanter Unterrichtsverlauf« (HEITS, JOHN 1993, 101).

Diese Kriterien bezeichnen sie als »Strukturmomente« der Unterrichtsplanung (102). Die ausführliche Ausarbeitung des Unterrichtsentwurfs finden Sie auf den Seiten 100 bis 125. In unserem Zusammenhang ist interessant, nach welchem Artikulationsschema Heits und John die Unterrichtsstunde aufbauen:

1. *Einstieg* (Motivation, Themenformulierung)
2. *Erarbeitung* (Erprobung)
3. *Durchführung* (Handlung, Anwendung)
4. *Ausklang, Festigung* (Bewertung, Transfer, Integration) (vgl. HEITS, JOHN 1993, 119).

Beispiel 1 (Ausführlicher Entwurf)

Den *ausführlichen Unterrichtsentwurf* (HEITS, JOHN 1993, 121 – 125) finden Sie nachfolgend. Dabei bedeuten:

L.	= Lehrer/in
PM	= pädagogische/r Mitarbeiter/in
Ch., St., P., A., Kr., D.	= die Namen der Schüler(innen)
Sch.	= Schüler (meist im Plural gemeint)

Die beiden Autorinnen beschreiben nicht nur den geplanten Unterrichtsablauf. Sie kennen ihre Schüler(innen) und deren besondere Schwierigkeiten und zu erwartende Verhaltensweisen. So wird von A. und D. erwartet, daß sie Berührungen als unangenehm empfinden können. Für diesen Fall sieht der Unterrichtsentwurf von vornherein abweichende, alternative Verhaltensweisen von L. und PM vor. Achten Sie beim Durchlesen bitte ganz besonders auf diese vorgreifende Flexibilität, auf die vorgeplanten Alternativen, durch welche sich dieser Unterrichtsentwurf so bemerkenswert vom vorherigen unterscheidet. Wichtig ist ebenso der regelmäßige Verweis auf Unterrichtsprinzipien, wie sie in Kapitel 11 dargestellt worden sind.

Zeit: 9.00 – ca. 9.45 Uhr, Datum: 06.11.1991

Lehrerverhalten	Erwartetes bzw. vermutetes Schülerverhalten	Didaktisch-methodischer Kommentar Alternativplanung
	Einstieg	
L. + PM singen die erste Strophe eines Herbstliedes, imitieren dabei das Pusten des Windes und das Schütteln der Blätter anhand eines Zweiges.	Sch. hören zu. A. dreht seinen Kopf in Richtung der Klänge. D. drückt seine Reaktion durch Gesichtsmimik aus. Kr. freut sich (lachen, jauchzen). St., Ch., P. klatschen den Rhythmus mit.	Einstimmung auf das Thema, Hinführung zum Material, Rhythm. Prinzip, Prinzip der Anschauung; Sitzkreis: Ch., St., P. sitzen auf Stühlen, A. im Kinderstuhl, Kr., D. im Rollstuhl.
L. + PM verteilen Zweige an Kr., A., D.	D. interessiert sich zunächst nicht für den Zweig, A. wirft ihn wahrscheinlich weg.	Falls D. unter Atembeschwerden leidet, wird er auf eine Matratze gelegt.
L. + PM legen Zweige und einige Blätter in den Sitzkreis, so daß sich St., Ch., P. je nach Belieben damit auseinandersetzen können. L. + PM helfen Kr., D., A. bei der Wahrnehmung des Materials, sprechen handlungsbegleitend. St., Ch., P. greifen evtl. diese Impulse auf oder entdecken weitere Wahrnehmungs- und Untersuchungsmöglichkeiten.		Förderung der Mundmotorik durch Pusten; Allsinniges Prinzip
L. weist auf die Blätter hin und fragt, was man damit machen kann. L. faßt zusammen: »Wir wollen heute ausprobieren, was man alles mit Herbstblättern machen kann«.	Ch., St., P. demonstrieren einige Möglichkeiten, Kr. gemeinsam mit PM. Ch., St. benennen einige Handlungen.	Unterrichtsgespräch, Wiederholung, Zusammenfassung der ersten Phase; Prinzip der Festigung und Wiederholung; Themenformulierung

Lehrerverhalten	Erwartetes bzw. vermutetes Schülerverhalten	Didaktisch-methodischer Kommentar Alternativplanung
	Erarbeitung	
L. + PM zeigen jeweils einen mit Blättern gefüllten Beutel, ermuntern Sch. hineinzutasten, sich damit zu beschäftigen; helfen Kr., A., D., geben evtl. Impulse (riechen, rascheln, fühlen, herausnehmen, ansehen). L. + PM greifen Sch.-äußerungen auf.	St., Ch. P., Kr. tasten in die Beutel, nehmen den Inhalt individuell verschieden wahr und beschäftigen sich ausgiebig damit, äußern sich dazu. A., D. könnten Abwehrverhalten zeigen.	Wecken von Interesse, Abbau von Angst vor Unbekanntem; Allsinniges Prinzip. Die Blätter werden vorwiegend durch Fühlen, Riechen, Hören wahrgenommen, anschließend durch Sehen. Handlungsbegleitendes Sprechen, Verstärkung der Sprechbereitschaft. A., D. werden nicht zum Hineingreifen in die Beutel gezwungen. In diesem Fall wird ihnen der Inhalt gezeigt und weitere Handlungsimpulse werden ihnen gegeben.
L. + PM lassen die Blätter langsam aus dem Beutel in eine Kiste rieseln, lassen Blätter über ihre Arme und Hände rieseln.	Sch. sehen zunächst zu; Ch., St., P., K. greifen die Impulse auf und erproben weitere Handlungsmöglichkeiten (K. mit Hilfe).	Motorisches Prinzip; selbständiges Handeln; Berührungsreize
L. + PM führen mit A., D. die Aktionen gemeinsam durch, geben ihnen hauptsächlich Berührungsreize mit den Blättern, verbalisieren die Handlungen für diese beiden Sch.		
	A. bewegt wahrscheinlich heftig seine Arme und Hände, um die Blätter beiseite zu werfen. D. zeigt durch Mimik Freude oder Unbehagen an.	Sollten A., D. die Berührungsreize als unangenehm empfinden, unterlassen L. + PM diese Aktionen und demonstrieren ihnen nochmals das langsame Herabfallen der Blätter.

Lehrerverhalten	Erwartetes bzw. vermutetes Schülerverhalten	Didaktisch-methodischer Kommentar Alternativplanung
	Durchführung	
L. legt einen vorbereiteten Papierkreis in die Mitte des Sitzkreises, fordert Ch., Kr. auf, die vier Farben zu benennen, jeweils ein Herbstblatt zuzuordnen und dementsprechend aufzukleben. L. bittet St., P. die Kreismitte mit Klebstoff einzustreichen. St., Ch., P. werden aufgefordert, einige Blätter auf die Klebfläche fallen zu lassen.	Chr., Kr. benennen die vier Farben. Die anderen Sch. betrachten das Objekt. Ch., Kr. ordnen Blätter den vier Farbfeldern zu und kleben sie auf. St., P. streichen den Papierkreis mit Klebstoff ein. St., Ch., P. lassen Blätter aus einer Materialschale langsam auf die Kreisfläche fallen. Sch. beobachten den Fall der Blätter.	Visuelle Wahrnehmung, konkrete Wahrnehmung der Herbstfarben gelb, rot, grün, braun. Prinzip der Konkretheit, P. der Lebensnähe, P. der Isolierung von Schwierigkeiten. Bekannte Tätigkeit. Wiederholung, Transfer, Anwendung
PM geht mit Ch., St. an die Arbeitstische und erklärt ihnen die Aufgaben.	Ch. ordnet die dem Farbkreis zugehörigen Blätter zu und klebt sie auf. St. benötigt evtl. Hilfe. Wahrscheinlich stellen sie noch eine zweite Arbeit her: Sie kleben die Transparentpapierteile an ein Fenster.	Prinzip der Individualisierung und Differenzierung; Farbzuordnungen; Einzelarbeiten;
PM fragt sie, ob sie die entstandenen Darstellungen erkennen.	Sie erkennen die Darstellungen und benennen sie.	Benennung der Arbeitsergebnisse

L. gibt P., A. jeweils eine Schüssel mit Blättern; sie lassen die Blätter langsam auf die Klebfläche fallen. L. verteilt die Blätter durch Pusten, P., evtl. auch A. pusten ebenfalls. L. legt den Papierkreis nacheinander auf den Schoß von Kr. und D.; diese bekommen einzelne Blätter in die Hand und legen sie mit Handführung auf das Papier. Zwischendurch erneuert L. evtl. den Klebstoff. Während L. mit Kr. und D. arbeitet, können P. und A. mit den Blättern weitere Erfahrungen machen. L. befestigt die Gemeinschaftsarbeit an der Wand. Es entsteht ein »Herbstbaum«. L. fragt Kr., ob sie die Darstellung erkennt; sie antwortet wahrscheinlich »Baum«.		Gemeinschaftsarbeit: Die auf der vielsinnigen Ebene gemachten Erfahrungen werden optisch fixiert und dienen als dekorativer Klassenschmuck. Prinzip der Festigung und Wiederholung

Lehrerverhalten	Erwartetes bzw. vermutetes Schülerverhalten	Didaktisch-methodischer Kommentar Alternativplanung
	Ausklang	
PM kommt mit St., Ch. in den Sitzkreis zurück. L. + PM singen noch einmal das Herbstlied, stellen es den Sch. frei, sich die Zweige dazuzunehmen.	Sch. zeigen sich gegenseitig ihre Arbeiten. Ch. singt mit, St., P. klatschen den Rhythmus, Kr. hält den Zweig fest und sieht ihn an.	Würdigung der Arbeitsergebnisse; Abschluß, Entspannung.

Tab. 42:   Ausführlicher Unterrichtsentwurf (aus HEITS, JOHN 1993, 121 – 125)

Beispiel 2 (Kurzfassung)

In dieser Weise, so die Autorinnen, werden auch bei Lehramtsreferendaren nur noch gelegentlich ausführliche Unterrichtsentwürfe gefordert. In der Regel werden kürzere Unterrichtsentwürfe angefertigt, von denen Heits und John (1993, 134 – 135) zum gleichen Thema ein Beispiel anbieten:

	Kurzentwurf	
Unterrichtsentwurf	Datum: 06.11.1991	Uhrzeit: 9.00 – ca. 9.45
Name: Schule:	Helga Heits, Sonderschullehrerin: Klasse: M 4	
Lernbereiche:	Kreativer Bereich (Ästhetische Erziehung, Werken) Wahrnehmung	
Projekt:	Wir erleben den Herbst und die Adventszeit	
Einheit:	Wir gestalten mit Naturmaterial	
Thema:	Wir nehmen Herbstblätter mit allen Sinnen wahr und gestalten damit Herbstbäume	
Lernziele:	1. Die Sch. sollen Herbstblätter vielsinnig wahrnehmen, Farbzuordnungen vornehmen und die Blätter auf Papierkreise aufkleben (Intentionen der L.).	
	2. Die Sch. probieren Aktionsmöglichkeiten mit Herbstblättern aus, nehmen diese individuell wahr und stellen eine Gemeinschaftsarbeit und Einzelarbeiten her (vermutetes Handlungsziel der Sch.)	
Hinweis:	Gemeinsame Durchführung mit der P. M. Frau S.	

Geplanter Unterrichtsverlauf	Medien	Didakt.-method. Kommentar
1. Einstieg		
Singen der 1. Strophe des Herbstliedes. Imitieren der Windbewegungen in den Zweigen. Wahrnehmung des Zweiges und der Blätter, Themenformulierung.	Blätterzweige einzelne Blätter Lied »Der Herbst ist da«	Rhythmisches Prinzip, Prinzip der Anschauung, Allsinniges Prinzip, Unterrichtsgespräch, Wiederholung, Zusammenfassung, Prinzip der Festigung und Wiederholung
2. Erarbeitung		
Vielsinnige Wahrnehmung der Stoffbeutel mit ihrem Inhalt. Beobachtung des Fallens der Blätter; Aufgreifen dieses Handlungsimpulses und Erprobung weiterer Handlungsmöglichkeiten.	2 Stoffbeutel mit Blättern, 2 Kisten	Spannung, Allsinniges Prinzip, handlungsbegleitendes Sprechen, Motorisches Prinzip, selbständiges Handeln der Sch. Ch., P., S. und Kr.
3. Durchführung		
Farbbenennungen und Farbzuordnungen durch Ch., Kr.; Einstreichen der Kreisfläche mit Klebstoff durch S., P.; Wiederholung der Schülerhandlungen aus der 2. Phase, Herstellung des Herbstbaumes mit Kr., A., D., P., S. und Ch. stellen Fensterbilder her.	Schüsseln mit Blättern, Klebstoff, Pinsel, Papierkreis, 4 Transparentpapierkreise, Materialschalen mit Blättern, »Baumstämme« aus Ton- und Transparentpapier	Konkrete Wahrnehmung der 4 Herbstfarben, Prinzipien der Konkretheit, Lebensnähe, Isolierung von Schwierigkeiten, Individualisierung und Differenzierung, Wiederholung, Transfer, Anwendung, Gemeinschaftsarbeit, Einzelarbeiten
4. Ausklang		
Gegenseitiges Zeigen der fertigen Arbeiten, gemeinsames Singen des Herbstliedes.	fertige Sch.-Arbeiten, Herbstlied	Würdigung der Arbeitsergebnisse; Abschluß, Entspannung

Tab. 43:   Unterrichtsentwurf in Kurzfassung (aus HEITS, JOHN 1993, 134 – 135)

Im folgenden bieten die Autorinnen noch vielfältige weitere Beispiele für Kurzentwürfe zu verschiedenen Unterrichtsthemen an. Das hier zitierte Buch sei Ihrer besonderen Aufmerksamkeit empfohlen: Helga Heits und Erika John »Unterrichtsarbeit an der Schule für Geistigbehinderte. Planung, Durchführung und Analyse«. Berlin: Edition Marhold im Wissenschaftsverlag Volker Spieß, 2. überarbeitete Auflage 1993.

Planungsraster für handlungsbezogenen Unterricht (Heinz Mühl)
Zur Planung des von ihm konzipierten handlungsbezogenen Unterrichts
bietet Mühl (1979) ein allgemeines Raster an, welches dem Lehrer das
Abarbeiten der einzelnen Planungsschritte erleichtern kann. Dieses Raster ist thematisch offen, benennt die Schritte, die bei jedweder Planung
von Unterricht zu geben sind, und kann unmittelbar auch als Formular
benutzt werden, in welches die themenbezogenen Anmerkungen eingetragen werden können:

Vorüberlegungen zur Unterrichtsverlaufsplanung

Tag/Zeit: Klasse:

Thema:

Thematischer Zusammenhang (Gesamtthema, vorangegangene und
nachfolgende Unterrichtseinheiten oder Aktivitäten)

Inhaltliche Klärung (Sach-, bzw. Situationsanalyse):

Lehrziel (Lernziel):

Begründung des Lehrziels: (übergreifende Ziele, außerschulische Situationen, Bedürfnisse und Interessen der Schüler, künftiges schulisches Lernen,
u. a.)

Handlungsziel (Lernziel) (Formulierung für die Schüler):

Lernvoraussetzungen (aus vorangegangenem Unterricht, außerschulische
Erfahrungen):

Klassenzusammensetzung im Hinblick auf das Ziel (Zahl der Schüler,
ungefährer Lernstand):

Gruppenbildung (Größe und Zusammensetzung der Gruppe, Lernphase):

Individuelle Förderung (bei Signalverhalten, im Hinblick auf das Ziel):

(MÜHL 1979, 200)

Für die Planung des eigentlichen Unterrichtsverlaufs bietet Mühl ein
vierspaltiges Schema an, welches sich von dem fünfspaltigen von Memmer-Albert und Selbach im wesentlichen dadurch unterscheidet, daß das
geplante Lehrerverhalten und das erwartete Schülerverhalten in einer
einzigen Spalte zusammengefaßt werden. Der didaktisch-methodische
Kommentar, der insbesondere bei Heits und John breit ausgeführt ist,
wird bei Mühl nicht ausdrücklich als Spaltenüberschrift gefordert. Er
läßt sich jedoch in Mühls zweiter oder dritter Spalte einarbeiten. Alternative: Wir reichern Mühls Raster um eine weitere Spalte an, was möglicherweise zum Verlust von Übersichtlichkeit führt.

Unterrichtsverlaufsplanung			
Ungefähre Zeitangabe	Lernphasen (z. B. Motivation, Zielformulierung, Planung, Durchführung, Kontrolle)	Lehrer- (L), Schüleraktivitäten (Sch), Gruppenbildung (G) u. a.	Materialien, Geräte, Werkzeuge, Medien

Tab. 44:   Planungsraster für den Unterrichtsverlauf (MÜHL 1979, 201)

Schließlich macht Mühl auf einen wichtigen Punkt aufmerksam: Unterricht ist nicht nur vor seinem Stattfinden zu planen, sondern ebenso nach seiner Durchführung zu überdenken, zu analysieren, zu bewerten. Erforderlichenfalls führen im Nachhinein erkannte Fehler oder Mängel zu Veränderungen in der Planung des weiteren Unterrichts. Zu dieser Reflexion bietet Mühl wiederum Denkhilfen an:

Analyse des durchgeführten Unterrichts
Lehrziel erreicht?
Haben die Schüler das Lernziel erfaßt?
Interesse und Motivation für das Ziel?
Dauer und Konzentration der Mitarbeit?
Eingeführte Begriffe verstanden?
Phasen selbständigen Planens und Tuns?
Sinnvolle Gruppenarbeit?
Materialien und Werkzeuge angemessen?
Lehrersprache (Ausmaß, Angemessenheit, Gesprächsführung):
Führung (einengend, aktivierend, anregend, helfend, u. a.):

Tab. 45:   Anregungen zur Unterrichtsanalyse (MÜHL 1979, 202)

Die Orientierung an Galperin

Die Theorie der Interiorisation, wie sie Galperin im Rahmen der Aneignungspsychologie der kulturhistorischen Schule vorgelegt hat, hat nicht nur die allgemeine Diskussion über Aneignung und Lernen bei Geistigbehinderten mit beeinflußt, sondern auch die Didaktik und Methodik der Schule für Geistigbehinderte. Bezüglich der allgemeinen Erörterungen sind es hier Autoren wie Wolfgang Jantzen und Georg Feuser, welche in der deutschen Geistigbehindertenpädagogik Beachtung finden, bezüglich der didaktischen und insbesonderen unterrichtsmethodischen Fragen hat Holger Probst Beispiele vorgelegt. Probst zieht hierbei vier Theoriekonzepte bei:

1. Die Interiorisationstheorie von Galperin,
2. die Theorie der Repräsentationsniveaus von Bruner,
3. die struktur-niveau-orientierte Didaktik von Kutzer (die wiederum auf den Arbeiten von Leontjew und Galperin basiert) und
4. die Handlungsorientierung, wie sie Wilhelmer ebenfalls auf der Basis der Aneignungspsychologie vorgelegt hat.

In seinem hier beigezogenen Buch »Zur Diagnostik und Didaktik der Oberbegriffsbildung« (1981) geht es ihm, wie der Titel besagt, um die Aneignung von Oberbegriffen bei Lernbehinderten und bei Geistigbehinderten. Hierbei geht er von folgenden Prämissen aus:

- »Die Aneigung der Oberbegriffe beginnt jeweils auf der handelnd-konkreten Ebene durch funktionsgerechte Handhabung der Gegenstände, die Elemente der Klasse sind« (PROBST 1981, 66). Geistigbehinderte haben diese Aneignung zu vollziehen im realen Kontext mit den wirklichen Gegenständen, keinesfalls mit Modellen.

- »Der erste Schritt der Abstraktion erfolgt auf die bildliche Ebene« (a.a.O.), wobei er die bildhaft-ikonische Repräsentationsform bei Bruner der materialisierten Form bei Galperin gleichsetzt. Probst betont allerdings, daß es sich bei dieser ersten Abstraktion lediglich um eine Anhebung des Niveaus handele, noch nicht um eine Erhöhung der Komplexität.

- »Mit der Bildung eines Oberbegriffes vollzieht der Schüler den kognitiven Akt einer Synthese, ... welche nur möglich [ist] im Wechsel mit der analytischen Abgrenzung gegen Nicht-Elemente. Beim didaktisch wichtigsten Lernschritt von der perzeptiven zur funktionalen Stufe erfolgt die Ausgrenzung der Nicht-Elemente ...« (PROBST a.a.O.).

- »Das Wort ist die sprachliche Klammer für den Oberbegriff« (PROBST a.a.O.).

Nicht alle der von Probst vorgelegten Unterrichtsentwürfe lassen eine strenge Orientierung an Galperin erkennen. Wir erinnern: Der Kern der Galperinschen Theorie ist die Entfaltung der *Orientierungsgrundlage*.

Auf diese Orientierungsgrundlage und ihre Entwicklung im Unterricht
hebt Probst in einem Unterrichtsbeispiel ab, bei dem es inhaltlich um die
Aneignung des Oberbegriffs »Werkzeug« geht, welche in der Tätigkeit
der Herstellung eines Vogelhäuschens erfolgt. Der Unterrichtsverlauf
zeigt folgende Grobstruktur:

1. Orientierungsgrundlage

    1.1. Vorstellung des Arbeitsziels (Orientierungsgrundlage Typ 2
    nach Galperin)

    1.2. Erarbeitung der Orientierungsgrundlage vom Typ 3 nach Gal-
    perin

2. Handlungsteil

    2.1. Umgang mit dem Werkzeug

    2.2. Bauen des Vogelhäuschens

3. Kognitive Erarbeitung des Oberbegriffes

    3.1. Ordnen nach »Werkzeug« und »Verbrauchsmaterial«

    3.2. Symbolische Ebene

4. Zuordnen der Bildkarten

5. Abgrenzung zu Nichtwerkzeugen

6. Arbeitsblatt.

Wegen der Eindrücklichkeit und der Konsequenz der Erarbeitung der
Orientierungsgrundlage sei dieser Teil der von Probst berichteten Unter-
richts-Doppelstunde vollständig wiedergegeben.

Die Unterrichtsstunde »Werkzeug« Unterrichtsmaterial:		
Werkzeug	Verbrauchsmaterial	Nicht-Werkzeug (funktionaler Unterschied)
Hammer Säge Schraubenzieher Zange Pappschere Bohrer Schraubzwinge Zollstock Winkel Feile Schleifblock	Holz Nägel Schrauben Dachpappe	Suppenkelle Metermaß Nähnadel Besteck Hacke Meßbecher Bürste

Darstellungsmittel:
Acht Bildkarten der Werkzeuge,
Maßstäbliche Zeichnung des anzufertigenden Vogelhäuschens
Für die Orientierungsgrundlage:
Pappmodell mit den erforderlichen (Holz-)Teilen,
Bildkarten (Umrißzeichnungen) der Werkzeuge,
1 Oberbegriffwortkarte
Arbeitsblatt

Verlaufs-planung	Didaktische Analyse der Unterrichtsplanung	Analyse des Unterrichtsverlaufs
1) Orientierungs-grundlage		
	Die Einführung des Arbeitsziels »Vogelhäuschen« erfolgt auf einer detaillierten Orientierungsgrundlage auf zwei Ebenen:	
1.1	**1.1**	**1.1**
Vorstellung des Arbeits-ziels: L:»Ich möchte mit euch etwas bauen.« Zeigen der Zeichnung vom Vogelhäuschen und kurze Aussprache. Die Zeichnung wird in eine Tafelecke gehängt.	Vorstellung des Arbeitsziels: (Typ 2 nach GALPERIN) Mittels einer perspektivischen Zeichnung vom anzufertigenden Objekt bilden die Schüler eine vorläufige Vorstellung von der Aufgabe. Die konstituierenden Elemente werden gezeigt, wenn möglich benannt. Damit steht das Handlungsziel fest. Die anschauliche Vorwegnahme des Arbeitsergebnisses erfüllt auch die Aufgabe, die Schüler über die Anschauung zur konkreten Handlung zu motivieren. Die Handlung erfolgt nun nicht mehr um ihrer selbst willen – wie Sägen zum Teilen eines Holzstückes –, sondern dient einem definierten Zweck: z. B. Absägen eines Stücks Vierkant-holzes in einer bestimmten Höhe als Stücke für das Dach.	Vorstellung des Arbeitsziels: Die Schüler erkennen das Bild sofort und sind von dem Vorhaben begeistert. Auf die Frage:»Was brauchen wir dazu?« kommen spontan eine Antwort zum Material »Holz« und eine zu dem wohl offensichtlichsten Bestandteil, dem »Dach«. Das Holz wird auf einen vorn stehenden Tisch gelegt, das Bild in eine Tafelecke gehängt, so daß alle verwandten Dinge sichtbar sind, ohne im Zentrum zu stehen.

1.2

Erarbeitung
der Orientie-
rungsgrund-
lage:
L: »Was brau-
chen wir?«
Dinge, die die
Schüler vor-
schlagen, wer-
den hervorge-
holt und be-
nannt. Alle
für das Vogel-
häuschen er-
forderlichen
Holzteile
werden an der
Tafel mittels
eines
perspektivisch
gezeichneten
Pappmodells
zusammenge-
setzt und in
der tatsächlich
erforderlichen
Reihenfolge
auf Karton
aufgeklebt.

1.2

Erarbeitung der Orientierungsgrundlage:
(Typ 3 nach GALPERIN)

Auf der folgenden qualitativ Anspruchsvolleren Orientierungs-
ebene werden die Schüler mittels
eines in seine Bestandteile zerleg-
ten Pappmodells planmäßig in die
Analyse der neuen Aufgabe eingeführt. Das Modell besteht aus: Bodenplatte, 4 Vierkanthölzern in 2
Höhen (Eckpfeiler), Dach (größer
als Bodenplatte), 4 Leisten zur
Umrandung der Bodenplatte. Alle
Teile sind aus einfarbiger brauner
Pappe geschnitten. Sie werden
mittels Haftstreifen auf Karton
geklebt. Die Schüler sollen die
wesentlichen Bauelemente und
ihre Funktion selbst herausarbeiten. Auf der materialisierten
Ebene des Modells entsteht der
Arbeitsplan mit der notwendigen
Abfolge der Handlungen, d. h. die
Schüler antizipieren die sachgerechten tatsächlichen Handlungen. Mit dem Modell wird eine erhebliche Abstraktionsleistung gefordert, die mögliche Zwischen-
stufen überspringt. (So z. B. ei-
genhändiges Zerschneiden oder
Zerlegen eines Modells;
bzgl. Farbe und Größe realitäts-
getreuere Abbildung; selbsttätiges
Probieren jedes Schülers mit den
Elementen usw.). Der konkrete
und real vorhandene Gegenstand
»Bodenplatte« z. B. stellt sich in
dem perspektivischen Pappmodell
als Parallelogramm dar. Das Erkennen der gemeinten Identität ist
allerdings eine Leistung, die auf
den perzeptiven Repräsentations-
ebenen in den vorangegebenen
Stunden (Bildkarten Phase 3) bereits erarbeitet, geübt und geleistet
wurde. Die aufsteigende Schwie-

1.2

Erarbeitung der Orientie-
rungsgrundlage:

L: »Wie fangen wir denn an?«
Sch: »Boden erst.«
Eine Bodenplatte wird gezeigt:
»Und jetzt?«
Sch: »Da kommt was drauf«,
»Stange« (Eckpfosten). Nun
beginnt das Vorhaben »Papp-
modell«. Ein Bogen Plakatpap-
pe wird an die Tafel geheftet.
Sch: »Nix drauf is.« »Da muß
'en Bild drauf malen.« L: »Was
brauchen wir als erstes?«
Sch: »Boden«, »Fußboden«.
Die dargestellte Bodenplatte
wird von den Schülern ohne
Schwierigkeiten akzeptiert, für
die vier Pfosten ganz selbstverständlich die richtigen Ecken
genannt.
»Stange müß ma hochbaun«,
»Stock«, »Holzstöcke«,
»Vier«.
Im ersten Teil der Stunde war
diese Erkenntnis noch nicht
möglich. Sie folgt aus der planenden gedanklichen Vorweg-
nahme des Arbeitsablaufes.
»Dach oben«, »zunageln« sind
die folgenden Vorschläge. Warum das Dach schräg stehen
soll, erkennen die Schüler
nicht. »Weil schön ist«, sagt
Heike. Die funktionale Erklärung »damit der Regen abläuft«
nehmen sie dann an und wiederholen sie, als das Pappmodell sein Dach erhält. Ebenso
ist der Zweck des Randes um
die Bodenplatte erst einsichtig,
nachdem Vogelfutter demon-
strationshalber herunterge-
weht wurde. Willi sagt, »Da
muß was drüber machen« und
zeigt, daß er die Leisten auf

	rigkeit besteht in dem Heraus-lösen eines Bestandteils aus dem Wiedererkennen. Die *analytische* Leistung, vom Bild »Vogelhäus-chen« zu seinen konstruktiv bedingten Einzelteilen zu kom-men, geht der *Synthese* der kon-kreten Holzteile voraus als not-wendiger Erkenntnisprozeß.	der Bodenplatte befestigen will. Nachdem die Bodenplatte des Pappmodells noch mit Kanten versehen wurde, ist auch den Schülern klar, daß die Orientierungsgrundlage zur Durchführung abgeschlossen ist. Sch: »Jetzt basteln ma.« L: »Womit denn?« Sch: »Unten, unten Bastel-raum.« Daß ein Werkvorgang auch außerhalb des Werkraumes durchgeführt werden kann, ist neu und sicher eine wichtige Erweiterung des Begriffsfeldes.

Tab. 46:   Unterrichtsbeschreibung von Probst (aus PROBST 1981, 84 – 88)

Den Rest dieses eindrucksvollen Stundenberichts lesen Sie bitte bei Hol-ger Probst (1981, 84 – 97) nach.

17.2   Unterrichtsplanung

Struktur der bisherigen Beispiele

Bereits weiter vorne sind Lern-/Lehrverläufe eingeschoben worden. Dem aufmerksamen Leser ist nicht entgangen, daß diese Beispiele ganz unterschiedlich strukturiert sind, daß Unterricht also nach verschiedenen Modellen strukturiert werden kann. Wir finden Ablaufkonzepte ohne erkennbare Phasengliederung sowie mit 3phasiger bis zu 8phasiger Glie-derung.

Die Ablauflogik der nicht in Phasen gegliederten Entwürfe entspricht nicht der üblichen Artikulation schulischen Unterrichts, sondern dem »natürlichen« Ablauf von Alltagstätigkeiten, die wir zumeist unbewußt und automatisch verrichten (sensumotorische Handlungsregulation nach Hacker (1986)). Erst wenn es irgendwo in einem solchen Ablauf hakt, wenn Störungen auftreten, werden uns die Einzeloperationen wieder be-wußt. Voll bewußt müssen die einzelnen Handlungsschritte dann sein,

> wenn wir sie selbst Schritt für Schritt lernen sollen (z. B. die Bedie-nung einer neuen Videokamera),

wenn wir die Schrittfolge für das Lernen unserer Schüler planen müssen.

Letzteres dient dem Aufbau von neuem, noch nicht beobachtetem Verhalten und fordert die volle Beteiligung des Bewußtseins (intellektuelle Handlungsregulation nach Hacker (1986)), um zur Aneignung zu führen. Insoweit handelt es sich bei den Beispielen zur Verhaltensmodifikation auch nicht um Entwürfe für Unterricht, sondern um ausschließlich sachlogisch strukturierte Förder- oder Therapiepläne, die eher dem Konzept eines geschlossenen (Klein-)Curriculums entsprechen.

Zu Unterrichtsplänen werden sie erst, wenn sie einen Rahmen erhalten, der mindestens der Dreierstufung nach Hilda Taba entspricht.

Die übrigen bisher dargestellten Vorschläge zur Gliederung des Unterrichts variieren zwischen mindestens drei und sehr vielen Abschnitten. Hochdifferenzierte Gliederungssysteme eignen sich nicht für jedwede Unterrichtsform. Wenig differenzierte, etwa dreiteilige, Gliederungssysteme bedürfen in jedem Fall der weiteren Ausdifferenzierung und beschreiben wirklich nur das absolute Minimum an in einem Unterrichtsverlauf unterscheidbaren Abschnitten.

Es ist wiederum nicht möglich, eins oder zwei dieser Schemata als verbindliches Raster zu empfehlen, welches generell für jede Form von Unterricht mit Geistigbehinderten benutzt werden könnte. Sie werden sich in Ihrer konkreten Tätigkeit immer wieder die Mühe machen müssen, auch die Gliederung, die Artikulationsabfolge einer einzelnen Unterrichtseinheit jeweils abzustimmen auf das intendierte Lernziel, das Unterrichtsthema, die Ihnen hierfür verfügbaren Lernorte und Lernmittel sowie auf das Lernniveau Ihrer Schüler.

Auch wenn Sie jetzt unzufrieden sind: Kochbuchrezepte kann auch eine Geistigbehindertenpädagogik nicht zur Verfügung stellen, jedoch eine Vielfalt von Auswahlmöglichkeiten. Flexibilität und situative Feinabstimmung wird von unserer Schulform und wird von unseren Lehrern und Erziehern mehr als von anderen gefordert.

Ein Ablaufschema für kurzfristige Planung

An dieser Stelle erinnern wir an die Erörterung der Bedingungs- und Einflußfaktoren von Unterricht von Paul Heimann und Wolfgang Schulz. Die dort ausgebreiteten komplexen Zusammenhänge sollen mit nachfolgender Grafik noch einmal in Erinnerung gerufen werden.

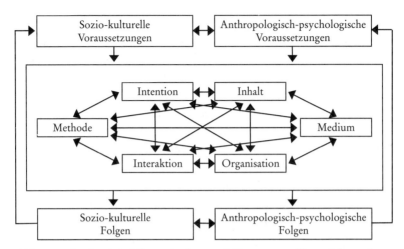

Abb. 45: Strukturmodell zur Analyse und Planung von Unterricht nach
Peterßen (nach KRON 1994, 168)

Die Unterrichtsvorbereitung selbst ist eine Entscheidungssituation
(WÖHLER 1977), bei welcher der Lehrer im Rahmen

• der Planung,

• der Realisation und

• der Kontrolle

fortlaufend Entscheidungen zu treffen hat.

Zunächst geht es um die Festlegung der Lerninhalte, davon beeinflußt
die der Methoden. Entscheidungen setzen das Vorhandensein von Alternativen voraus, was sowohl bei der Auswahl der Inhalte als auch der Methoden und Medien der Fall ist.

Wir haben es dabei mit zwei Entscheidungsmodellen zu tun: der geschlossenen und der offenen Entscheidung. Bei einer *geschlossenen Entscheidung* bezieht sich der Lehrer auf »ein System von Regeln« (WÖH-
LER 1977, 98), welche er aus verschiedenen didaktischen Richtungen beziehen kann:

• der geisteswissenschaftlichen Didaktik,

• der curricularen Didaktik,

• der strukturtheoretischen Didaktik,

• der unterrichtstheoretischen Didaktik oder

• der lerntheoretischen Didaktik.

Die Bezugnahme auf eine dieser Didaktiken dient der effizienteren Gestaltung des Unterrichts mit dem Ziel der Ergebnisoptimierung und reduziert für den planenden Lehrer die weiter vorne dargestellte Komplexität durch die Übernahme vorgegebener Entscheidungsregeln oder Modelle.

Offene Entscheidungen erfordern die Individualisierung des Unterrichts, das Vorplanen unterschiedlicher, individueller Handlungen der einzelnen Schüler. Hierfür taugliche didaktische Richtungen sind z. B.

die kommunikative Didaktik,

die interaktionstheoretische Didaktik.

Hier steht nicht das Unterrichtsergebnis, sondern der Unterrichts*prozeß* im Mittelpunkt. Also gehen wir an's Entscheiden!

1. Entscheidung: Welche *Zeit* steht mir zur Verfügung?

Wie lange halten meine Schüler durch?

Der verfügbare Zeitrahmen beeinflußt die

2. Entscheidung: Welchen *Inhalt* will ich in der Unterrichtseinheit (UE) vermitteln?

Der gemeinte Inhalt ist auf das hin zu konkretisieren, was die Schüler am Ende der UE an Neuem erworben haben sollen; also folgt die

3. Entscheidung: Wie definiere ich das konkrete *Ziel*?

Dieses Ziel ist vom gegenwärtigen Stand der Kenntnisse, Fertigkeiten und Fähigkeiten meiner Schüler aus zu erreichen, wobei ich zusätzlich zu berücksichtigen habe:

- Unterschiede im Lerntempo,
- Unterschiede im Ausmaß der Anschaulichkeit,
- Unterschiede in der Benutzung von Wahrnehmungskanälen,
- Unterschiede der individuellen Interessen, der Betroffenheit,
- Unterschiede im Übungsbedarf usw.

Davon beeinflußt wird die

4. Entscheidung: Wie lege ich mich hinsichtlich der *Methoden* fest?

Hierzu zählen wir nicht nur die Lehr- und Lernverfahren, sondern auch

- Motivation,
- Medien,

- Phasengliederung,
- soziale Interaktion,
- Differenzierungen,
- Lernorte,
- Zahl der Lehrkräfte bzw. Helfer/innen,
- Anwendungen,
- Übungen.

Von der Sachstruktur des Lerninhalts und von den zunächst nur vorläufig ins Auge gefaßten Lern-Arbeits-Phasen ist beeinflußt die

5. *Entscheidung:* Welches Gliederungsschema, welches Artikulationsschema wähle ich?

Wir haben ja Artikulationsschemata von drei bis zu fast beliebig vielen Phasen vorgefunden, von denen keines alleine selig macht.

All diese Überlegungen fassen Memmer-Albert und Selbach (1990) in einer Grafik (Abb. 46) zusammen, die uns zur schnellen Orientierung dienen soll.

Reihung der Lehrziele

Die Anordnung der Lehrziele im Unterrichtsverlauf kann Lernen optimieren, wenn diese Anordnung bestimmten Regeln folgt. Zufällige oder gar chaotische Sequenzierungen durch den Lehrer erschweren dagegen Lernen oder machen es gar unmöglich. Allerdings gibt es keine für jedweden Fall gültigen allgemeinen Grundsätze für Lehrzielsequenzierungen, jedoch einige Vorschläge, die bei der Planung einzelner Unterrichtseinheiten berücksichtigt werden können. Es ist »jedesmal abzuwägen, welches Gewicht den einzelnen Regeln bezogen auf diese Lernziele zukommt, bzw. zu begründen, warum eine bestimmte Regel bevorzugt wird« (DUBS u. a. 1974, 73). Sie schlagen folgende Gesichtspunkte vor, denen sie jeweils eine »Regel« zuordnen:

1. Gesichtspunkt: Reihung nach dem *sachlogischen Aufbau* eines Fachgebietes (sachlogische Struktur)
Regel 1: »Lernziele sind so zu reihen, daß alle für das folgende Lernziel notwendigen Wissenselemente bereits durch vorhergehende Lernziele abgedeckt sind« (DUBS u. a. 1974, 74).

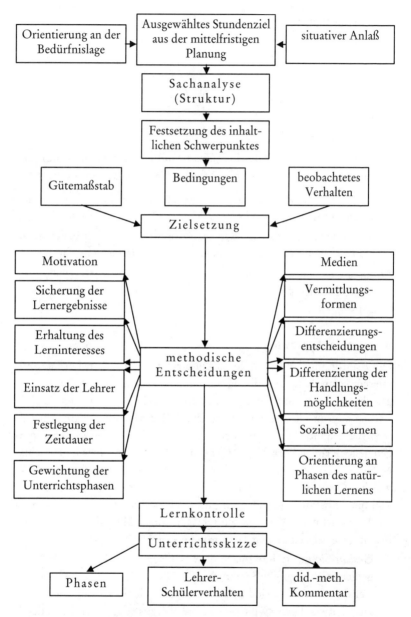

Abb. 46: Grafische Übersicht über kurzfristige Planung (nach MEMMER-
          ALBERT, SELBACH 1990, 79)

2. *Gesichtspunkt*: Reihung nach dem *Anspruchsniveau* der Lernziele

Regel 2:»Innerhalb eines bestimmten enggefaßten Themenkreises sind Lernziele mit niedrigem Anspruchsniveau vor Lernzielen mit höherem Anspruchsniveau anzuordnen« (DUBS u. a. 1974, 75).

3. *Gesichtspunkt*: Reihung unter Berücksichtigung der Motivation, Aktivierung und Verstärkung des Lernenden

Regel 3:»Lernziele, welche den Lernenden interessieren und damit seine Lernmotivation erhöhen, sind vor anderen, weniger interessierenden Lernzielen des gleichen Themenkreises anzuordnen, sofern es der sachlogische Aufbau und das Anspruchsniveau zulassen« (DUBS u. a. 1974, 76).

sowie

Regel 4:»Lernziele, die für eine sichtbar hohe Aktivität des Schülers erforderlich sind, sind vor andere Lernziele des gleichen Themenkreises zu stellen, sofern es der sachlogische Aufbau und das Anspruchsniveau zulassen« (DUBS u. a. 1974, 77).

4. *Gesichtspunkt*: Reihung unter Berücksichtigung der Möglichkeit zum Transfer

Regel 5:»Lernziele, die Stoffe und Verhaltensweisen beinhalten, welche auf folgende Lernprozesse übertragen, also häufig in ähnlichen, aber neuen Situationen gebraucht werden können (z. B. Kriterien, Regeln, Prinzipien, Strukturen), sind am Anfang eines Themenkreises aufzuführen« (DUBS u. a. 1974, 77).

5. *Gesichtspunkt*: Reihung nach der Art des methodischen Vorgehens

Regel 6:»Lernziele, welche gute Möglichkeiten zur Veranschaulichung bieten oder den Erlebnis- oder Erfahrungsbereich des Lernenden berühren, sind vor allgemeinen und abstrakteren Lernzielen anzuordnen« (DUBS u. a. 1974, 78).

Ohne daß die Autoren auf Galperin Bezug nehmen, greifen sie doch dessen Gedanken der Orientierungsgrundlage auf und berücksichtigen die Tatsache, daß Unterricht häufig auch dazu dient, den nächstfolgenden Unterricht vorzubereiten. Für diesen Fall definieren die Autoren eine weitere

Regel 7:»Lernziele, welche der Vorstrukturierung eines Gebietes dienen, sind vor den anderen Lernzielen anzuordnen« (DUBS u. a. 1974, 78).

Besser als jede Erörterung im Text können Ihnen ganz konkrete Unterrichtsentwürfe verdeutlichen, wie sich alle bisherigen Überlegungen zur Planung einer Lernwirklichkeit verdichten. Die im nächsten Kapitel folgenden Beispiele mögen Ihnen dazu verhelfen.

18   Beispiele von Unterrichtsentwürfen

18.1   Eine umfassend vorbereitete Unterrichtseinheit: Wir bereiten einen Nudelsalat

Die nachstehend abgedruckte Unterrichtsvorbereitung »Wir bereiten einen Nudelsalat vor« ist von einer Erzieherin anläßlich der praktischen Prüfung als Fachlehrerin an Sonderschulen erarbeitet worden. Für die Erlaubnis zur Verwendung danken wir der Verfasserin. Auch wenn uns die »Nudelsalat«- oder »Wir belegen eine Pizza«-Stunden inzwischen zum Hals heraushängen, ist dieser Unterrichtsentwurf ein Beispiel für gründliche und umfassende Planungsarbeit.

Klassensituation

Die Gesamtklasse
In der Unterstufenklasse U4 befinden sich sieben Kinder, nämlich fünf Jungen im Alter von 10 bis 12 Jahren, ein Mädchen von 10 Jahren sowie ein Mädchen von 17 Jahren.

Die Art der geistigen, in irgendeiner Form auch fast immer körperlichen Beeinträchtigung der Kinder ist unterschiedlich. Drei Kinder der Klasse haben Anfallsleiden, drei sind durch Down-Syndrom behindert, und bei einem Jungen lautet die Diagnose: »Frühkindliche Hirnschädigung«. Zusätzlich liegt *familiäre Debilität* vor: die Mutter ist auch geistigbehindert.

Der größte Teil der Kinder kommt aus geordneten Familienverhältnissen; bei zwei Schülern kann das häusliche Milieu als sozialschwach bezeichnet werden.

Drei Kinder (Hermann, Jörg und Omar) sind schon seit vier Jahren in dieser Klasse. Zu Beginn des laufenden Schuljahres kamen Alexandra, Uwe und Alexander dazu; Dagmar, das siebzehnjährige Mädchen, gehört der Klasse erst seit zwei Monaten an.

Die Schüler fanden sich bei Schuljahresbeginn relativ schnell und ohne größere Schwierigkeiten zu einer guten Klassengemeinschaft zusammen. Im Sozialverhalten der Schüler untereinander gibt es im Schulalltag keine besonderen Probleme. Die Schüler akzeptieren sich gegenseitig und sind hilfsbereit zueinander. Obwohl das Leistungsniveau der Klasse keinesfalls homogen ist, wird kein Kind von den anderen abgelehnt, und es hat auch kein Schüler in der Klasse eine absolute Führungsrolle.

Alle Schüler haben Sprachverständnis, können sich auch mehr oder minder gut bzw. verständlich sprachlich äußern und sind in ihren Bewegungsfähigkeiten nur geringfügig eingeschränkt.

Die einzelnen Schüler[1]

Uwe, 12 Jahre
Er besucht seit fast vier Jahren die Schule für Geistigbehinderte. In dieser Klasse ist er seit Beginn des laufenden Schuljahres. Bedingt durch Krankenhaus- und Kuraufenthalte konnte Uwe die Schule nicht regelmäßig besuchen. In seinem Leistungsverhalten ist der Junge recht unterschiedlich. Bei Aufgabenstellungen, die ihm Freude bereiten (z. B. Küchenarbeit), arbeitet er begeistert und mit Ausdauer mit, wogegen er bei Anforderungen, die ihm nicht gefallen, nur schwer zu motivieren ist und er auch mitunter die Leistung verweigert und den verbalen Kontakt abbricht, was besonders in Anwesenheit fremder Personen leicht möglich ist. Beim freien und Rollenspiel zeigt Uwe viel Phantasie, spricht gerne und viel und hat dabei oft die Führungsrolle.

Alexander, 11 Jahre
Er besucht die Schule für Geistigbehinderte seit Schuljahresbeginn. Alexander ist ein leistungswilliges Kind, das sich aber nur sehr schlecht konzentrieren kann und sehr leicht ablenkbar ist. Im Klassenunterricht fühlt er sich häufig nicht angesprochen, wogegen er im Einzelunterricht gute Leistungen zeigt. Praktisches Tun (z. B. Handarbeiten) bereitet ihm Freude, und dabei zeigt er auch größere Konzentrationsfähigkeit und Durchhaltevermögen. Im kognitiven Bereich gehört er zur Klassenspitze und nimmt daher am Lesekurs teil.

Jörg, 12 Jahre
Er ist durch Down-Syndrom behindert und besucht die Schule für Geistigbehinderte seit vier Jahren. Er hat in fast allen Bereichen ein größeres Defizit als seine Klassenkameraden. In seinem Gesamtverhalten ist er noch kleinkindhaft und braucht verstärkt die persönliche Zuwendung des Erziehers. Jörg ist ein freundliches und frohes Kind und vor allem im emotionalen Bereich gut ansprechbar. Sein Leistungsverhalten bei Arbeitsanforderungen ist noch sehr gering. Er läßt sich gerne von den Klassenkameraden bedienen und lebt in seiner Spielwelt. Sowohl in der Ausbildung der Feinmotorik als auch der sprachlichen Ausdrucksfähigkeit hat Jörg im letzten Jahr doch große Fortschritte gemacht.

---

[1] Die Klarnamen der Schülerinnen und Schüler in dieser wie in den beiden folgenden Unterrichtseinheiten sind selbstverständlich verändert worden.

Omar, 12 Jahre

Er besucht seit vier Jahren die Schule für Geistigbehinderte. Der Besuch unserer Schule wurde unterbrochen durch längeren Aufenthalt in einer Heimsonderschule und durch mehrere Klinikaufenthalte.

Omar, ein Jugoslawe, hatte am Anfang seiner Schulzeit große Eingliederungsschwierigkeiten, da er ein wildes, vollkommen enthemmtes Kind war, das sich nicht eine Minute konzentrieren konnte und mit Klassenkameraden nur in Form von Beißen, Schlagen und Kratzen Kontakt aufnahm. Erschwert wurde die Eingliederung noch durch sein mangelndes Verständnis der deutschen Sprache. Mittlerweile ist er aber in die Klasse integriert, versteht und spricht deutsch, hat sich wohl auch dadurch in seinem Sozialverhalten gebessert, so daß es nur noch gelegentlich zu Schwierigkeiten mit den Mitschülern kommt. Er braucht allerdings noch die vermehrte Aufsicht und eine sehr konsequente Haltung von Seiten der Erzieher, da er noch sehr leicht in sein ungezügeltes Verhalten zurückfällt.

Omar zeigt noch kein ausdauerndes Arbeitsverhalten und kann sich auch noch nicht für längere Zeit konzentrieren. Bedingt durch die Spastizität des linken Armes ist bei dem Jungen ein verstärktes Training von Grob- und Feinmotorik dringend notwendig. Weiterhin muß er vor allem im sprachlichen Bereich gefördert werden. Wegen Omars gesteigertem Bewegungsdrang kommt es öfter vor, daß er bei Beschäftigungen aufspringt, herumläuft und nur schwer wieder zur weiteren Mitarbeit zu motivieren ist.

Dagmar, 17 Jahre

kam vor zwei Monaten aus einer Oberstufenklasse zu mir (Versuch bis Schuljahresende). Diese Maßnahme schien notwendig, weil die Schülerin in ihrem Gesamtverhalten negativ auffällig war. Dadurch entstanden Kontaktschwierigkeiten zu den Klassenkameraden und der -leiterin. Es wird erhofft, daß durch die geringeren Anforderungen in einer Unterstufenklasse das Kind zu besserem Verhalten motiviert werden kann. Bis jetzt wurde beobachtet, daß Dagmar zu den neuen Klassenkameraden Kontakt aufgenommen hat.

Sie spricht und spielt mit ihnen und tritt auch in Kontakt mit Schülern anderer Klassen. Um die Eingewöhnungsphase zu erleichtern, hat Dagmar bisher nur am Klassenunterricht teilgenommen. Ihre Mitarbeit ist noch recht unterschiedlich. An manchen Tagen arbeitet sie durchgehend mit Freude und Begeisterung; es kommt aber auch vor, daß sie jegliche Leistung verweigert. Erwähnt werden muß, daß Dagmar an einer chronischen Darmstörung leidet und ihre Ausscheidungen nur schlecht kontrollieren kann. Es gibt Tage, an denen sie bis zu dreimal einkotet.

Hermann, 11 Jahre

Er besucht seit vier Jahren die Schule für Geistigbehinderte. Er ist ein froher und aufgeschlossener Junge, der leicht zur Teilnahme am Unterricht zu mo-

tivieren und zu begeistern ist. Sein Arbeitsverhalten ist noch etwas oberflächlich, aber im allgemeinen erfüllt er die Anforderungen, die an ihn gestellt werden.

Alexandra, 10 Jahre
Sie wurde vor zwei Jahren von der Schule für Lernbehinderte an unsere
Schule für Geistigbehinderte überwiesen. Sie ist das zwölfte von vierzehn
Kindern der Familie und durch Anfallsleiden behindert. Im ersten Schuljahr
bei uns hat Alexandra häufig wegen Krankheit die Schule versäumt, so daß
erst jetzt eine kontinuierliche Beschulung möglich ist. Alexandra ist ein ver-
trägliches Mädchen, etwas antriebsarm und muß daher immer aufgefordert
werden, etwas zu tun. Bei ihr ist das Leistungsverhalten noch sehr abhängig
von ihrer Tagesform. Bei Arbeiten, die ihr Freude bereiten, arbeitet sie gut
und auch ausdauernd mit.

Zur Lehrer-Schüler-Situation

Wie bereits beschrieben, sind drei der Schüler schon seit drei Jahren und
drei Schüler seit Beginn des laufenden Schuljahres in dieser Klasse. Ich
bezeichne die Schüler-Lehrer-Beziehungen als gut, weil es keine besonderen Schwierigkeiten gibt und die Schüler sich auch vertrauensvoll an
mich wenden.

Zu Dagmar, die ja erst vor zwei Monaten wegen Verhaltensschwierigkei-
ten aus der Oberstufe in diese Klasse kam, sind die Beziehungen erst im
Aufbau. Ich stelle an das Mädchen noch keine besonderen Anforderungen, sondern gebe ihr die Möglichkeit, von sich aus Leistungen zu bringen und dafür gelobt zu werden. Meiner Meinung nach hat Dagmar auch
Vertrauen zu mir, denn sie erbittet meine Hilfe, wenn sie eingekotet hat,
spricht mit mir und gibt mir auch von sich aus kleine Geschenke (Bon-
bons, Tempotücher, usw.).

Besonderheiten

Im vorgesehenen Unterricht können eventuell folgende Probleme auftreten: Durch die besondere Situation, daß fremde Personen in dem ohnehin schon engen Klassenraum sind, kann Alexander sich extrem stark ablenken lassen; Omar kann aufspringen und zu den Gästen Körperkontakt suchen oder durch auffälliges Verhalten versuchen, sich in den Mittelpunkt zu stellen. Uwe hat möglicherweise Schwierigkeiten, sich
sprachlich zu äußern. Bei Dagmar ist das Verhalten nicht absehbar. Es
kann von begeistertem Mittun bis zur totalen Leistungsverweigerung
mit Einkoten reichen. Omar und Jörg brauchen noch verstärkt Hilfestellung.

Allgemeine Unterrichtssituation

Kennzeichnung und Begründung der Unterrichtseinheit
In dieser Unterrichtseinheit werden die Bereiche Arbeitserziehung, Verstandeserziehung, lebenspraktische Erziehung, Sinnesschulung und auch in gewissem Maße Spracherziehung angesprochen.
Der Schwerpunkt dieser Stunde liegt im Bereich der *Arbeitserziehung* (Küchenarbeit). Die Arbeitserziehung trägt zur Selbständigkeit des Geistigbehinderten bei, die durch die schulische Erziehung so weit wie möglich gefördert werden soll. Ziel der Arbeitserziehung ist die zunehmende Befähigung zur praktischen Mithilfe bei den Aufgaben des täglichen Lebens, zur Ausübung von Tätigkeiten im späteren Berufsleben bzw. in der Werkstatt für Behinderte (BILDUNGSPLAN der Sonderschulen für Geistigbehinderte für die Länder Rheinland-Pfalz und Saarland 1971).

Verstandeserziehung: Umsetzen einer bildhaft dargestellten Anweisung in konkretes Handeln. Teilbereiche: Gegenstandsverständnis – Erkennen – Wiedererkennen – Vorstellen – Vergleichen – Unterscheiden und Benennen von Objekten.

Sinneserziehung: Ziel ist die Wahrnehmungstüchtigkeit als wesentliche Voraussetzung für alle Lernprozesse (BILDUNGSPLAN 1971, 22)

Spracherziehung: Zuordnen von Wörtern und Gegenständen
Benennen von Sachen
einfaches sprachliches Begleiten der Tätigkeiten.

Stellung der Unterrichtseinheit in der Planungsepoche
Unabhängig vom Monatsthema bzw. Wochenthema werden mit der Klasse wöchentlich Mahlzeiten bzw. Teilmahlzeiten zubereitet. Natürlich werden, wo es möglich ist, Bezüge zu den Ereignissen und jahreszeitlichen Themen hergestellt: z. B. Kindergeburtstag → Kuchen, Ostern → Eierspeisen, Herbst → Früchteverwertung.
In dieser Woche sollen die Schüler gemeinsam einen Nudelsalat herstellen. Geplant sind dafür drei Unterrichtseinheiten:

1. Anhand von Bildkarten werden das Rezept und die Arbeitsschritte bei der Herstellung des Nudelsalates erarbeitet und die notwendigen Zutaten gekauft.
2. Nudeln und Eier werden gekocht.
3. Zerkleinern der Zutaten; diese werden mit den Nudeln gemischt.

Stellung der Unterrichtseinheit im Tagesplan

Diese ist durch die zeitliche Festlegung der Prüfung vorgegeben. Es ist die dritte Unterrichtseinheit im Vorhaben: »Wir stellen einen Nudelsalat her«. Zerkleinern der Zutaten, Eier, Gurken, Fleischkäse, Zugeben der Mayonnaise, Mischen der Zutaten mit den am Vortag gekochten Nudeln und Eiern.

Äußere Bedingungen

Die Unterrichtseinheit findet im Klassenzimmer der U4 statt. Dieses liegt in der ersten Etage des Schulhauses. Der Klassenraum ist mit der Grundfläche von 23 qm für die sich zur Zeit in der Klasse befindlichen sieben Kinder sehr eng. Drei Tische sind in der Mitte zu einem Block zusammengestellt, um den vorhandenen Raum bestmöglichst zu nutzen. Die natürliche Beleuchtung des Raumes ist unzureichend, so daß fast ständig die Deckenbeleuchtung gebraucht wird. Fest installiert ist in der Klasse eine kleine Wandtafel. Für die Stunde wird aus der Nachbarklasse eine fahrbare Wandtafel entliehen. Diese wird an ein Kopfende des Tischblocks gestellt, und die Schüler müssen von ihren Plätzen aus die Bildkarten kommentieren. Es ist mir klar, daß für die Kinder mehr Bewegungsraum zu Aktivitäten wünschenswert, jedoch leider nicht vorhanden ist. Außer der Flanelltafel wird zu Beginn der Stunde noch ein fahrbarer Teewagen im Raum sein, auf dem die Zutaten zum Nudelsalat und das Arbeitsmaterial liegen. Nach dem Austeilen des Materials wird der Teewagen vor die Klasse gestellt.

Um bei kleineren Unfällen, z. B. Schnittverletzungen, Erste Hilfe leisten zu können, liegt Pflaster bereit.

In der Klasse ist ein Waschbecken, so daß keine Schüler zum Händewaschen den Raum verlassen müssen.

Die Sitzordnung der Kinder ist aus folgender Skizze zu ersehen:

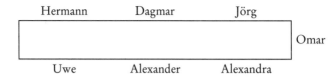

Abb. 47: Sitzordnung der Klasse U4

Planung der Unterrichtseinheit

Lernziel:

Die Unterrichtseinheit der Lehrprobe läßt sich unter folgende Leit-, Richt- und Grobziele der Empfehlungen der KMK (SEKRETARIAT 1980) einordnen:

LEITZIEL 3: Fähigkeit, sich in der Umwelt zurechtzufinden und sie angemessen zu erleben.

Richtziel 3.1.: Fähigkeit, sich im Alltagsbereich zurechtzufinden.

Grobziel 3.1.3.: Zeichen, Signale und Symbole erkennen, beachten und entsprechend zu handeln.

Grobziel 3.1.6.: Eßbare Dinge erkennen, unterscheiden, beschaffen und herrichten.

Folgende Feinziele treffen für meine Unterrichtseinheit zu:

Die Kinder sollen in der Lage sein,

• die auf Bildkarten dargestellten Zutaten wiederzuerkennen, zu benennen und den realen Dingen zuordnen zu können,

• die auf Bildkarten dargestellten Handlungen zu erkennen, zu benennen und ausführen zu können, d. h. Gurken, Eier, Fleischkäse zerkleinern, Mayonnaisebeutel öffnen und Mayonnaise zu den Zutaten geben und alles mischen.

Außerdem trifft auch Leitziel 4 zu: »Fähigkeiten, sich in sozialen Bezügen zu orientieren, sie als veränderlich und mitgestaltbar zu erkennen, sich einzuordnen und sich zu behaupten«.

Richtziel 4.2.: Fähigkeit zum Zusammenleben und zu gemeinsamem Tun

Grobziel 4.2.1.: In Gegenwart anderer etwas tun

Grobziel 4.2.2.: Auf Anregung oder unter Anleitung allein oder gemeinsam etwas tun.

Lernausgangslage:
Für den nachfolgenden Unterrichtsverlauf können folgende Lernziele als
bereits erreicht betrachtet werden:

1. Am Tag vorher wurde das Rezept anhand von Bildkarten besprochen.
2. Mit den Kindern wurden die Zutaten eingekauft.
3. Die Nudeln und Eier wurden am Vortag von den Kindern gekocht (nach Handlungskarten).
4. Kurzes Gespräch über die noch zu vollziehenden Tätigkeiten (Zerkleinern und Mischen der übrigen Zutaten) anhand von Handlungskarten.

Lernaufgabe:
Dritte Lerneinheit aus dem Vorhaben: Wir bereiten einen Nudelsalat zu.

Handlungsziele:
Die Kinder sollen in dieser Lerneinheit die Zutaten Gurken, Eier,
Fleischkäse zerkleinern, Mayonnaise aus dem Beutel zugeben und mit
den Nudeln mischen.

Lösungsweg:
Gespräch über die Tätigkeiten des Vortages
anhand der Bildkarten die benötigten Zutaten benennen und herbeiholen lassen
Handlungskarten besprechen
Arbeitsmaterial austeilen lassen
Zutaten zerkleinern lassen und zu den Nudeln geben
Mayonnaisebeutel öffnen und Mayonnaise zugeben lassen
alles miteinander mischen
Kontrolle anhand der Bildkarten auf Vollständigkeit der Zutaten und
Handlungen

Unterrichtsmittel:

Flanelltafel	Salatbesteck
3 Arbeitstische	Teewagen
Bildkarten mit Zutaten	2 saubere Geschirrtücher
und Handlungskarten	1 Abfalleimer
7 Holzbrettchen	1 Schüssel für das schmutzige
7 spitze Messer	Geschirr
1 Schüssel mit Nudeln	1 Eimer zum Abwaschen,

1 Teller mit Fleischkäse	gefüllt mit warmem Wasser
1 Teller mit Gurken	und Reinigungsmittel
1 Teller mit Eiern	2 Abwaschtücher
3 Beutel Mayonnaise	8 Teller
1 Schere	8 Gabeln
6 kleine Teller für Eierschalen	8 Servietten

Geplanter Unterrichtsverlauf:

Der geplante Unterrichtsverlauf ist in einer tabellarischen Übersicht zusammengefaßt:

Phasen	Abfolgen	Lehrer- aktionen	Erwartete Schüleraktionen	Unterr.- mittel	Zeit Min
Hin- wen- dung, Vorbe- reitung	Gespräch über die Arbeiten des Vor- tages Anhand von Bild- karten die notwen- digen Zutaten erkennen, benen- nen u. bereitstellen	Lenkung des Unterrichts- gesprächs Bei Bedarf Korrektur der Schüleräuße- rungen u. -handlungen	Kinder berichten von den Tätigkei- ten des Vortages Schüler erkennen und benennen die dargestellten Zu- taten und stellen sie auf den Tisch	Bild- karten Bild- karten aller Zutaten	3 4
Erar- bei- tung	a) Besprechung der Handlungs- karten, Holen des Arbeitsmaterials b) Zerkleinern der Zutaten, Zuberei- tung des Salates	Gesprächslen- kung Hilfestellung bei auftau- chenden Schwierigkei- ten	Teilnahme am Gespräch Holen des Ar- beitsmaterials Zerkleinern der Zutaten, Zugeben der Mayonnaise, Fertigstellung des Salates	Bildkar- ten, Brettchen, Messer, Schere, Schüssel mit Nu- deln, Zu- taten, Salatbe- steck	10
Vertie- fung und Befesti- gung	Nochmaliges Be- wußtmachen der Arbeitsvorgänge anhand der Bild- karten (Kontrolle auf Vollständig- keit)	Gesprächs- führung	Kinder versu- chen, die Hand- lungskarten zu verbalisieren und mit den durchge- führten Tätigkei- ten zu verglei- chen	Flanell- tafel und Karten	3
Ablö- sung	Austeilen und Essen des Salates	Hilfe, wo nötig	Kinder teilen den Salat aus u. essen	Teller, Gabeln	
Ent- span- nung	Pause				

Tab. 47: Geplanter Unterrichtsverlauf

Diese Unterrichtsskizze orientiert sich unmittelbar am vorgesehenen
Handlungsablauf. Die Tätigkeit der Lehrerin wird nicht genauer dargestellt, sondern nur angedeutet. Die Kollegin ging wohl davon aus, daß
der Herstellungsprozeß die notwendigen Lehrertätigkeiten vollständig
determiniere.

Günstiger ist es sicherlich, auch bei solcher sachstruktureller Festgelegt-
heit deutlich zu machen, an welchen Stellen, bei welchen Schülern und
wie der Lehrer/die Lehrerin in den Handlungsablauf steuernd eingreifen
wird.

18.2   Oberstufe: Wir bauen ein Segelschiff

Die nachfolgende UE gehört als Starteinheit zu einer Reihe von sechs
Unterrichtseinheiten, an deren Ende erst das vorgesehene »Segelschiff«
aus Fichtenbrett, Rundstäben, Ösenhaken und Packkordel fertig sein
soll.
Die Nudelsalat-Stunde wurde mit einer weitgehend homogenen Klasse
durchgeführt. Die nunmehr vorzustellende Klasse ist nur noch teilweise
einigermaßen homogen. Die Schülerin Claudia weicht in allen interessierenden Merkmalen von den übrigen Schülern erheblich ab. Sie ist den
Schwerstbehinderten zuzurechnen. Dennoch gilt es, sie in den regulären
Unterricht einzubinden und sie in ihr angemessener Weise tätig werden
zu lassen – ganz im Sinne von Feusers Maxime der gemeinsamen Tätigkeit am gemeinsamen Gegenstand.
Wie dies selbst im Werkunterricht geleistet werden kann, wird in nach-
folgendem Unterrichtsentwurf zumindest angedeutet.

Die Klassensituation

Diese Oberstufenklasse umfaßt sechs Schüler, drei Mädchen und drei
Jungen. Sie sind 14 und 15 Jahre alt. In dieser Zusammensetzung besteht
die Klasse erst seit knapp einem halben Jahr. Ein Junge und ein Mädchen
sind Heimsonderschüler, die anderen externe Schüler. Trotz erwarteter
Schwierigkeiten beim Formieren zur Gruppe bzw. beim Zusammen-
wachsen dieser neuen Klasse gelang es den Schülern relativ schnell und
ohne größere Schwierigkeiten, eine weitgehend harmonierende Klassengemeinschaft zu bilden.

Bei allen Schülern steht die geistige Behinderung im Vordergrund. Die kognitive Leistungskapazität in den jeweiligen Teilbereichen ist individuell sehr unterschiedlich. Ebenso differiert das sprachliche Niveau hinsichtlich überprüfbarer Aktiv- und Passivsprache.

Auch sind deutliche Diskrepanzen in der Entwicklung unterschiedlicher motorischer Aspekte wie Statomotorik, Grobmotorik, Feinmotorik zu erkennen. Die gleiche Unterschiedlichkeit gilt für den Entwicklungsstand des sozialen Verhaltens. In dieser Klasse gibt es keinen offensichtlichen Außenseiter und auch niemanden, der eine dominierende Führungsrolle innehat.

Eine Schülerin hat ein Krampfleiden. Diese Schülerin zeigt auch im Hinblick auf das globale Leistungsniveau der Klasse einen auffälligen Rückstand; sie ist ausschließlich manipulativ im Sinne Leontjews tätig.

Die Schüler

Sebastiano, 14 Jahre, Familiensprache italienisch.

Sebastiano wurde mit Eintritt der Schulpflicht in die hiesige SfG eingeschult. Bei ihm liegt eine Trisomie 21 mit ausgeprägter Sprachentwicklungsstörung vor. Er ist ein wenig antriebsarm und sehr langsam in allem, was er tut. Bei Anforderungen und Aufgabenstellen durch den Klassenlehrer ist er allerdings meistens dazu bereit, diese zu erfüllen bzw. auszuführen. Es ist für ihn sehr schwer, die Sprache als Kommunikationsmittel zu gebrauchen. Sein passiver Wortschatz ist ebenfalls lückenhaft. Seine Vorlieben bestehen im Malen und im Freispiel mit anderen Schülern in den Pausen.

Laura, 15 Jahre, Italienerin, aus einer Schule für Körperbehinderte in die SfG umgeschult.

Bei ihr liegen eine frühkindliche Hirnschädigung sowie eine schwere Kyphose der Wirbelsäule vor. Sie trägt ein Korsett, wodurch sie in allen motorischen Bewegungsabläufen stark beeinträchtigt ist, und wurde vom Sportunterricht befreit. Ihre Konzentrationsfähigkeit innerhalb der Kulturtechniken ist schwach. Laura ist sowohl bei der regelmäßigen Körperhygiene als auch beim Reinhalten des Klassenraumes sehr gründlich und gewissenhaft. Innerhalb der Aktivsprache zeigen sich erhebliche Mängel, und sporadisch tritt auch ein tonisches Stottern auf.

Manfred, 15 Jahre

Wie S. wurde auch M. mit Eintritt der Schulpflicht unmittelbar in eine Schule für Geistigbehinderte eingeschult. Die hiesige Schule besucht er erst seit einem halben Jahr. Bei Manfred liegt ebenfalls eine frühkindliche Hirnschädigung mit allgemeiner Retardierung vor, die durch die Komplikationen einer Zwillingsgeburt verursacht wurde. Er ist motivierbar und versucht die ihm aufgetragenen Arbeiten auch auszuführen. Manfred weist gute soziale Verhaltensmuster auf, die ihn sogar oftmals vor anderen auszeichnen. Er besitzt zwar den größten passiven Wortschatz innerhalb dieser Klasse, jedoch ist seine Aktivsprache von permanenten Wort- bzw. Satzwiederholungen geprägt. Im gesamten Schulunterricht wird immer wieder eine Wahrnehmungs-verarbeitungsstörung deutlich. Seine extreme Angst vor dem Schwimmunterricht und vor Tieren jeglicher Art ist markant.

Maria, 14 Jahre

Das Mädchen wurde nach einem Jahr Zurückstellung vom Schulbesuch mit sieben Jahren in die hiesige Schule für Geistigbehinderte eingeschult. Ihre geistige Behinderung hat ihren Ursprung in einer angeborenen Cytomegalie verbunden mit Mikrocephalie. Sie verfügt über die beste Aktivsprache dieser Klasse und zeigt das beste Leistungsniveau innerhalb der Kulturtechniken. Eine Ausweitung des bestehenden allgemeinen Leistungsvermögens wird (zumindest derzeit) durch ihre schlechte Merkfähigkeit begrenzt. Auf Arbeitsanweisungen des Klassenleiters reagiert sie oftmals völlig unzureichend, obwohl deren Bewältigung ihr durchaus keinerlei Schwierigkeiten bereiten würde.

Claudia, 14 Jahre

Auch Claudia wurde erst nach einjähriger Zurückstellung vom Schulbesuch mit sieben Jahren in die hiesige Schule für Geistigbehinderte eingeschult.
Sie ist durch eine schwere geistige Behinderung mit autistischen Zügen gekennzeichnet; des weiteren beeinträchtigt sie zusätzlich ein Krampfleiden. In den vergangenen sechs Schuljahren konnte sie nur sehr diskrete Lernfortschritte erzielen. Auch ihre körperliche Gesamtentwicklung ist nicht altersentsprechend. Ihre Aktivsprache beschränkt sich auf die Artikulation weniger Laute; Ataxie und erhebliche visumotorische Koordinationsstörungen sind unverkennbar. Darüber hinaus werden im alltäglichen Unterrichtsablauf immer wieder gravierende Wahrnehmungs- und Wahrnehmungsverarbeitungsstörungen deutlich.

Thomas, 15 Jahre

Thomas wurde mit Beginn der Schulpflicht in eine SfG aufgenommen. Die hiesige Schule besucht er erst seit knapp zwei Jahren. Er ist aufgrund einer Hirnschädigung unklarer Genese seit seiner Geburt geistigbehindert. Seine Leistungsbereitschaft ist bei ihn ansprechenden Themen sehr gut. Wo manuelle Fertigkeiten gefordert sind, erfährt er allerdings durch seine augenscheinliche innere Unruhe immer wieder enorme Schwierigkeiten. Viele praktische Tätigkeiten sind bei ihm von einem Kraftaufwand gekennzeichnet, der über das notwendige Maß hinausschießt. Dies zeigt sich auch immer wieder im interaktiven Umgang mit anderen Schülern oder Lehrkräften. Ein weiteres Handicap ergibt sich für Thomas durch dysgrammatische Aussprachestörungen, die häufig einen verstärkten Einsatz von Mimik und Gestik auslösen.

Zur Lehrer-Schüler-Situation

Der Klassenleiter ist erst seit ca. sechs Monaten an der SfG tätig. Somit waren die Schülerinnen und Schüler dieser Oberstufenklasse nicht nur mit einer völlig neuen Klassenformation konfrontiert, sondern mußten sich auch auf eine ihnen völlig neue, bisher unbekannte Lehrperson einstellen und mit ihr zurechtkommen. Anfangs kam es zu nur dezenten Schwierigkeiten im Umgang der Schüler mit dem Lehrer. Auch aus der Sicht des Lehrers hinsichtlich des alltäglichen Umgangs mit den ihm anvertrauten Schülern hielten sich anfängliche Disziplin- und Verständigungsprobleme durchaus im Rahmen. Nach nunmehr einem halben Jahr der Zusammenarbeit ist das Verhältnis zwischen Schülern und Lehrkraft von gegenseitigem Vertrauen geprägt und das Beziehungsgefüge bereits gefestigt.

Der didaktische und organisatorische Rahmen

Zur Funktion von Arbeitslehre/Werkunterricht:

Bereits in der Oberstufe ist der Werkunterricht ein wichtiger Bestandteil des Unterrichts im allgemeinen. Bereits hier werden die Schüler durch gezielte Arbeitserziehung auf ihre spätere Arbeitstätigkeit in der Werkstatt für Behinderte vorbereitet. Innerhalb des Werkunterrichts lernen die Schüler die Basiswerkzeuge (z. B. Hammer, Säge, Feile) und deren Gebrauch kennen. Weiterhin erfahren sie die Vielfalt der sich zur Be-/Verarbeitung anbietenden Materialien. Die Entwicklung eines technischen Denkens wird durch den Gebrauch dieser Werkzeuge an diesen verschiedenen Materialien geschult.

Zur Auswahl des Arbeitsgegenstandes:

Dieses Thema wurde gewählt, da die Schüler bereits in anderen Unterrichtsstunden Schiffe angefertigt haben, zum einen als Faltarbeit aus Papier und zum anderen mittels Steck- und Klebeverbindungen aus Kork. Die Arbeitserziehung steht bei dieser UE im Vordergrund. Durch das Beobachten und Nachvollziehen der einzelnen Arbeitsschritte werden Kognition, Konzentration und Ausdauer gefördert sowie die Kreativität der Schüler durch das Einbringen von Abwandlungsmöglichkeiten geweckt. Auch die Selbständigkeit der Schüler wird durch das Ausführen der einzelnen Arbeitsschritte gefordert und folglich gefördert. Durch die erforderliche umfassende verbale Interaktion der Schüler untereinander und mit dem Lehrer bei der Übernahme von Anleitungen und den praktischen Arbeiten wird auch die Sprachförderung tangiert. Auftretende leistungsspezifische individuelle Unterschiede der Schüler werden zu einem positiven Sozialverhalten (= gegenseitige Hilfestellungen) beitragen.

Zur Stellung der Unterrichtseinheit in der Planungsperiode:
Der Werkunterricht erfolgt in dieser Klasse der Oberstufe nicht als Kurs-, sondern als Klassenunterricht und wird vom Klassenlehrer selbst durchgeführt. Die Schüler befinden sich immer noch in der Anbahnungsphase des Werkens. Bisher haben sie die Basiswerkzeuge Hammer, Säge, Schraubendreher und die Werkmaterialien Weichholz, Leimholz, Gasbeton, Kork und Sand kennengelernt. In den folgenden zwei Wochen sollen die Schüler ein Segelschiff aus Weichholzbrettern, Rundhölzern, diversen Holzleisten, Schrauben, Nägeln, Garn und Stoffresten herstellen. Vorgesehen sind insgesamt sechs Unterrichtseinheiten.

Zur Stellung der Unterrichtseinheit im Tagesplan:
Diese UE ist die erste im Vorhaben »Wir bauen ein Segelschiff«. Sie orientiert sich am Stundenplan der Klasse und liegt in der 5. und 6. Schulstunde.

Die Unterrichtsplanung

Zuordnung der Lernziele zu den KMK-Empfehlungen:

Leitziel	5:	Fähigkeit, die Sachumwelt als veränderbar erkennen und gestalten zu können.
Richtziel	5.1.:	Fähigkeit, Materialien, Geräte und Werkzeuge zu beschaffen, zu probieren und zu benutzen.
Grobziel 5.1.1.:		Materialien unter Berücksichtigung ihrer Eigenschaften handhaben bzw. gestalten.
Grobziel 5.1.3.:		Materialien, Geräte und Werkzeuge entsprechend dem Vorhaben oder dem Auftrag beschaffen, erproben und verwenden.
Grobziel 5.1.4.:		Materialien, Geräte und Werkzeuge ordnen, aufbewahren und pflegen.

Hieraus abgeleitete Feinziele:
Die Schüler sollen

FZ 1:	die benötigten Werkzeuge Hammer und Säge bereitlegen können,
FZ 2:	die Holzleisten absägen können,

FZ 3:   die Rundholzstäbe absägen können,

FZ 4:   den Rundholzstab in das vorhandene große Bohrloch stecken können,

FZ 5:   die freie Kopfseite des Rundholzstabes mit der stumpfen Schlagfläche des Hammers treffen können,

FZ 6:   die Schraubösen in die vorhandenen kleinen Bohrlöcher stecken und einschrauben können.

Lernausgangslage:

Die Schüler befinden sich erst in der Anbahnungsphase bezüglich des Umgangs mit Arbeitsgeräten des Werkunterrichts. Folglich ist die Handhabung von Hammer und Säge bei weitem noch nicht gefestigt. Lediglich diverse Klebeverbindungsmöglichkeiten von Holz werden beherrscht. Beim Gebrauch des Hammers zeigen sich noch erhebliche Probleme der Koordination, und es fällt den Schülern schwer, den z. B. beim Nageln notwendigen Kraftaufwand richtig abzuschätzen. Auch bei der Benutzung der Säge kommt es zu Koordinationsschwierigkeiten und zu einem unangemessenen Krafteinsatz. Bereits das Ansetzen des Sägeblatts auf den vorgesehenen Schnittpunkt bereitet allen Schülern Probleme.

Die Materialien Weichholz, Spanplatten, Holzklötze, verschiedene Holzleisten und Holzspäne sind den Schülern bereits bekannt, ebenso Nägel, Schrauben und Holzleim als Verbindungsmittel.

Die Fertigkeiten und manuellen Leistungen der einzelnen Schüler im Werkunterricht sind sehr unterschiedlich. Um das gleiche Endergebnis für jeden Schüler zu erzielen, sind unterschiedliche Vorarbeiten notwendig, und in den einzelnen UE müssen individuell zugeschnittene Arbeitsaufträge erteilt werden.

Differenzierungen – Anmerkungen zur Teilnahme von Claudia:

Ausgehend von dem Leistungsniveau der Schülerin Claudia ist eine ihren Mitschülern vergleichbare Teilnahme an dieser UE nicht möglich. Bei Claudia wird sich der Lehrer durch Zuhilfenahme kleinerer Rundholzstücke auf die Förderung der visumotorischen Koordination und der haptisch-taktilen Sinneswahrnehmung durch die Materialerfahrung an Holz beschränken. Claudia soll die Rundholzstäbe ergreifen und in ihren Händen halten. Gleichzeitig soll sie somit das oftmals auftretende »Fingerstricken« und Schaukelbewegungen des Oberkörpers zu unterlassen lernen.

Der Anforderungscharakter bei dieser Aufgabenstellung für Claudia weicht inhaltlich von der »eigentlichen« UE für die übrigen Mitschüler ab. Solche individuell ausgerichteten Anforderungen sind jedoch notwendig und zwingend erforderlich, um eine Teilnahme Claudias am Unterricht überhaupt zu ermöglichen. Nur diese separate Aufgabenstellung gewährleistet das Einbinden Claudias in den Unterricht.

Lernaufgaben:

1. Die Schüler sollen sich gegenseitig unterstützen und in ihrem Klassenleiter einen zur Verfügung stehenden Helfer und Ratgeber bei der Abwicklung der einzelnen Arbeitsschritte sehen.

2. Die Schüler sollen in dieser UE Hammer und Säge bereitlegen, die Rundholzstäbe und Holzleisten absägen, die freie Kopfseite des Rundholzstabes mit der stumpfen Schlagfläche des Hammers treffen und die Schraubösen in die kleinen Bohrlöcher stecken und einschrauben.

Geplanter Arbeitsverlauf:

Anbahnendes Gespräch über das Vorhaben des Segelschiffbaus (mit Rückblick)

• Schüler holen Hammer und Säge von ihrem Aufbewahrungsort herbei.

• Schüler legen Holzleisten, Rundholzstäbe und Schraubösen bereit.

• SS teilen Werkzeuge aus.

• parallel: a) SS sägen Holzleisten ab.
            b) SS sägen Rundholzstäbe ab.
            c) SS stecken Schraubösen in die Bohrlöcher ein und schrauben sie ein.

• SS stecken die Rundholzstäbe in das große Bohrloch.

• Die Rundholzstäbe mit dem Hammer festschlagen lassen.

• Die Schraubösen in die Bohrlöcher der Kopfseite des Rundholzstabes stecken und einschrauben lassen.

Mögliche Schwierigkeiten, Unterbrechungen, Störungen:

Bei dieser UE werden keine extremen Schwierigkeiten erwartet, die etwa zum Abbruch des Unterrichts führen könnten.

Ausgelöst durch die Schüler Manfred oder Thomas können Disziplin-
schwierigkeiten auftreten, die durch situationsadäquates Reagieren und
Handeln kompensiert werden.

Claudia könnte eine Abscence bekommen. In diesem Fall wird sie auf
das Sofa gelegt. Um die Fortführung der UE nach einer solchen Unter-
brechung zu gewährleisten, wird der mitarbeitende Zivildienstleistende
mit der erforderlichen weiteren Beobachtung der Schülerin bis zum
Ende der UE beauftragt.

Durch die Anwesenheit des Schulleiters bei dieser UE kann es zu Irritationen einzelner Schüler kommen, die sich u. U. von der Arbeit ablenken lassen.

Für den Fall von Verletzungen liegt Pflaster bereit.

Organisatorische Maßnahmen:

Die erste UE im Vorhaben »Wir bauen ein Segelschiff« findet im Klassenraum statt. Die Klasse muß aufgeräumt, und die drei Tische müssen
in der Mitte der Klasse angeordnet sein, damit die Schüler einen möglichst großen Bewegungsraum haben und der Lehrer für anfallende individuelle Hilfestellungen schnellstmöglich zugegen sein kann. Die benötigten Werkzeuge werden an ihrem Aufbewahrungsort vollständig vorzufinden sein und die Arbeitsmaterialien in der Materialecke der Klasse
bereitliegen. Die Schüler werden bereits teilweise vorbereitete Arbeits-
plätze vorfinden. So werden drei Gehrungs- bzw. Sägeladen an den Ti-
schen festgeschraubt sein und eine flache Schachtel mit Rundholzstäben
auf dem Tisch liegen.

Abfalleimer, Kehrbesen und Schaufel stehen für Aufräumungsarbeiten
bereit.

Unterrichtsmittel:

sechs Weichholzbretter	mehrere Holzleisten (HL)
fünf Hämmer	mindestens 18 Schraubösen
drei Säge-/Gehrungsladen	ein Wischlappen
drei Feinsägen	ein Kehrbesen
drei Tische	ein Abfalleimer
sechs Stühle	eine Kehrschaufel
mehrere Rundholzstäbe (RHS)	
eine flache Schachtel mit Rundhölzern	

Verlaufsskizze:

Phasen	Abfolgen	Lehrer-aktionen	Schüler-aktionen	Medien	Zeit Min
Hin-wen-dung/ Moti-vation	Gespräch über das Vorhaben, ein Segelschiff aus Holz zu bauen (mit Rückblick)	Lenkung des Gesprächs	Schüler berich-ten, daß sie schon ein Schiff aus Papier und eines aus Kork gebaut haben	Sprache: rein verbal	4
Vorbe-rei-tung/ Ein-stieg	Bereitstellen der Materialien und der Werkzeuge	Auftragsertei-lung und Platzzuwei-sung	Schüler nehmen Werkzeuge und Arbeitsmateria-lien von ihrem Aufbewahrungs-ort, legen sie auf den Tisch und nehmen ihren speziellen Platz ein	Hämmer, Sägen, Holzbretter, Holzleisten, Rundholz-stäbe und Schraubösen	3
Erar-bei-tung	• RHS und HL absägen, Schraubösen einschrauben • RHS in Holz-brett stecken und mit Ham-mer einschla-gen • Schraubösen in Kopfseite des RHS ein-schrauben	Beauftragen mit der jewei-ligen indivi-duellen Tätigkeit Sprachliches Begleiten der Arbeitsschrit-te und diverse praktische Hilfestellun-gen	Schüler führen die gestellten Arbeitsaufgaben aus und erbitten sporadische Hil-festellungen des Lehrers	wie oben	16
Vertie-fung/ Befesti-gung	• Nochmaliges Bewußtmachen der einzelnen Arbeitsschritte anhand des Re-sultats • Kontrolle, ob alle Arbeits-schritte über-haupt und kor-rekt ausgeführt wurden	Lenkung des Gesprächs	Schüler verbali-sieren die Ar-beitsschritte an-hand des eigen-händig Herge-stellten	wie oben	3

Phasen	Abfolgen	Lehrer-aktionen	Schüleraktionen	Medien	Zeit Min
Ablö-sung/ Ent-span-nung	Aufräumungs-arbeiten • Werkzeuge wegräumen • Tisch säubern • Kehren	Kontrolle der Aufräumungs -arbeiten und diverse Hilfe-stellungen	Schüler räumen gemeinsam auf	Kehrbesen und Kehr-schaufel, Abfalleimer, Wischlappen	4

Tab. 48:   Geplanter Unterrichtsverlauf

18.3 Unterstufe Schwerst-Mehrfachbehinderter: Sonnenblumenkerne in Blumenerde einsetzen

Eine Klasse mit schwerst-mehrfachbehinderten Schüler(inne)n[1]

In der Segelschiff-Doppelstunde haben wir eine Oberstufenklasse der Schule für Geistigbehinderte mit einer schwerstbehinderten und autistischen Schülerin kennengelernt. Ganz im Sinne der »gemeinsamen Tätigkeit am gemeinsamen Gegenstand« (FEUSER) hat deren Klassenleiter versucht, diese Schülerin wenigstens mit einem der »gemeinsamen Gegenstände« im wörtlichen Sinne tätig werden zu lassen. Nur im Notfall konnte dieser Lehrer noch die Hilfe eines Zivildienstleistenden in Anspruch nehmen.

Ungleich aufwendiger für den Lehrer wird Unterricht, wenn eine Klasse mehrere schwerst-mehrfachbehinderte Schüler(innen) umfaßt oder gar nur aus solchen besteht. In einer solchen Situation ist die Mitarbeit weiterer Erwachsener unausweichlich. Günstig ist in jedem Fall die

---

[1] Der Begriff »schwerstbehindert« ist umstritten, da von einer »nur« schweren Behinderung kaum abzugrenzen, und wird zumindest von der Bundesvereinigung Lebenshilfe u. a. wegen der Aussichtslosigkeit, die er (Eltern) vermitteln kann, nicht eingesetzt. In der Alltagspraxis wird er benutzt, im wesentlichen, um Schüler(innen) zu benennen, mit denen kaum eine oder gar keine verbalsprachliche Kommunikation möglich ist. In etwa trifft der Begriff Thalhammers Gruppe der »ausdrucksfähigen« geistig Behinderten. Diese gelten nach § 13 (1) des Saarländischen Schulpflichtgesetzes vom 21. August 1996 (!) dann als »nicht förderungsfähig« durch eine Schule für Behinderte oder durch sonstigen Sonderunterricht, wenn sie »nicht über die Sprache Verbindung aufnehmen können« und wenn von ihnen »anzunehmen ist, daß sie durch eine schulische, sonderpädagogische Betreuung nicht zu sinnvoller Tätigkeit und ausreichender sozialer Anpassung geführt werden können«. Folgen wir diesem Rechtsverständnis, können nur einige der Schüler(innen) dieser Unterstufenklasse als »schwerst«-behindert gelten (vgl. SAARLAND 1996(b), 864-868). Der Begriff der »Mehrfachbehinderungen« bedarf wohl keiner Erläuterung.

Doppelbesetzung einer solchen Klasse mit zwei ausgebildeten Fachkräften, jedoch nicht in allen Bundesländern üblich oder möglich.

An der Schule des Verfassers wird die nicht mögliche Doppelbesetzung mit Fachkräften dadurch kompensiert, daß Klassen mit besonderem Arbeitsbedarf jeweils ein Zivildienstleistender (ZDL), ein(e) Helfer(in) im Freiwilligen Sozialen Jahr (HFSJ) oder ein(e) Langzeitpraktikant(in) zugeordnet wird, im Extremfall auch zwei dieser Hilfskräfte.

Ein einziges Mal hatten wir an unserer Schule bisher eine reine Schwerstmehrfachbehindertenklasse als Einschulungsklasse eingerichtet, um die Schüler(innen) über zwei Jahre hinweg auf die Eingliederung in eine reguläre Klasse der Schule für Geistigbehinderte vorzubereiten. In dieser Klasse haben neben der Klassenleiterin (Erzieherin mit Sonderpädagogischer Zusatzausbildung) zusätzlich ein ZDL und ein Praktikant mitgearbeitet.

Die Schüler:

Sabine
Mit Hirnstammfehlbildung und cerebraler Parese rollstuhlgebunden, beschränkt beidhändig greiffähig, gutes Sprachverständnis und allmählich sich ausbildende aktive Sprache. Erstgeborene Zwillingsschwester von Nora.

Nora
Zweitgeborene Zwillingsschwester von Sabine mit den gleichen Beeinträchtigungen, allerdings in erheblich stärkerer Ausprägung. Ansatzweise mit der linken Hand greiffähig, Sprachverständnis auf immer wiederkehrende Begriffe und kurze Sätze begrenzt. Beginnende, zögerliche Entwicklung des aktiven Sprechens.
Wie ihre Schwester rollstuhlgebunden.

Ferdinand
Spastische Tetraparese mit sehr hohem Muskeltonus, selbständig bewegungsunfähig, rollstuhlgebunden. Wach, aufmerksam, neugierig und bedacht darauf, an allen Aktivitäten beteiligt zu werden. Anscheinend gutes Sprachverständnis, aber keinerlei aktive Sprache. Ferdinand äußert seine Bewertung der Dinge und Vorgänge durch Abwenden des Kopfes, differenzierte Mundstellung und Lautbildungen, die als »joo« oder »nää« verstanden werden können.

Eva-Maria
Spastische Tetraparese mit niedrigem Muskeltonus – schlaffe Lähmung. Rollstuhlgebunden, muß immer wieder für längere Zeit auf einer hochgebauten Matratze gelagert werden. Kann einige Wörter mit sehr leiser Stimme äußern bei auf ihren eigenen Alltag begrenztem Sprachverständnis.

Claudia

Diese Schülerin haben Sie bereits in der Segelschiff-Stunde kennengelernt. In die dort vorgestellte Oberstufenklasse war sie aus der hier vorgestellten Schwerstmehrfachbehinderten-Klasse übergeleitet worden.

Lernaufgaben

Neben der Versorgung und Pflege, dem Füttern und Saubermachen, liegt der Arbeitsschwerpunkt in dieser Klasse auf der Förderung der Motorik in jedem nur möglichen Bereich. Hierzu werden nutzbar gemacht

krankengymnastische Behandlung in der Schule durch eine niedergelassene Krankengymnastin,

Bewegungsübungen im schuleigenen Hallenbad,

Lockerungsübungen in einer großzügigen Hubbadewanne,

Komponenten der Basalen Stimulation nach Fröhlich,

Trampolin, Hängematte, Schaukel, Bällchenbad,

Orofaziales Training zur Verbesserung der Mundmuskulatur,

Führen nach Affolter,

um nur einige Maßnahmen und Medien zu benennen.

Dem Aufbau basaler Handlungsfähigkeit dient vor allem die Förderung der Feinmotorik und der Augen-Hand-Koordination, insbesondere die Förderung der Greiffähigkeit (Ergreifen, Festhalten, Bewegen, Loslassen) einhändig und – wo immer es möglich ist – auch in Zusammenarbeit beider Hände.

Hierzu erforderliche Übungen sollen für die Schüler(innen) subjektiv sinnvoll sein. Solcher subjektiver Sinn erschließt sich jedoch nicht im Behandeltwerden, im Bewegtwerden, im permanenten Wiederholen stets der gleichen Mikrobewegungen, sondern nur in der Einbindung in eine interessierende Sache. Interessante Dinge werden von diesen Schüler(inne)n zunächst perzeptiv wahrgenommen, gesehen, gehört, gerochen – etwa auch auf dem Schulhof, im Schulgarten, bei Spaziergängen; Blumen gehören dazu.

Wahrgenommene Blumen in Erinnerung zu rufen und in Bewegungshandeln umzusetzen ist das Anliegen dieser Stunde, die dem üblichen Planungsraster angeglichen skizziert wird.

Ziel- und sonstige Vorüberlegungen

Übergeordnetes Ziel:

Auf Anregung oder unter Anleitung alleine oder gemeinsam etwas tun.

Mittlere Zielebene:

Sachkompetenz

- mit Pflanzen sachgerecht umgehen
- Pflanzen gießen, pflegen

Sozialkompetenz

- jemandem mit einer Pflanze eine Freude machen, z. B. Geschenk für Eltern, Großeltern, Paten
- Erfahren, daß man sich um Pflanzen kümmern muß

Schülerspezifische Ziele:

- Sabine soll möglichst selbständig nach Anweisungen arbeiten. Des öfteren wird man sie aber wieder auf ihre Arbeit hinweisen müssen, da sie sich sehr leicht ablenken läßt.
- Noras Hände erfahren beim Arbeiten mit Erde eine Lockerung.
- Nora soll möglichst selbständig mit wenig Hilfestellungen arbeiten können. Auch sie soll Anweisungen befolgen lernen und möglichst ausdauernd arbeiten.
- Eva-Maria soll durch das Greifen und Einfüllen der Erde in den Blumentopf ihre Auge-Hand-Koordination schulen. Sie muß des öfteren aufgefordert werden, auf ihre Arbeit zu schauen und weiter zu arbeiten. Nicht allzu viele Hilfestellungen dürfen gegeben werden; z. B. soll sie den Blumentopf alleine finden. Später kann dann ihre Hand an ihn herangeführt werden.
- Claudia soll durch das »Führen« nach Affolter lernen, einen ganzen Arbeitsgang mit auszuführen; sie soll möglichst Freude an der Tätigkeit bekommen.
- Ferdinand ist durch seine Spastik kaum in der Lage mitzuarbeiten. Er soll durch die Arbeit mit der Erde lockerer werden, um so auch in anderen Bereichen mitarbeiten zu können.

Zeitrahmen:

Die Lerneinheit sollte nicht länger als 25 Minuten dauern.

Organisatorisches:
Die Lehrerin hilft den Kindern beim Anziehen der Schürzen. Wir arbeiten am Tisch.

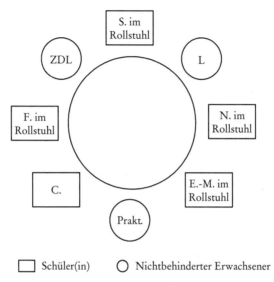

☐ Schüler(in)   ○ Nichtbehinderter Erwachsener

Abb. 48:   Tischordnung

Arbeitsvorgang:
Die Schüler sollen je nach ihren Möglichkeiten, wenn nötig mit Hilfestellung, mit den Händen Blumenerde in einen Blumentopf einfüllen. Anschließend sollen sie mit Hilfe Sonnenblumenkerne eindrücken und zum Befeuchten selbst die Gießkanne führen.

Materialien:

5 Blumentöpfe	Schürzen zum Vorbinden
1 flacher Karton	Waschhandschuhe
1 kleiner Eimer Blumenerde	1 Teller
1 Päckchen Sonnenblumenkerne	Handfeger und Schaufel
1 Gießkanne mit Wasser	

Geplanter Verlauf

Motivation:

L. zeigt den Schülern Sonnenblumen, auch auf der Samenpackung abgebildete, und erklärt ihnen, daß sie die Töpfe mit den aufgegangenen Blumen am letzen Schultag vor den Ferien mit nach Hause nehmen dürfen. Wer möchte, darf die Pflanzen nach den Ferien wieder mitbringen und uns zeigen, wie groß sie schon geworden sind oder ob schon eine Blüte gewachsen ist.

Erarbeitung:

L. verteilt die Blumenerde auf dem ganzen Tisch. Für Ferdinand füllt L. den flachen Pappkarton mit Blumenerde.

Sabine wird aufgefordert, ihren Blumentopf alleine mit Erde zu füllen. L. bleibt aber in der Nähe und beobachtet dies genau, um ihr gegebenenfalls Hilfestellung zu geben. Beim Festdrücken der Erde führt L. dies Sabine vor und fordert sie auf, ebenfalls die Erde anzudrücken.

Nora wird durch L. Hilfestellung gegeben, indem L. den Blumentopf festhält und mithilft, die Erde einzufüllen (Noras Hand ein- bis zweimal führen, dann soll sie es allein probieren). L. und Nora drücken gemeinsam die Erde an.

Ferdinand muß die ganze Zeit hinweg die Hand geführt werden. Dabei wird die Pappschachtel mit dem Blumentopf direkt vor seinen Oberkörper auf seinen Schoß gestellt, da er mit den Armen nicht auf den Tisch kommt. Ferdinand soll die Erde mehrmals nur in der Schachtel greifen. Beim Öffnen der Hand muß ihm geholfen werden. Der ZDL wird ihn führen. Beim Andrücken der Erde muß F. auch geführt werden. Ist der Junge zu stark verspannt, muß der ZDL dies übernehmen.

Der Praktikant wird Eva-Maria Hilfestellung geben, indem er ihre Hand zur Erde führt, ein- bis zweimal gemeinsam mit ihr Erde ergreift und diese in den Blumentopf füllt. Der Blumentopf steht vor der Schülerin, und die rechte Hand kann an den Topf gelegt werden, so daß sie weiß, wo der Topf steht (Eva-Maria kann nur die linke Hand einsetzen). Dann kann sie aufgefordert werden, den Blumentopf weiter zu füllen, wobei ihr gegebenenfalls Hilfestellung gegeben wird. Auch beim Andrücken der Erde kann sie geführt werden.

Claudia, die bisher noch zugeschaut hat, wird anschließend von L. geführt, da L. abwarten muß, bis Sabine und Nora mit dem Einfüllen fertig sind. Bei Claudia muß beim gesamten Vorgang des Einfüllens und Andrückens der Erde geführt werden. Dabei muß darauf geachtet werden, daß sie die Erde nicht in den Mund steckt.

Im zweiten Arbeitsschritt sollte bei Sabine erreicht werden, daß sie den Samen (möglichst nur ein Korn) vom Teller greift und in die Erde steckt. Auch bei Nora soll dies ausprobiert werden; beim Eindrücken des Samens in die Erde ist ihr Hilfestellung zu geben.

Auch Eva-Maria kann ein Samenkorn nehmen; beim Eindrücken des Samens muß ihre Hand geführt werden.

Claudia muß bei diesem Arbeitsschritt ebenfalls geführt werden. Da Ferdinand durch seine Behinderung (starke Tetraspastik, besonders auch der Hände) der Schwächste ist, kann der ZDL ihm den Arbeitsgang kurz erklären und vorführen, so daß er den Vorgang visuell-auditiv wahrnehmen kann.

Zum Schluß darf jedes Kind abwechselnd den Samen begießen, z. T. mit Führen (Nora, Claudia, Eva-Maria, Ferdinand). L. weist die Schüler darauf hin, daß wir das jeden Morgen machen müssen, damit die Samenkörner wachsen können.

Die Blumentöpfe werden dann gemeinsam auf die Fensterbank gestellt, und L. erklärt den Schülern, daß die Samen zum Wachsen nicht nur Wasser, sondern auch Sonne brauchen.

Anwenden/Üben:

In der Arbeit dieser Klasse nimmt die Gestaltung des Gruppenraumes einen wichtigen Platz ein. Die Schüler erfahren auch bei anderen Arbeiten (z. B. Bilder, Tonarbeiten, Pappmaché), die im Klassenraum aufgehängt und aufgestellt werden, daß sie ihren Raum mitgestalten dürfen. Da die Schüler gerne mit Erde arbeiten und dies auch ein gute Übung zur Lockerung der Hände ist, können hier hoch weitere Arbeiten angeschlossen werden wie z. B. kleine Pflanzen in Schalen pflanzen, Ernten im Schulgarten, Kresse säen usw.

Kommentar

Auch dies ist eine vollgültige Unterrichtsvorbereitung, auch wenn sie in Aufbau, Gliederung und Darstellung von den bisherigen Beispielen abweicht. Selbstverständlich hätte diese kurze UE auch in ein tabellarisches Raster gefaßt werden können. Versuchen Sie es einmal. Sie werden dabei feststellen, wie schwierig es werden kann, differenzierte Hinweise auf die Notwendigkeiten einzelner Schüler in einer Tabelle festzuhalten.

Sicherlich ist die Tabelle übersichtlicher. Der Lehrer kann sie auf seinen Tisch legen und immer wieder kurz daraufschauen, wenn er nicht mehr weiß, wie weit sein Unterricht gediehen ist und wie es nun weitergehen soll. Was aber eigentlich nie vorkommen dürfte. Die UE sollte ja »im Kopf stehen«, wo gerade der Lehrer sie haben muß, der seine Planungsüberlegungen als Text abgefaßt hat.

Etwas anderes sollte aber auch deutlich geworden sein: Das hier geschilderte Vorhaben »erledigen« wir Erwachsenen in ein bis zwei Minuten; routinierte Schüler der Ober- und Werkstufe der Schule für Geistigbehinderte benötigen auch nicht viel mehr Zeit. Die Vorbereitung dieser UE konzentriert sich auch viel weniger auf die sachstrukturellen Vorgaben, auf die Logik des Handlungsablaufs, als vielmehr auf die Berücksichtigung der individuellen Handlungserschwernisse und die Möglichkeiten der Hilfestellung. Blättern Sie noch einmal zu Wilhelm Pfeffers Formen der Hilfestellung zurück; in diesem Unterrichtsentwurf finden sie wieder:

- die stellvertretende Hilfe bei Ferdinand, wenn der ZDL eine Tätigkeit für ihn ausführt, zu der der Schüler aufgrund seiner körperlichen Verfassung nicht in der Lage ist;

- die kompensatorische Hilfe, das Mithandeln nichtbehinderter Personen zur Ergänzung und Vollendung des unzulänglichen Handelns der Behinderten, überall dort, wo die Methode des Führens eingesetzt wird;

- und die Hilfe zur Selbsthilfe überall dort, wo ein Mensch handlungsrelevante Qualifikationen erwerben kann, wo also Lernen möglich ist; deutlich in den verbalen Aufforderungen an die Schülerin Sabine, etwas alleine zu tun.

Welche Form der Unterrichtsvorbereitung Sie nun selbst wählen, lassen Sie sich freundlicherweise nur von den Notwendigkeiten Ihrer je spezifischen Tätigkeit vorschreiben.

Mit solchem Unterricht, wie er in den vorliegenden Entwürfen darge-stellt wurde, haben wir die volle Handlungsfähigkeit unserer Schüler jedoch noch nicht erreicht. Vielleicht haben wir im Sinne Galperins eine Orientierungsgrundlage geschaffen, die wir aber ausschließlich dem Gedächtnis unserer Schüler ohne jede weitere Stütze überantwortet haben. Und daß es mit den Gedächtnisleistungen Geistigbehinderter so seine Schwierigkeiten hat, darauf hat bereits Heinz Bach (1974; 1976) aufmerksam gemacht.

Wir suchen also besser nach Möglichkeiten, dem Schülergedächtnis durch äußere (materialisierte) Hilfen auf die Sprünge zu helfen und ihnen etwas an die Hand zu geben, um späterhin wenigstens die gleiche Handlung wiederholen (re-produzieren) zu können. Eine solche Möglichkeit wird im folgenden Kapitel vorgestellt.

19 Vom Unterrichtsverlauf zur Handlungssteuerung

Unterricht soll bei den Schülern Lernprozesse in Gang setzen, an deren Ende diese über eine neue, erweiterte Handlungsfähigkeit verfügen sollen. Handlungsfähigkeit meint hier, daß die Schüler am Ende des Unterrichts eine Handlung weitgehend selbständig ausführen können, welche ihnen vorher nicht möglich war. Sie müssen demnach sich diejenigen Tätigkeiten aneignen, welche die Handlung konstituieren, die Gegenstände der Handlung kennen und mit ihnen umgehen und den Ablauf der Handlung steuern können. Bezüglich der Steuerung von Handlungen beschreibt Winfried Hacker (1986) drei Ebenen:

1. *Die intellektuelle Handlungssteuerung*
   Auf dieser Ebene verfügt der Mensch über alle erforderlichen Handlungspläne, Teilpläne, Ausführungsvorschriften »im Kopf«; er hat den vollen Überblick über den gesamten Komplex des Handlungsablaufs, der einzelnen Tätigkeiten und der hierfür benötigten Dinge.

2. *Begrifflich-perzeptive Handlungssteuerung*
   Diese Steuerungsebene bedient sich einzelner Schlüsselbegriffe, welche Einzeloperationen auslösen und steuern können. Diese Schlüsselbegriffe können verbal (vor-)gegeben werden, etwa als mündliche Anweisung, als Zuruf durch den Lehrer. Sie können aber auch als Modell oder als Abbildung verfügbar sein, etwa als eine Abfolge bildlicher Darstellungen, anhand derer unsere Schüler(innen) den Vollzug der Handlung bewältigen können, ohne daß der Erwachsene ihnen ständig »dazwischenredet«. Bekannt sind z. B. bildlich gestaltete Montageanleitungen zum Zusammenbau von Möbeln, bekannt sich auch Rezepte, welche aus einer Bilderfolge bestehen und damit eine visuelle Orientierung in der Tätigkeit gestatten.

3. *Sensomotorische Handlungssteuerung*
   Der Schüler hat einen Handlungsablauf »auswendig« gelernt; der motorische Vollzug ist so lange geübt worden, bis er automatisiert wurde und nunmehr quasi »automatisch« abläuft.
   Automatisierte Bewegungsabläufe bedürfen nicht mehr des Nachdenkens und entlasten das Bewußtsein, welches damit frei wird zum Überschauen der nächsten Handlungskomponenten, der nächsten Operationen.

Sollen unsere Schülerinnen und Schüler nunmehr ihren Nudelsalat selbst herstellen können, so müssen sie diesen Handlungsablauf auch selbst zu steuern in der Lage sein. Dabei bleiben sie jedoch auf Steuerungshilfen außerhalb ihrer selbst angewiesen. Ein günstiges Steuerungsmittel liegt auf der Ebene der von Hacker so genannten perzeptiv-begrifflichen Handlungsregulation und besteht in einer Bilderfolge, welche so gestaltet ist, daß sie als Ablaufvorschrift im Sinne eines Algorithmus dient. Um einen solchen Algorithmus darzustellen, müssen wir zunächst den Ablauf der Handlung »Herstellung eines Nudelsalats« auflisten.

19.1   Handlungsablauf

Bei der Herstellung von Nudelsalat finden wir folgende Einzeloperationen:

1. Zubereitung der Nudeln:
    1.1. Topf mit Wasser aufstellen
    1.2. Wasser zum Kochen bringen
    1.3. Nudeln in den Topf geben
    1.4. gelegentlich umrühren
    1.5. Topf vom Herd nehmen
    1.6. Nudeln aus dem Topf in ein Sieb schütten
    1.7. abtropfen lassen
    1.8. Nudeln in eine Schüssel geben

2. Für die Zubereitung der Eier benötigen wir folgende Operationen:
    2.1. Topf mit Wasser aufstellen
    2.2. Wasser zum Kochen bringen
    2.3. Eier anpicken
    2.4. Eier in das kochende Wasser legen
    2.5. Eier kochen lassen
    2.6. Topf vom Herd nehmen
    2.7. Eier aus dem Topf herausnehmen
    2.8. Eier abkühlen
    2.9. Eier schälen
    2.10. Eier kleinschneiden

3. Da nicht nur Eier zum Nudelsalat hinzukommen sollen, sondern auch kleingeschnittener Fleischkäse und kleingeschnittene Gurken, ergeben sich weitere Operationen:

   3.1. Fleischkäse kleinschneiden

   3.2. Gurken kleinschneiden

4. Nunmehr sollen die kleingeschnittenen Eier, Gurken und der kleingeschnittene Fleischkäse unter die Nudeln untergemischt werden. Über das Ganze ist dann die Mayonnaise zu geben, welche mit der Mischung verrührt werden muß. Daraus ergeben sich weitere Operationen:

   4.1. Eier, Fleischkäse und Gurken (kleingeschnitten) zu den Nudeln geben

   4.2. Mayonnaisepackung aufschneiden

   4.3. Mayonnaise auf die Nudeln daraufgeben

   4.4. durchmischen, umrühren

   4.5. Jetzt ist der Nudelsalat fertig.

Eine solche Liste ist immer noch hinreichend unübersichtlich und offenbart zumindest zwei Schwierigkeiten:

- Die Schüler müssen zum Lesen dieser Liste in der Lage sein.

- Die Liste erweckt in ihrer Abfolge den Eindruck, als dürften die Eier zum Kochen erst dann aufgestellt werden, wenn die Nudeln fertig gekocht sind. Zeitsparender ist es jedoch, Nudeln und Eier gleichzeitig zu kochen. Daraus ergibt sich die Notwendigkeit, zwei Tätigkeiten gleichzeitig auszuführen.

Für den Unterricht bietet es sich an, zwei Schülergruppen zu bilden, von denen eine sich um die Nudeln kümmert, die andere um die Eier. In diesem Fall des arbeitsteiligen Gruppenunterrichts bekommen wir zwei Handlungsstränge, die parallel verlaufen. Eine Handlungsanweisung auf Bilderebene muß dieses parallele Nebeneinanderherarbeiten verdeutlichen.

Schließlich haben wir unabhängig vom Kochen der Nudeln und der Eier auch noch das Kleinschneiden des Fleischkäses und der Gurken zu berücksichtigen, welches als kurzer, aber unabhängiger dritter Handlungsstrang dargestellt werden kann.

Diese drei Handlungsstränge vereinigen sich im vierten, dem Hinzuge-
ben der kleingeschnittenen Zutaten zu den Nudeln und dem Verrühren
mit der Mayonnaise.

19.2 Flußdiagrammdarstellung

In der Darstellung als Flußdiagramm wird das parallele Nebeneinander-
herlaufen der drei Handlungsstränge und die Vereinigung im vierten
Schlußabschnitt auch optisch deutlich (siehe Abb. 49).
Weiterhin bleibt bei dieser Darstellungsart das Problem, daß die Schüler
zum Lesen des Textes in der Lage sein müssen. Fehlt diese Voraussetzung, kann die Form des Flußdiagramms dennoch beibehalten werden.
Die Texte sind lediglich durch Bilder zu ersetzen. Bei vorliegender Unterrichtseinheit »Nudelsalat« standen solche Bilder zur Verfügung, die
im folgenden eingearbeitet werden.

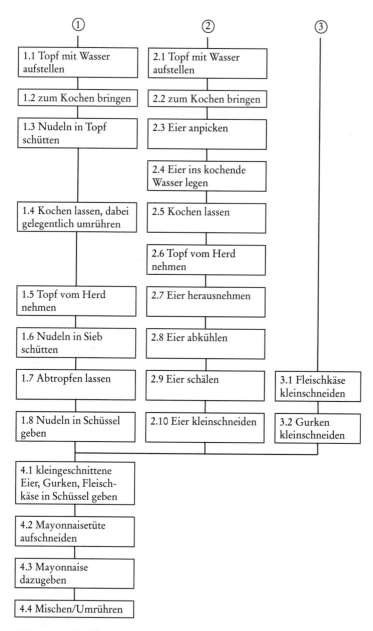

Abb. 49:   Flußdiagramm

19.3   Darstellung als Bilderfolge

Bei der Unterrichtseinheit »Nudelsalat« standen Zeichnungen im Post-
kartenformat zur Verfügung, auf welchen abgebildet sind:

1. Die benötigten Zutaten:
    Sammelbild
    Eier (im Karton)
    Fleischkäse
    Mayonnaise
    Nudeln
    Eier (lose)
    Gurken
    Diese Bildkarten bezeichnen wir als *Materialkarten.*

2. Einzeltätigkeiten:
    Eier anpicken
    Nudeln in Topf geben
    umrühren
    Nudeln aus dem Topf in ein Sieb schütten
    Nudeln aus dem Sieb in die Schüssel geben
    Eier in das kochende Wasser legen
    Eier aus dem Topf herausnehmen
    Eier schälen
    Gurken kleinschneiden
    Kleingeschnittenes zu den Nudeln dazugeben
    Mayonnaisebeutel aufschneiden
    Mayonnaise zu den Nudeln dazugeben
    durchmischen, umrühren
    Diese Bildkarten wollen wir als *Tätigkeitskarten* bezeichnen.

3. Schließlich ist noch ein abschließendes Bild des fertigen Nudelsalats
    verfügbar.

4. Wünschenswert wären auch noch Bilder der einzelnen benötigten
    Materialien (Werkzeuge) wie Kochtopf, Löffel, Schaumlöffel, Schüs-
    sel, Messer, Schneidbrett, Sieb, Rührlöffel, Schere, Salatbesteck, Eier-
    picker, Herd. Diese Bilder stehen jedoch im Moment nicht zur Ver-
    fügung.

Bedauerlicherweise sind auch nicht alle erforderlichen Tätigkeiten als Bild verfügbar. Wir müssen deswegen ein Bilder-Flußdiagramm vorlegen, bei dem noch nicht alle Einzeloperationen im Bild dargestellt sind. Vielleicht gelingt es Ihnen, die fehlenden Bilder durch eigene Zeichnung zu ersetzen.

In jedem Fall soll Ihnen das nachfolgende Bilder-Flußdiagramm (Abb. 50) als Anregung dienen, wie ein solcher Handlungsalgorithmus für geistigbehinderte Schülerinnen und Schüler gestaltet werden kann.

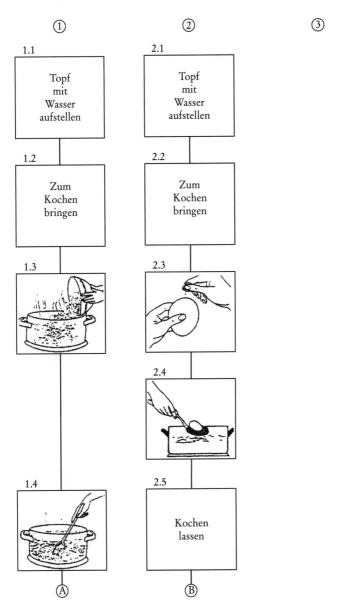

①   ②   ③

1.1
Topf
mit
Wasser
aufstellen

2.1
Topf
mit
Wasser
aufstellen

1.2
Zum
Kochen
bringen

2.2
Zum
Kochen
bringen

1.3

2.3

2.4

1.4

2.5
Kochen
lassen

Ⓐ   Ⓑ

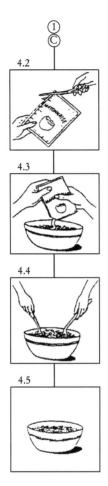

... und fertig ist der
Nudelsalat

Hoffen wir, daß Ihren Schülern und Ihnen der Nudelsalat schmeckt, und hoffen wir, Sie können möglichst viele Ihrer Schüler bis zum selbständigen Umgang mit solchen selbsterarbeiteten Bild-Flußdiagrammen fördern. Ein entscheidender Auftrag der Schule für Geistigbehinderte wäre damit erfüllt.

Es bleiben dennoch viele Fragen offen, viele Probleme unangesprochen, die den Rahmen einer Einführung sprengen würden. Das Literaturverzeichnis gibt Ihnen noch vielerlei Hinweise zu vertiefter Beschäftigung. Unsere Einführung in die Didaktik und Methodik des Unterrichts mit Geistigbehinderten wollen wir an dieser Stelle beenden.

20   Literaturverzeichnis

ACKERMANN, Heike: Das Konzept von Félicie Affolter und seine Bedeutung für die Geistigbehindertenpädagogik. Luzern: Schweizerische Zentralstelle für Heilpädagogik, 2001

ADAM, Heidemarie: Curriculumkonstruktion für Geistigbehinderte. Eine Untersuchung zu Theorie und Praxis in den USA, unter besonderer Berücksichtigung des Normalisierungsprinzips. Solms-Oberbiel: Jarick, 1978

ADAM, Heidemarie: Unterricht mit geistigbehinderten Schülern im Spannungsfeld von geschlossenem und offenem Curriculum. Zeitschrift für Heilpädagogik 32 (1981), 482 – 493

AEBLI, Hans: Grundformen des Lehrens. Eine allgemeine Didaktik auf kognitionspsychologischer Grundlage. Stuttgart, [6]1969

AEBLI, Hans: Zwölf Grundformen des Lehrens. Eine Allgemeine Didaktik auf psychologischer Grundlage. Stuttgart: Klett-Cotta, [3]1987 ([1]1983)

AEBLI, Hans: Denken: Das Ordnen des Tuns. Band I: Kognitive Aspekte der Handlungstheorie. Stuttgart: Klett-Cotta, [2]1993

AFFOLTER, Félicie: Wahrnehmung, Wirklichkeit und Sprache. Villingen-Schwenningen: Neckar-Verlag, [4]1990 ([1]1987)

ALLMER, Henning: Entwicklungspsychologie aus handlungstheoretischer Sicht: Implikationen für die Theoriebildung und Forschungskonzeption. Psychologische Rundschau XXXVI (1985), H. 4, 181 – 190

ALTENBURG, Erika; ARNOLD, Gisela; SCHÜÜRMANN Anja: Stationenlernen im fächerübergreifenden Sachunterricht. Donauwörth: Auer, 2000

ALY, Monika: Das Sorgenkind im ersten Lebensjahr. Frühgeboren, entwicklungsverzögert, behindert – oder einfach anders? Ein Ratgeber für Eltern. Berlin et al.: Springer, 1998

ANOCHIN, P. K.: Physiologie und Kybernetik. In: KITTLER u. a. (Hrsg.): Psychologische Studientexte 1968, 59 – 76

ARNDT; G.; FESER, W.; VOGT, D.: Planungskonzept des materialgeleiteten Lernens. In: RATZ, SCHNEIDER (Hrsg.) 1998, 29 – 36

AYRES, A. Jean: Bausteine der kindlichen Entwicklung. Die Bedeutung der Integration der Sinne für die Entwicklung des Kindes. Berlin et al.: Springer, [2]1992

BACH, Heinz: Unterrichtslehre L. Allgemeine Unterrichtslehre der Sonderschule für Lernbehinderte. Berlin: Carl Marhold, 1971

BACH, Heinz: Geistigbehinderte unter pädagogischem Aspekt. In: DEUTSCHER BILDUNGSRAT: Sonderpädagogik 3: Geistigbehinderte, Lernbehinderte, Verfahren der Aufnahme. Gutachten und Studien der Bildungskommission, Bd. 34. Stuttgart: Klett, 1974, 17 – 116

BACH, Heinz: Didaktik der Sonderschule für Geistigbehinderte. In: KLUGE, Karl-J. (Hrsg.): Einführung in die Sonderschuldidaktik. Darmstadt: Wissenschaftliche Buchgesellschaft, 1976, 16 – 51

BACH, Heinz: Personenkreis Geistigbehinderter. In: Pädagogik der Geistigbehinderten. Handbuch der Sonderpädagogik Band 5, hrsg. von Heinz BACH. Berlin: Carl Marhold, 1979 (a), 3 – 18

BACH, Heinz: Kooperation. In: Pädagogik der Geistigbehinderten Handbuch der Sonderpädagogik Band 5, hrsg. von Heinz BACH. Berlin: Carl Marhold, 1979 (b), 196 – 207

BACH, Heinz: Geistige Behinderung unter pädagogischem Aspekt – Begriff, theoretische Grundlegung, praktische Konsequenzen. Hagen: FernUniversität, Studienbrief 4029–2–01–S1, 1997

BACH, Heinz: Pädagogik bei mentaler Beeinträchtigung – sogenannter geistiger Behinderung. Revision der Geistigbehindertenpädagogik. Bern: Haupt, 2001

BAGINSKI, Sven: Handlungsorientierter Unterricht – Bedeutung eines reformpädagogischen Konzeptes in der Praxis der Schule für Geistigbehinderte. In: KLAUß, Theo (Hrsg.) 2000, 85 – 104

BARKEY, B.; EBERT, H.; ECKL, H.; HANFT, H.; HÖHN-GRADWOHL, B.; KRANZ, M.; REGER C.: Arbeit mit dem Wochenplan. In: RATZ, SCHNEIDER (Hrsg.) 1998, 17 – 28

BASTIAN, Johannes: Projektunterricht – seine Geschichte – seine Merkmale – seine bildungspolitische Bedeutung. Mitteilungen VDS (= Verband Deutscher Sonderschulen) Landesverband Hamburg 31/32 (1985/86), 34 – 45

BASTIAN, Johannes; GUDJONS, Herbert: Das Projektbuch. Theorie – Praxisbeispiele – Erfahrungen. Hamburg: Bergmann + Helbig, [3]1991

BAUER, Roland: Lernen an Stationen in der Grundschule. Ein Weg zum kindgerechten Lernen. Berlin: Cornelsen Scriptor, 1997

BAUMGARTEN, Heinz Hermann: Persönliche Mitteilung an den Verfasser vom 05. November 2001

BECK, Mario: Lernmöglichkeiten für Michaela. In: FRÖHLICH, Andreas (Hrsg.) 1995, 47 – 84

BECK, Mario; FRÖHLICH, Andreas D.: Lernen mit Kindern in und durch Alltags-handlungen. In: FRÖHLICH, Andreas (Hrsg.) 1995, 45 – 46

BEGEMANN, Ernst: Die Erziehung der sozio-kulturell benachteiligten Schüler. Hannover, Berlin, Darmstadt, Dortmund: Schroedel, 1970

BEGEMANN, Ernst: Zum pädagogischen Auftrag des Lehrers in der Schule für Lernbehinderte – ein Arbeitsbuch (Arbeitsmaterial zum Weiterbildungslehrgang »Aufstiegsprüfung« des Staatl. Instituts f. Lehrerfort- und -weiterbildung Rheinland-Pfalz). Speyer: SIL, 1982

BEGEMANN, Ernst: Schüler und Lern-Behinderungen. Zum pädagogischen Auftrag des Lehrers. Ein Studienbuch. Bad Heilbrunn (Obb.): Klinkhardt, 1984

BERRES-WEBER, Anneliese: Geistigbehinderte lesen ihren Stundenplan. Bilder lesen und Handlungen planen. Dortmund: verlag modernes lernen, 1995

BESONDERHEITEN der geistigen Entwicklung von Hilfsschülern. Berlin (DDR): Volk und Wissen VEV, [3]1975

BIENSTEIN, Christel: Einleitung zur Basalen Stimulation. In: BIENSTEIN, FRÖHLICH 1994, 5 – 9

BIENSTEIN, Christel; FRÖHLICH, Andreas: Basale Stimulation in der Pflege. Pflegerische Möglichkeiten zur Förderung von wahrnehmungsbeeinträchtigten Menschen. Düsseldorf: vlg. selbstbestimmtes leben, [5]1994

BIEWER, Gottfried: Die Schule für geistig Behinderte und die Diskussion über Integration. Geistige Behinderung (1995), 275 – 281

BIGGER, Alois: Förderdiagnostik Schwer- und Schwerstbehinderter. Diagnostik und Förderung unter dem Aspekt der Kognition. Luzern: Schweizerische Zentralstelle für Heilpädagogik, [2]1993

BILDUNGSPLAN der Sonderschulen für Geistigbehinderte der Länder Rheinland-Pfalz und Saarland. Grünstadt: Emil Sommer, 1971

BIRBAUMER, N[iels]; SCHMIDT, R[obert] F.: Biologische Psychologie. Berlin et al.: Springer, [2]1991

BLEIDICK, Ulrich: Didaktik der Hilfsschule. In: Enzyklopädisches Handbuch der Sonderpädagogik. Berlin: Marhold 1965, Sp. 621.

BLEIDICK, Ulrich; HECKEL, Gerhard: Praktisches Lehrbuch des Unterrichts in der Hilfsschule (Lernbehindertenschule). Berlin-Charlottenburg: Carl Marhold, [2]1970 ([1]1968)

BLEIDICK, Ulrich; WACKER, Margarete: Projektunterricht. In: BAIER, Herwig; BLEIDICK, Ulrich (Hrsg.): Handbuch der Lernbehindertendidatik. Stuttgart u. a.: Kohlhammer, 1983, 183 – 201

BÖNSCH, Manfred: Lehrgang oder Lernpfad? Zur Konstruktion von Lernwegen. Förderschulmagazin 1997, H. 6, 5 – 8

BOSSING, Nelson L.: Die Projekt-Methode. In: NOHL, WENIGER, GEISSLER (Hrsg.) 1967, 133 – 167

BOUTER, Hans P.; SMEETS, Paul M.: Teaching toothbrushing behaviour in severely retarded adults: Systematic reduction of feedback and duration training. International Journal of Rehabilitation Research 2 (1979), H. 1, 61 – 69

BRAND, Ingelind; BREITENBACH, Erwin; MAISEL, Vera: Integrationsstörungen. Diagnose und Therapie im Erstunterricht. Würzburg: edition bentheim, 1995

BRAUN Karl-Heinz; GEKELER Gerd (Hrsg.): Subjektbezogene Handlungsstrategien in Arbeit, Erziehung, Therapie. Praxisanalysen der Kritischen Psychologie. Solms-Oberbiel: Jarick, 1985

BREITENBACH, Erwin: Auf neuen Pfaden zu alten (sonder-)pädagogischen Prinzipien. Neuropsychologische Aspekte von Lernen und Lernstörungen. Zeitschrift für Heilpädagogik 47 (1996), 408 – 419

BREITINGER, Manfred; FISCHER, Dieter: Intensivbehinderte lernen leben. Würzburg: edition bentheim, 1993

BRITZ, Stéphanie: Handlungsziele finden: vergleichen, bewerten, entscheiden. Semesterarbeit im Seminar »Psychopédagogie des apprentissages cognitifs chez l'enfant affecté d'un handicap mental« am Institut d'Etudes Educatives et Sociales, Fentange-Livange (Luxembourg), SS 2000 (polycopié)

BURTSCHER, Reinhard: Bewegende Selbstorganisation. Aspekte einer Entwicklungstheorie. Diplomarbeit zur Erlangung eines akademischen Grades eines Magisters der Philosophie an der Geisteswissenschaftlichen Fakultät der Leopold-Franzens-Universität Innsbruck. Innsbruck, 1997; Internet-Adresse: www. bidok.uibk.ac.at

CASATI MODIGNANI, Sveva: Der schwarze Schwan. München: Goldmann, 1995 (Original Mailand 1992)

COMENIUS, Johann Amos: Große Didaktik. Übersetzt u. hrsg. v. Andreas FLITNER. Düsseldorf, München: Helmut Küpper vorm. Georg Bondi, [2]1960

DANK, Susanne: Warum individuelle Förderplanung? – Plädoyer für das Kombinierte Konzept in der schulischen Förderung schwerstbehinderter Kinder und Jugendlicher. Lernen konkret 12 (1993), H. 2, 2 – 11

DANK, Susanne: Übungsreihen für Geistigbehinderte? Idee und Anliegen. In: KÖHNEN, ROOS 1999, 7 – 8

DANZER, Barbara: Das Projekt PRIMA: Das Märchen vom Wolf und den sieben Geißlein. Klassenübergreifender Unterricht in der Unterstufe. Geistige Behinderung 1995, 235 – 254

DEFOE, Daniel: Über Projektenmacher. In: Ders.: Über Projektemacherei (Original: An Essay on Projects). Unveränderter Nachdruck der Ausgabe Leipzig 1890. Wiesbaden: B. Heymann, 1975, 20 – 22 (erstmals London 1697)

DENNETT, Daniel C.: Darwins gefährliches Erbe. Die Evolution und der Sinn des Lebens. Hamburg: Hoffmann & Campe 1997

DITTMANN, Werner: Eine Intelligenzuntersuchung mit dem Binetarium (BBN) bei Schülern der Sonderschule für Geistigbehinderte. Zeitschrift für Heilpädagogik 25 (1974), 92 – 108

DOLCH, Josef: Grundbegriffe der pädagogischen Fachsprache. München: Ehrenwirth ⁵1965

DOWE, Georg; HEILHECKER, Paul; KITTLER, Gerhard; STRECKENBACH, Klaus; STRITZKE, Fritz (Hrsg.): Psychologische Studientexte Unterstufe für die Ausbildung an Instituten für Lehrerbildung. Berlin (DDR): Volk und Wissen VEV, 1972

DUBS, Rolf; METZGER, Christoph; HÄSSLER, Tilo; SEITZ, Hans: Lehrplangestaltung und Unterrichtsplanung. Ein Modell für Praktiker. Zürich: Verlag des Schweizerischen Kaufmännischen Vereins, ³1974

DUMONT, Marianne: Untersuchungen zur Förderung der Handlungsfähigkeit bei Schülern der Mittelstufe einer Sonderschule für Geistigbehinderte durch Handpuppenspiel. Erziehungswissenschaftliche Hochschule Rheinland-Pfalz, Fachbereich IV – Sonderpädagogik. Unveröffentlichte Examensarbeit. Mainz, 1981

DUNCKER, Ludwig: Erfahrung und Methode. Studien zur dialektischen Begründung einer Pädagogik der Schule. Langenau-Ulm: Armin Vaas, 1987

DWORATSCHEK, Sebastian: Entscheidung. In: MANAGEMENT I (1972), 168 – 182

EDELMANN, Gudrun; MÖLLER, Christine: Grundkurs Lernplanung. Einzel- und Gruppenübungen zu praxisorientierten Problemen der Lernzielerstellung. Weinheim, Basel: Beltz, 1976

EDUCATION DIFFÉRENCIÉE: Plan d'études. Version provisoire 1993. Ministère de l'Education nationale Luxembourg: Courrier de l'Education Nationale, numéro spécial. Luxembourg: Avril 1993

EDUCATION DIFFÉRENCIÉE: Plan d'études. Version 1996, éditée par la Ministre aux Handicapés et aux Accidents de la Vie et par le Ministre de l'Education Nationale et de la Formation Professionelle. Luxembourg 1996

EGGERT, Dietrich: Zur Bewährung der Testbatterie für geistigbehinderte Kinder (TBGB) in der Schulpraxis. Eine Längsschnittuntersuchung zur prognostischen Gültigkeit. Zeitschrift für Heilpädagogik 25 (1974), 75 – 91

ELKONIN, Daniil: Psychologie des Spiels. Köln: Pahl-Rugenstein, 1980 (Original: Moskau 1978)

FEGER, Hubert; VON TROTSENBURG, Edmund: Paradigmen für die Unterrichtsforschung (Deutsche Bearbeitung des Kapitels 3: Paradigms for Research on Teaching von N. L. GAGE, Stanford University). In: INGENKAMP, PAREY (Hrsg.) 1971, 268 – 366)

FERRIÈRE, Adolphe: Die geistige Arbeit in der Tatschule. In: NOHL, WENIGER, GEISSLER (Hrsg.) 1967, 98 – 102 (dt. erstmals 1928)

FEUSER, Georg: Allgemeine integrative Pädagogik und entwicklungslogische Didaktik. Behindertenpädagogik 28 (1989), H. 1, 4 – 48

FEUSER, Georg: Behinderte Kinder und Jugendliche. Zwischen Integration und Aussonderung. Darmstadt: Wissenschaftliche Buchgesellschaft, 1995

FIKAR, Heinz: Körperorientierte Förderansätze im Unterricht bei Menschen mit schwerer geistiger Behinderung. Geistige Behinderung 25 (1987), H. 4, Innenheftung 1 – 19

FISCHER, Dieter: Eine methodische Grundlegung (Reihe: Neues Lernen mit Geistigbehinderten). Rheinbreitbach: Dürr & Kessler, [5]1994

FISCHER, Dieter; MEHL, Maria; SCHREBLER, Renate; VOLLMUTH, Irmhild: Wir lernen in der Küche (Reihe: Neues Lernen mit Geistigbehinderten). Würzburg: Vogel, 1979

FISCHER, Erhard: Offener Unterricht in der Schule für Geistigbehinderte: Möglichkeiten und Grenzen. Lernen konkret 16 (1997), H. 4, 2 – 10

FISCHER, Erhard; MERTES, Josef Peter (Hrsg.): Unterrichtsplanung in der Schule für Geistigbehinderte. Dortmund: borgmann, 1990

FISCHER, Margret: Die innere Differenzierung des Unterrichts in der Volksschule. Weinheim, Basel: Beltz, [11]1975

FLORIN, Irmela; TUNNER, Wolfgang: Behandlung kindlicher Verhaltensstörungen. München: Wilhelm Goldmann, [2]1971

FREY, Karl: Die Projektmethode. Der Weg zum bildenden Tun. Weinheim, Basel: Beltz, [8]1998 ([1]1982)

FRÖHLICH, Andreas: Basale Stimulation. Düsseldorf: Verlag selbstbestimmtes Leben, 1991

FRÖHLICH, Andreas D. (Hrsg.): Lernmöglichkeiten: Aktivierende Förderung für schwer mehrfachbehinderte Menschen. Heidelberg: C. Winter (Edition Schindele), [3]1995

FRÖHLICH, Andreas; HAUPT, Ursula: Förderdiagnostik mit schwerstbehinderten Kindern. Eine praktische Anleitung zur pädagogisch-therapeutischen Einschätzung. Dortmund: verlag modernes lernen, [5]1992

GAGNÉ, Robert M.: Die Bedingungen des menschlichen Lernens. Hannover: Schroedel, [2]1970 ([1]1965)

GALPERIN, P. J.: Die geistige Handlung als Grundlage für die Bildung von Gedanken und Vorstellungen. In: KITTLER, DOWE, GÖBEL, KRÜGER (Hrsg.) Psychologische Studientexte 1968, 317 – 328

GALPERIN, P. J.: Die geistige Handlung als Grundlage für die Bildung von Gedanken und Vorstellungen. In: GALPERIN, LEONTJEW U. A. 1972, 33 – 49

GALPERIN, P. J.: Die geistige Handlung als Grundlage für die Bildung von Gedanken und Vorstellungen. In: DOWE U. A. 1972, 128 – 138

GALPERIN, Pjotr J[akowlewitsch]: Zum Problem der Aufmerksamkeit. In: LOMPSCHER (Hrsg.) 1973, 15 – 23

GALPERIN, Pjotr J.: Zu Grundfragen der Psychologie. Köln: Pahl-Rugenstein, 1980

GALPERIN, P. J.; LEONTJEW, A. N. u. a.: Probleme der Lerntheorie. Berlin (DDR): Volk und Wissen VEV, 1972

GALPERIN, Pjotr J[akowlewitsch]; SAPOROSHEZ, A. W.; ELKONIN, D. B.: Probleme des Erwerbs von Kenntnissen und Fertigkeiten und neue Unterrichtsmethoden in der Schule. In: GALPERIN, LEONTJEW U. A. 1972, 66 – 81

GEULEN, Dieter: Das vergesellschaftete Subjekt. Zur Grundlegung der Sozialisationstheorie. Frankfurt, 1977

GOEDMANN, M. H.; KOSTER, H.: Was tun mit diesem Kind? Förderung geistig behinderter Kinder. Weinheim, Basel: Beltz, ²1977

GOTTWALD, Peter; REDLIN, Wiltraud: Verhaltenstherapie bei geistig behinderten Kindern. Grundlagen, Ergebnisse und Probleme der Verhaltenstherapie retardierter, autistischer und schizophrener Kinder. Göttingen, Toronto, Zürich: C. J. Hogrefe, ³1975

GRAMPP, Gerd: Über die Notwendigkeit heilpädagogischer Prinzipien. Lebenshilfe 19 (1980), H. 2, 96 – 100

GRAMPP, Gerd: Alternatives Lernen mit geistig behinderten Schülern. Stuttgart: Konrad Wittwer, 1982

GRAMPP, Gerd: Partnerschaftlich-offener Unterricht. Geistige Behinderung 35 (1996), H. 4, 326 – 334

GREENSPAN, Stanley J.; BENDERLY, Beryl Lieff.: Die bedrohte Intelligenz. Die Bedeutung der Emotionen für unsere geistige Entwicklung, München: Bertelsmann, 1999

GRÖSCHKE, Dieter: Praxiskonzepte der Heilpädagogik. Versuch einer Systematisierung und Grundlegung. München, Basel: Reinhardt, 1989

GRÜNTGENS, Willi: Offener Unterricht und verantwortliches Lernen – Eine kritische Anfrage. Behindertenpädagogik 36 (1997), 114 – 138

GRUNDER, Hans-Ulrich: Konzepte und Praxis der Heimerziehung im 19. und 20. Jahrhundert. Vierteljahresschrift für Heilpädagogik und ihre Nachbargebiete 64 (1995), 273 – 300

GRUNWALD, Arno: Kritische Anmerkungen zu den »sonderpädagogischen Prinzipien« in der Lernbehindertenschule. Sonderpädagogik 4 (1974), H. 1, 5 – 11

GRUSZKA, U.: Zum Aufbau einer Kommunikation mit nichtsprechenden geistig behinderten Kindern. Die Sonderschule 37 (1992), H. 7, 425 – 429

GRZESKOWIAK, Ullrich; KLEUKER, Käte: Grundlagen der Sprachheilpädagogik. Eine Einführung für Mitarbeiter in der Behindertenarbeit. Edemissen: Selbstverlag Käte Kleuker, 1979

GUDJONS, Herbert: Was ist Projektunterricht? In: BASTIAN, GUDJONS (Hrsg.) 1991, 14 – 27

GUDJONS, Herbert: Handlungsorientiert Lehren und Lernen. Schüleraktivierung – Selbsttätigkeit – Projektarbeit. Bad Heilbrunn (Obb.): Klinkhardt, ³1992

GUDJONS, Herbert: Handelnder Unterricht. In: MANN 1999, 7 – 25

HABERMAS, Jürgen: Technik und Wissenschaft als »Ideologie«. In: KÄSLER (Hrsg.) 1972, 89 – 127

HACKER, Winfried: Arbeitspsychologie. Psychische Regulation von Arbeitstätigkeiten. Bern, Stuttgart, Toronto: Hans Huber, 1986

HAHN, Gustav-Peter: Hilfen für das Zusammenleben mit geistig Behinderten. Erfahrungen aus jahrzehntelanger Tätigkeit. Berlin: V. Spiess (Edition Marhold), ⁶1995

HEIMANN, Paul: Didaktik 1965. In: HEIMANN, OTTO, SCHULZ 1970, 7 – 12

HEIMANN, Paul; OTTO, Gunter; SCHULZ, Wolfgang: Unterricht – Analyse und Planung. Hannover, Berlin, Darmstadt, Dortmund: Hermann Schroedel, ⁵1970 (¹1965)

HEITS, Helga; JOHN, Erika: Unterrichtsarbeit an der Schule für Geistigbehinderte. Planung, Durchführung und Analyse. Berlin: Volker Spiess, ²1993

HESLINGA, K.: Über die lebenspraktische Erziehung blinder Kinder. Berlin: Marhold, ²1981

HESSE, Hans Albrecht; MANZ, Wolfgang: Einführung in die Curriculumforschung. Stuttgart u. a.: Kohlhammer, 1972

HIEBSCH, H. (Hrsg.): Ergebnisse der Sowjetischen Psychologie. Stuttgart. Klett, 1969

HILLENBRAND, Clemens: Reformpädagogik und Heilpädagogik unter besonderer Berücksichtigung der Hilfsschule. Bad Heilbrunn (Obb.): Klinkhardt, 1994

HOFMANN, Theodor: Allgemeine Prinzipien der Erziehung und des Unterrichts bei Geistigbehinderten. In: Pädagogik der Geistigbehinderten, hrsg. v. Heinz BACH (Handbuch der Sonderpädagogik, Bd. 5). Berlin: Marhold, 1979, 151 – 157

HOLTZ, Karl-Ludwig: Geistige Behinderung und Soziale Kompetenz. Analyse und Integration psychologischer Konstrukte. Heidelberg: C. Winter, 1994

HONECK, Ute; MUTH, Bettina: Selbstbestimmung im Unterricht unter besonderer Berücksichtigung von Schülerinnen und Schülern mit schweren Mehrfachbe-hinderungen – Offene Unterrichtsformen. Lernen konkret 18 (1999), H. 4, 8 – 11

HORN, H. A.: Methode, Methodik. In: HORNEY, RUPPERT, SCHULTZE (Hrsg.) 1970, Bd. 2, Sp. 367 – 370

HORNEY, Walter; RUPPERT, Johann Peter; SCHULTZE, Walter (Hrsg.): Pädagogisches Lexikon in zwei Bänden. Wissenschaftliche Beratung SCHEUERL, Hans. Zweiter Band K – Z. Gütersloh: Bertelsmann, 1970

HORVATH, Johann: Der schuleigene Lehrplan. Lernen konkret 9 (1990), Heft 3, 1 – 20

HULSEGGE, Jan; VERHEUL, Ad: Snoezelen. Eine andere Welt. Marburg: Lebenshilfe-Verlag, ⁵1996

HUSCHKE, Peter: Grundlagen des Wochenplanunterrichts. Von der Entdeckung der Langsamkeit. Weinheim, Basel: Beltz, 1996

HUSCHKE, Peter; MANGELSDORF, Marei: Wochenplanunterricht. Praktische Ansätze zu innerer Differenzierung, zu selbständigem Lernen und zur Mitgestaltung des Unterrichts durch die Schüler. Weinheim, Basel: Beltz, ⁵1994

INGENKAMP, Karlheinz i. Zus.arb. m. PAREY, Evelore (Hrsg.): Handbuch der Unterrichtsforschung, Teil I: Theoretische und methodologische Grundlegung. (Deutsche Bearbeitung der Kapitel 1 – 9 des »Handbook of Research on Teaching«, ed. by N. L. GAGE). Weinheim, Berlin, Basel: Beltz, ²1971

JACOBI G[ert]; RIEPERT, Th[omas]; KIESLICH, M.; BOHL, J[ürgen]: Todesfall während der Physiotherapie nach Vojta. Krankengymnastik – Zeitschrift für Physiotherapeuten 53 (2001), H. 4, 573 – 576

JANTZEN, Wolfgang: Fortschrittliche Erziehung ist hier und heute möglich. Anmerkungen zur Erziehungsdebatte. Demokratische Erziehung 9 (1983a), H. 3, 61 – 63

JANTZEN, Wolfgang: Galperin lesen. Anmerkungen zur Entwicklung einer historisch-materialistischen Theorie schulischen Lernens. Demokratische Erziehung 9 (1983b), Heft 5, 30 – 37

JANTZEN, Wolfgang: Allgemeine Behindertenpädagogik. Band 2: Neurowissenschaftliche Grundlage, Diagnostik, Pädagogik und Therapie. Weinheim, Basel: Beltz, 1990

JANTZEN, Wolfgang: Allgemeine Behindertenpädagogik, Band 1: Sozialwissenschaftliche und psychologische Grundlagen. Weinheim, Basel: Beltz, [2]1992

JANTZEN, Wolfgang: Persönliche Mitteilung an den Verfasser vom 16.05.1997

JANTZEN, Wolfgang: Zur Neubewertung des Down-Dyndroms. Geistige Behinderung 37 (1998), 224 – 238

JANZOWSKI, Frank; KLEIN, Ferdinand; SCHMÄH, Birgit: Grundlagen der Haltetherapie zur Behandlung des frühkindlichen Autismus. Zeitschrift für Heilpädagogik 41 (1990), 12, 859 – 868

JOSEF, Konrad: Lernen und Lernhilfen bei geistig Behinderten. Berlin: Marhold, [3]1974 ([1]1968)

KÄSLER, Dirk (Hrsg.): Max Weber. Sein Werk und seine Wirkung. München: Nymphenburger, 1972

KANE, John F.; KANE, Gudrun: Geistig schwer Behinderte lernen lebenspraktische Fertigkeiten. Bern, Stuttgart, Wien: Hans Huber, [2]1978 ([1]1976)

KANTER, Gustav O.: Neuere Ergebnisse der Entwicklungspsychologie und ihre Konsequenzen für die Didaktik und Methodik der Sonderschule für Lernbehinderte. Zeitschrift für Heilpädagogik 21 (1970), 248 – 264

KIRSCH, Rolf: Aspekte der äußeren Differenzierung in der Schule für Geistigbehinderte. Zeitschrift für Heilpädagogik 30 (1979), 478 – 489

KITTLER, Gerhard; DOWE, Georg; GÖBEL, Rudi; KRÜGER, Heinz (Hrsg.): Psychologische Studientexte. Berlin (DDR): Volk und Wissen VEV, 1968

KIVELÄ, Ari: Gibt es noch eine Theorie pädagogischen Handelns? Zeitschrift für Pädagogik 44 (1998), 603 – 616

KLAFKI, Wolfgang: Studien zur Bildungstheorie und Didaktik. Fünfte Studie: Didaktische Analyse als Kern der Unterrichtsvorbereitung (1958). Weinheim: Beltz, 1963

KLAUß, Theo (Hrsg.): Aktuelle Themen der schulischen Förderung (Heidelberger Texte zur Pädagogik für Menschen mit geistiger Behinderung, Band 1). Heidelberg: Winter, 2000

KLEIN, Gerhard: Kritische Analyse gegenwärtiger Konzeptionen der Sonderschule für Lernbehinderte. Sonderpädagogik 1 (1971), 1 – 13

KÖHNEN, Monika; ROOS, Erika: Vorhabenorientierte Freiarbeit. Praxisbeispiel/69 Materialien. Dortmund: vlg. modernes lernen, 1999

KÖSEL, Edmund: Sozialformen des Unterrichts (Workshop Schulpädagogik, Materialien 4). Ravensburg: Otto Maier, [6]1978

KOSSAKOWSKI, Adolf; KÜHN, Horst; LOMPSCHER, Joachim; ROSENFELD, Gerhard (Redaktion): Psychologische Grundlagen der Persönlichkeitsentwicklung im pädagogischen Prozeß. Köln: Pahl-Rugenstein, 1977

KOSSAKOWSKI; Adolf; LOMPSCHER, Joachim: Teilfunktionen und Komponenten der psychischen Regulation der Tätigkeit. In: KOSSAKOWSKI u. a. 1977, 107 – 148

KOSSAKOWSKI, Adolf; OTTO, Karlheinz: Persönlichkeit – Tätigkeit – psychische Entwicklung. In: KOSSAKOWSKI u. a. 1977, 15 – 63

KRELL, Bettina: Freie Arbeit mit geistig behinderten Schülern. In: KLAUß (Hrsg.) 2000, 55 – 84

KRON, Friedrich W.: Grundwissen Didaktik. München, Basel: Ernst Reinhardt, 2., verb. Aufl. 1994

KUTZER, Reinhard: Das Erfordernis einer Neuorientierung gegenwärtiger Didaktik der Schule für Lernbehinderte als Voraussetzung für eine Emanzipation der Sonderschüler. Sonderpädagogik 4 (1974), 55 – 66

LENZEN, Dieter unter Mitarbeit von SCHRÜNDER, Agi (Hrsg.): Enzyklopädie Erziehungswissenschaft. Handbuch und Lexikon der Erziehung in 11 Bänden und einem Registerband. Stuttgart, Dresden: Klett, 1995

LENZEN Dieter, MOLLENHAUER, Klaus (Hrsg.): Theorien und Grundbegriffe der Erziehung und Bildung. Bd. 1 der Enzyklopädie Erziehungswissenschaft, hrsg. von LENZEN, Dieter unter Mitarbeit von SCHRÜNDER, Agi. Stuttgart, Dresden: Klett, 1995

LEONTJEW, Alexejew Nikolajew: Probleme der Entwicklung des Psychischen. Frankfurt: Athenäum Fischer, 1973

LEONTJEW, Alexejew Nikolajew: Tätigkeit, Bewußtsein, Persönlichkeit. Stuttgart: Klett, 1977

LEONTJEW, Alexejew Nikolajew: Probleme der Entwicklung des Psychischen, Königstein: Athenäum, ^{3}1980

LEONTJEW, Alexejew Nikolajew; GALPERIN, Pjotr J[akowlewitsch]: Die Theorie des Kenntniserwerbs und der programmierte Unterricht. In: GALPERIN, LEONTJEW U. A. ^{3}1972, ^{4}1974, 50 – 65

LERNEN MIT DEM COMPUTER. Themenheft. Geistige Behinderung 36 (1997), Heft 2

LILJEROTH; NIMEUS: Praktische Bildung für geistig Behinderte. Weinheim, Basel: Beltz, 1973

LJUBLINSKAJA, Anna: Kinderpsychologie. Köln: Pahl-Rugenstein, ^{2}o. J. (1973); (Original Moskau 1971)

LOMPSCHER, Joachim: Vorwort. In: Ders. (Hrsg.): Sowjetische Beiträge zur Lerntheorie. Die Schule P. J. Galperins. Köln: Pahl-Rugenstein, 1973, 5 – 14

LOMPSCHER, Joachim (Hrsg.): Sowjetische Beiträge zur Lerntheorie. Die Schule P. J. Galperins. Köln: Pahl-Rugenstein, 1973

LOMPSCHER, Joachim: Psychische Regulation und persönlichkeitsbildende Potenzen der Lerntätigkeit. In: Ders. (Hrsg.): Zur Psychologie der Lerntätigkeit. Konferenzbericht. Berlin (DDR): Volk und Wissen VEV, 1977, 18 – 36

LOMPSCHER, Joachim, GULLASCH, Reinhard: Entwicklung von Fähigkeiten. In: KOSSAKOWSKI u. a. 1977, 199 – 263

LOMPSCHER, Joachim; KOSSAKOWSKI, Adolf: Persönlichkeitsentwicklung in unterschiedlichen Tätigkeitsarten. In: KOSSAKOWSKI u. a. 1977, 65 – 106

LURIJA, Alexander R.: Das Gehirn in Aktion. Einführung in die Neuropsychologie. Reinbek: Rowohlt, 1995

MACMILLAN, Donald L.; GRESHAM, Frank M.; SIPERSTEIN, Gary N.: Conceptual and Psychometric Concerns About the 1992 AAMR Definition of Mental Retardation. American Journal on Mental Retardation 98 (1993), No. 3, 325 – 335

MALETZKI, Walter; STEGMAYER, Angelika: Klinikleitfaden Pflege. ATL, Arbeitstechniken, Krankheitsbilder, Spezielle Pflege. Lübeck, Stuttgart, Jena, Ulm: Gustav Fischer, 2., neu bearb. Aufl. 1995; 3. Nachdruck 1998

MALL, Winfried: Basale Kommunikation – ein Weg zum andern. Zugang finden zu schwer geistig behinderten Menschen. Geistige Behinderung 23 (1984), H. 1, Praxisteil 1 – 16

MANAGEMENT für alle Führungskräfte in Wirtschaft und Verwaltung. Grundlagen der kooperativen Führung. Bd. I. Überarb. u. erg. Neuaufl. Stuttgart: Deutsche Verlags-Anstalt, 1972

MANDL, Heinz; ZIMMERMANN, Achim: Intelligenzdifferenzierung. Stuttgart u. a.: Kohlhammer, 1976

MANN, Iris (Pseudonym für Christel MANSKE): Schlechte Schüler gibt es nicht. Hilfen für die Grundschule. Lizenzausgabe Augsburg: Weltbild/Bechtermünz, 1999

MEMMER-ALBERT, Martina; SELBACH, Margit: Kurzfristige Planungsaufgaben. In: FISCHER, MERTES (Hrsg.) 1990, 73 – 103

MERTENS, K.; SERNAU, J.: Snoezelen auf dem Weg zu einem multimodalen Förderkonzept. Praxis der Psychomotorik 24 (1999), H. 3, 207 – 208

MEYER, Hermann: Zur Psychologie der Geistigbehinderten. Ein kritischer Beitrag zur Theorienbildung. Berlin: Marhold, 1977; hier zitiert nach dem Manuskript

MEYER, Hermann: Möglichkeiten zur Verbesserung der Handlungsfähigkeit Geistigbehinderter. Zeitschrift für Heilpädagogik 32 (1981), 133 – 136

MIESSLER, Maria; BAUER, Ingrid: Wir lernen denken (Reihe: Neues Lernen mit Geistigbehinderten). Rheinbreitbach: Dürr & Kessler, ⁴1994

MÖLLER, Christine: Strategien der Lernplanung, In: MÖLLER (Hrsg.) 1974, 23 – 54

MÖLLER, Christine (Hrsg.): Praxis der Lernplanung. Weinheim, Basel: Beltz, 1974

MOOR, Paul: Heilpädagogik. Ein pädagogisches Lehrbuch. Studienausgabe. Luzern: Schweizerische Zentralstelle für Heilpädagogik, 1994

MORING, Karl-Ernst: Planung. In: MANAGEMENT 1972, 138 – 151

MÜHL, Heinz: Handlungsbezogener Unterricht mit Geistigbehinderten. Bonn-Bad Godesberg: Dürr, 1979

MÜHL, Heinz: Handlungsbezogenes Lernen mit geistig Behinderten. Lebenshilfe 19 (1980), H. 2, 69 – 79

MÜHL, Heinz: KMK-Empfehlungen für den Unterricht in der Schule für Geistigbehinderte. Didaktischer Ansatz und unterrichtliche Umsetzung. Geistige Behinderung 21 (1981), 214 – 224

MÜHL, Heinz: Einführung in die Geistigbehindertenpädagogik. Stuttgart, Berlin, Köln: Kohlhammer, [2]1991

MÜHL, Heinz: Handlungsbezogener Unterricht in der Schule für Geistigbehinderte. Vierteljahresschrift für Heilpädagogik und ihre Nachbargebiete 62 (1993), 409 – 421

MÜHL, Heinz: Geistige Behinderung. Zeitschrift für Heilpädagogik 45 (1994), 684 – 687

NEEB, Dieter: Aspekte der Aneignungspsychologie für das Lernen mit Geistigbehinderten. Prüfungsarbeit. Mainz: EWH Rheinland-Pfalz, FBR IV, 1981

NIELSEN, Lilli: Das Ich und der Raum. Aktives Lernen im »Kleinen Raum«. Würzburg: Edition Bentheim, 1993

NOHL, Herman; WENIGER, Erich; GEISSLER, Georg (Hrsg.): Das Problem der Unterrichtsmethode (Kleine Pädagogische Texte, Heft 18). Weinheim, Berlin: Julius Beltz, 1967

OBERACKER, Peter: Entscheidungsprozesse beim Übergang vom Zielkatalog zum Themenkatalog. In: Curriculare Arbeitshilfen. Reutlingen: Fachseminar für Sonderpädagogik, 1980, 57 – 73

OBERACKER, Peter: Unterrichtsinhalte im Bildungsplan der Schule für Geistigbehinderte in Baden-Württemberg. In: OBERACKER, Peter (Hrsg.): Selbstverwirklichung in sozialer Integration – ein neuer Bildungsplan für die Schule für Geistigbehinderte. Stuttgart: Wittwer, 1983, 39 – 53

OESTERREICH, Rainer: Handlungspsychologie, Kurseinheit 1: Handlungsregulationstheorie. Hagen: FernUniversität, Studienbrief 3275/2/01/S1, 1987

OTTO, Gunter; SCHULZ, Wolfang (Hrsg.): Methoden und Medien der Erziehung und des Unterrichts. Enzyklopädie Erziehungswissenschaft, Handbuch und Lexikon der Erziehung in 11 Bänden und einem Registerband, hrsg. v. Dieter LENZEN unter Mitarbeit von Agi SCHRÜNDER, Bd. 4. Stuttgart, Dresden: Ernst Klett, 1995

PEAK, David; FRAME, Michael: Komplexität – das gezähnte Chaos. Basel, Boston, Berlin: Birkhäuser, 1995

PFEFFER, Wilhelm: Aspekte eines handlungsorientierten pädagogischen Begriffs von Behinderung. In: SCHMIDTKE (Hrsg.) 1982, 60 – 70

PFEFFER, Wilhelm: Handlungstheoretisch orientierte Beschreibung geistiger Behinderung. Geistige Behinderung 23 (1984), H. 2, 101 – 111

PINKER, Steven: Wie das Denken im Kopf entsteht. München: Kindler, 1998

PITSCH, Hans-Jürgen: Probleme der Zusammenarbeit von Mitarbeitern unterschiedlicher Berufsqualifikationen in Sonderschulen. Sonderpädagogik 5 (1975), 105 – 120

PITSCH, Hans-Jürgen: Perspektiven der schulischen Bildung Geistigbehinderter. Theorie und Praxis der sozialen Arbeit 36 (1985), 101 – 110

PITSCH, Hans-Jürgen: Zur Didaktik und Methodik des Unterrichts mit Geistigbe-hinderten. Oberhausen: Athena, 1998; 2., durchgesehene Auflage 1999

PITSCH, Hans-Jürgen: Zur Entwicklung von Tätigkeit und Handeln Geistigbehinderter. Oberhausen: Athena, 2002

POTTHOFF, Willy: Curriculum-Entwicklung. Modelle und Strategien (= Workshop Schulpädagogik, Materialien 7). Ravensburg: Otto Maier, [2]1974

PROBST, Holger: Zur Diagnostik und Didaktik der Oberbegriffsbildung. Solms-Oberbiel: Jarick, 1981

RADIGK, Werner: Theorien und Modelle einer sonderpädagogisch orientierten Didaktik. Sonderpädagogik 8 (1978), 112 – 117

RAEGGEL, Mechthild; SACKMANN, Christa: Freiarbeit mit Geistigbehinderten! Geht das denn überhaupt? Ein Erfahrungsbericht mit Materialsammlung, Übungsbeispielen, Tips und Anregungen. Dortmund: verlag modernes lernen, 1997

RATZ, Christoph; SCHNEIDER, Karl-Heinz (Hrsg.): Materialgeleitetes Lernen an der Schule zur individuellen Lebensbewältigung. Rimper: von freisleben, 1998

REGENBOGEN, Armin; MEYER, Uwe (Hrsg.): Wörterbuch der philosophischen Begriffe. Hamburg: Meiner, 1998

RICHTLINIEN für die Schule für Geistigbehinderte (Sonderschule) in Nordrhein-Westfalen. Reihe: Die Schule in Nordrhein-Westfalen, Schriftreihe des Kultusministers, Heft 51. Ratingen, Kastellaun, Düsseldorf: A. Henn, 1973

ROBINSOHN, Saul B.: Bildungsreform als Revision des Curriculum und Ein Strukturkonzept für Curriculumentwicklung. Neuwied, Berlin: Luchterhand, 1967 (^{3}1971)

RÖDLER, Peter: Menschen, lebenslang auf Hilfe anderer angewiesen. Grundlagen einer allgemeinen basalen Pädagogik. Frankfurt a. M., Griedel: Afra, 1993

RÖDLER, Peter: ›Noli me tangere!‹ – Zur Dialektik menschlicher Freiheit. Behindertenpädagogik 40 (2001) 3, 242 – 261

ROHR, Barbara: Handelnder Unterricht. Rheinstetten-Neu: Schindele, 1980 (a)

ROHR, Barbara (1980 b): Thesen zum Handelnden Unterricht. In: ROHR 1980 (a), 93 – 156

ROHR, Barbara: »Nicht Schmuck vor die Falten hängen!« – Zum handelnden Unterricht im Themenfeld »weibliche Ästhetik«. In: BRAUN, GEKELER (Hrsg.) 1985, 65 – 83

RUBINSTEIN, S. L.: Sein und Bewußtsein. Die Stellung des Psychischen im allgemeinen Zusammenhang der Erscheinungen in der materiellen Welt. Berlin (DDR): Akadamie-Verlag, ^{8}1977

SAARLAND: Gesetz Nr. 812 zur Ordnung des Schulwesens im Saarland (Schulordnungsgesetz: SchOG). Amtsblatt des Saarlandes Nr. 37 vom 26. August 1996(a), 846 – 863

SAARLAND: Gesetz Nr. 826 über die Schulpflicht im Saarland (Schulpflichtgesetz). Vom 21. August 1996. Amtsblatt des Saarlandes Nr. 37 vom 26. August 1996(b), 864 – 868

SCHÄFER, Karl-Hermann; SCHALLER, Klaus: Kritische Erziehungswissenschaft und kommunikative Didaktik. Heidelberg: Quelle & Meyer, ^{3}1976

SCHATZ, Elisabeth: Der Projektunterricht in der Werkstufe der Schule für Geistigbehinderte. Sonderschulmagazin 1982, H. 10, 3 – 4

SCHMIDTKE, Hans-Peter (Hrsg.): Sonderpädagogik und Sozialpädagogik. Bericht der 17. Arbeitstagung der Dozenten für Sonderpädagogik in deutschsprachigen Ländern zum Thema »Arbeit am Behinderten oder Arbeit mit Behinderten? Welchen Beitrag leisten Sonder- und Sozialpädagogen?« im Oktober 1980 an der Universität Essen. Heidelberg: G. Schindele, 1982

SCHMITZ, Edgar: Elternprogramm für behinderte Kinder. München, Basel: Ernst Reinhardt, [2]1979 ([1]1976)

SCHMITZ, Gudrun: Projektorientierter Unterricht in der Werkstufe der Schule für Geistigbehinderte. Zeitschrift für Heilpädagogik 32 (1981), 513 – 515

SCHULTE-PESCHEL, Dorothee; TÖDTER, Ralf: Einladung zum Lernen. Geistig behinderte Schüler entwickeln Handlungsfähigkeit in einem offenen Unterrichtskonzept. Dortmund: verlag modernes lernen, 1996

SCHULZ, Wolfgang: Unterricht. Analyse und Planung. In: HEIMANN, OTTO, SCHULZ 1970, 13 – 47

SCHULZ, Wolfgang: Methoden der Erziehung und des Unterrichts unter der Perspektive der Mündigkeit. In: OTTO, SCHULZ (Hrsg.) 1995, 53 – 73

SCHULZ, Wolfgang; TREDER, Michael: Prinzipien der Erziehung und des Unterrichts. In: OTTO, SCHULZ (Hrsg.) 1995, 121 – 130

SCHURAD, Heinz: Konzept eines handlungs- und situationsorientierten Unterrichts in der Schule für Geistigbehinderte. Lernen konkret 1990, H. 4, 1 – 8

SCHURAD, Heinz: Schule, Sonderschule, Förderschule, Schule für Geistigbehinderte: Leistungsangebot und Qualitätssicherung. Ein Handbuch für die Erarbeitung eines Leistungsangebotes und der Qualitätssicherung in der Schule für Geistigbehinderte. Oberhausen: Athena, 1999

SCHWAGER, Michael: Verständigung mit geistigbehinderten Menschen. Zur (sonder-)pädagogischen Relevanz transzendental-pragmatischer Reflexion. Frankfurt a. M., Bern, New York, Paris: Peter Lang, 1990

SEKRETARIAT der Ständigen Konferenz der Kulturminister der Länder der Bundesrepublik Deutschland (Hrsg.): Empfehlungen für den Unterricht in der Schule für Geistigbehinderte (Sonderschule). Beschluß der Kultusministerkonferenz vom 9.2.1979. Neuwied: Hermann Luchterhand, 1980

SEKRETARIAT der Ständigen Konferenz der Kulturminister der Länder in der Bundesrepublik Deutschland: »Empfehlungen zur sonderpädagogischen Förderung in den Schulen in der Bundesrepublik Deutschland. Beschluß der Kultusministerkonferenz vom 06.05.1994

SEKRETARIAT der Ständigen Konferenz der Kulturminister der Länder in der Bundesrepublik Deutschland: Empfehlungen zum Förderschwerpunkt geistige Entwicklung. Beschluß der Kulturministerkonferenz vom 26.06.1998

SPECK, Otto: Der geistigbehinderte Mensch und seine Erziehung. München, Basel: Ernst Reinhardt, [2]1972

SPECK, Otto: Die pädagogische Förderung Geistigbehinderter. In: SPECK, THALHAMMER [2]1977, 97 – 132

SPECK, Otto: Menschen mit geistiger Behinderung und ihre Erziehung. München, Basel: Ernst Reinhardt, 7. akt. u. erg. Aufl. 1993

SPECK, Otto; THALHAMMER, Manfred: Die Rehabilitation der Geistigbehinderten. München, Basel: Ernst Reinhardt, [2]1977 ([1]1974)

STAATSINSTITUT für Schulpädagogik und Bildungsforschung (Hrsg.): Lehrplan und Materialien für den Unterricht in der Schule für geistig Behinderte mit Abdruck der Allgemeinen Richtlinien. München: Alfred Hintermaier, 1982

STADLER, Michael; SEEGER, Falk; RAEITHEL, Arne: Psychologie der Wahrnehmung. München: Juventa, [2]1977

STERN, W.: Die psychologischen Methoden der Intelligenzprüfung und deren Anwendung an Schulkindern. Leipzig, 1912

STÖRMER, Norbert; KISCHKEL, Wolfgang; Festhaltetherapie. Praxis der Kinderpsychologie und Kinderpsychotherapie 37 (1988), 326 – 333

STRASSER, Urs: Wahrnehmen, Verstehen, Handeln. Förderdiagnostik für Menschen mit einer geistigen Behinderung. Luzern: Schweizerische Zentralstelle für Heilpädagogik, [2]1994

STRÜVER, Peter: Lernen von sogenannten geistig behinderten Menschen über Motorik. Solms-Oberbiel: Jarick, 1992

SUIN DE BOUTEMARD, Bernhard (1975 a): Projektunterricht – wie macht man das? betrifft: erziehung 1975, H. 1, 31 – 36

SUIN DE BOUTEMARD, Bernhard (1975 b): 75 Jahre Projektunterricht. betrifft: erziehung 1975, H. 2, 35 – 39

SUIN DE BOUTEMARD, Bernhard: Projektunterricht. Geschichte einer Idee, die so alt ist wie unser Jahrhundert. In: BASTIAN, GUDJONS (Hrsg.) 1991, 62 – 77

TABA, Hilda: Handbuch der Unterrichtsplanung und Curriculumentwicklung nach Hilda Taba. Übersetzt und bearbeitet von Helga REINDEL, unter Mitarbeit von Wolfgang EDELSTEIN, Diether HOPF und Christian PETRY. Stuttgart: Ernst Klett, 1974

TER HORST, Wilhelm: Einführung in die Orthopädagogik. Stuttgart: Klett-Cotta, 1983

THALHAMMER, Manfred: Geistige Behinderung. In: SPECK, THALHAMMER [2]1977, 9 – 72

THESING, Theodor: Betreute Wohngruppen und Wohngemeinschaften für Menschen mit einer geistigen Behinderung. Freiburg i. Br.: Lambertus, 1990

THESING, Theodor; VOGT, Michael: Pädagogik und Heilerziehungspflege. Ein Lehrbuch. Freiburg i. Br.: Lambertus, 1996

THEUNISSEN, Georg: Pädagogik bei geistiger Behinderung und Verhaltensauffälligkeiten. Ein Kompendium für die Praxis. Bad Heilbrunn: Klinkhardt, 1995

TINBERGEN, Niko: Geleitwort. In: WELCH 1996, 10

VERBAND DEUTSCHER SONDERSCHULEN: Kriterien für die Sonderschulbedürftigkeit Lernbehinderter. Bericht über eine Arbeitsgruppe des Verbandes Deutscher Sonderschulen e. V. Zeitschrift für Heilpädagogik 25 (1974), 40 – 50

VESTER, Frederic: Denken, Lernen, Vergessen. München (dtv), [20]1993 ([1]1978)

VOLLMERS, Burkhard: Streben, leben und bewegen. Kleiner Abriss der Motivationspsychologie. Göttingen: Vandenhoeck & Ruprecht, 1999

WAGNER, Michael: Menschen mit geistiger Behinderung – Gestalter ihrer Welt. Bad Heilbrunn: Klinkhardt, 1995

WALBURG, Wolf-Rüdiger: Lebenskundliche Orientierung (Lebenspraktische Förderung bei Geistigbehinderten II, Kurseinheit 1). Hagen: FernUniversität – Gesamthochschule, Drucksache 3514/1/01/S1, o. J. (1982)

WEBER, Max: Wirtschaft und Gesellschaft. Tübingen, [2]1972

WECHSLER, David: Die Messung der Intelligenz Erwachsener. Bern, Stuttgart, [2]1961 ([1]1956)

WELCH, Martha G.: Die haltende Umarmung. Mit Geleitworten von Jirina PREKOP und Niko TINBERGEN. München, Basel: Reinhardt, [2]1996

WENDELER, Jürgen: Psychologische Analysen geistiger Behinderung. Weinheim, Basel: Beltz, 1976

WHITTAKER, Joe: Kann mir irgendwer helfen, den Sinn des »Snoezelen« zu verstehen? In: Inclusion News 1993 – 94, 9. Hier in der Fassung des Abdrucks in betrifft: integration 1998, H. 2. Download von www.bidok.uibk.ac.at, bi298-Snoezele.html

WILHELMER, Bernhard: Lernen als Handlung. Psychologie des Lernens zum Nutzen gewerkschaftlicher Bildungsarbeit. Köln: Pahl-Rugenstein, 1979

WINKEL, Rainer: Zur Theorie der Unterrichtsmethoden. Die Deutsche Schule 70 (1978), 669 – 683

WITTGENSTEIN, Ludwig: Tractatus logico-philosophicus. Frankfurt a. M.: Suhrkamp, 1963

WOCKEN, Hans: Die klassische Hilfsschulmethodik. Versuch einer systematischen Rekonstruktion. Zeitschrift für Heilpädagogik 29 (1978), 469 – 478

WÖHLER, Karlheinz: Unterrichtsvorbereitung als Entscheidungssituation. Unterrichtswissenschaft 1977, 95 – 110

WREDE, Helmut: Snoezelen. Praxis der Psychomotorik 16 (1991), 4, 248 – 250

WREDE, Helmut: Snoezelen im Schwimmbad. Planung und Überlegungen für ein Erlebnisschwimmbad der besonderen Art unter besonderer Berücksichtigung der Stimulierung des auditiven Sinnes in und unter Wasser. Praxis der Psychomotorik 24 (1999), 4, 267 – 271

WYGOTSKI, Lew Semjonowitsch: Denken und Sprechen. Frankfurt a. M.: Fischer, 1993

ZIELNIOK, Walter J.: Anstöße zur Selbständigkeit. Die Gestaltung von Funktionstrainings-Programmen für geistig Behinderte im Freizeitbereich. Freiburg i. Br.: Lambertus, ²1978

ZIMBARDO, Philip G.: Psychologie. Berlin, Heidelberg: Springer, ⁶1995

ZIMMER, Renate: Handbuch der Sinneswahrnehmung. Grundlagen einer ganzheitlichen Erziehung. Freiburg: Herder, ⁵1997